相振谨 齐廉允 周丙华 韩仲秋 秦国利 蒋海升 王艳 杨同鲁 惠荣荣 著

中国封建社会的大一统

关于齐亡秦兴的历史思考

走进释古时代丛书

山东省大舜文化研究会学术研究成果
山东银丰集团中华文明起源研究基金赞助项目

山东人民出版社
国家一级出版社 全国百佳图书出版单位

图书在版编目（CIP）数据

中国封建社会的大一统：关于齐亡秦兴的历史思考/相振谨等著．—济南：山东人民出版社，2017.4

ISBN 978－7－209－10019－9

Ⅰ. ①中… Ⅱ. ①相… Ⅲ. ①中国历史—研究—齐国（前11世纪—前221） ②中国历史—研究—秦代 Ⅳ. ①K231.07 ②K233.07

中国版本图书馆CIP数据核字(2016)第219571号

中国封建社会的大一统

——关于齐亡秦兴的历史思考

相振谨　等著

主管部门　山东出版传媒股份有限公司
出版发行　山东人民出版社
社　　址　济南市胜利大街39号
邮　　编　250001
电　　话　总编室（0531）82098914
　　　　　市场部（0531）82098027
网　　址　http：//www.sd－book.com.cn
印　　装　山东新华印务有限责任公司
经　　销　新华书店

规　　格　16开（169mm×239mm）
印　　张　21
字　　数　380千字
版　　次　2017年4月第1版
印　　次　2017年4月第1次
印　　数　1–2000
ISBN 978－7－209－10019－9
定　　价　56.00元

序

《中国封建社会的大一统》是继《中国氏族部落的大一统》《中国奴隶社会的大一统》后第三本评述中华五千年文明史进程中第三次大一统基本过程的著作，这是山东省大舜文化研究会确立的“四个大一统”中的第三个专题，继后的第四个专题《中国社会主义社会的大一统》也即将出版。

这四个大一统专题，将揭示五千年来中华文明史怎样从中国的氏族部落一步步走向今天的社会主义的历史进程。也就是说，她和全世界人类社会一样，怎样从必然王国按历史规律向自由王国有规律地推进。从而有力地证明，人类社会经过社会主义社会高级阶段发展以后，必然要进入人类的理想社会——共产主义社会。就好像人类社会从氏族部落走到今天的资本主义社会、社会主义社会一样，这个历史规律不依人的意志为转移，而是不可抗拒的。尽管二十世纪末世界社会主义社会走向了低潮，但是人类社会前进的步伐是不可阻挡的。社会主义社会一定要胜利。资本主义制度一定要灭亡。马克思主义的理论一定会在全世界胜利。

为了让读者更好地通俗理解封建制度建立的过程，作者采取“一个制度，两条道路”的对比方式，将代表当时六国的齐国作为一方，而将“孔子西行不到秦”的僻邦秦国作为一方，进行了发人深省的揭示。耐人寻味地让人沉思：同是奴隶制末期的国家——齐、楚、燕、韩、赵、魏六国，其当时的社会生产力水平既相似、又相当，尤以齐国为代表，到齐湣王时曾一时称帝，可以说在当时东方六国中经济最发达，国力最强盛，完全有条件、有能力担当起统一天下的重任，而为什么把这个历史重任不情愿地让给了秦国呢？结论只有一条：秦国从公元前365年开始，到秦始皇统一中国，七代国君经过一个半世纪的不断创新改革，没有用旧的落后的生产关系去束缚新生的社会生产力的发展；从公元前229年到公元前221年，到最后灭掉齐国为止，秦国以“秦王扫六合，虎视何雄哉”的气势，一举扫平六国而统一了天下。历史在这个转折点上沉思：东方六国在从奴隶制向封建制的迈进中曾进行过一些这样那样的改革，但改革在奴隶制捆绑中没有始终如一地坚持下去，且在国君的交接中不断打折扣，而使鼎盛一时的国力又因改革的停滞而消沉下去，最后以张仪的连横论取胜于苏秦的合纵论，而使“春风不过玉门关”的秦国赢得了天下。

由于东方六国人口多、地域大、范围广、国情复杂，不可能把六国一一与西方秦国相对照，作者以东方之首的齐国为解剖点，剖析出六国没有统一天下而称雄的原因。这是一个创新的写作方法，值得肯定。

秦的统一是中国长达两千多年的奴隶社会解体后深有影响的重大历史事件，其开创的封建帝制在中国绵亘两千余年。历代学者都关注、研究过这个问题，角度不同，见仁见智，都对后学有所启迪。这本书以创新的写作方式从齐、秦对比的新视角，从地理、制度、人才、战略、文化等多维层面，客观辩证地探讨了春秋战国时代齐、秦两个大国从对峙争雄到走向统一的历史进程，对秦为什么能在中国封建社会实现大一统进行了发人深省的探讨。

为什么秦国能够统一天下？这是我读先秦史时经常萦绕脑际的问题。同时，作为一个生长于齐国故地的山东人，我更为关注的问题是——齐国是怎样灭亡的？为什么齐国不能统一天下，而中国封建社会大一统偏偏要由秦国来实现呢？齐国作为西周首封的东方大国，立国八百余年，方圆两千余里，曾九合诸侯、一匡天下，成就了管桓霸业和威宣之盛。而秦国起初只是个远在西陲的蕞尔小国，立国比齐晚近三百年，一直被东方诸侯目为夷狄之邦，然而却在其后的历史演进中蒸蒸日上、势如破竹，一举消灭东方六国，成就了一统中国的千秋霸业。是什么原因推进了这一历史进程？这一历史现象的确值得我们回味和深思！

二十世纪九十年代初我在省农委工作时，曾组织蒿峰、闫爱华等几个很有功底、颇为能干的青年专题研讨过这个问题，但当时的落脚点没有上升到封建社会大一统的高度上。今天在这个起点上，我们看到和想到的是：

先秦的齐国，在今山东的东部，东临大海，西凭黄河，南傍泰山，北滨渤海，整个半岛形如一只正欲起飞的雄鹰，昂首伸向太平洋。同鲁、宋、赵、燕诸封国毗邻，气候温暖湿润，雨水丰沛，河海之间，绿野青山，既适于农垦，又得鱼盐之利，山河灵秀，物华天宝，地理环境十分优越。齐乃周武王亲封，时列功臣封国之首。以后，齐国又吞并了周边一些邻国，凭借东海之滨的丰饶物产，走上富强的道路。春秋时期，时逢齐桓公、管仲这等明君贤臣，对内尊王，对外攘夷，事业如火如荼，成为大国争雄中的第一个霸主。田氏代姜之后，威王、宣王励精图治，再振大国雄风，“诸侯……莫敢致兵于齐二十余年”，在战国七雄中首屈一指。

齐立国八百余年来，在经济、政治、军事、文化等方面长期居领先地位。经济上农工商并举，利用鱼盐产业发展贸易，“伐菹薪，煮沸水为盐……十月始征，至于正月，成盐三万六千钟……粜之梁、赵、宋、魏、濮阳。彼尽馈食之也”。(《管子·轻重甲》) 大批食盐出口各诸侯国。齐国还可能开辟了最早的海上丝绸之路，除了从陆路和水路对诸侯国开展丝绸贸易，齐国可能还出海进行丝绸贸易，这些丝绸和远洋船都体现了齐国发达的工艺技术水平。管仲时期，还设有工商之乡，这是齐国的特制。农、工、商地位平等也是齐的创举，表明工商业在齐国有举足轻重的地位。在处理农业与商业的关系时，管仲提出了“本肇末”的观点，既重视农业积累财富的作用，也不忽视通过商业活动促进流通以增加社会财富。在一个异常重视农业的时代，偏偏齐国重视工商业，可见齐国的经济思想非常超前。

姜太公封齐后就确定了“因其俗，简其礼”的治国思想，以及“尊贤尚功”的用人原则。管仲相齐时，实行“国野分治”，创立了“辅宰制”“五官制”“国鄙二轨制”、选贤举能的“三选之法”等一系列具有划时代意义的制度，使“匹夫有善，故可得而举也”(《管子·小匡》)。在当时那个种族和种姓家族统治的时代，齐国的这种政治运作模式就是开明的民主政治。虽然这些政治制度创于春秋，但后来战国时期的田氏齐国依然沿用，史载“管仲卒，齐国遵其政，常强于诸侯”(《史记·管晏列传》)。

军事上，春秋战国时期大部分的军事家和军事著作皆出自齐国。中国古代兵学号称有十大兵书，先秦时代就有《六韬》《司马兵法》《孙子兵法》《孙膑兵法》《吴子兵法》《尉缭子》六种，前四种皆为齐人所著。先秦兵书出于齐者还不止以上数部，《管子》《荀子》《鲁连子》等都载有重要的兵学内容。齐人中的军事家，除享誉世界的孙武外，姜太公、管仲、司马穰苴、孙膑、田单、田忌、齐威王等，都名耀中国军事史。齐文化居七国之首，稷下学宫是当时中国的学术中心，文化事业与体育娱乐蓬勃发展，齐国的蹴鞠最为流行，侧面反映了齐国人生活的富裕——“临淄之中七万户……甚实而富，其民无不吹竽鼓瑟、弹琴击筑、斗鸡走狗、六博蹋鞠者。临淄之途，车毂击，人肩摩，连衽成帷，举袂成幕，挥汗成雨，家殷人足，志高气扬。”（《史记·苏秦列传》）好一派富足安逸的气象。齐国就是一块得天独厚的风水宝地，以至汉代的皇帝规定，“非天子亲弟爱子，不得王此（原齐国故地）”，担心不法的分封诸侯有实力威胁中央。

就是这样一个经济发达、民众富裕、人口众多、文化先进的国度，曾经离一统天下的距离是那样近，似乎触手可及，却最终亡于秦，落一个国破家亡的凄惨下场。当然，在那个群雄逐鹿的混战时代，秦的统一有其必然性，但是东方六国完成统一大业的可能性并非不存在。魏、齐、楚都曾强盛一时，尤其是齐国曾长期是秦统一中国的最大障碍。公元前353年与341年，齐国在桂陵与马陵两大战役中打败了魏国，结束了魏国称雄的局面，后来又打败过燕国。于是公元前288年，齐湣王敢与秦昭王分庭抗礼，一时有东西帝之称。因此，在当时人看来，齐与秦一样强大。

其实，最初的秦国统一的气象并不明显，它偏处西陲，文化不发达，物产不丰富，人口也不算多，不但比不了齐和楚，也比不了燕以及赵、魏、韩的“母邦”晋，他们至少都是最早的封国。秦本是戎族中善于牧马的一支，其先世非子因善牧马而得幸周孝王，被封为周附庸，至秦仲因有功于周而被封为大夫，至襄公“始国”，而此时，齐、楚等东方列强已经在自己的土地上经营了近三百年，秦根本无法与这些国家相提并论。不过，周允许秦立国的原因很大程度上估计也是出于利用。周王室给了秦诸侯的称号，目的是让它死心塌地对付西戎，守护周朝的西大门，以便各路亲族近侯能在东方的中原地带悠哉游哉，高枕无忧。何况，周王室给秦的只是诸侯的空头支票，要想真正拥有自己的地盘，还必须长期和西戎作战，到他们手里去夺去抢，靠铁和血去拓展自己的生存空间。

真正改变秦国命运的是商鞅变法。“治世不一道，变国不必法古”是这场变法的哲理。秦统一后采取的郡县制是中国历史上的一大创举，其来源也是商鞅变法。商鞅首先在秦国实行县制，用中央政府选派的官员代替世袭贵族对各个地方进行管理，保证中央政令畅通，避免世袭贵族各自为政，为一己之私而违抗中央。商鞅变法的另一条重要内容是废世袭贵族。贵族也必须依照法律，建功立业才行，而不能只靠出身享受世袭贵族的好处。商鞅的法治思想受魏国李悝影响很大。李悝总结各国法律，著有“法经”六篇，商鞅入秦，便带着李悝的著作。其中有些内容，例如废除世袭贵族，已由李悝在魏国实行过。在楚国的吴起，其思想理论也部分受之于李悝，与商鞅的观念相似。但是，商鞅在秦国实施废除世袭贵族，比他们更加彻底。李悝未能施展抱负，吴起被杀而改革终止。商鞅虽也因旧贵族反抗而被车裂，但商鞅死后，秦惠文王没有变更改革的方向，其变法的方针由后续国君继续向前推进。

商鞅变法使得土地可以自由买卖，也是借鉴东方国家已经实行的制度，其更早的源头，甚至可追溯至管仲。由此我们可以看到春秋战国时期的一个普遍倾向：周朝分封制造成了一系列的弊端，周天子式微后，崛起的各诸侯都在寻求政治、经济、社会制度改革。而改革目的无一例外都是富国强兵、争霸天下。不同的是，东方诸国旧势力、旧观念根深蒂固，对旧制度的改革往往不能彻底。而秦国原先文化就比较落后，旧势力、旧观念的束缚相对较少，使得对旧制度的改革更为彻底。正是靠着商鞅变法的推行，秦昭襄王执政半个世纪以来，秦很快走上了崛起之路，逐渐拥有了对关东六国的优势。秦与六国很快走上了不同的发展道路，自然也迎来了不同的历史命运。

集权还是分权？在这个问题上齐秦两国给出了不同的答案。战国七雄唯有齐国的地方行政制度偏向于分权，采取了五都之制。即在国都之外又有与国都平行的其他四都，显见国都并不唯我独尊，地方行政权力分属于五都，而不尽集中于国都中。军权亦不集中，也是五都皆有兵。五都之制可能源于春秋时管仲的五属制，齐国地方并非事事都集权于国君。齐国也有县，但与秦国的县并不一样。秦本土的县是由小乡集合而来，比较大。但春秋时，齐县很小，不过是“十室之邑”罢了。它们与五都制相配合，成为齐国最主要的地方行政管理制度。处在当时桓管时期，这种制度并不十分落后，但持而久之不改革，这种制度就成了阻碍生产力发展的桎梏。

齐国不仅实行都邑制，其宗室贵族也拥有相当大的自主权，对君权形成很大挑战。政治上，他们上请爵禄而行之群臣、重组政权、培植亲信、排除异己，在内政外交上都有极大的左右能力，以双重身份参与国家政策的制定及任免官员，比单独的相权或宗室的影响更大。经济上，他们享有食邑权，不向国家交纳赋税，分割了国家的财富，由于他们有独立的经济实力，故有能力养众多私士，分国之人才资源，充实自己的集团实力。军事上，他们不仅能控制国家常备兵，在五都制下握有地方部队，而且还在个人采邑畜养私人武士。在心理上，自从礼乐征伐自天子出变为自诸侯出，再变为自卿大夫出，使人人皆可觊觎王位。

这种宗室强权对君权的挑战是巨大的，君主稍有不慎，就会造成宗室专权的现象。宗室专权时，就会更多考虑到自己的利益，外交上结交有利于自己的国家、集团，甚至出于个人恩怨而采取军事行动；用人上优先安排亲信。这必然会同国君从国家利益或个人见识出发所制定的策略有抵触。二者对抗中的此消彼长造成了外交策略上的断裂、短视、变化及用人上的任贤、任亲的摇摆。齐国后期的宗室专权促成了外交上的谨事秦、孤立于五国之外维持现状的收缩政策，后胜等人更是出于私利而提出零边防、降秦的策略，亲手埋葬了齐国。可见，分权不适用于当时中国社会发展的需要。

中央集权的政治体制不仅适应了当时社会的发展趋势，还为秦之后历代皇朝所传承，正所谓“百代多行秦政制”。“秦政制”即集权制，帝王掌控大臣与地方重臣的生、杀、富、贫、贵、贱等“六柄”之权。中央牢牢控制地方，地方完全听命中央，服从帝王旨意。如柳宗元所言：“令海内之势，如身之使臂，臂之使指，莫不从制。”这种集权制的政治统治模式在以后两千多年中再没有根本的转变，中央集权制从此成为中国政治制度的根本，一直延续到今天。此后历代只是在细节、名称上改来换去，其基本框架完全是嬴秦首创的，无论是大一统王朝还是南北对峙、数国并存，各政权都奉中央集权为圭臬。这种模式能历两千年而不衰，只能有两种解释：一、这是中国古代维系国家统一最好的办法；二、即使这不是最好的办法，中国人也一直未能找到比这更好的。

中央集权制使秦国更有效地把自身资源运用于统一战争。其他六国经济和综合国力也许不比秦国差，但说到利用效率恐怕就差多了。当然，对各国人才的接纳和使用也是重要原因。尽管秦国也曾有意识地排斥外来人士，但确实为有识之士在秦建功立业提供了最好的社会土壤。从百里奚、范雎、商鞅一直到吕不韦，无不是在关东六国备受压制和排斥，但却都在秦国创建了自己的功业。就连那个被韩国当作牵制秦国东进筹码的水工郑国，在计谋败露后也被秦国允许继续完成那被后人称为郑国渠的耗费巨大人力物力的水利工程。从六国来看，导致灭亡的原因多种多样，既有经济、政治、战略上的失误，也有国内各种矛盾的牵制，当然也包括由于用人失误而导致的人才损失与流失等。从客观环境上看，秦国起初所处的包括自然和政治环境在内的综合环境在七国当中不是最好的，然而，正是由于这种先天恶劣环境所带来的危机意识，促使秦国不断地发展和进攻，结果成就了一统天下的伟业。

经济发展模式的选择与地理环境、生产方式和治理理念有关，对一国的最终命运有重要影响。齐国滨海，可以经营海盐，这是形成商业的一大契机，加上姜太公的宣扬和管仲的支持，商业在齐国一直很繁荣，这和中国传统重农思想完全不同。包括秦在内的其他六国都在内陆，内陆国家只能从事农耕。秦国土质好，灌溉便利，是典型的理想农业区。根深蒂固的农本思想必然导致中央集权的政治制度，而为了保证集权制度的正常运转，又需要被统治者的效忠，为此又必须采取愚民政策与文化专制主义。这就是中国传统文化的逻辑。反之，集体的、大规模的手工业生产以及沟通生产与消费、活动天下的商业活动，却需要开放，需要一定程度的地方与部门的分权，思想文化也不容易保守。

因此，齐国不是生产力不行，也不是文化艺术不行，而是统治者的政治建设未能随之发展进步，未能满足生产者的要求。秦之统一天下，也并非完全因为秦国有多么富裕，生产力水平有多高，而在于中央集权制的发展道路适应了时代要求。对此，顾准先生有精妙的论述：“春秋战国时代，正当我国历史转变的关头，但是从殷商到西周、东周长期‘神授王权’的传统，已经决定了唯有绝对专制主义才能完成中国的统一，才能继承并传布中国文明，虽然这种专制主义使中国长期处于停滞不前、进展有限的状态之中，但这是历史，历史是没有什么可以后悔的。”①

需要特别研讨的是，孔孟文化对齐国统一天下起了一个什么样的作用?

众所周知，周成王由于年少尚未执政时期，发生了管叔、蔡叔、霍叔三兄弟与纣王后代武庚联合在东方叛乱的事件。年轻的西周王朝面临着生死存亡的考验。在这种形势下，周公与姜尚果断平息叛乱，最后获得胜利。面对周王朝远离东方夷地的现实，周公将姜太公封于齐地，而把自己的儿子伯禽封于鲁地。据史书记载，三年后齐鲁两地进京述职，周公听完两国的建国大纲后大为惊讶，深感将来终有一天鲁国要被齐国吞并。这是因为齐国实行的是以发展经济为中心内容的立国治国方针，而鲁国实行的是以推行周礼为中心内容的治国方针。事实上，齐国到齐僖公、齐庄公时代，已经变得十分强大，到齐桓公时代，齐国走上了它的鼎盛期；而鲁国即使到了元公、穆公的时代，国力也远不

① 顾准:《顾准文集》,贵州人民出版社 1994 年版,第 191 页。

如齐。孔子在鲁国的时代，是春秋时期，他的主流思想并不被列国所重视。一个半世纪以后，孟子的观点在当时的齐国就占据了很重要的地位，几乎成了社会的主流。在那个兵戎相争的战国年代，孔孟的“仁”“义”观点，不可能不对齐国的君主在争霸中有影响。当时敢于和秦国分庭抗礼而称帝的齐滑王顷刻间在燕国乐毅的沉重打击下几乎到了灭国的程度，已经暴露出孔孟思想在立国时的虚伪性。如果没有即墨那一场小小的火牛阵战役，加上燕国的内讧，齐国就成了燕国实实在在的殖民地。从此齐国一蹶不振，最后走向了他的灭亡。试想：孔孟思想如此强大，而齐鲁又是孔孟思想的发源地，为什么在公元前221年被秦国最后所灭，难道这不是一个令人讽刺的沉思吗?

本书的作者相振谨同志，是一个年轻有为的历史研究者。他勤奋好学，善于动脑，勤于思考，很善于把一些历史现象用现代的唯物史观进行解释、研讨，写了不少关于史书的研究文章。接到写这个大一统的任务后，他在十分繁忙的工作中，团结带领一批朝气蓬勃的学者，用业余时间翻阅了大量的史书，查阅了大量的史料。在政府研究室这个文字任务十分繁忙的岗位上，夜以继日，埋头苦干，终于以齐秦对比的方式，写出了秦国坚持不懈的百年改革及秦如何铺平了统一天下的通道，从而使读者从书中悟出了邓小平同志“坚持改革开放一百年不动摇”理论的重要历史意义和现实意义，这是值得赞扬的。实事求是地讲，“封建社会大一统”的观点并不是崭新的，而以古喻今，使我们从秦国统一天下的实践中悟出我们今天具有中国特色的社会主义中国，坚持改革开放不动摇，百年之后，我们中国将以一个什么样的姿态自立于世界之林，不是很发人深省的吗？我们的服务于全世界的中国梦又是何等的光辉灿烂！

谢玉堂

2016 年 7 月 1 日于济南

目　录 | CONTENTS

引　言｜古今一大变革之会[①]

公元前221年秋天，秦将王贲自燕国挥师南下，兵临齐国临淄城下。年迈昏聩的齐王建登上城头，举目四望，残阳如血。十年前还是七雄并立的华夏九州，如今除了孤零零的齐国之外，韩、赵、魏、楚、燕五国相继灭亡，都已纳入秦国版图。军旗如林，喊声如潮，铁蹄踏起的烟尘裹挟着他"昏睡"了四十多年的城池，每一声人喊马嘶，都让齐王建胆战心惊。回想起即位以来，他一直奉行"谨事秦"的政策，不修战备，不助五国，甚至多次入秦朝拜，耳边充斥的也都是"秦齐交善"的"佳音"，奢望能够苟安独善。如今大兵压境，面对一望无际、戈戟森严的秦兵，忠谏之谋士已无力回天，苟营之佞臣则噤若寒蝉，久无战事、铠甲生虱的武将也束手无策——齐国犹如惊涛骇浪中的一个孤岛，就这样灭亡了。

关于齐国的灭亡，历来就有不同的说法。《史记·田敬仲完世家》记载："（齐王建）四十四年，秦兵击齐。齐王听相后胜计，不战，以兵降秦。秦虏王建，迁之共（今河南辉县）。遂灭齐为郡。"是说齐国不战而降。《史记·秦始皇本纪》又载："齐王建与其相后胜发兵守其西界，不通秦，秦使将军王贲从燕南攻齐，得齐王建。"是认为秦军乘虚而入。《战国策·齐策六》则说："秦使陈驰诱齐王内之，约与五百里之地。齐王不听即墨大夫而听陈驰，遂入秦，处之松柏之间，饿而死。"认为齐王被骗到秦国，囚禁而死，齐因之亡国。无论如何，这个几度辉煌的东方大国灭亡了。它灭亡得如此窝囊，没有一场鏖战用以铭记；齐王建的死更是极不光彩，饿死荒野。也许直到饿死，他也未必会为他的过失有一丝悔恨和自责，也许在亡国在即的时刻，心里想的只是

① 王夫之:《读通鉴论》,中华书局,2011年。

自己的苟活。“松耶柏耶，住建共者客耶?”① 这是一首传唱于齐国的民谣，意思是说，松树柏树啊，导致王建饿死在共地的，不就是那个佞臣后胜吗？表达了齐人对王建的怨恨和对奸臣宾客的憎恶。齐国灭亡后，秦在齐地设立了齐郡和琅琊郡。纷纭二百五十多年的战国风云就此绾结，秦在中国大地上建立起了统一的秦王朝。

为什么是秦国而不是齐国统一了中国？本来齐是最有资格一统天下的。从公元前11世纪姜太公立国，到公元前221年秦始皇统一，前后绵亘八百余年，齐国一直是一个雄踞一方的强大诸侯。春秋时齐桓公雄居五霸之首，曾九合诸侯，一匡天下，“五霸桓公为盛”②。此时的秦国尚处荒蛮的西陲与戎周旋，距秦穆公独霸西戎还有半个多世纪的时间③。步入战国，自齐国称强于诸侯，到齐国覆亡，经历了一百多年的时间，齐国曾几度号令诸侯。齐威王时两败魏国，遂继梁惠而称王④。自马陵之战以来，齐国已执东方牛耳，桂陵战后“于是齐最强于诸侯，自称为王，以令天下”⑤。齐宣王继威王之迹，国势大胜，渐成齐、秦势力均衡的局面。齐湣王时，齐称东帝，秦称西帝，虽然很快就都放弃称帝，足见两国不敢一国独称⑥。齐灭宋后，史称“齐南割楚之淮北，西侵三晋，欲以并周室，为天子”⑦。此时，距离秦始皇一统海内只有65年。自齐威败魏桂陵，至湣王见破于燕⑧，七十年间，齐、秦可谓并称两强，孰强孰弱在乎谋略之间而势存两可，谁能统一天下仍是难以判定的事情。以太公望的圣智而建立国本，以齐桓公的雄才而夯实根基，齐威称强，宣王大盛，湣王继烈，膏壤千里，人才济济，太史公适齐而叹为“洋洋哉，固大国之风也”⑨！齐国并非无力统一天下，齐国也不乏雄主贤臣良将，机遇也并非没有垂青过齐

---

① 《战国策·齐策六》载，后胜相齐，受秦贿赂，使者使秦还报，“皆为变辞”。懦弱无为的齐王建在蒙骗与自欺中苟安。

② 《孟子·告子下》。

③ 《史记·秦本纪》:“(秦缪公)三十七年(前623)，秦用由余谋伐戎王，益国十二，开地千里，遂霸西戎。”秦之霸西戎与齐之统率中原诸侯，不可同日而语。

④ 钱穆:《国史大纲》，商务印书馆，2008年，第79页。

⑤ 《史记·田敬仲完世家》。

⑥ 钱穆:《国史大纲》，商务印书馆，2008年，第79页。

⑦ 《史记·田敬仲完世家》。

⑧ 公元前284年，燕将乐毅联合秦、魏、韩、赵、楚之兵伐齐。齐兵败，湣王出亡。自是齐国一蹶不振，秦国独强。

⑨ 《史记·齐太公世家》。

国。也正因为如此，齐的灭亡自古便引起了史家学者的思考。《田敬仲完世家》载："齐人怨王建不蚤与诸侯合纵攻秦，听奸臣宾客以亡其国。"《淮南子・泰族训》说："齐王建有三过人之巧，而身虏于秦者，不知贤也。"现代学者也从不同角度进行了讨论，比如齐国改革的不彻底、政治腐败、对外政策的失误、齐王建的孤立主义政策等等。[①] 也有从文化、思想的角度，认为齐国的失败是齐、秦文化碰撞的结果。[②] 周振鹤则从政治制度、经济思想、学术文化、宗教信仰、风俗习尚等方面，认为"秦的统一固然有其必然性，但是东方六国完成统一大业的可能性并非不存在，魏、齐、楚都曾经强盛一时，尤其齐国，始终是秦实行统一的最大障碍"[③]。众说纷纭，见仁见智。没有一蹴而就的成功，也没有无端无预的失败。到底是什么原因导致了齐、秦两国不同的历史命运呢？在探讨齐、秦两国盛衰兴替的症结之前，让我们首先把目光投向遥远的周代，去探索那个深刻影响着齐、秦两国历史轨迹的伟大时代。

一、周代的分封

约在三千多年前，周武王伐纣克商，建立了西周王朝[④]。随着周公东征和洛邑营建两大举措的完成，空前强大的西周王朝终于在大范围内建立起自己的统治秩序。西周王朝共经历了二百七十余年，传十三王十二代。自武王和周公开国立基，到"成康之治"的盛世和昭、穆武功，经过周王朝百余年开拓经营，一个初具规模的华夏国家已经初步奠定。周王室国势渐衰是从共王开始的，至厉王已经濒临崩溃。宣王时一系列对外战争的胜利，使得国势暂时反弹，但已经无补大局，各种社会矛盾已积聚到了相当的程度。幽王时的天灾和人祸激化了矛盾，加速了西周的灭亡[⑤]。公元前 770 年，平王在晋文侯和郑武公的护卫下东迁洛邑，西周遂亡。平王东迁到公元前 221 年秦统一，被称作东

① 王阁森、唐致卿主编:《齐国史》,山东人民出版社,1992 年。宣兆琦:《齐文化发展史》,兰州人民出版社,2002 年。

② 王志民:《齐文化概论》,山东人民出版社,1997 年。

③ 周振鹤:《假如齐国统一了天下》,《随无涯之旅》,生活・读书・新知三联书店,2007 年。

④ 按夏商周断代工程,西周自武王克商到幽王(前 1046 年—前 771 年)经历了 276 年。

⑤ 周幽王继位第二年京畿发生大地震,"三川竭,岐山崩"(《史记・周本纪》),这是天灾。幽王废太子破坏了姬姜联盟,导致了戎狄入侵,这是人祸。

周，又分为春秋和战国两个时期。春秋战国之际，是我国历史上发生重大变革的时期。春秋时期你方唱罢我登场的诸侯争霸和战国时期大国间残酷的兼并战争，加快了社会变革的步伐，酝酿和造就了决定中国社会两千多年走向的政治经济模式和思想文化格局。在华夏民族逐渐形成的共同礼乐文化和经济生活基础上，通过武力实现秦的统一，是春秋战国以来历史走向的必然结果，也奠定了我国统一的专制主义中央集权国家的基本格局。

绵延八百多年的周王朝，在政治、经济和思想文化上都有重大的发展和创造，对后世的影响也是深远的。西周时期以周公为代表的周人所建立的制度文明和精神文明，确有很多创制之功劳，“我们今天所说的‘中国文化’的基因和特点有许多都是在西周开始形成的”①。钱穆先生说：“西周三百年历史，最重要者为封建政体之创兴。”② 我们就从西周的分封制说起。西周的分封制称为“封建”，也就是封邦建国。周灭商后，为了有效地统治被征服地区，派遣王室子弟或其他诸侯到各地建立诸侯国。封建诸侯，实际上就是一种军事镇服和武装移民，建立的各诸侯国是周王朝的军事据点，即所谓“大启尔宇，为周室辅”③。分封制的基本法则是以宗族血缘关系为标准，就是《左传》所谓的“以亲屏周”。西周采取分封制的目的，是“封建亲戚，以蕃屏周”④，封建诸侯是出于保护周王室、稳固周王朝的政治目的。封建的邦国以姬姓为主，数量最多，据《左传》周公封姬姓之国有 26 个，而据《荀子·儒效》说周公“立七十一国，姬姓独居五十三人”。这些被分封的大小姬姓诸侯，都是文王、武王和周公的后人，是西周诸侯国的主体部分。还有一类封国是异姓贵族，他们在武王灭商和周公东征的过程中立有大功，或者与周人有世代同盟关系，于是也被分封为诸侯国。齐国和宋国便是这种情况。武王还有一种特殊的分封，叫作“褒封”⑤，对象是先圣王的后裔⑥。如封黄帝之后于祝，神农之后于焦，帝尧之后于蓟，帝舜之后于陈，大禹之后于杞。这种封建，又称之谓“兴灭

① 陈来：《古代宗教与伦理——儒家思想的根源》，生活·读书·新知三联书店，1996 年。
② 钱穆：《国史大纲》，商务印书馆，1996 年。
③ 《诗·鲁颂·閟宫》。
④ 《左传·僖公二十四年》。
⑤ 《公羊传·隐公元年》何休注：“有土嘉之曰褒，无土建国曰封。”
⑥ 《史记》《礼记》《吕氏春秋》等有载，学者多有讨论。

国，继绝世”[①]。从当时的形势来看，武王褒封先圣王之后，乃是为了争取中原先住旧族的支持合作，并具有将其纳入周人建立起来的政治秩序的重要目的[②]。西周之分封，真正形成规模化、制度化，乃是周公摄政后，特别是东征之后。到周宣王时期，分封还在继续，可见分封诸侯确实是周王室的一贯制度。

作为西周的基本政治制度，周天子在分封制体系中居于至高无上的绝对支配地位。周王室把疆域土地划分为诸侯，分封的重要诸侯国有鲁、齐、燕、卫、宋、晋等。在分封制下，国家土地不完全是周王室的，而是分别由获得封地的诸侯所有，他们拥有分封土地的所有资源和收益，被封诸侯的义务是：要服从周王的命令，向周王贡献财物，派兵随从周王作战。这相当于中世纪欧洲诸王国与罗马教廷的关系，即现代意义上的联邦的基础。诸侯国王位由嫡长子世袭继承，其余庶子作为小宗分封为卿大夫。卿大夫在各自封地里又是同姓宗族的大宗，其封爵仍由其嫡长子世袭继承，其余庶子作为小宗分封为士。这样，便形成天子、诸侯、卿大夫、士等各级宗族贵族组成的金字塔式等级制结构。各个等级之间的相互关系，既是大小宗关系，也是上下级关系。

结合考古发现和文献记载，西周分封的范围，南至江汉流域，这里有所谓“汉阳诸姬”，北至燕山南北，东到大海，西至陕西甘肃交界，以黄河中下游流域为中心，建立起规模庞大的西周王国，形成了众星拱月般的政治格局。在分封制所反映的国家结构形态这个问题上，学者们有的偏重于强调其统一性，有的则强调其松散性[③]。从国家结构类型上说，西周与夏、商应为一种类型，即早期国家的联邦或联邦型松散结构，只是西周显然要“统一”和“集权”得多。西周在表面上有个作为天下共主的周天子，但实际上对天下的控制力是有限的，各诸侯国都是具有相当独立性的政治实体。春秋战国以来的历史就证明了这点，也正是经过这个过渡阶段对“统一”和“集权”的摸索和酝酿，才进入了秦汉比较严格意义上的中央集权的统一国家形态。

与分封制关系非常密切的宗法制，既是分封的原则又是分封的结果。宗法

① 《尚书大传》。

② 葛志毅:《周代分封制度研究》,黑龙江人民出版社,2005 年。

③ 如葛志毅《周代分封制度研究》认为,周代的诸侯国是国家统一体内的地方政权单位,根本不是独立自治的城邦国家。而田昌武《周秦社会结构》认为,西周不是什么统一王朝,而是一个族邦组合体。

制，源自父系家长制，商代已具雏形，至周代在分封过程中逐渐完备，是按血统、嫡庶来分配权力、财产，组织、维系社会，维护贵族世袭统治的一项制度。宗法制之所以至周代而称完善，一方面是与分封制的结合，另外一点便是嫡长子继承制。简单说来，就是嫡长子继承父亲的宗主地位，庶子分封。天子、诸侯、卿大夫的法定继承人，首先是嫡子中的长子，庶子即使年长或更有才能，也不能作为继位者。“立嫡以长不以贤，立子以贵不以长”①，前者是针对嫡子而言，后者则是针对庶子而言的。西周宗法当然是建立在姬姓宗族的血缘基础之上的，为了弥合周人与异族的矛盾，周人以缔结婚姻的方式，建立了广泛的亲戚关系。正如《礼记》所谓：“夫昏礼，万世之始也，取于异姓，所以附远厚别也。”宗法分封统领着复杂的关系，构成和延续着一个紧密团结的政治经济实体——宗族。宗族休戚相关、荣辱与共的关系，保障了周人的政治稳定和文化趋同。我们不得不承认，宗法分封制度在西周早期的特殊历史环境下确实是一个伟大的创举，也确实取得了巨大的成功。西周曾是中国历史上一个非常强盛的国家，也是中国民族史上的重要时期。由于大多数诸侯国最初是由与天子有血缘关系的同姓宗亲和亲密的异姓功臣分封的，因此对于周朝天子忠心耿耿，尽职尽责。除了按时交纳各种赋税之外，还积极地安抚边远地区的荒蛮部落，为西周政权的稳固立下了汗马功劳。但是宗法分封制度并不是维护统一的一劳永逸而无懈可击的法则，相反，一开始就种下了一个无可避免的矛盾——维系周王室的重要纽带是建立在血缘基础上的宗法，而开启诸侯纷争的关键则是血缘纽带的自然松弛。因为时间久远，经过六七代人以后，当初亲密无间的血缘亲情以及血统关系开始慢慢疏远。从西周中期开始，地方封国与日俱增的实力和王室授予他们的自治权，使他们变得越来越妨碍王室权威在国家领土内的施行。各诸侯国为了扩大自己的势力范围而钩心斗角，一些诸侯在封地内停止继续往下分封，将权力慢慢收回集中。对王朝的赋税和纳贡越来越少，这样就从经济上极大地制约了西周国力、财力的发展和巩固。一些诸侯国开始寻找各种借口讨伐、吞并那些实力弱小的诸侯国，诸侯国的数量在减少，而剩下的诸侯们势力越来越强盛。平王东迁（前770年）是周朝由盛到衰最重要的转折点。周昭王时，轻率地对南方用兵，征讨淮夷和楚，成周八师的百

① 《公羊传·隐公元年》。

战精兵因为不熟悉南方特殊的地形和气候，全军覆没，昭王本人也“不复”。这次惨败给了周王朝决定性打击。平王决定放弃丰镐及当地的宗庙，迁都洛邑。这次迁都不仅导致王室衰微（失去了根本领地），更导致周公建立的封建制度发生了根本动摇。王室力量的削弱，使之无法控制诸侯，自然会导致权力的重新分配和权力体系的大变革。因此，各诸侯国内部、诸侯之间发生变乱，而王室无法控制。诸侯间恃强凌弱，兼并连绵，宗室间自相残杀，内乱不断。

二、一个剧烈变动的时代

东迁之后的周王室，王畿缩小为仅限洛阳周围二百里的范围，国力日衰，天子威信一落千丈。周王室已无实力驾驭诸侯，凡事惟“晋郑是依”，实际上降为一个次等的诸侯国了。随着周王室的衰落，一个新的时代降临了。天子权威的陵夷，各路诸侯的激烈争战，游牧民族的乘机侵扰，一幅混乱不堪的局面拉开了春秋战国时代的序幕，中国社会发生了剧烈的震荡。这个时代被雅斯贝斯称作“轴心时代”①，被王夫之论为“古今一大变革之会”的时代。

随着宗族政治的日趋瓦解，传统的礼乐制度难以继续维持，出现了礼崩乐坏的局面。“礼乐文化”是以周公姬旦为代表的周初统治集团在叛乱平定、分封就绪、成周告成之后，“制礼作乐”② 形成的制度框架。“礼”的范围很广泛，典章制度、礼节仪式、道德规范等等几乎无所不包。③ 正如金景芳先生所说：“古代所谓礼，实际是包括上层建筑和经济基础在内的一系列政治的社会的制度，而以政治制度为主。”④ 因此周公所制的礼，不仅包括吉、凶、军、宾、嘉等不同的礼“仪”，更主要的是分封制、宗法制、井田制、畿服制、爵谥制、法制等等。春秋战国时期儒家大力宣扬的“礼治”，从根子上往上溯源，就找到周公精心炮制的“周礼”——西周的典章制度。所谓的“礼仪三百，威仪三千”，是指在分封制推进过程中，为维护这种制度而衍生的诸多礼

① 雅斯贝斯著，魏楚雄、俞新天译：《历史的起源与目标》，华夏出版社，1989 年。

② 《史记·孔子世家》，又见《论语·八佾》。

③ 《左传·昭公十五年》：“礼，王之大经也。”《左传·隐公十一年》：“礼，经国家、定社稷、序人民、利后嗣者也。”

④ 金景芳：《周公对巩固姬周政权所起的作用》，《吉林大学社会科学论丛·历史专集》，1980 年。

乐制度，逐渐形成了一种共同的文化，所谓“周监于二代，郁郁乎文哉”①。而也正是对这种文化的推崇和维护中，形成了“诸夏”的认同。

进入春秋，周王室式微，诸侯已不大尽贡赋的义务。公元前720年周平王死，公元前619年周襄王死，王室都要派人到鲁国“求赙”、“求金”②，公元前717年成周发生自然灾害，周王派人到鲁国“告饥”，等等不可尽数，周王室的捉襟见肘、每况愈下已是显露无遗。王室衰微、王权陵夷，当然导致王纲解纽，最能体现天子权威的策命之礼和朝聘之礼严重蜕变，或干脆废弃。王室对齐桓公的策命是因为周惠王“请伐卫”③，鲁桓公的策命是死后追加的④，晋惠公来领策命则是倨傲不敬，“执玉卑，拜不稽首”⑤。可即使是这样的“来锡命”，春秋时也难得举行，遑论战国了。至于朝聘，就春秋列国中号称“犹秉周礼”的鲁国也是次数可数而几被放弃。公元前632年的“践土之会”，晋文公“以臣召君”将周襄王搬来行策命礼，“尊王”成了一个幌子。

礼乐崩坏还表现为诸侯国中的“僭礼”行为。先是诸侯僭用天子之礼，以后又发展到各国卿大夫僭用诸侯之礼，甚至天子之礼。依礼只有天子才能行郊祭（祭天之礼），诸侯只能祭其封境内的名山大川。然而，鲁国从僖公开始也举行郊祭。⑥ 依礼只有周天子可以“旅”祭泰山，而春秋后期鲁国季孙氏也想举行这种大礼⑦。《论语》还记载孔子谈到季氏说：“八佾舞于庭，是可忍也，孰不可忍也?”按照礼的规定，只有周天子才能享用八八六十四的舞乐，而鲁国的大夫季氏竟享用天子的舞乐了。礼乐制度在西周时原有的等级森严、尊卑有序遭到毁坏而日益不堪。贵族对礼乐文化的内涵和仪式开始遗忘。《论语·雍也》记载孔子感叹：“觚不觚，觚哉！觚哉！”⑧ 觚是古代的一种酒器，腹部有四条棱角，足部有四条棱角。孔子看到觚不符合礼制而感叹，其弦外之

---

① 《史记·孔子世家》，又见《论语·八佾》。

② 《左传·隐公三年》《文公九年》。赙，助丧之财物。或说鲁国不贡，或说鲁国之贡轻薄，皆为非礼。

③ 《左传·庄公二十五年》。

④ 《左传·昭公七年》。

⑤ 《国语·周语上》。

⑥ 《公羊传·僖公三十一年》论曰：“鲁郊，非礼也。”

⑦ 《论语·八佾》。

⑧ 朱熹注：“不觚者，盖当时失其制而不为棱也。‘觚哉觚哉’，言不得谓觚也。”并引程子曰：“觚而失其形制，则非觚也。举一器，而天下之物莫不皆然。故君而失其君之道，则为不君；臣而失其臣之职，则为虚位。”

音则是对周礼遗失的痛惜！鲁昭公十五年，晋国派荀跞参加周室的葬礼，以籍谈为助手。籍谈的祖先世世主管典籍，可周王与他谈到礼和晋的历史的时候，籍谈却不能对。周王于是批评籍谈“数典忘祖”。籍谈回国后对叔向谈及此事，叔向却指出了周王服丧而宴会，又向诸侯求彝器，这是不合先王之礼的。[①] 可知，春秋后期贵族甚至周王都不知先王之礼了。即使还在践履的礼乐也只是虚应故事的敷衍了。在每年的秋冬之交，周天子须把第二年的历书颁给诸侯，叫作“颁告朔”[②]。诸侯接受历书藏于祖庙，每逢初一便杀一只羊祭于庙。杀羊叫作“饩羊”，祭庙叫作“告朔”。然而到孔子的时候，每月初一，鲁君不再亲临祖庙，只是杀一只羊“虚应故事”罢了，孔子的弟子子贡甚至还提出连活羊也不用[③]。

春秋以来，与诸侯（乃至卿大夫）的“僭礼”相伴，卿大夫与公室之间的斗争愈演愈烈。一种是公族与公室的斗争，鲁国最为典型。按照周代分封制和宗法制的原则，诸侯的嫡长子继承君位，其余诸子分封为大夫，他们是公室的后代，称谓公族。春秋时期鲁国由公族执政，私家势力的代表是季氏、叔氏、孟氏三家，他们都是鲁桓公的后代，史称“三桓”。公元前609年，鲁文公卒，随之发生杀嫡立庶的君位之争，结果文公庶子鲁桓公即位。三桓乘内乱之机发展势力，出现了“公室卑，三桓强”[④] 的局面。三桓的势力发展很快，“悼公之时，三桓胜，鲁如小侯，卑于三桓之家”。至此，三桓完全控制了鲁国，历史也随之跨入了战国时代。这便是史家所谓的“三桓专鲁”。另一种是异姓卿大夫与公室的斗争，以齐、晋为典型。田氏本是陈国公子完的后代[⑤]，在齐国立足之后，逐渐发展自己的宗族势力，参与贵族间的政治斗争。春秋中期以后，田氏崛起，逐渐取代公族而主国政，并最终夺取了齐国的政权，变姜齐为田齐。田氏宗族一方面联合齐国的公族削弱私家势力，一方面施惠于民，于是“田氏得齐民心，宗族益强，民思田氏”[⑥]。公元前379年，“田和立为齐

① 《左传·昭公十五年》。

② 历书包括有无闰月，每月初一是哪天。每月初一，称作朔日。

③ 《论语·八佾》：“子贡欲去告朔之饩羊。子曰：赐也！尔爱其羊，我爱其礼。”

④ 《史记·鲁周公世家》。

⑤ 《史记·田敬仲完世家》载，陈公子完奔齐，得齐桓公器重，担任“工正”，遂立足于齐，改陈氏为田氏。关于陈氏何以改田氏，说法很多，参《史记》之《集解》《索隐》《正义》。

⑥ 《史记·田敬仲完世家》。

侯，列于周室，纪元年”[①]，“田氏代齐”于此完成。晋国的公族势力在春秋前期就已经退出了历史舞台，卿大夫多是异姓贵族，他们逐渐掌握了国家的军政大权，并最终瓜分了晋国。晋文公即位以后，鉴于公室内部“亲以宠逼”[②]从而导致乱政的教训，不再分封公室宗族子弟，而是起用了一批异姓贵族。此后，公室宗族不能充任卿职成为晋国的固定格局。文公死后，卿族专权已渐露端倪，此后晋之公族与以前的公族名同而实异，卿族的势力不断扩大，公室则日益衰败。公元前403年，“周威烈王赐赵、韩、魏，皆命为诸侯”；公元前376年，“魏武侯、韩哀侯、赵敬侯灭晋后而三分其地，静公迁为家人，晋绝不祀”。[③]晋分为韩、赵、魏，史称“三家分晋”。司马迁说：“春秋之中，弑君三十六，亡国五十二，诸侯奔走不得保其社稷者，不可胜数。”[④]大夫、家臣由犯上作乱，发展到弑君篡国，君君臣臣的政治秩序破坏殆尽，使人产生了“社稷无常奉，君臣无常位”[⑤]的感慨。

进入战国时期，社会变革加速，传统的礼乐制度破坏殆尽。顾炎武在《日知录》中说：“春秋时犹尊礼重信，而七国则绝不言信与礼矣；春秋时犹尊周王，而七国则绝不言王矣；春秋时犹严祭祀重聘享，而七国则无其事矣；春秋时犹论宗姓氏族，而七国则无一言及之；春秋时犹宴会赋诗，而七国则不闻矣；春秋时犹有赴告策书，而七国则无有矣。”上述现象表明，维系宗族政治的礼乐制度，到战国时代已被彻底破坏。礼乐制度既已崩溃，何以为治就成了当时政治家和思想家们必须面临的问题。

春秋战国时期的剧烈动荡，又表现为五霸纷争，七雄兼并，烽烟四起，连年征战不休的场面。一些实力雄厚的诸侯国相继崛起，称霸中原，出现了著名的“春秋五霸”[⑥]。首先称霸的是齐国。齐桓公（公元前685—前643年）在管仲辅佐下实行了一系列内政改革，齐国很快强盛起来。春秋初期各诸侯国内纷乱，诸侯之间的攻伐也日渐频繁。中原内乱，居于中原各国周边和与诸夏杂

---

① 《史记·田敬仲完世家》。

② 《左传·僖公五年》。

③ 《史记·晋世家》。

④ 《史记·太史公自序》。

⑤ 《左传·昭公三十二年》。

⑥ 春秋五霸有两说，一是指齐桓公、晋文公、宋襄公、秦穆公、楚庄王；一是指齐桓公、晋文公、楚庄王、吴王夫差、越王勾践。

居的戎狄乘机侵扰：北戎侵郑、北戎伐齐、戎族侵鲁、山戎扰燕。与此同时，南方强大起来的楚国也逐渐向北扩展，对中原地区形成了威胁。[①] 面对这种形势，齐桓公举起“尊王攘夷”的大旗，开始了齐国的霸业。齐桓公先后会盟诸侯15次，其霸业主要有四件大事：一、公元前663年，伐山戎救燕。二、公元前661年伐狄救邢，次年伐狄救卫。公元前659年迁邢于夷仪（今山东聊城西），迁卫于楚（今河南滑县东），使邢、卫摆脱狄族威胁。三、公元前656年伐楚，迫使楚国参加召陵会盟，承认周室的共主地位。四、公元前651年，会盟诸侯于葵丘（今河南兰考东），霸业达到鼎盛。从此齐桓公成为霸主，得以挟天子以令诸侯。齐桓公“九合诸侯，一匡天下”[②] 的霸业，有其乘势扩张的目的[③]，也在一定程度上起到了遏制分封贵族争夺和联合诸夏护卫中原文化的作用。齐桓公死后，国内大乱，齐国的霸业也随之衰竭了。当时的宋国只能算作一个二等诸侯国，宋襄公却自矜仁义，企图依靠齐、楚两大国的支持实现自己的霸主梦。公元前639年，宋襄公召集诸侯会盟，被楚国侮辱。后来宋、楚泓之战，宋襄公坚守“仁义”之道，丧失战机遭到惨败。[④] 公子目夷敏锐地觉察到小国不可能出现霸主的道理，他说：“小国争盟，祸也。宋其亡乎！幸而后败。”[⑤] 孟子曾说：“以力假仁者霸，霸必有大国。”[⑥] 春秋霸主的情况确乎如此，每一位霸主都毫无例外地是以其强盛国力为后盾的。公元前636年，晋公子重耳流亡19年回国即位。此时正值宋襄公图霸失败，楚国积极北上，北狄与齐结盟而大盛，中原诸侯又受到严重威胁。晋文公即位后进行了一系列改革，政局稳定，社会经济得到发展，军事实力空前增强。文公即位次年，周王室发生王子带之乱，晋文公出兵勤王，因而得到了襄王的阳樊、温、原、欑茅四邑[⑦]，扩大了国土，提高了声望。公元前632年，楚国围宋，宋向晋告急，晋、楚会战于城濮（今山东鄄城西南），晋国大胜。晋文公大会诸侯于践土（今河南原阳西南），周天子也被迫召见诸侯，“践土之盟”册封晋文公为

---

① 《史记·楚世家》载，楚武王说：“我蛮夷也。今诸侯皆为叛，相侵或相杀。我有敝甲，欲以观中国之政。”

② 《史记·管晏列传》。

③ 《韩非子·有度》云：“齐桓公并国三十，启地三千里。”

④ 《左传·僖公二十二年》。

⑤ 《左传·僖公二十一年》。

⑥ 《孟子·公孙丑上》。

⑦ 《左传·僖公二十五年》。

侯伯，正式确立了晋国的霸主地位。从晋文公即位到“弭兵”之会（公元前546年）的八十多年间，晋一直是各国中最强的。这期间最大的五次战争，城濮之战，晋胜楚；殽之战，晋胜秦；鞍之战，晋胜齐；鄢陵之战，晋胜楚；邲之战，楚胜晋——晋四胜一败，足以看出晋国的强盛。公元前639年，楚始都于郢，吞并了附近许多小国，史称“汉阳诸姬，楚实尽之”①，成为春秋时期疆域最大的国家。楚庄王（公元前613—前591年）在位时，正值晋国霸业中衰，为楚国北上争霸提供了有利时机。公元前606年，楚国北上伐陆浑之戎，一直打到洛水边周室疆域以内，“观兵于周”，发生了“楚子问鼎”的故事。楚国在平定南方后继续北上争霸，公元前597年楚晋邲之战，大败晋军。公元前589年，楚国在蜀（今山东泰安西）大会诸侯，有晋、宋、陈、卫、郑、曹、邾、薛、鄫参加，齐、秦两个大国也到会与盟。这次十二诸侯会盟，显示楚庄王的霸主地位得到了中原诸国的承认。直到“弭兵”会议的召开，晋、楚势力不相上下，长期争霸中原。秦国立国于西周晚期②，春秋早期的秦主要是与关中地区的戎、狄进行斗争。至公元前659年秦穆公即位，秦国经过一百多年艰苦创业，依靠自己的力量廓清了戎狄，占有了西周王畿关中全部地区③。秦穆公是一位很有作为的君主，在位期间国势大增，疆土延及与晋国相接，积极东进，力图在中原建立霸权。但秦的东进之路受到了晋国的阻挡④，于是用西戎贤人由余之谋，“伐戎王，益国十二，开地千里，遂霸西戎”⑤。春秋中期以后，晋、楚争霸激烈，黄河和长江流域的大小诸侯国几乎都卷入了战争。中原小国，特别是夹在大国之间的宋、郑饱受战争之苦。此时的晋、齐、鲁等国大夫势力上升，忙于国内争夺，也都希望有个和平的外部环境。最重要的是晋、楚两国势均力敌，谁也不占绝对优势。在这样的情势下，经过宋国不遗余力的积极倡导，诸侯们建立了“弭兵”之盟。⑥ 延续一百多年的春秋中期

① 《左传·僖公二十八年》。

② 《史记·秦本纪》载，平王东迁，秦襄公与晋、郑护送有功，平王封襄公为诸侯，“公于是始国，与诸侯通使聘享之礼”。

③ 《左传·襄公二十七年》。

④ 秦晋殽之战，秦全军覆没，三将被俘虏。

⑤ 《史记·秦本纪》。

⑥ 宋大夫华元倡导的第一次“弭兵”，于公元前579年促成晋、楚暂时休兵，三年后因鄢陵之战破产。宋大夫向戌倡导的第二次“弭兵”，于公元前546年达成了双方同盟同时承认晋、楚霸主地位的罢兵盟约。

大国争霸战争，终以“弭兵”休战而告结束。之后，晋、楚之间四十多年没有发生大的战争，在北方其他国家之间战事也很少了，争霸的主战场转移到南方。吴、越都是长江下游的国家，吴、越的霸业对中原的格局影响不大，已是大国争霸的尾声，春秋时期即将结束。

从公元前475年开始，历史进入了战国时期。在当时的中国版图上，并列着七个以武力争胜的国家，西为秦，东为齐，南为楚，北为燕国，而合称三晋的魏、韩、赵居其中，俗称“战国七雄”。七强并立的形势在春秋末期已逐渐出现，公元前403年周威烈王承认赵、魏、韩三家为诸侯，公元前386年周安王承认齐田和为诸侯，七国并立的局面正式形成。战国的兼并战争，按大国国势的起伏大致分为四个阶段：魏国强大期、齐秦并强期、秦赵争强期和秦灭六国期。七国夹缝中的小国以及中原周边的少数民族建立的国家，在兼并战争中逐一被蚕食吞并，与七强共同在战国舞台上上演了一幕波澜壮阔的历史剧。

战国时期，是我国封建社会的开始时期。在战国初年，各国新兴地主阶级都在国内进行了改革，建立起适应新社会的各种政治制度。这些制度，对封建社会的巩固和发展，起到了积极的作用。战国以“战”字当头，战争的规模及其惨烈程度超越了以往的任何年代。战争的性质由过去的争夺霸权变为纯粹的兼并战争，最终秦通过战争统一六国。战国之分割不同于以后历史阶段的分割，因其战争，各国为富国强兵，纷纷变法，这一阶段自上而下的变革，促使中国进入到一个更新的政治经济社会。清代王夫之所谓：古之一大变革之会。

公元前445年，李悝在魏国变法。李悝变法内容为：废除世卿世禄，把以往贵族享有的世袭爵禄，用来奖赏对国家立有功勋、做出贡献的人。此乃政治策略，以招徕四方贤士。做“尽地力之教”，在国内授给每户农夫百亩土地，要求其“治田勤谨”，提高单位产量，充分利用土地，挖掘土地潜力，解决魏国人口多土地少的问题。此乃经济改革，是强国之本。实行平籴法，创造了由国家参与评价粮价的方法，丰年国家以平价购进粮食，荒年国家仍以平价出售粮食给百姓，实为保护农民的利益，此乃上述改革之保障法。李悝作《法经》加强专制主义统治的力度，其变法涉及政治、经济领域，变法后，魏国经济实力壮大，国力富强。李悝变法为七国之首，成为后续变法的标榜，商鞅便是接受了李悝的《法经》之后去秦国变法。

魏国变法不久，楚国在吴起的主持下掀起了一场更为激进的变法。吴起的变法集中在政治领域，一是采取严厉的措施打击旧贵族，重点也放在废除世卿世禄上；另一个重点是整饬吏治，“罢无能，废无用”①，将节省下的财力供养“选练之士”，奖励军功。吴起变法收到了一定成效，楚国迅速崛起。但吴起变法严重损害了旧贵族的利益，楚悼王一死，吴起被杀，变法夭折，此后楚国在政治上长期萎靡不振。

著名的秦国商鞅变法发生在吴起死后二十五年。商鞅变法脱胎于三晋②，又结合秦国国情制定了宏伟而细密的变法措施。商鞅变法分两次进行，内容涉及政治、经济、军事、思想文化乃至风俗等各个领域。商鞅变法的目的与齐、魏等国的变法一样，也是富国强兵，进而统一天下。从变法的具体措施来看，无非有两个指向：一是建立中央集权的君主政权，一是加强对民众的控制，“驱农归战”，两者相辅相成。废除宗室贵族的世袭特权，“宗室非有军功者，不得为属籍”；推行郡县制，建立中央集权的地方行政体制；“开阡陌封疆而赋税平”③，推行统一的国家授田制及相关的赋税制度；统一度量衡，在经济上加强国家管理；制定法律，保障变法贯彻等等，这些措施都促进了中央集权的建立。重农抑商，奖励耕织；编制户籍，实行什五连坐；奖励军功，实施二十级军功爵；实行“愚民政策”等等，以利诱与钳制的双重手段，将民众牢牢控制在政治权力之下。商鞅变法范围之广、时间之长、力度之强、收效之巨、影响之大，是其他任何一个国家的变法无法比拟的。“商鞅相孝公，为秦开帝业”④，商鞅变法进一步完善了秦国的集权专制主义的政治经济制度，使秦国迅速实现了富国强兵，一跃成为战国七雄中的强国，为日后统一六国打下了坚实的基础。

申不害在韩国改革。战国前期，韩国政治混乱，法律、政令前后不一，群臣吏民无所适从。公元前355年，韩昭侯起用申不害为相，实行改革。申不害提倡中央集权的君主专制体制，主张以“术”治国。申不害所讲的“术”，主

---

① 《战国策·秦策三》。
② 东汉桓谭说：李悝著《法经》，“卫鞅受之，入相于秦，是以秦、魏二国深文峻法相近”。
③ 《史记·商君列传》。
④ 《论衡·书解》。

要是指国君任用、监督和考核臣下的方法。“术者，因任而授官，循名而责实，操杀生之柄，课君臣之能者也。”[①] 国君委任官吏，要考察他们是否名副其实，工作是否称职，言行是否一致，对君主是否忠诚，并根据考察的结果进行赏罚，提拔重用忠诚可靠之臣，贬黜狡诈奸猾之人。采取隐秘的权术，使臣下捉摸不透国君的真实意图。申不害的改革取得了一定的成效，史称“申不害相韩，修术行道，国内以治，诸侯不来侵伐”；“终申子之身，国治兵强，无侵韩者”。[②] 但申不害的改革有很大的局限性，其效果远不如魏、秦等国。

赵国继魏国之后也进行了改革。赵烈侯时，公仲连任相国，其改革主要集中在教化人民、建立选官制度和改善财政方面。公仲连推荐牛畜、荀欣、徐越等三位有才之士。他们分别向烈侯提出了改革的建议，“牛畜侍烈侯以仁义，约以王道”，“荀欣侍以选练举贤，任官使能”，“徐越侍以节财俭用，察度功德”。赵武灵王即位后实行胡服骑射的改革，一跃成为战国后期的军事强国。

齐国的改革主要在齐威王时期。齐威王即位初期，一度出现了“诸侯并伐，国人不治”的严重局面。在淳于髡和邹忌的协助下，针对齐国“百官荒乱”的局面，对吏治进行了整顿。史载他召集全国地方官72位，首先给予卓有政绩却不事巴结的即墨大夫以万家食邑的赏赐，然后将不敬职守、荼毒百姓、肆行贿赂以求升迁的阿大夫当众烹杀。从此，“齐国震惊，人人不敢饰非，务尽其诚，齐国大治”[③]。邹忌还提出了接受臣下意见、注意选拔人才、修订法律、监督清除奸吏等主张。经过一番改革，齐国在政治经济上都有了新气象，国力随之强盛，“诸侯闻之，莫敢致兵于齐二十余年”[④]。

燕是最晚实行改革的国家。六国的改革早已完成，成绩显著，国富兵强，而燕国尚未改革，国弱民贫，处境险恶。燕王哙轻信鹿毛寿的进言，竟仿效传说中的尧舜禅让，将国家拱手交给子之，内乱外患并起，几乎亡国。昭王即位后，“卑身厚币以招贤者”，“乐毅自魏往，邹衍自齐往，剧辛自赵往，士争趋燕。燕王吊死问孤，与百姓同甘苦”，实行了“不以禄私其亲”“察能而授官”等一系列改革措施。

---

① 《韩非子·定法》。
② 《史记·老子韩非列传》。
③ 《史记·田敬仲完世家》。
④ 《史记·田敬仲完世家》。

历数战国时期各国的变法，其目的是相同的，即富国强兵，统一天下。而要达到统一天下的目标，势必要强化中央集权。只有这样才能将民众捆绑在国家的战车上，出人、出钱、出力，倾全国之力投入旷日持久、日益惨烈的兼并战争。战国变法运动在一定程度上增强了变法国家的实力，打击了旧贵族势力，瓦解了宗法贵族统治秩序，使新兴地主阶级的统治得到了巩固。与春秋时期的改革相比，战国时期的变法不再仅仅在经济领域，而是对政治、经济各方面都进行改革，比春秋时期的改革更加全面，影响也更深刻。春秋时期的改革只是动摇了旧的制度，而战国时期的改革在摧毁旧制度的同时也逐步确立了新的政治经济制度，基本上完成了社会的转型。一种全新的社会制度——封建制度开始确立起来。

公元前409年，首先强盛起来的魏国大举伐秦，攻占秦国河西地区，燃起了连绵不断并且声势浩大的战火。公元前344年，魏惠王召集宋、卫、邹、鲁、秦等国在逢泽（今河南开封南）会盟，达到了魏国强盛的顶峰。这时的齐国，齐威王任用邹忌进行改革，也迅速强大起来，成为魏国的主要对手。公元前342年马陵（今山东范县西南）之战，魏军惨败，不得不屈从于齐国的势力。公元前334年，魏惠王到齐朝见威王，互相推尊为王，史称“齐魏相王”。[①] 就在魏国在东面惨败之时，秦国在西面向魏发动攻击，至公元前328年，魏在黄河以西的土地丧失殆尽，并有一部分河东、河南的土地被秦占领。此时的魏国国土日益缩小，国力也大大衰弱了。这一段争战的历史，其实又可概括为魏国霸业的起落与齐、秦的崛起。

“齐魏相王”之后，东方六国中齐国最强，西方的秦经过商鞅变法迅速发展起来。公元前333年到公元前329年，秦连年攻魏，最后控制了三晋防秦的屏障——黄河天险，取得了向东发展的战略要地。东方的齐国也在积极扩张，公元前315年破燕，公元前301年败楚。伴随着长期的兼并战争，七强多数已经过君统篡易，列国间的亲缘纽带已断，诸夏联盟的链条已解，七国渐渐从诸侯国演变为地区性的集权国家。而在齐、秦各在东、西戮力扩张的时候，七雄中逐渐出现了强国和弱国之分。奔走驰说于外交场合的谋士，促成了合纵和连横两条不同的联盟攻略[②]。战国中期以后，大国间的兼并战争就是围绕着

① 《史记·魏世家》《田敬仲完世家》。

② 《韩非子·五蠹》：所谓“合纵”，就是“合众弱以攻一强”；所谓“连横”，就是“事一强以攻众弱”。

“纵”与“横”这两条策略而展开的，在策士游说鼓动下，当时的局势波澜起伏。公元前301年齐败楚之后，赵国“结秦连宋”[①]，形成了秦、赵、宋集团与齐、魏、韩集团互相对峙的局面，一时间难决雌雄。齐、秦两强为实行“远交近攻”的扩张战略，主动由对抗走向和解。公元前288年，齐湣王接受秦昭王倡议，齐、秦同时称帝，齐为东帝，秦为西帝。虽然很快都放弃了，但可见当时两国凌驾诸侯的意图已不再掩盖，吞并周室而称天子的权力意志也已非常明显。

赵武灵王于公元前307年实行“胡服骑射”的军事改革，军队的战斗力大大增强。短短十余年间内，赵国攻得中山及西北少数民族的大片疆土，一举成为足以与齐、秦抗衡的强国。此时的齐国在灭宋（公元前286年）之后，国力消耗很大，且又引起了列国的恐慌。就在三晋与秦、楚合纵来攻之时，齐遭到燕的乘机报复，几乎亡国。虽然后来齐将田单大败燕君，收复失地，但此后齐国仅存而已。齐国衰落之后，赵国成为唯一能与秦国较量的国家。公元前270年，赵奢在阏与（今山西和顺）大败秦军。兼并战争在秦与赵的对峙中持续着。

公元前260年，战国历史上规模最大的一次战役——长平之战，赵国惨败，此后便进入七雄兼并战争的最后阶段。到秦昭王末年时，秦国的实力压倒六国，成为七国中唯一的强国。公元前237年，秦王政任用李斯、尉缭，确立了阻止六国合纵、各个击破的策略。六国受秦威胁，而合纵抗秦的联盟始终没有完全形成。燕、赵斗争不息，齐国苟且消极。公元前249年，赵、楚、魏、韩、燕五国合纵攻秦，齐独不参与。这是最后一次合纵抗秦，终以失败结束。在战国历史的最后10年中，秦国逐个地灭掉了六国，统一了中国。

西周共主统领下的“天下万邦”，在春秋霸主的角逐中数目骤减，蕞尔小邦被逐渐纳入大国版图。春秋时期的百余国，战国初期只剩下二十余国，战国中期越亡于楚后，便只剩下七个大国了，“争地以战，杀人盈野；争城以战，杀人盈城”[②]。与春秋争霸相比，战国战争更为惨烈。春秋时期一次战争的兵力不过几万，战国时期则动辄数十万。据《春秋》记载，在242年间，列国

① 《孟子·梁惠王下》。

② 《孟子·离娄上》。

间进行的大小战争共483次。到了战国，大规模战争就有200多次。仅秦始皇统一中国的22场大战，斩首数量就达181万人。春秋争霸和战国兼并战争，给社会带来了巨大的灾难和痛苦，但同时也促进了社会变革的步伐。随着争雄战争的推进，战国时期的大国由分封制度下服侍天子的诸侯国演变为地区性的主权国家。这些大国的政治抱负不再是共奉天子，也不再满足于在尊王旗帜下建立霸权，而是要兼并他国、统一天下。

三、走向统一

先秦的中国，自西周到春秋战国，长期处于分裂动荡的状态，而这种分裂毋宁说是一种社会秩序的混乱。到战国末期，社会经济的发展、制度的完善、民族融合、民心所向、百家思想的融汇，在战争的催化下昭示着一个愈来愈明显的历史方向：统一是大势所趋！

春秋战国时期经济大发展，社会生产力有了显著提高，封建的生产关系开始萌芽。技术的进步以及由此带来的经济发展、经济结构的变化，影响了社会的变革。最重要的标志就是铁的发明和铁制工具的广泛使用。冶铁技术的发明和铁器的制造，大约在春秋初年①。春秋末期至战国早期的铁器中占首要地位的是兵器，铁制农具较少。到了战国中期和后期，已经普遍使用铁器，社会生产和生活的各个领域都有多种铁器。铁器的广泛使用具有划时代的意义，提高了开垦荒地的能力，便于深耕细作，推动了农业的迅速发展。再者就是，牛耕的出现和推广。春秋时期孔子的弟子冉耕字伯牛，就是牛用于耕地的反映。《国语·晋语》记载，春秋末年晋国的范氏、中行氏没落，宗庙祭祀废绝，就把祭祀用的牲牛用来耕地，“宗庙之牺，为畎亩之勤”。战国时期，牛耕进一步推广，并开始使用铁犁。与此同时，耕作技术和耕作制度也在进步。农业的发展还表现在水利上。春秋时期，齐桓公会盟诸侯有“无障谷”“无壅泉”“无曲防”的誓约②，就是协调各国共同防水患兴水利。战国时期，完成了三大水利工程：魏文侯时期邺令西门豹主持的“引漳溉邺”工程，③ 秦蜀守李冰

① 文献中“铁”字最早见于西周春秋之交，《诗·秦风·驷驖》：“驷驖孔阜，六辔在手。”“驖”字即“铁”字。

② 《公羊传·僖公三年》《孟子·告子下》。

③ 《史记·河渠书》。

父子主持修筑的都江堰工程，秦国修筑的有名的郑国渠。正是由于生产力的进步，战国时期农业产量有了很大提高，一家一户的小生产成为可能，在原有田制之外出现了大量垦荒导致的“私田”，以及作为社会基础生产单位的大量小农家庭。农业的发展进而促进了手工业和商业的发展，铸造、制陶、纺织、酿造、盐业等等，各种手工业的技术和规模都有长足发展，商品总量增加，出现了商业空前繁荣的局面。官府手工业和家庭手工业之外，出现了专门从事商品生产的小手工业者和独立的商人。“工商食官”的局面被打破，涌现出日益繁荣的商品市场和大大小小的商人。诸侯国之间经常有商贾往来从事贸易。商业的发展，促进了城市规模的扩大，出现了“千丈之城，万家之邑相望”的局面。战国后期，由于商业和交通的发展，各个地区在经济上的联系非常密切，已是“四海之内若一家”①。春秋战国时期经济的发展，为列强争霸提供了物质基础，为以统一为目的的兼并战争提供了经济保障，为社会结构变化、政治格局演变以及思想文化传播与争鸣、促进大一统局面的形成提供了生产力基础。

春秋战国时期的士人和霸主，都在探索和寻找大一统的秩序。战国时天下统一的趋势，在当时的思想主张中也能看到。孟子就曾预见天下纷争的结局：“天下恶乎定？”“定于一。”② 荀子融合诸家思想提出了君主的权力设计，为后代的帝制建立了基本规模，憧憬了“四海之内若一家”的政治格局。韩非子主张专制，设计了“事在四方，要在中央”的政治秩序③。邹衍的“大小九州”和“五德终始”，也是为大一统的政治秩序提出的理论学说。《吕氏春秋》则是吕不韦为秦始皇统一全国后如何治理天下苦心经营的治国纲领，为即将统一的天下建构的意识形态的理论准备。各派学者把完成统一称为建立王业，纷纷提出平天下的办法，这也符合企图号令天下的君王的欲望。战国初期魏惠王第一个自称为“王”而企图号令天下。齐威王时，魏国为秦、齐挫败，朝见威王，发生了齐魏“徐州相王”。秦惠文王用张仪连横策略成功，自称为“王”。公孙衍倡合纵，发起魏、韩、赵、燕、中山同时称王，即所谓“五国相王”。战国中期，齐湣王称“东帝”，秦昭王称“西帝”。三代称“王”，上

① 《荀子·王制》。
② 《孟子·梁惠王上》。
③ 《韩非子·扬权》。

古称“帝”，强国以此相称，统一天下的野心昭然若揭。

在七强并立、各自为政的格局下，统一是实力的较量。战争的规模相当大，参战人数之多、战争地域之广、延续时间之长，都使战国时代的兼并战争达到白热化的程度。如魏国在秦围大梁时，曾“以三十万之众，守十仞之城”[①]。一场战争的战线可能扩展在方圆数十里甚至几百里的山林旷野。列国“能具数十万之兵，旷日持久数岁”[②]。一场大战的耗费，“十年之田而不偿也”[③]。各国以富国强兵为直接目的的变法运动，就是在战争刺激下纷纷展开的。中央集权的君主专制官僚制度，也在战争的促进下逐步完善。文武分职，一方面适应了当时繁杂的行政事务和军事活动的需要，一方面也是为了集权于国君。军功选拔奖励制度，使贵族在官僚队伍中的比例逐渐减少，瓦解了传统的世卿世禄制度。随着各国变法的实施，官僚制度、政治权术、法律制度以及郡县制度，紧随战争的步伐渐次完善，正在建立的中央集权的君主专制统治也为统一做好了制度上的准备。

春秋时期，各个霸主都在发展壮大自己，吞并弱小国家，企图称霸天下。进入战国，随着长期的兼并战争，七强从诸侯国演变为地区性的集权国家。在这场争夺中，七个大国都将统一天下作为自己的使命，同时，谁也不敢保证自己不会被别的强国所灭。合纵抗秦的六国联盟始终没有完全形成，就是因为六国都有吞并他国的野心，各打自己的如意算盘而导致的。连横政策则是“事一强以攻众弱”，适应了统一战争的趋势。公元前206年长平之战之后，秦国的实力压倒六国。而此时六国企图委曲求存，已是绝不可能的了，正如苏代说魏王：“以地事秦，犹抱薪救火，薪不尽，火不灭。”[④] 统一全国的历史潮流正以排山倒海的气势冲击过来，不是能不能统一的问题，而是由谁来统一的问题。

春秋战国时期出现的追求统一的思想，来自更为深远的政治文化观念。据典籍记载，唐尧、虞舜、夏、商、周、秦等凡入住中原的帝王，以及戎、蛮、

---

① 《战国策·魏策三》。
② 《战国策·赵策三》。
③ 《战国策·齐策五》。
④ 《史记·魏世家》。

苗、羌等与中原居民发生过关系的周边民族，都自认或被认为是炎黄后裔。[①]这种血缘的追宗认祖，其背后反映的是一种文化认同和民族认同。这种文化现象直到后代王朝仍然存其孑遗。刘邦乃刘累之后，为唐尧后裔。[②]北魏皇室，为鲜卑族的拓跋氏，他们也自认为是黄帝后裔，与中原汉族是兄弟关系[③]。这种文化心理已经流进人们的血液里了。五帝时代，是民族的初步凝聚，华夏大地上已经有了具有相当权威的“中央”的存在。夏、商时，出现了初步统一的局面。周代的宗法分封制，标志着更具有凝聚力的一统局面的出现，也意味着统一成为中国历史发展的主流和不可逆转的大势。“普天之下莫非王土，率土之滨莫非王臣”，表达的就是大一统的思想和文化观念。西周的分封制推动了一种共同的“诸夏”文化的形成[④]。诸夏是中原之人的族称[⑤]，是和夷狄对立的一个概念。西周实行的分封制，客观上起到了促进族群融合的作用：诸夏文化的教化和推广，诸夏与夷狄交错杂居的民族格局，“戎索”与周礼并行的治国理念等等。可以说，夏、商、周三代“族群代兴”的历程，直到西周才奠定了民族融合的基础。春秋以降，诸侯争霸，四夷交侵，促进了民族融合的进程。大国拓疆分别吞并了邻近的少数民族部落方国，如齐灭莱，晋灭赤狄和陆浑之戎，楚灭庸、群舒等，秦灭西戎。本来属于“四夷”的楚、秦、吴越，在与诸夏的争锋中也接受了诸夏的文化，如楚庄王论“武”[⑥]，吴公子季札观乐，秦穆公赋《诗》[⑦]。“尊王攘夷”主张华夷之别，在维护诸夏文化的同时，也融合了夷狄。随着诸夏与夷狄关系的冲突和交流，春秋时期的华夷观念也在变化。春秋初期还在“严华夷之防”，两者分治，“德以柔中国，刑以威四

① 见《史记》《山海经》《左传》《国语》等典籍，如《秦本纪》载：“秦之先，帝颛顼之苗裔。”《楚世家》载：“楚之先祖，出自颛顼高阳。”颛顼为黄帝之孙。不烦一一列举。

② 《汉书·高帝纪赞》。

③ 《资治通鉴》卷一百四十：“魏主下诏，以为‘北人’谓土为拓，后为跋。魏之先出于黄帝，以土德王，故为拓跋氏。”

④ 西周始以“夏”作为中原之人的族称，春秋始以“华”作为中原之人的族称，称华与称夏并行。“华夏”连称则是汉代以后的事情。

⑤ 《说文》：“夏，中国之人也。”这里的“中国”即指中原。

⑥ 《左传·宣公十二年》载，楚庄王发挥“止戈为武”，引用《周颂》。

⑦ 赋诗言志是诸夏会盟的礼乐，秦穆公与晋公子重耳赋诗，秦送重耳归晋的重大决策，便是在赋诗中敲定。

夷”[1]。春秋后期，孔子一方面仍然说“裔不谋夏，夷不乱华”[2]，同时也提出了以文明、野蛮来区分华夷的观念，从而引申出华夷可以转化的观念[3]。事实也正是如此，秦国试图东进，楚国企图南下，从文明进程的角度，又可以看作是诸夏文化的扩展。进入战国，合纵连横，彻底打破了内夏外夷的民族格局，七国邻近的戎狄部族，逐渐融入诸夏联盟，周边的少数部族则向更远的地区移动。秦国熔诸夏、戎狄于一炉，楚国熔诸夏、蛮夷于一炉。“楚子问鼎”的故事，就是一个非常有意味的象征。九鼎，是大一统王权的象征，国家政权的标志。事实上，“问鼎中原”的不仅是楚国，凡有统一天下野心的霸主，莫不觊觎九鼎。[4] 与列国争雄相伴的“大一统”观念，在春秋战国时代随着民族的融合，已经深入当时人们的内心深处。实现政治上的统一，建立起一个合理合法的政治秩序，成为人们心底的一种渴望。

天下大势已定，统一只是个时间问题，而齐、秦的博弈早在此前就已悄悄拉开了序幕。

① 《左传·僖公二十五年》。

② 《左传·定公十年》。

③ 《论语·季氏》:“远人不服,则修德以来之,既来之,则安之。”

④ 秦国曾临周而求九鼎,齐王听颜率计,为得到九鼎而欣然出兵攻秦。秦王为了得到九鼎,更是处心积虑、费尽心机。

第一章 | 齐与秦：沉浮异势

齐国曾是春秋战国时期举足轻重的大国，在中国历史上存在了八百多年。东傍大海的齐国，有着较为发达的农业、丝织业和丰富的鱼盐资源，逐步发展成为经济上比较富裕的国家。经济的富裕又带来了繁荣灿烂的文化。齐文化作为齐鲁文化的重要组成部分，也是中华文明形成时期的源头之一，有的学者甚至认为齐文化“是中国文化的核心与正派”①。但齐国最终走向衰落，被“偏居一隅”的秦国所灭。

一、泱泱大国之风

早在远古时期，齐国故地便已存在人类活动的脚印。根据考古资料，目前所知最早生活在齐鲁大地上的史前猿人是1981年9月18日发现于沂源县土门镇骑子鞍山东麓的“沂源猿人”。考古学家在这一地区发掘出距今40万至50万年的猿人头盖骨碎片、股骨、肱骨、眉骨及牙齿，按照惯例，这种远古猿人依发掘地被命名为“沂源猿人”（简称“沂源人”）。这是目前所知山东地区最早的古人类遗址。这些发现有力地证明了早在四五十万年前的旧石器时代，齐国故地就已经有人类繁衍生息。新石器时代的遗址遍布山东全省，后李文化、北辛文化、大汶口文化、龙山文化、岳石文化如一串串明珠，点缀在史前山东大地上，而这些遗址大都处于齐国故地。史前时期齐国故地的先民们已经在这片土地上，用勤劳的双手创造了独具特色的文化。

---

① 王阁森、唐致卿：《齐国史》（山东省社会科学七五规划重点项目），山东人民出版社，1992年，导言第1页。

1927年，蒙文通先生依据中国古族的分布区域、部落、姓氏、经济、文化特征，又从《尚书·禹贡》篇“海岱惟青州”一句中的地理方位，将中国上古民族划分为江汉、河洛和海岱三大系统，[①] 首次提出“海岱”的历史文化区域概念，近年来考古学界又将这一地区命名为“海岱文化区”。徐旭生先生在20世纪40年代初，根据历史传说进一步将上古民族概括为“华夏”“东夷”和“苗蛮”三大部落集团，而将齐鲁旧地及周边地区的远古部落统统归入东夷集团。[②] 稍早于此，傅斯年先生1935年提出了“夷夏东西说”，也认为与“华夏”文化相对应着一个“东夷”文化区。[③] 据片段的史籍记载、考古发现以及历史传说，在齐国建立以前的漫长历史中，这片土地上就活动着许多原始部落和氏族，史学界多称其为“东夷”。

由于史料缺乏，东夷这段历史只零星散见于《左传》《国语》《山海经》等史籍中。关于齐国故地的大致沿革，从《左传》中晏子和齐景公对“古而无死”话题的讨论中可以了解到：“昔爽鸠氏始居此地，季萴因之，有逄伯陵因之，蒲姑氏因之，而后大公因之。”[④] 最早生活在这片土地上的是“爽鸠氏”，该氏族以鸟为名，属于东夷部落。鲁昭公十七年（公元前525），郯子朝鲁，鲁昭公设宴款待郯子。宴上鲁国卿大夫叔孙昭子向郯子请教，郯子祖上少皞氏何以以鸟为官名。郯子在回答叔孙昭子时就涉及“爽鸠氏”，据其言“爽鸠氏”乃少皞氏的司寇[⑤]，主要负责刑狱司法事务。继爽鸠氏的季萴则是虞、夏时期的诸侯[⑥]，由于史料缺乏，其具体情况不得而知。其后逄伯陵氏成为此地诸侯，《左传》杜预注：“逄伯陵，殷诸侯，姜姓。”东周景王时的大夫伶州鸠云：“我姬氏出自天鼋……则我皇妣大姜之姪，伯陵之后，逄公之所凭神也。”由此可知，西周大王古公亶父之妃、文王之祖母乃是逄伯陵之后。韦昭注：“逄公，伯陵之后，大姜之姪，殷之诸侯封于齐者。”这说明姜姓东夷部落早在殷商时代即已统治齐国故地，另一方面同为姜姓，逄伯陵氏极可能和后来齐国创立者太公有渊源。商代中后期蒲姑氏又统治此地，杨伯峻先生认为

① 蒙文通:《蒙文通文集》第二卷,巴蜀书社,1987年。
② 徐旭生:《中国古史的传说时代》(增订本),文物出版社,1985年。
③ 傅斯年:《夷夏东西说》,《庆祝蔡元培先生六十五岁论文集》,“国立中央”研究院,1935年。
④ 《左传·昭公二十年》。
⑤ 《左传·昭公十七年》。
⑥ 据《春秋左传集解》杜预注:“季萴,虞、夏诸侯,代爽鸠氏者。”

“蒲姑”亦作“薄姑”，故城在山东临淄区西北五十里[①]。何兹全先生根据“薄”“薄姑”“蒲姑”等词古音相同的特点，再联系商人迁徙过程中常以“亳”命名新迁徙地的特点，推测“凡称亳、薄姑、蒲姑、番的地方，大概都是商人居住过的地方”[②]。西周成王初年，东夷、徐、淮举起叛乱大旗，与“三监”叛乱遥相呼应，周公东征，征伐对象之一就是薄姑。薄姑是商人旧部应该是可信的。周公经过三年东征才平定叛乱，可见东夷商人旧部反抗之激烈。原因可能就如傅斯年先生“夷夏东西说”中说的商人祖居地在今天的山东、豫东地区，其作为商人的发迹地犹如后世王朝的“龙兴之地”，故而商人对此地极为重视，拼力抵抗，以保卫自己的最后根据地。因此，周公平叛难度最大的也就在东部地区。也因此之故，周公把有辅佐文、武二世之功的姜太公封在薄姑旧地，以便让享有威名的太公镇守此地，“以蕃周室”。

齐国故地在姜太公受封以前并不仅仅存在着蒲姑氏一支东夷势力，据《左传》《史记·齐太公世家》等典籍记载，薄姑东部相邻的还有莱夷。齐太公受封之初，“莱侯来伐，与之争营丘”[③]，太公虽然把莱夷逐走，争回营丘，但莱夷并没有被齐国灭掉。到了春秋时期，莱国还在《左传》上屡被提到，就连齐国贤大夫晏婴都是“莱之夷维人”[④]。齐桓公重用管仲改革之后，齐国屡屡出兵蚕食莱国。鲁襄公六年（公元前585），晏婴的父亲晏弱率领齐军灭掉了莱国[⑤]。王阁森、唐致卿还根据商周彝器中关于零星的“己”国记载，“己”即“纪”，推测“西周初年的纪国，是商代沿袭下来的”[⑥]。按这个推断，先齐时期齐国故地存在着一个纪国，也可略备一说。

以上即是典籍或出土文物中记载的齐国故地上生活的东夷部族的大体情况。尽管史料在这段历史留下了许多空白，但是传说却在一定程度上弥补了这一缺憾。对于传说我们不可全信，但也不能完全不信。世界上大部分民族的史前历史都与神话传说联系密切，先齐这段史前历史也不例外。

---

① 杨伯峻：《春秋左传注·昭公二十年》，中华书局，1990年，第1421页。

② 何兹全：《何兹全文集》第三卷“中国古代社会”，中华书局，2006年，第1121页。

③ 《史记·齐太公世家》。

④ 《史记·管晏列传》。

⑤ 《左传·襄公六年》。

⑥ 王阁森、唐致卿：《齐国史》（山东省社会科学七五规划重点项目），山东人民出版社，1992年，第104页。

炎黄时代是中国历史上的原始社会时期，炎帝、黄帝、蚩尤为不同氏族部落的首领，部族之间为了争夺财富、资源、生存发展空间，曾发生过激烈的战争。蚩尤作为历史人物，或云他是“九黎之君”，即东夷人的著名领袖和英雄，作为黄帝部族的主要反对者，给黄帝部族制造过相当大的麻烦。后人为了歌颂黄帝，有丑化蚩尤的倾向。但有一点可以肯定，那就是蚩尤绝对不是一个简单的人物，他是相当孔武有力、有勇有谋的。《龙鱼河图》云：“黄帝摄政，有蚩尤兄弟八十一人，并兽身人语，铜头铁额，食沙石子，造立兵仗刀戟大弩，威震天下……”透过神话色彩斑斓的外衣，可以推知蚩尤所在部族人口众多，生产水平较高，已经初步掌握了金属冶炼技术，会制造刀、剑、戟、弩等多种金属武器，能征善战，一度披靡天下。《山海经·大荒北经》载：“蚩尤作兵伐黄帝。黄帝乃令应龙攻之冀州之野。应龙蓄水，蚩尤请风伯雨师，纵大风雨。黄帝乃下天女曰魃，雨乃止，遂杀蚩尤。”剔除神话中荒诞不经的成分，可以推测出黄帝、蚩尤在战争过程中对天时、地利因素的充分认识和运用。蚩尤通过观察天象，运用天气变化带来的有利战机，选择风雨交加的日子进行反攻，一度取得了较大的战争优势。而黄帝稳住阵脚后，积极调整战略战术，选择气候干旱的季节，在“冀州之野”进行最后的决战。蚩尤集团可能对冀州不太熟悉，或是冀州离蚩尤部族主要居住地较远，生活环境差距较大，在战争中逐渐失去地利优势，最后被黄帝集团击败。传说蚩尤战败被杀后，身首异葬，蚩尤冢、肩髀冢所在之地，人们定期举行祭祀活动，祈求英雄的庇护和保佑。蚩尤身虽死，但他英武刚健的精神却长存于民间。

少皞氏是传说中上古五帝之一。西周成王初年，封周公长子伯禽于“少皞之虚”，杜预注：“少皞虚，曲阜也，在鲁城内。”① 少昊陵就在今天曲阜市东北。传说少皞乃黄帝之子，黄帝百年之后，少皞即帝位，在位 84 年，寿百岁而终。结合《左传·昭公十七年》叔孙昭子和郯子的问答中少皞氏“以鸟名官”的记载，可以推测东夷部族早期可能以采集植物果实和捕食鸟类为生。“以鸟名官”，实际上是把鸟作为这个部族的图腾，其具体情况，就是郯子所云：“我高祖少皞挚之立也，凤鸟适至，故纪于鸟，为鸟师而鸟名。凤鸟氏，历正也；玄鸟氏，司分者也；伯赵氏，司至者也；青鸟氏，司启者也；丹鸟

---

① 杜预:《春秋左传集解·定公四年》,上海人民出版社,1977 年。

氏，司闭者也。祝鸠氏，司徒也；鴡鸠氏，司马也；鸤鸠氏，司空也；爽鸠氏，司寇也；鹘鸠氏，司事也。五鸠，鸠民者也。五雉，为五工正，利器用、正度量，夷民者也。九扈为九农正，扈民无淫者也。自颛顼以来，不能纪远，乃纪于近，为民师而命以民事，则不能故也。”[①] 这些各种各样的以鸟命名的部落，担任不同的职务，大体具备了《周礼》的职官分类，虽然这样整齐划一的职官不尽可信，但至少说明东夷部族已经有了一套职司较为分明的管理系统，这在史前社会也是一个了不起的进步。从这段引文还可以看出东夷部族有着较为完备的历法，历正、司分、司至、司启、司毕等职能显然是历法节气术语。历法的完备往往表明这个部族农业的发达，“九农正”可能就是专门负责农业生产管理的部门或官职。早期的东夷部族可能以采集和捕食鸟类为生，后来才逐渐谙习农业。这个过程可能相当漫长。

舜也是上古五帝之一、东夷部落的领袖[②]。孟子云：“舜生于诸冯，迁于负夏，卒于鸣条，东夷之人也。”[③] 传说舜年轻时以孝闻名。舜的父亲瞽叟眼睛失明，舜的亲生母亲早逝，其父又续娶一房，生了舜的同父异母弟象。瞽叟宠爱幼子象，厌恶舜，甚至有时候想杀掉舜。《史记·五帝本纪》载：“舜父瞽叟顽，母嚚，弟象傲，皆欲杀舜。”然而舜却不失仁孝之道，对其父母依旧恪守孝道，于其弟则更加友爱。有一次秋收后，瞽叟让舜爬到谷仓之上，用泥巴涂抹谷仓顶的缝隙，等舜爬上谷仓，瞽叟便撤掉梯子在下面纵火，试图烧死舜。舜幸好戴着斗笠，他手持斗笠跳下谷仓，由此逃过一劫。瞽叟又让舜凿井，等井凿深后，瞽叟和幼子象趁机往井中填土，幸好井旁还有一枯井与其相通，舜从匿空中爬到枯井之中才幸免于难。舜不仅孝顺，而且谦恭允让。《史记·五帝本纪》记载：“舜耕历山，历山之人皆让畔；渔雷泽，雷泽上人皆让居；陶河滨，河滨器皆不苦窳。一年而所居成聚，二年成邑，三年成都。”帝尧听说后，便把自己的两个女儿嫁给舜，等尧年老后便把帝位传给了舜。舜帝在位三十九年，南巡狩至苍梧之野而崩，埋葬在长江南岸的九嶷。舜的两个妃子娥皇、女英听说后悲痛万分，决定去寻找舜墓，她们边走边哭，泪水洒在竹子上，落下斑斑的泪痕，就成了后来的湘妃竹。她们来到湘江，不幸沉溺而

---

① 《左传·昭公十七年》。

② 舜的故里还有一种说法是河北省冀州市，《史记·五帝本纪》云：“舜，冀州之人也。”

③ 《孟子·离娄下》。

死。人们为了纪念她们，在湘江边为她们建了相思宫、望帝台。湘妃竹也承载着人们对舜及两个妃子无限的爱戴，成为人们喜爱的一种观赏竹子。

到了夏代出现了一位英雄人物后羿。在虞、夏、商三代时期，“后”即后来的天子，“羿”与“夷”谐音，且带羽字旁，和鸟有重要的关系，后羿又被称作“夷羿”，东夷部落以鸟为图腾，可见后羿乃是东夷的一位首领。传说后羿善射，挽强弓百发百中。《左传》记载，后羿趁着夏后氏乱政之际，顺利取得了夏政。然而后羿不体恤夏民艰辛，一味沉湎于狩猎，把大权交给寒浞这个奸臣，寒浞暗地里收买人心，纠合亲信杀死后羿，夺取了大权。夏后氏后裔少康在有虞氏帮助下，起兵灭掉寒浞和其子浇，恢复夏政，这就是历史上有名的“少康中兴”。“后羿射日”是最令人感兴趣的传说，《淮南子·本经训》记载，后羿是一个通天入地的英雄人物，天子赋予他征伐生杀大权，要他去人间体恤万民，为民除害。故事中记载的十个太阳、猰貐、凿齿、九婴、大风、封豨、修蛇等可能就是当时的部落或者诸侯。从《淮南子》所记载的看，后羿乃是一支部落的首领，他有很大力气，作战勇敢，而且和部落联盟的首领关系密切，并一度获得一定的权力，是人民拥戴的部落首领。最有浪漫色彩的要数“嫦娥奔月”的故事了。后羿向西王母求不死之药，嫦娥偷偷服用，遂成仙体，飞入月宫之中。嫦娥来到月宫后并没有感到幸福，她悔恨自己偷服丈夫的仙药，又感到月宫里寂寞、寒冷无比，时时想念起后羿和人间的生活来，唯有天天挥舞广袖，深情地望着人间。中秋之夜，一轮明月高悬。人们在吃月饼和家人团圆赏月的时候也想起了嫦娥的寂寞。苏东坡《水调歌头·明月几时有》中一句“但愿人长久，千里共婵娟”，更令人珍惜和家人团圆的幸福时光。

（一）太公立国

时间推移至商代末期，商纣王帝辛荒淫无道，不得人心。位于商西部的周部落，经过几代人努力，至周文王姬昌时实力大增，纣王赐文王“弓矢斧钺，使得专伐，为西伯”①。后来文王得到一个叫姜尚的人辅佐，仅仅几年时间，西周版图大增，孔子就曾说过文王时便“三分天下而有其二”② 了。后来姜尚又辅佐文王的儿子武王。最终在约公元前 1046 年的一天早晨，天刚蒙蒙亮，西周及其盟友和商朝军队在牧野展开激战，商朝军队大败，商纣王自焚于鹿

---

① 《史记·殷本纪第三》。
② 《论语·泰伯篇第八》。

台。商代灭亡，同时也开启了一个新时代，西周王朝用宗法制和分封制把周文化推向全国，成为“中国数千年来立国的基础”①。姜尚辅佐两代君主，最终完成了翦商大业，因其功勋卓著，武王尊其为“师尚父”。这就是后来的齐国开创者姜太公。

姜太公的生平，《史记·齐太公世家》记载：“太公望吕尚者，东海上人。其先祖尝为四岳，佐禹平水土甚有功。虞夏之际封于吕，或封于申，姓姜氏。夏商之时，申、吕或封枝庶子孙，或为庶人，尚其后苗裔也。本姓姜氏，从其封姓，故曰吕尚。”周封姜太公于蒲姑氏故地，估计是出于太公祖上也是这一地区部落首领，且四岳辅佐大禹治水的名声流传甚广，可以借祖上威名及功勋更好地镇抚此地。至于太公望的称呼，司马贞又按：后文王得之渭滨，云“吾先君太公望子久矣”，故号太公望。盖牙是字，尚是其名，后武王号为师尚父也。姜太公“直钩钓鱼”应该是最有传奇性的故事。姜尚用直钩钓鱼，引起文王的注意，最终被文王重用，“姜太公钓鱼，愿者上钩”也成为中国人耳熟能详的歇后语。司马迁这样记载：

> 吕尚盖尝穷困，年老矣，以渔钓奸周西伯。西伯将出猎，卜之，曰“所获非龙非彲，非虎非罴；所获霸王之辅”。于是周西伯猎，果遇太公于渭之阳，与语大说，曰：“自吾先君太公曰‘当有圣人适周，周以兴’。子真是邪？吾太公望子久矣。”故号之曰“太公望”，载与俱归，立为师。②

姜太公老年辅佐文王、武王两世英主，完成强周灭商大计，可以说劳苦功高。牧野之战，姜太公是实际的指挥者，对此，《诗经》有过细节描写：“牧野洋洋，檀车煌煌，驷騵彭彭，维师尚父，时维鹰扬。凉彼武王，肆伐大商，会朝清明。”③ 空旷的牧野，一个黎明的早晨，商、周两军列阵厮杀，尘烟四起，战斗之激烈，惊心动魄。此一战商亡周立，西周以一个周边不大的民族击败“大邑商”，开创了一个新的时代。立此首功者就是姜太公，所谓“维师尚

---

① 童书业：《春秋史》，上海古籍出版社，2003 年，第 14 页。

② 《史记·齐太公世家》。

③ 《诗经·大雅·文王之什·大明》。

父”即是这个意思。周初功勋卓著的两个人物，翦商平定天下之功首推姜太公；平叛乱，辅幼孤，制礼作乐，为万世垂法乃周公旦。正是这个原因成王才封太公于齐。

关于太公封齐，史学界据现有的文献记载，有两种说法：

其一，据《史记·齐太公世家》，武王灭商后，因其功勋大，便封太公于齐。因太公治理齐国成绩显著，周王室便命太公："东至海，西至河，南至穆陵，北至无棣，五侯九伯，实得征之。"① 齐太公获得了征伐大权，成为东方诸侯之长。许仲琳的《封神演义》可能就是在《史记·齐太公世家》的基础上加工而成的。书中所讲灭商之后，姜尚奉元始天尊之命封神，等封完诸神后，却发现没有自己的名字，心情失落至极。这时元始天尊在空中对姜尚说，"打神鞭"还在你手里，你依然可以管制诸神。"封神"实际上就是分封诸侯，姜尚用"打神鞭"管制诸神实际上就是指齐国为诸侯之长，拥有对诸侯的征伐大权。

其二，傅斯年先生、童书业先生等，据《左传》等书认为当武王之世，殷商并未完全被灭掉，山东地区还存在着殷商的残余势力，此时姜太公不可能越过殷人的势力范围就封齐国。后来成王之世，周公东征结束后，太公才得以就封齐国。②

本书以后说为是，今天史学界大部分人也都赞同这种观点。明末顾炎武考证武王伐纣并没有灭掉殷商，而是封其子武庚于其旧地以统辖殷商人民，后来三监叛乱，周公平叛，杀掉武庚，殷商才算正式灭亡③。武庚叛乱，东方徐、淮的殷商旧部也趁机叛乱，周公东征，三年平定叛乱，至此殷商余部铲平，周才真正完成灭商的任务。也正因为东方为殷商的发源地，且其民在叛乱中反抗激烈，故而周公才分封太公于蒲姑氏旧地，齐国才得以正式成立。

姜太公就封齐国后，迅速稳定齐国局势，使新生的齐国得以站稳脚跟。据《史记·齐太公世家》记载，太公尚未上任，莱夷就西向与太公争国。太公星夜兼程，赶走来犯之敌，占据营丘，并以此为国都。莱人虽被赶走，但是齐国

---

① 《史记·齐太公世家》。

② 据傅斯年:《大东小东说》,《"中央研究院"历史语言研究所集刊》第二辑;童书业:《春秋史》,上海古籍出版社,2003 年,"周人的东方封建"条。

③ 顾炎武:《日知录》卷二,"武王伐纣"条。

及其周围还分布着许多东夷部族，如何稳定局势，使刚刚成立的齐国在较短时间内站稳脚跟，是迫在眉睫的事情。太公不但是出色的军事家，还是优秀的政治家。他以耄耋之年治理齐国，经验丰富，不拘泥于常法。太公根据齐地实际情况，“修政，因其俗，简其礼，通商工之业，便鱼盐之利”①，用最短时间稳定了局势，发展了经济，增强了国力。鲁国和齐国同时受封，但是治理国家的方略却截然不同。时成王年幼，周公摄政。周公长子伯禽受封鲁国，太公受封齐国。两国在不同的时间向周王朝汇报国家治理情况：

> 鲁公伯禽之初受封之鲁，三年而后报政周公。周公曰：“何迟也？”伯禽曰：“变其俗，革其礼，丧三年然后除之，故迟。”太公亦封于齐，五月而报政周公。周公曰：“何疾也？”曰：“吾简其君臣礼，从其俗为也。”及后闻伯禽报政迟，乃叹曰：“呜呼，鲁后世其北面事齐矣！夫政不简不易，民不有近；平易近民，民必归之。”②

鲁公伯禽的治国策略是变通商奄旧俗，变革其礼，行三年之丧，因此三年才向周公汇报工作，而太公仅仅用了五个月就向周公汇报了工作，工作效率之高，令周公大为感叹，并预言道：“鲁后世其北面事齐矣！”齐太公治国策略的特点，即简周礼、因民俗、重工商。齐鲁两国的治国策略不同的原因是“姜齐承袭山川守文化传统立国，故不重礼乐而重神灵祭祀和宗教崇拜，故简君臣之礼，重当地之俗”③。齐国乃是姜姓，鲁国是姬姓。姬姓和姜姓虽然自炎黄时期就有婚姻关系，但是两族在发展中风俗、文化却各有特点。

太公还相当重视贤能之士的开发和任用，齐国的人才政策独具特色，不拘泥于周代的“亲亲”“尊尊”的原则，倡导“举贤尚功”的策略，这从周公和太公的一次对话可以看出：

> 昔太公望、周公旦受封而相见，太公问周公曰：“何以治鲁？”周公曰：“尊尊亲亲。”太公曰：“鲁从此弱矣！”周公问太公曰：“何以治齐？”

① 《史记·齐太公世家》。
② 《史记·鲁周公世家》。
③ 郑杰文：《齐太公治国策略的文化渊源》，《山东理工大学学报》（社会科学版），2002年，第5期。

> 太公曰："举贤而上功。"周公曰："后世必有劫杀之君！"其后，齐日以大，至于霸，二十四世而田氏代之；鲁日以削，至三十二世而亡。[①]

"举贤尚功"的人才政策以才能作为官员升迁、罢免的标准，本质上是一种实用主义的人才政策，这种人才激励机制最大限度地调动了人才积极性，各级官吏为了升迁像拧了发条一样拼命工作，行政效率也会有一个极大的提高。然而这种政策也有其缺陷。重才轻德势必使一部分别有用心之徒窃据官位，为自己谋取利益，甚至窃国弑君，故而周公预言道："齐国后世必定有弑君者。"至春秋后期齐国弑君事件果然时有发生，最后田氏代齐，完成了齐国姓氏的更替。由于太公施行的政策得当，齐国在较短时间内稳定了局势，发展了经济。因此周王室为了表彰太公，便派召康公来宣读王命："五侯九伯，女实征之，以夹辅周室[②]。"太公实际上已经是东方诸侯之长了。

太公卒后，其子丁公吕伋即位，从丁公到癸公由于史籍记载不详，详细情况已不得而知了。到癸公之子哀公即位时，正值周夷王时期。当时纪国位于齐国东北部，齐国发展以渔盐业为主，必须向东、向北扩展，齐国的扩展和纪国产生了矛盾。齐哀公应该也是一名有作为的国君，他在位时期向东扩张的趋势更加明显。纪侯无力同齐国抗争，便在周夷王面前说了许多齐哀公的坏话，周天子大怒，"周烹哀公"[③]，活活地把哀公给煮了。齐纪两国结下了世仇。春秋初年，齐僖公便展开了对纪国的军事进攻，齐襄公八年（前690），纪国最终被齐国灭掉。齐国版图大大扩展，东北两个方向直抵大海，泱泱大国之势遂成。齐国自此完全拥有山东东部、北部黄渤海的海洋资源，这成了齐国经济收入的重要来源。

周夷王烹齐哀公后，立齐哀公的弟弟静为胡公。周夷王不顾传统的嫡长子继承制度，粗暴干涉齐国继承人问题，为争夺君位，齐国由此转入了多年的内乱。齐文公时期内乱才逐渐平息，齐国开始稳定下来。齐庄公二十四年（前770）[④]，犬戎攻破镐京，周幽王被杀，西周灭亡。幽王之子平王在晋、郑、秦等国护送下东迁洛邑，春秋开始。

---

① 《淮南子·齐俗训》。

② 《左传·僖公四年》。

③ 《史记·齐太公世家》。

④ 齐国历史上有两个齐庄公，西周末年的齐庄公乃是齐文公之子，事迹不多。春秋中期的齐庄公崇尚武力，曾主动出击晋国，后为齐国卿大夫崔杼弑杀。

周幽王之乱，镐京为犬戎攻破，周平王东迁洛邑，这场大动乱还波及毗邻周王朝的晋、郑、秦等国[①]。齐国因远居东方，既没有遭受此祸，也没有像晋、郑、秦那样护送平王东迁。安定的环境，持续的经济发展，使得齐国早已成了东夷地区的小霸了。李玉洁教授认为齐国在春秋初年的齐庄公时期已经是东夷地区的霸主了[②]，本书认为此时齐国在东夷地区早已遥遥领先莱、纪等国，其实在庄公以前就已经是东夷地区的霸主了。

齐庄公的儿子齐僖公在位时期，齐国开始向东夷以外的地区扩张势力。此时黄河中下游地区的列国当中，齐、鲁、郑、宋四国国力最强，其中郑国略占优势[③]。郑国国君桓公、武公、庄公三世为周王朝的卿士，尤其是郑庄公挟天子以令诸侯，把持周王室大权。而此时的齐国因年代久远，与周王室关系开始疏远。况且幽王之乱，齐国也未曾出力，因此，齐国在当时诸侯之间的影响力远没有郑、鲁等国大。为了在诸侯之间树立威信，重整太公时候的东方大国形象，齐僖公在外交上采取了联合郑国的策略。

公元前720年，齐国与郑国在石门（今山东长清境内）结盟。公元前715年，齐僖公在郑国以和事佬的身份促使郑、宋、卫三国和好。这年冬天，齐僖公派使节来通报三国和好之事，颇有炫耀的意思。鲁隐公使大夫众仲应对齐使曰："君释三国之图，以鸠其民，君之惠也。寡君闻命矣，敢不承受君之明德。"[④] 鲁国当时也是大国，鲁隐公也承认了齐僖公的功劳，这时齐国已经有盟主的风范了。前713年，齐、鲁、郑三国伐宋，似乎也是推戴齐国主盟。前712年，三国又联合灭许，齐国这次更是以盟主的身份联合鲁、郑。灭掉许国后，齐僖公把许国让给鲁国，鲁隐公推辞不要，僖公便把许国让给了离许国最近的郑国。郑庄公为了报答齐僖公，不但同意齐国伐纪国的决定，还和齐僖公假惺惺地一起去朝觐纪国，以便探听纪国虚实[⑤]。前706年，北戎伐齐，"诸侯之大夫戍齐，齐人馈之饩，使鲁为其班"[⑥]，烦劳诸侯为齐国戍城，这已经有了后世霸主的意思了。前701年，齐、卫、郑、宋四国盟于恶曹，齐僖公"小伯"达到了顶峰。

---

① 幽王之乱时，秦襄公尚未被封为诸侯，周王东迁后才始封秦国。

② 李玉洁：《齐国史话》（齐鲁文化丛书），山东文艺出版社，2004年，第22页。

③ 童书业：《春秋史》，上海古籍出版社，2004年，第138－139页。

④ 《左传·隐公八年》。

⑤ 《左传·桓公五年》。

⑥ 《左传·桓公六年》。

齐僖公时期的“小伯”在当时不是会盟，就是联军讨伐他国，齐国似乎总以老大的身份出场，但这种“小伯”和后来僖公的儿子桓公的霸业相比，就相形见绌了。一方面，齐僖公所谓的“小伯”活动几乎都是在郑国支持下完成的，真正在幕后操纵的应该是郑国。当然如此默契的合作，可能也是两国事先商定好的，齐国要的是影响和力所能及的利益，而郑国则要的是实实在在的利益。例如郑、齐、鲁三国伐许的战争，真正受益的是郑国。齐国可能以郑国为依托，企图“徐称霸”。另一方面，僖公时期齐国的实力可能也不像后世所说的那样强大。鲁桓公六年的北戎入侵，齐国不能单独抗击北戎，却要靠诸侯戍齐。前699年，齐国纠合宋、卫、燕联军被鲁、纪、郑联军（主要是鲁国、纪国联军）击败。这次战役也宣告了“齐僖公小伯”的结束。

齐僖公的儿子齐襄公诸儿是一位雄心有为的强势国君，他在位时期，开始了真正的对外扩张。齐国和纪国是世仇，齐国灭掉纪国的决心势不可当。春秋初期纪国已无法单独和齐国相抗衡，为了自保，纪国开始寻求外国的帮助。鲁国是当时有相当影响的大国，与齐国关系也不是很友好。因此，纪国便把宝压在了鲁国身上。前695年，鲁国出面试图让齐国、纪国和好，鲁、齐、纪三国会盟于黄，无果而终。是年，齐、鲁两国在奚地发生军事冲突。前694年，鲁桓公携夫人文姜和齐襄公于泺（今山东省济南市西北）会盟，试图和齐国和好。结果齐襄公和他的同父异母妹文姜乱伦私通，并使齐国力士彭生杀死鲁桓公。这次会盟本来是两国修好，然而却出现了一国国君杀死另一国国君的恶劣外交事件，这在春秋以前还很罕见，开了会盟期间强势国君随意杀害另一国君的先例。

齐襄公杀死鲁桓公后还不收敛，这年秋天又诱杀了郑国国君子亹和郑国卿大夫高渠弥。鲁、郑两个强国接连受到齐国打压，后来卫国也受到齐国的攻击，此时的齐国可谓所向披靡，力压诸国。襄公又和周王室联姻，于是纪国越加孤立，前693年，齐人迁纪国郱、鄑、郚三邑。前690年，纪侯的弟弟纪季以酅入于齐，纪国一分为二，纪季投靠齐国，纪国岌岌可危。鲁国还试图联合郑国共同干预齐国吞并纪国，结果郑国因为国内动荡不稳而婉言拒绝。次年“纪侯大去其国”[①]，纪国走向灭亡。这样齐襄公时期的齐国才真正达到小霸的局面。

然而这种强劲崛起的局面却因齐襄公被杀而中断。在生活作风方面，这位

① 《左传·庄公四年》。

强势国君颇不检点，他因乱伦私通同父异母妹而杀死自己的妹夫鲁桓公，事后他们兄妹二人还频频幽会私通，《左传》对此屡有记载。齐襄公连杀两位诸侯国君，失信于诸侯，也是其霸业不竟的主要原因。齐襄公还失信于大臣，连称、管至父两位大夫戍守葵丘到了轮换的时期，襄公却仍不派人去代替他们。连称、管至父因此勾结齐襄公的从兄弟公孙无知作乱，杀死齐襄公。齐国小霸局面随之消失，齐国也陷入了争夺国君宝座的内乱中。

（二）桓管霸业

公子小白乃齐僖公的庶子，他在公孙无知内乱时跑到了莒国。他的竞争对手即他的同父异母兄公子纠，其母是鲁国人。公子纠年长于公子小白，依照嫡长子继承制有优先继承的资格；论起后台来鲁强莒弱，公子纠的后台也比公子小白硬。但是造化弄人，公子小白在处于劣势的情况下，力挽狂澜于既倒，一举夺得君位，还得到了旷世未有的良臣——管仲。

齐襄公暴虐，为了躲避国内的祸患，公子小白在鲍叔牙辅佐下跑到莒国，公子纠在管仲和召忽的辅佐下逃到了鲁国。公孙无知被杀后，齐国大夫议立国君的人选。鲁庄公为了将来能够控制齐国，便想让外甥公子纠成为齐国国君。他在派兵护送公子纠返国的同时，也让管仲带兵埋伏在公子小白的返国道路上袭杀小白。结果管仲一箭射在公子小白的腰带带钩上，小白佯装中箭而死，管仲以为大功告成，公子纠因此放慢了行程。公子小白趁机加快行程，提前一步回到齐国登上君位，这就是齐桓公。

刚刚登上君位的齐桓公迅速做好迎击鲁军的准备，乾时一战，击败了兴师问罪的鲁庄公。鲁国迫于齐国的威胁，杀死公子纠，召忽自杀。管仲被押送回齐国。齐桓公在鲍叔牙劝说下，不计前嫌，任命管仲为相。鲍叔牙本是齐桓公的老师，桓公即位，鲍叔牙出谋划策甚多，理应为相。然而，鲍叔牙公而忘私，深明大义，心甘情愿把相位让给管仲。二人本是好友，相知甚深，鲍叔牙爱才、识才，公而忘私推荐管仲为相。“管鲍之交”也成为好友之交的典范。管仲后来辅佐齐桓公成就霸业，功勋卓著，桓公霸业其功首推管仲，但是成就管仲的乃是鲍叔牙，没有鲍叔牙就没有后来名威诸侯的管仲。齐桓公不计前嫌，任用管仲，管仲也竭力辅佐桓公成就霸业，君臣之间相得益彰，成就了春秋初年桓公首霸的局面。管仲根据齐国的实际情况，对齐国政治、军事、经济、用人政策等诸多方面进行了一系列改革。

政治方面，在维持旧有的国野制度的同时，“叁其国而伍其鄙”①。即在“国”中设置二十一个乡，其中工乡三、商乡三、士乡十五。士是主要的兵源之一，士乡又分为三个部分，五乡为一军，共三军，国君与国、高二卿各帅一军。这就是“叁其国”。在“野”（鄙）设五属，叫“伍其鄙”。各级设官治理，严格实行士、农、工、商分区定居的原则，不许杂处、迁徙；士处“闲燕则谋议审”②，工居官府，商居市井，农居田野。目的使四民各有所务，以便老传少习，安心生产。

军事方面，在“国”内采用轨、里、连、乡的编制，实行“作内政而寄军令”的军政合一制度。加强对国家常备军士的控制和定期操练，使齐军成为一支“莫之能御”的战斗武装。为了增加兵员，管仲还提高部分鄙野庶人的社会地位，选拔其中的“秀民”充当“士”。这种灵活的选拔机制激励了士兵，尤其是那些庶人出身的士兵，只要他们勇敢杀敌前线立功就能得到升迁。此举大大激励了齐国士兵的作战积极性，齐国军队战斗力得到迅速提高，为齐国霸业打下了坚实的军事基础。

经济方面，在维持井田制的基础上，对鄙野出现的大量私田，实行“相地而衰征”的税收政策，即按土质肥瘠征税。“相地而衰征”实际上是对私田的一种变相承认，也是对井田制的一种反动。按土地的肥瘠征税，一方面可以增加税收；另一方面鼓励庶人垦荒拓田，刺激庶人的垦荒积极性。此外，管仲还规定“泽立三虞”“山立三衡”③，即由官府统一管理山林河泽，防止私人吞并山河林地等公共资源。对传统的鱼盐业尽可能少征税或者不征税，这是对齐国传统商业的一种保护。

用人政策方面，管仲主张知贤、任贤。齐桓公曾问管仲：“何如而害霸？”怎么做会妨碍称霸？管仲说：“不知贤，害霸；知而不用，害霸；用而不任，害霸；任而不信，害霸；信而复使小人参之，害霸。”④ 建议齐桓公选贤任能，充分了解国内贤能的人士，充分信任贤人，发挥贤人的作用，注意不能偏信小人而降低对贤人的信任。

---

① 《国语·齐语第六》。
② 《管子·小匡篇》。
③ 童书业:《春秋史》,上海古籍出版社,2003 年,第 160 页。
④ 《说苑·尊贤》。

对管仲改革的评价，童书业先生有极为精彩的论述：“我们综看管仲治国的方法（虽然《国语》等书的记载未可尽信，但必保存些当时真相的影子），实在是一个大政治家的手腕。他知道治国的要点先在划分内政和统一政权；富国的要点先在整理赋税和发展农商，而由国家统治经济。尤其可佩服的，是他把军令寄在内政上，使武备不为独立的扩张。兵属于国，民属于兵，兵民合为一体，国家岂有不强盛的道理。”① 需要强调的是管仲改革实际上是在太公革新的基础上进行的，鼓励发展工商业，重视人才尤其是外来贤能人士的任用，都和太公的革新有着异曲同工之妙。“国家统治经济”在当时可谓极为先进的统治思想，这样财富便可以迅速聚集在国库之中。管仲的政治改革在于构建一套系统的管理体系，重点在于“底层机构”的构建，即地方政治机构的构建。“叁其国而伍其鄙”本身就是一套较为完整的管理体系，管仲改革把齐国地方基层组织建立起来，体系上已具备了上下畅通的渠道，在实施过程中已经无意识地贯彻了黄仁宇先生常说的“数目字上的管理”②。

虽然在迎回管仲的第二年，齐国在长勺之战中败于鲁国，但是改革的效用不久就发挥了出来。前683年，齐国灭掉谭国（今山东济南市东南）。两年后，齐桓公召集宋、陈、蔡、邾等国在北杏会盟，商榷平定宋国之乱，这时齐桓公已经有了盟主的派头了。是会，遂国（今山东宁阳西北）未与会，齐国便于这年夏天出兵灭遂。古来盟会，凡是未及会者或者迟到者，盟主动辄便出兵讨伐甚至杀掉未与会国的领袖。涂上之会，禹以万国之主的身份杀掉后至的防风氏，名震诸侯。齐国灭掉遂国，也大有诸侯之长的意思了。迫于齐国的强势，鲁国也在柯地同齐国会盟和好。前679年，齐国首先征得周僖王同意，周王室派单伯率领周王室的军队协同齐、陈、曹三国共同讨伐宋国。不久，齐桓公又和刚刚夺回君位的郑厉公以及宋、卫等国国君在鄄地会盟，这次会盟周僖王又派单伯与会，这等于周王室承认了齐桓公的盟主地位。所以第二年诸侯复会于鄄，《左传》称“齐始霸也”③。童书业先生说得更为精当，他认为至此齐国“霸业的基础便建筑完成了”④。

① 童书业：《春秋史》，上海古籍出版社，2003年，第160页。
② 黄仁宇：《中国大历史》，生活·读书·新知三联书店，1997年，第297页。
③ 《左传·庄公十五年》。
④ 童书业：《春秋史》，上海古籍出版社，2003年，第163页。

此时，北方的山戎和狄族势力向南发展，时常侵扰燕、邢、卫等国。管仲趁机替齐桓公制订了“尊王攘夷”的策略。齐国联合燕国击败山戎，又联合宋、曹制止了狄人的进攻。夷狄乱夏，中原大地烽火连绵。这时的齐国实际上扮演了救火队长的角色，“存邢救卫”，齐国不但帮助邢、卫击退狄人进攻，而且还为邢、卫筑了新的城邑，使“邢迁如归，卫国忘亡”①。齐国自动担负起一个诸侯长的责任，赢得了中原诸侯国的信任和支持。“攘夷”的策略打退了夷狄对中原诸侯国的侵略，保护了华夏族为主的农耕经济，最为巧妙的是“攘夷”是在“尊王”旗帜下展开的，其号召力非同凡响，实际上是把各诸侯国都号召在齐国旗帜下，齐国真正成了华夏诸侯国的领袖。

北方夷狄扩张的势力被打消后，南方楚国此时却发展强劲。这个向来不被中原诸侯国瞧得起的南蛮国家，早期的几代国君“筚路蓝缕，以处草莽，跋涉山林，以事天子”②，创业的艰辛可见一斑。经过几代人的努力，至春秋初年，楚国再也不甘于寂寞，楚武王首先称王，在名号上要同周天子平起平坐。楚武王、文王两世灭掉汉阳诸姬以及邓、申、息等国，又发动了对中原中间地带郑国的战争。郑国地处中原的中心位置，东临齐、鲁、宋，北接晋、卫，西达周、秦，南抵荆楚，无论哪一方要称霸，都要得到郑国的支持才能站稳脚跟。此时，郑国已经和齐国联盟，唯一的办法只有征服郑国。其实此后楚国和晋国的历次争霸，争夺的重点就是郑国，郑国的地理位置在争取中原地区控制权上的战略意义是显而易见的。

公元前656年，齐桓公率领齐、鲁、宋、陈、卫、曹、郑、许八国军队，首先讨伐依靠楚国的蔡国，蔡国哪是中原诸侯国联军的对手，蔡人望风披靡。大军来势迅猛，楚成王一面派兵应战，一面派屈完与齐国谈判。楚国也是有备而来，措辞得当，齐桓公见无隙可乘，便在召陵（今天河南郾城）与楚国订立盟约，楚国等于名义上承认了齐国的霸主地位。但是齐国称霸范围也就局限在中原地区，召陵一线也就成了双方的势力范围划分线。

与此同时，“尊王”的活动也陆续展开。鲁僖公七年（前653），周惠王驾崩，还是太子的周襄王不敢发丧，因为周惠王生前宠爱叔带，襄王怕叔带作乱，因此，周襄王便求救于齐国。这实在是上天赐予齐国的又一次绝好的机

① 《左传·闵公二年》。

② 《左传·昭公十二年》。

会。次年，齐桓公协同周王室代表召集宋桓公、卫文公、许僖公、郑文公、曹共公、陈太子于洮（今山东鄄城县西南）会盟，这次齐桓公更是以诸侯国盟主的身份敲定周襄王是周王室唯一的继承人。

此后，齐桓公又几次召集诸侯会盟，各诸侯国在盟会上通过了尊王攘夷、互助合作的协议。前651年，齐桓公召集鲁、卫、宋、郑、许、曹等国国君在葵丘（今河南兰考）会盟，周襄王派宰孔代表周天子与会并赐给齐桓公“胙”（祭祀后的祭肉）。“分胙礼仪”本是周天子宗族内部以及同姓国家之间赐予之物，后来异姓功臣也可得到此项荣耀。齐桓公有“尊王攘夷”的大功，因此周襄王便把荣耀赐予齐桓公，这也是周王室正式承认齐桓公霸主地位的标志。当宰孔宣读周天子赐胙文书时，齐桓公依礼下堂受赐，周公宰孔又传周天子的后命：“以伯舅耋老，加劳，赐一级，无下拜。”[①] 然而齐桓公愈加谦卑，坚持行拜受礼，“分胙礼仪”一项项庄严地执行完毕。这年秋天，齐桓公又召集诸侯在葵丘会盟，《左传》记载此次盟会的盟约甚为简单：“凡我同盟之人，既盟之后，言归于好。”大意也就是此次会盟之后，凡与会国要捐弃前嫌，言归于好。然而，据孟子所言，葵丘会盟的盟约却很详细：

> 初命曰：“为所欲为不孝，无易树子，无以妾为妻。”再命曰：“尊贤育才，以彰有德。”三曰：“敬老慈幼，无忘宾旅。”四命曰：“士无世官，官事无摄，取士必得，无专杀大夫。”五命曰：“无曲防，无遏，无有封而不告。”[②]

盟约涉及任用人才、尊老爱幼的道德教化、过往宾客的照顾以及对河道畅通、粮食储藏等方面的规定。这些规定有利于齐国霸业的巩固和维护，也在一定程度上整肃了自西周末年以来的各国礼制渐崩、道德沦丧的局面；禁止修筑堤坝拥堵河水以及禁止多储备谷米等措施，还有利于经济、文化的交流，甚至还隐隐约约存在着一些一统的因素。

葵丘会盟是齐桓公霸业的顶点，这次会盟给后来的春秋霸主留下了极深的影响。后世的霸主如晋文公、楚灵王、吴王夫差以及越王勾践都以齐桓公的这

① 《左传·僖公九年》。
② 《孟子·告子下》。

次会盟为榜样。然而，后者的霸业无论在诸侯拥护程度上，还是礼制执行标准上都无法和葵丘会盟相比。葵丘会盟的确是“齐桓公创霸的一场压轴好戏”[①]。孟子向来不看好五霸的行为，但他也不得不承认：五霸桓公为盛[②]。可见桓公霸业的规模之大。

齐桓公死后，中原霸主的地位被晋文公取代。齐国因君位争夺导致了长期内乱，君位几易其主，国内政局动荡。齐桓公的一个儿子齐惠公（前608—前599年）即位后，齐国局势开始稳定下来。惠公的儿子齐顷公（前598—前582年）想恢复其祖桓公的霸业，前589年，鞌（今山东省济南市西）之战，晋、鲁、卫、曹四国联军大败齐军，齐国复霸计划受挫。齐顷公的儿子灵公（前581—前554年）又试图从晋国手中夺回霸权，前555年，晋国在平阴（山东省平阴县）再次率诸侯联军击败齐军，齐国复霸再次受挫。灵公的儿子齐庄公（前553—前548年）崇尚勇武，一雪前耻，成功地利用晋国栾盈之乱，远程奔袭晋国。但齐国也同其他诸侯国一样，存在严重的卿大夫专政问题，崔杼、庆封专政，陈氏的势力也开始抬头。前548年，齐庄公由于生活作风不检点被早有异心、蓄谋已久的权臣崔杼杀掉。齐景公（前547—前490年）被崔杼、庆封扶植上台。接下来卿大夫更迭执政，崔、庆被栾、高二氏取代。是时，齐景公后有栾、高作为后台撑腰，前有贤能大夫晏子辅佐，颇有一番作为的景象。《晏子春秋》有很多故事都围绕晏子和齐景公的对话展开，是一部全面反映晏子治国思想的重要文献典籍。后世对晏子评价很高，常与管仲相提并论，司马迁在《史记》中把二人合为一传，还发出了“假令晏子而在，余虽为之执鞭，所忻慕焉”[③]的感叹。

的确，晏子也是一位对齐国有着重要影响的人物。晏子力行节俭，“祀其先人，豚肩不掩豆，澣衣濯冠以朝”[④]。就是说晏子祭祀祖先用的牲猪头很小，猪的肩胛骨附近的肉都掩盖不了祭祀彝器的豆口，上朝没有多余的衣服替换，常常是不等衣服和冠冕晾干就穿戴着面君。他反对崇尚武力，倡导“礼义”治国，认为“礼”的效用“在礼家施不及国，民不迁，农不移，工贾不变，

① 童书业：《春秋史》，上海古籍出版社，2003年，第171页。
② 《孟子·告子下》。
③ 《史记·管晏列传》。
④ 《礼记·礼器》。

士不滥，官不滔，大夫不收公利”[①]。晏子还向齐景公提出了减轻刑罚、使用民力应有限度、减轻人民负担的建议。晏子虽身不满六尺，但他机警灵敏，语言幽默又富有说服力，出使晋、楚等大国应对自如，有理有据，博得了大国的尊重，提高了齐国在诸侯国中的声誉。

尽管晏子贤良有德，但是辅佐景公期间，齐国并没有完成复霸的夙愿。晏子并没有像管仲那样进行系统有序的改革，他只不过是齐景公比较信任的一位贤良的大夫。晏子既不执政，势力又不是很强，唯有在一旁规劝景公。齐景公也并不是有些史家所吹捧的那样从谏如流，连晏子都承认齐景公之世乃“季世也”[②]。眼看着陈氏势力坐大，晏子只能忧虑、感叹却无力回天。春秋中后期，许多诸侯国都出现了卿大夫专政的局面，这也是历史发展的必然。这个纷乱的时代其实正在孕育着一个新的时代，历史的自然法则毕竟不是人力所能阻挡的。即便晏子能够像管仲那样放开手脚，践行自己的政治理想，齐国也很难再有桓公时期的繁盛景象了。时代的大环境和齐国的实际情况，很难再用所谓的“礼”解决卿大夫专政问题，进而实现富国强兵的理想。当时的姜氏政权已经是病入膏肓的一具朽木了，在这朽木的端头，陈氏家族开始以一种全新的姿态发出了新芽，仿佛在迎接一个新的时代。

齐景公抓住晋国内部六卿不和、相互争斗之机，试图力挽狂澜，夺回久违的霸权。从前503年起，齐景公通过拉拢、打压等方式争取到郑、卫、鲁诸国的支持以抗击晋国。不久，晋国范氏、中行氏作乱，齐景公从侧面出兵骚扰晋国，和范氏、中行氏遥相呼应。在吴人北上之前，齐景公几乎成了霸主，其党有鲁、卫、郑、宋等国，规模虽不能比齐桓公，但也颇具霸主的姿态了。然而，齐景公的复霸运动已经是落日前的余晖了，前490年，齐景公病卒。此时，异姓贵族已经坐大，政权逐步落到陈氏（即田氏）手中，等待齐国的将是一场大换血，一个旧时代逐渐落下帷幕，新时代的曙光也冲破了云涛崭露光芒。

（三）威宣之治

田氏代齐是改写了齐国发展历程的一件大事。

当初，陈完为逃避陈国内乱而来到齐国，受到齐桓公赏识，担任工正。作为异姓贵族，田氏家族兢兢业业、谨小慎微地参加齐国的政治活动，依靠家族成

---

① 《左传·昭公二十六年》。

② 《左传·昭公三年》。

员的能干和忠心，逐渐站稳了脚跟，成为齐国政治生活中不可缺少的一个家族，在齐国发展史上发挥了重要作用，进而为田氏家族生存发展赢得了更大的空间。齐景公当政时期，田氏家族进一步积蓄力量，争取民心，处处施惠于民，大斗出，小斗进，适度减轻对民众的剥削，开放更多的经济资源给民众，让民众的生活有所保障。田氏爱民如父母，民众则归之如流水。田氏贵族还积极招徕在政治斗争中失利逃亡的齐国旧贵族，部分恢复了他们的爵位和采邑封地，进一步争取了齐国统治集团内部的支持，为田齐贵族政治势力的进一步扩大创造了条件。

齐景公晚年因个人喜好改易太子，将立为太子多年的公子阳生废掉，引发了一系列政治动乱。齐景公死后，田釐子拥立公子阳生即位，即齐悼公（前488—前485年），田釐子担任齐相，进一步掌握了齐国大权。继而齐悼公被鲍牧杀掉，齐人拥立悼公之子即位，是为齐简公（前484—前481年）。田成子与监止一起担任齐简公的左右相。监止深得齐简公信任，势力上升很快，田成子与监止的权力争夺进一步激化。田成子等待时机，继续施惠于民，争取民心。后来田氏家族通过武力清除了监止，为防止齐简公采取不利于田氏的行动，把齐简公也杀了。田成子新立了简公的弟弟，是为齐平公（前480—前456年）。姜齐贵族的最高统治权逐渐转移到了田氏手中，田氏取代姜齐而自立仅仅是一个时间问题了。齐平公、齐宣公（前455—前405年）都成了挂名的君主，田襄子、田庄子、田和相继担任国相，统治大权实际早已落入田氏手中。“宣公卒，子康公（前404—前379年）贷立。贷立十四年，淫于酒妇人，不听政。太公（田和）乃迁康公于海上，食一城，以奉其先祀。”[①] 齐相田和彻底控制了齐国的大权，姜齐贵族丧失了统治权。齐康公十九年（前386），田和自立为国君，史称田太公和。田氏贵族取代了姜氏贵族，齐国历史进入了田齐统治时期。

前383年，田侯剡继承君位。前374年，田午杀死田侯剡，夺取君位，是为田齐桓公（前374—前357年）。田齐桓公即位后面临的首要任务是维护齐国稳定，争取其他国家的承认和支持，为齐国创造一个稳定的国内局势和良好的发展空间。此外，田齐桓公还初创稷下学宫，为齐国吸引、选拔、储备人才提供了成功先例，影响深远。

春秋后期以来，特别是进入战国初期，中国历史进入一个社会转型的时代。

---

① 《史记·田敬仲完世家》。

旧有的“普天之下，莫非王土；率土之滨，莫非王臣”的周天子一统天下的局面不存在了，日益强大的诸侯国霸主取代了周天子。在诸侯国内部，原有的统治模式和政治生态也发生了变化，世卿世禄制度下旧有的统治贵族逐步被新兴的军功贵族所取代，很多诸侯国内部都发生了激烈的权力斗争，新兴贵族逐步取代老贵族，成为各个诸侯国国家权力的实际操控者。鲁国三桓（季孙氏、叔孙氏、孟孙氏）逐渐取代了鲁国国君的统治权，晋国相继发生了“六卿专权”“三家分晋”，齐国则发生了“田氏代齐”。进入战国以来，社会变革更加明显，各诸侯国实施了以建立中央集权政治为目的的一系列措施，如魏国李悝变法、楚国吴起变法、秦国商鞅变法、韩国申不害变法等，掀起了一场声势浩大的战国变法运动。

在这种背景下，齐威王（前 356—前 320 年）走上历史舞台。即位之初，尽管面临着种种危机，他并未积极作为，而是沉迷于骄奢淫逸的生活，齐国一度陷入瘫痪的状态。不久之后，齐威王接受贤人的劝谏，改弦更张，奋起直追，变革旧制度，选贤任能，赏罚分明，领导齐国一步步走向强盛，摆脱了战国以来齐国贫弱的局面。国富民强，一度威震天下，号令群强，使齐国成为战国中后期影响最大的几个国家之一。淳于髡根据齐威王喜欢听隐语的特点，委婉地进行了劝谏，以大鸟为喻，激励齐威王有所作为。而齐威王则说“此鸟不飞则已，一飞冲天；不鸣则已，一鸣惊人”。表明了他决心改弦更张，干一番大事业，领导齐国迈入新的发展阶段。

齐威王雷厉风行地进行改革，赏罚分明，以此激励齐国官员奉公守法，恪尽职守、忠君爱民者受重赏，沽名钓誉、结党营私者受重刑：

> 于是威王召即墨大夫而语之曰：“自子之居即墨也，毁言日至。然吾使人视即墨，田野辟，民人给，官无留事，东方以宁。是子不事吾左右以求誉也。”封之万家。召阿大夫语曰：“自子之守阿，誉言日闻。然使使视阿，田野不辟，民贫苦。昔日赵攻甄，子弗能救。卫取薛陵，子弗知。是子以币厚吾左右以求誉也。”是日，烹阿大夫，及左右尝誉者皆并烹之。[①]

① 《史记·田敬仲完世家》。

齐威王通过封赏贤臣和诛杀奸臣的雷霆手段，为齐国群臣树立了榜样。作为地方的行政长官，要像即墨大夫一样，督促引导民众积极从事农业生产，让民众过上安居乐业的生活，要尽快处理官署中事务，这样一来地方才能稳定，国家才能发展壮大；不应该像阿大夫那样，不顾及民间疾苦，不关心民众的生产生活，不履行自己守土卫民的职责，蝇营狗苟、结党营私，勾结君主身边的佞幸小人，邀取虚名。齐威王明察秋毫，以赏罚为手段，奖励有功之人，处罚作奸犯科之臣，对地方官员加强考核、督察，循名责实，不偏听偏信，刷新了吏治，使齐国政治风气为之大大改观，提高了行政效率，为齐国的进一步发展创造了良好的条件。

邹忌因为善于弹琴，而得以进见齐威王。邹忌借与威王谈论琴道之机，向威王进献治国之道，受到齐威王的赏识和重用，“驺忌子见三月而受相印”[①]。邹忌劝谏齐王要虚心接受臣民的进谏，吸取合理的建议，尽量革除存在的弊政。邹忌还向齐王举荐大量贤能的人才，加强对官员的督责考察，提高了行政效率，促进了齐国的发展：

> 忌举田居子为西河而秦梁弱，忌举田解子为南城，而楚人抱罗绮而朝，忌举黔涿子为冥州，而燕人给牲，赵人给盛，忌举田种首子为即墨，而于齐足究，忌举北郭刁勃子为大士，而九族益亲，民益富，举此数良人者，王枕而卧耳，何患国之贫哉?[②]

治理国家需要各种各样的人才，邹忌举荐人才，让贤能的人担任官职，齐国国内得到良好的治理，民众安居乐业，国家逐步富强，在与其他国家的交往过程中，政策得当，建立起了良好的外交关系，赢得了周边国家的尊重，有力地推动了齐国国家的发展和强盛。

齐威王非常重视人才，知人善任，不拘一格使用人才，只要有真才实学，不惜破格使用。他不顾世俗的浅见，充分尊重、任用作为刑余之人的孙膑，激励贤能人士为国尽忠效力。齐威王能够充分信任手握重兵的大将章子，不随意听信谣言，相信自己的判断，坚定支持章子，决不临战换帅，制造无谓的混

① 《史记·田敬仲完世家》。
② 《说苑·臣术》。

乱。齐威王能够知人、信人、用人，充分发挥了人才的作用，成为齐国强盛的重要因素之一。

齐威王改革顺应了时代发展的潮流，抓住了机遇，及时调整了统治政策，实施合理的选拔人才、任用人才的机制，推动了齐国的发展壮大，使齐国赢得了迅速发展的有利时机，为齐国的强盛创造了良好条件。我们来看齐威王改革的成效：

> 遂起兵西击赵、卫，败魏于浊泽而围惠王。惠王请献观以和解，赵人归我长城。于是齐国震惧，人人不敢饰非，务尽其诚。齐国大治。诸侯闻之，莫敢致兵于齐二十余年。……于是齐最强于诸侯，自称为王，以令天下。①

改革之后，齐国迅速扭转了被动局面，国内局势稳定，官员恪尽职守，督责考核按章行事，赏罚分明，选贤任能。文臣安邦，武将定国，军队战斗力也大大提高，名将田忌、军师孙膑等指挥的齐国军队取得了一系列胜利，特别是爆发在前353年的桂陵之战、前341年的马陵之战，彻底打败了战国初期的霸主魏国，大大提高了齐国的影响力，齐国进入战国时期最为强盛的国家行列；同时制定了“辟土地，朝秦楚，莅中国而抚四夷”的战略目标，逐步扩张国土，使强大的秦国、楚国都来朝见齐国，进而使齐国成为诸侯国的霸主，创造了田齐发展史上的黄金时代。

齐宣王（前319—前301年）继位后，采取了一系列措施巩固和发展齐国的霸主地位。他尊重人才，选拔人才，将稷下学宫发扬光大，招揽了相当一批人才。稷下学士积极为齐国发展出谋划策，一大批合理化的建议被齐王采用，提高了齐国的政治影响力：

> 宣王喜文学游说之士，自如驺衍、淳于髡、田骈、接予、慎到、环渊之徒七十六人，皆赐列第，为上大夫，不治而议论。是以齐稷下学士复盛，且数百千人。②

---

① 《史记·田敬仲完世家》。
② 《史记·田敬仲完世家》。

齐宣王尊重稷下学士，为他们提供优厚的待遇，稷下学士不参与具体的行政事务，不为俗务所羁绊，有较为充裕的时间进行观察、思考、辩论。数百千人的高级知识分子聚集在一起讲学议论，有力推动了齐国文化事业的繁荣发展，也间接地成为齐国发展的“智囊团”或官吏“后备军”，促进了齐国综合国力的增强。齐国因此成为天下学士云集、文化交流、百花齐放、百家争鸣的文化中心。

齐宣王二年（前318），燕王哙退居臣位，把王位让给燕相子之，燕国统治集团内部分化，发生激烈的斗争。燕太子平和子之的军队交战数月，死伤数万人，燕国生灵涂炭，离心离德。齐宣王六年（前314），齐王派章子率领“五都之兵”“北地之众”进攻燕国，很快就攻进燕国国都，杀死了燕王哙、子之。如何处理战败的燕国成了齐国首先要解决的大问题。齐国在燕国占领区的统治并不太成功，作为占领军的齐国人肆意妄为，劫夺燕国的国宝重器，残酷地对待燕国民众，并未解决好燕国既有的矛盾。当时的有识之士及时向齐王指出了问题的所在，建议齐王安抚燕国百姓，尊重燕国原有统治集团的利益，选择合适的燕王继任者，建立良好的燕齐关系。被胜利冲昏头脑的齐宣王并未接受建议，结果齐国军队在燕国占领区措置失当。面对残暴的齐国占领军，燕国百姓开始反抗。齐国吞并燕国的意图，也引起了其他诸侯国的连锁反应。秦国一方面打着“救燕”的旗号，展开外交攻势，争取其他诸侯国的支持，分化齐国的盟友。另一方面用武力打击齐国，齐宣王八年（前312），秦国联合魏国、韩国一起进攻齐国，在濮水之上大败齐军，齐将声子被杀，匡章被打跑，齐国大为震惊，被迫在占领燕国两年之后撤军。

战国期间，国与国之间关系复杂，各国围绕国家利益展开各种活动，时而结为盟友，时而成为对手，呈现出朝秦暮楚的局面。这个时期，由于秦国对齐楚联盟的分化破坏，致使楚国不断出尔反尔。齐宣王十九年（前301），齐将匡章统率齐、韩、魏三国联军进攻楚国的方城，楚国派唐眛率军抵抗，双方在沘水对峙。楚军沿沘水设防，三国联军一时难以突破，双方相持近六个月。后来通过当地樵夫了解到楚兵重点把守的地方正是沘水的浅水处，也就是最容易渡过之处。匡章选派精兵攻击楚军重点把守之处，顺利渡河，发动突袭，在垂沙（今河南唐河）大破楚军，楚军主帅唐眛被杀，是为垂沙之役。三国联军大胜楚国，韩国、魏国获得了宛（今河南南阳）、叶（今河南叶县南）以北的大片土地，齐国虽然没有直接获取土地，但是提高了国威和政治影响力。

齐威王、齐宣王在位时期，通过对内改革内政，选贤任能、富国强兵；对外采取灵活的外交政策，在几次关键性大战中取得决定性胜利，大大提高了齐国的政治地位和影响，在激烈的竞争中处于有利的地位，为齐国日后的发展打下了良好的基础，齐国国力达到鼎盛，打造了为人称颂的“威宣之治”。但是，威宣时代也存在着一些问题，权臣之间斗争比较激烈，相国邹忌容不下赫赫战功的将军田忌，多次陷害田忌，田忌被迫出走。后来担任相国的田婴谋取私利，不以国事为重，连其子田文也批评他说“君用事相齐，至今三王矣，齐不加广而君私家富累万金，门下不见一贤者。文闻将门必有将，相门必有相。今君后宫蹈绮縠而士不得褐，仆妾余粱肉而士不厌糟糠”[①]。这些问题一直没有得到很好地解决，进而影响了齐国政治的良好运转，对齐国的内政运转、外交决策、军事行动等产生了不良的影响。

齐湣王（前300—前284年）接手的是一个实力相当强盛的大国，他继续推行发展、壮大齐国的政策。公元前298年，在孟尝君主持下，齐、韩、魏三国大规模进攻秦国，一直攻入函谷关，迫使秦国求和，被迫退还了秦国原先侵占的韩国、魏国河外、武遂、封陵之地[②]。接着，齐国又与燕国大战，取得大胜，“北与燕战，覆三军，获二将”[③]。孟尝君联合韩魏两国，连年不断向楚国和秦国进攻，目的在于迫使强国屈服，不干涉齐国的对外兼并，以便攻取宋国及淮北的土地。[④] 前288年10月，秦昭王在宜阳自立为“西帝”，同时派魏冉前往齐国，向齐湣王致送“东帝”的称号。齐湣王一度接受了“东帝”的称号，但旋即废除帝号。

此时，地处中原、交通便利、土地膏腴的宋国发生了内乱。尽管面临重重阻力，齐国还是接连发动了对宋国的进攻。“于是齐遂伐宋，宋王出亡，死于温。齐南割楚之淮北，西侵三晋，欲以并周室，为天子。泗上诸侯邹鲁之君皆

---

① 《史记·孟尝君列传》。

② 《史记·秦本纪》。

③ 《战国策·燕策一》。

④ 参见杨宽：《战国史》，上海人民出版社，2003年，第376－377页。

称臣，诸侯恐惧。"[①] 公元前286年，齐国终于吞并了宋国，国力进一步增强，此外还积极向南侵伐楚国，攻占淮北之地，并侵伐三晋，显示了齐国吞并天下的雄心。泗上地区的邹鲁等小国之君纷纷向齐称臣，表示屈服，其他大的诸侯国也受到较大震动。"夫以宋加之淮北，强万乘之国也，而齐兼之，是益一齐也。"[②] 齐湣王吞并宋国后，进一步积极扩张，齐国军队连年征战，消耗很大，虽说齐国开疆拓土，表面繁荣强大，实际上却存在着种种的危机。

（四）盛极而衰

齐湣王刚愎自用，自以为是，专横暴虐。齐湣王与孟尝君关系复杂，孟尝君专权，被齐湣王驱逐后，后继的主政者再也不能影响齐湣王，齐湣王一意孤行，中了苏秦等人的阴谋诡计，使齐国处处树敌。急速的扩张虽使齐国领土扩大，但激起了一系列连锁反应，引发了周边国家的妒忌，秦、楚、赵、魏、韩、燕等诸侯国频繁会见，主要议题就是围绕如何对付齐国展开的。特别是秦、赵磨刀霍霍，准备向齐国开刀。这样一来，一个反齐大联盟形成了，齐国局面危如累卵。

燕国蓄谋已久，准备向齐国复仇。继位的燕昭王一直念念不忘要向齐国报仇，以雪当年之耻。燕昭王招揽人才，实行改革，积蓄力量，发奋图强。但是燕国明白，单靠弱小的燕国是无法完成复仇大业的，必须联合其他国家，让齐国成为众矢之的，借助于其他强国的帮助才能打败齐国。著名的纵横家苏秦与燕昭王定策谋齐："齐虽强国也，西劳于宋，南罢于楚，则齐军可败而河间可取。"[③] 燕国计划鼓动齐国对外扩张，消耗国力，同时阴谋恶化齐国与其他国家的关系，以寻机报仇。

公元前285年，秦国派蒙骜伐齐，连拔九城，改为秦的九县。[④] 同年赵国"相国乐毅将赵、秦、韩、魏、燕攻齐，取灵丘"[⑤]。公元前284年，秦派"尉斯离与三晋、燕伐齐，破之济西"[⑥]。面对五国联军的进攻，齐国是如何应对的呢？我们来看相关记载：

---

① 《史记·田敬仲完世家》。
② 《战国纵横家书·二十》。
③ 《战国策·燕策一》。
④ 《史记·田敬仲完世家》。
⑤ 《史记·赵世家》。
⑥ 《史记·秦本纪》。

> 昌国君将五国之兵以攻齐。齐使触子将，以迎天下之兵于济上。齐王欲战，使人赴触子，耻而訾之曰："不战，必刬若类，掘若垄！"触子苦之，欲齐军之败，于是以天下兵战，战合，击金而却之。卒北，天下兵乘之。触子因以一乘去，莫知其所，不闻其声。达子又帅其余卒以军于秦周，无以赏，使人请金于齐王。齐王怒曰："若残竖子之类，恶能给若金？"与燕人战，大败，达子死，齐王走莒。燕人逐北入国，相与争金于美唐甚多。①

齐国集中全国兵力，以触子为主将，驻扎在济上，迎击进犯的敌人。面对危急的形势，齐湣王乱了阵脚，乱下命令，干预触子的临场指挥，不顾及军事形势，只想速速出战，并侮辱齐军大将说如果不出战，就将杀掉你的宗族，挖掉你的祖坟。触子感到很难办，因此两军交战的时候，鸣金退兵。结果五国联军乘胜进攻，齐军大败，触子也逃亡，不知所踪。达子统率齐军残部集结于秦周（在齐都临淄西门以西），准备退守临淄。为了激励士气，达子向齐湣王请求多给士兵发赏金，齐湣王竟然贪婪吝啬地予以拒绝。结果齐军士气低下，与联军交战再次失利，达子战死，临淄失守，齐湣王被迫出走，联军攻齐取得大胜。

打败了齐军主力之后，联军开始分头行动。乐毅率领燕国军队继续攻击齐国；秦国攻取了最为富庶的陶邑及其周围地区；魏国则攻取了原来宋国的大片土地，在攻占的土地上设置了大宋、方与两个郡。燕军攻进了齐都临淄，将这一泱泱大国数百年积聚起来的珍宝财富一扫而空，焚烧了齐国的宫室宗庙，一雪当年齐国残燕之耻。并且乐毅率领燕军长驱直入，攻下齐国七十余座城，只剩下聊城、莒、即墨三城尚在齐人控制之下。燕国在新占领的齐国国土上设置郡县加以管理，占领长达六年。

这次五国合纵伐齐，齐国遭到了毁灭性的打击，几近亡国，元气大伤，这在齐国数百年发展史上是从未有过的。尽管不久之后齐国复国，但是却丧失了作为一个一等强国的资格，在战国后期多数时间内不得不采取避战自保的政策，再也不能与秦国一竞长短进而一统天下了。作为秦国主要竞争对手的强齐

① 《吕氏春秋·权勋》。

不再存在了！战国的形势再次发生重大变动，秦国、赵国成为战国后期的主要强国，齐国退出了“强国俱乐部”，秦国在完成统一大业的过程中进一步赢得了优势。

公元前283年，齐湣王之子法章在莒继位，是为齐襄王（前283—前265年）。齐襄王面临的是一个异常艰难的环境，齐国国都被攻破，齐湣王逃到莒被杀，可谓国破家亡。而此时一代名将乐毅正率领燕国军队在齐国攻城略地，齐国国土大部分被燕军占领，仅仅保有聊城、莒、即墨。在这种情况下法章改名换姓，以佣工身份藏匿到莒太史敫家中。太史敫的女儿看到法章相貌奇伟，认为他不是一般人，经常偷偷地接济法章衣食，慢慢地两人产生了感情。不久之后，莒地民众和逃亡到莒地的齐国大臣寻找齐湣王的后代，以便即立齐王，组织反抗，收复故土。看到情况稳定之后，法章将自己的真实身份说出来，于是法章在莒被立为齐襄王。齐襄王即位后，封太史女为王后，就是后来的君王后。[①] 燕国听说齐襄王在莒继位后，派大军攻莒。依赖着民众的支持和稳固的防守，莒地有效地抵御了燕国的进攻。“齐王在莒”的消息也在齐地传播开来，鼓舞了齐国民众的抗燕斗志，增强了齐国复国的信心。

田单是远服的田齐宗室，曾在临淄做过管理市场的小官。当临淄失守，临淄的贵族和民众纷纷外逃。逃亡到安平时，田单让自己宗族的人把长长的车轴锯短，并在轴头上包上铁皮。燕军追击到安平，人们纷纷夺路而逃，众多贵族驾车外逃，长长的车轴互相碰撞，车轮受损，不能前行，被燕军追上。而田单宗族因改装的车子相当坚固，在多车争路中占据优势，迅速离开了安平，宗族得以保全。燕军久攻莒城不下，转而围攻即墨。即墨大夫率军出战，战死在城外。城内的人一起推举田单，说：“安平之战，田单宗人以铁笼得全，习兵。”[②] 大家认为田单深知用兵之术，因此立田单为将军，负责即墨的防守抗燕事宜。

田单认识到要想完成齐国复国大业，首先要除去主持攻齐事务的乐毅。乐毅富于谋略，并且熟悉燕、齐两国的实际情况，他统帅燕军继续攻击齐国仅存的几座城，对齐国而言是非常危险的。正在此时，信任乐毅的燕昭王去世，燕惠王即位。而乐毅与燕惠王有矛盾，君臣心存芥蒂，互不信任。田单运用反间

① 参见《战国策·齐策六》。

② 《史记·田单列传》。

计，离间燕国君臣的关系。很快，燕惠王就派其信任的骑劫取代乐毅，乐毅被迫出走赵国。骑劫及其统帅的燕国军队骄傲轻敌，早已不把齐国残存的军队放到眼里。田单抓住燕军的心理，运用谋略，准备对燕军实施反攻。田单故意说齐国最害怕燕军对俘虏的齐人施以劓刑，把施以劓刑的齐国战俘放到战阵前，即墨人看到后自然就会战败投降了。燕军听后果然对齐国俘虏施以劓刑，驱赶到阵前，想令即墨守军屈服。没想到即墨守军看到后，对燕军更加仇恨，更坚定了守城的决心。田单又派人说即墨人最怕自己城外的祖坟被燕军挖掉，这是最让人寒心的事情了。燕军得知消息后，马上挖掘了即墨城外的坟墓，并且把墓中的尸体烧掉扬灰，即墨人在城墙上看到后对燕军恨得咬牙切齿。

田单知道即墨守军士气可用，各思报仇，进一步深入士卒，与士卒同甘共苦，让自己的妻妾也编到行伍之中，把自己的家财都用来供应士兵的饮食。为进一步迷惑燕国军队，田单命令守城的精锐部队隐藏起来，只让老弱男子及妇女守城，派使节和燕军协商投降事宜，燕军大呼万岁，以为即墨唾手可得。田单又收集了民间大量金银珠宝，让即墨的富商把财宝送给燕国的将军，请求他们帮保护富商家族的安全。燕国将军大喜，接纳了财宝，答应了富商的请求。燕国军队更加松懈。

在这些基本工作做好之后，田单的“火牛阵”出场了：

> 田单乃收城中得千余牛，为绛缯衣，画以五彩龙文，束兵刃于其角，而灌脂束苇于尾，烧其端。凿城数十穴，夜纵牛，壮士五千人随其后。牛尾热，怒而奔燕军，燕军夜大惊。牛尾炬火光明炫耀，燕军视之皆龙文，所触尽死伤。五千人因衔枚击之，而城中鼓噪从之，老弱皆击铜器为声，声动天地。燕军大骇，败走。齐人遂夷杀其将骑劫。燕军扰乱奔走，齐人追亡逐北，所过城邑皆畔燕而归田单，兵日益多，乘胜，燕日败亡，卒至河上，而齐七十余城皆复为齐。乃迎襄王于莒，入临菑而听政。①

田单命令收集千余头牛，加以装备，在黑夜中突然杀出，早已松懈的燕军受到惊吓，被火牛冲击伤亡无数，再加上随之而动、士气高涨的齐军的攻击，

---

① 《史记·田单列传》。

燕军遭受重创，主将骑劫被杀。燕军兵败如山倒，四散逃跑，齐军乘胜追击，燕军攻占的齐国城邑纷纷叛燕而归顺田单。齐国七十余城逐步收复，齐国复国大业初步完成。忠心耿耿的田单迎回在莒的齐襄王，流亡在外达六年之久的齐襄王重回临淄，几近亡国的齐国又复国了。

齐襄王主政时期，齐国的主要任务是复国和重建，主要战略也由对外扩张转为对内自保，不仅没有参与此后东方诸国联合攻秦的行动，而且还屡屡遭受周边国家的侵伐。长期以来，齐、秦国土并不直接接壤，因此齐国对秦国咄咄逼人的攻势没有切肤之痛。特别是元气大伤之后，齐采取了避战自保、静观事变的策略。在外交上不与其他国家联盟，采取孤立主义的自保政策，这为齐国赢得了数十年的和平时期。短期来看，齐国基本实现了避战自保的目标，虽说有周边国家侵伐，但齐国并未遭受毁灭性攻击。而从长远来看，齐国采取孤立主义政策，对秦国和东方诸国的斗争作壁上观，既不参加东方国家合纵攻秦，也不积极与周边国家合作，更为重要的是齐国统治集团没有抓住和平时期进一步发展壮大自己，一味退守自保，只是暂时延缓了灭亡的命运。

> 始，君王后贤，事秦谨，与诸侯信，齐亦东边海上，秦日夜攻三晋、燕、楚，五国各自救于秦，以故王建立四十余年不受兵。君王后死，后胜相齐，多受秦间金，多使宾客入秦，秦又多予金，客皆为反间，劝王去从朝秦，不修攻战之备，不助五国攻秦，秦以故得灭五国。五国已亡，秦兵卒入临淄，民莫敢格者。王建遂降，迁于共。[①]

君王后为齐襄王的王后，齐襄王去世后，齐王建（前264—前221年）继位，其母君王后长期当权。君王后定下较为保守的外交政策，与秦国保持稳定的外交关系，与其他诸侯保持了相当距离，以自保为首要目的。齐国与秦国在地理位置上距离较远，齐国并未受到秦国直接的军事威胁，秦国奉行“远交近攻”战略，积极争取齐国保持中立，以便其放手进攻周边的国家。齐国谨慎地处理与秦国的关系，面对秦国凌厉的攻势，采取了避战自保的策略，不参与周边国家的抗秦活动，也不救援周边的国家。因此，齐国获得了四十余年的相对和平

① 《史记·田敬仲完世家》。

稳定的时期。在这一时期内，君王后保守，齐王建不思进取，齐国君臣因循保守，当政者蝇营狗苟，统治集团目光短浅，没有长远打算，齐国上下弥漫着得过且过的风气。君王后去世后，后胜担任齐国的国相，不仅没有改变君王后时期保守的对外政策，反而变本加厉，为了个人私利，接受秦国的大量财宝，派遣了大量宾客到秦国。这些宾客又进一步被秦国收买，回到齐国后，相互勾结，劝说齐王建交好秦国，没有积极准备应对秦国的军事进攻。齐国的中立和不作为客观上帮助了秦国，秦国很快以摧枯拉朽、风卷残云之势扫灭了东方五国。由于长时期避战自保，没有积极准备，齐国国内武备废弛，军队的战斗力下降，民众也没有斗争的信心。公元前 221 年，当秦国扫灭东方五国，秦将王翦从燕国南下，突然出现在齐国临淄面前时，就出现了本书引言中的一幕，等待齐国的就只有束手就擒。延续八百余年的东方大国就此走到了历史的尽头。

二、崛起于西陲的强秦

浏览了齐国的历史，我们再把探索的目光投向远在西土的秦国。

与商人始祖契生身传说一样，秦人的祖先大业也是女脩吞食玄鸟之卵而生。史学界很多研究者认为商人、秦人同出于东方的东夷部落[①]，后来秦人经过长途迁徙才到达甘肃、陕北一带。也有不少人否认这种秦人西迁说，王国维先生在其《秦都邑考》一文中认为“秦之祖先，起于戎狄”[②]，持此种观点的还有蒙文通先生等人。关于秦人的族源问题史学界争议很大，至今还没有定论。这种情况下，将考古学和历史典籍结合，加以推理、分析应该是解决这一问题的必要途径之一。牛世山先生用文化比较的方法，在考古实物资料的基础上，深入挖掘秦文化特别是襄公以前的秦文化，并将其与西周文化内涵比较，再结合历史典籍，推测秦人来源于东方地区，后来才西迁至陕甘地区[③]。本书更倾向于秦人起源于东方，尤其是东方东夷部落这种说法。以这种观点来看，秦人的祖先在很早以前已经在山东、豫东或者苏北、皖北一带活动了。

史前社会的生活是相当艰辛的，原始人食不果腹尚且不说，还要面临着野

---

① 傅斯年、徐旭生、童书业、翦伯赞等都不同程度地认同秦人出自东方东夷部族。

② 王国维：《观堂集林》卷十二“秦都邑考”，中华书局，1959 年影印本。

③ 牛世山：《秦文化渊源与秦人起源探索》，《考古》，1996 年第 3 期。

兽的侵袭。包括秦人祖先在内的东夷各部族，在这块广袤的土地上辛勤地劳作着，一代代生存下来，创造着历史。谁也没想到数千年后的战国时期，正是这支以燕子为图腾的东夷部族的后裔发展出来的秦国奋发图强，一跃成为战国七雄之首。最后这个被时人称为虎狼之国的秦国，吞并了包括富庶的齐国在内的六国，建立了中国历史上第一个统一的大帝国。史前时代，这些原始部落以兽皮裹身，过着食不果腹的生活，以后这支东夷部落还将经历更多的辛酸历程。夏、商部落相继崛起之后，秦人祖先扶老携幼，开始了漫长的西迁之路。遗憾的是典籍中没有一丝关于这支部落的迁徙的记载，就连传说都不是很多。背井离乡，离开多年生活的故土是件极痛心的事情，在原始时代大规模迁徙过程中的苦难自然是难以尽言。可能是为了躲避异族压迫，或是自然环境所迫，或是其他不为人知的原因，秦人的祖先们义无反顾地踏上了西迁之路。

至商朝末年，秦人从东夷部族活动区域经过长途跋涉到达今天的陕甘地区。根据传说和相关文献记载，秦人有个叫中潏的首领，“在西戎，保西垂”[①]。其子蜚廉为后来的秦国、赵国的共同祖先，秦赵两支系分开的过程是这样的：

> 蜚廉复有子曰季胜。季胜生孟增。孟增幸于周成王，是为宅皋狼。皋狼生衡父，衡父生造父。造父以善御幸于周缪王，得骥、温骊、骅骝、騄耳之驷，西巡狩，乐而忘归。徐偃王作乱，造父为缪王御，长驱归周，一日千里以救乱。缪王以赵城封造父，造父族由此为赵氏。自蜚廉生季胜已下五世至造父，别居赵。赵衰其后也。恶来革者，蜚廉子也，蚤死。有子曰女防。女防生旁皋，旁皋生太几，太几生大骆，大骆生非子。以造父之宠，皆蒙赵城，姓赵氏。[②]

蜚廉有三子，曰恶来、季胜、恶来革。恶来因助纣为虐，武王伐纣，并杀恶来；季胜这一支系擅长御马，其后造父为周穆王御马，因为有“一日千里”的御马本领，周穆王遂封造父于赵城，其后因封邑为姓，赵氏由此诞生，造父也就成了赵氏的始祖；恶来革早死，其后人有非子，时值周孝王时期，非子擅

---

① 《史记·秦本纪》。
② 《史记·秦本纪》。

长养马，周孝王让他养马于汧渭之间，马匹肥壮且繁殖甚快，孝王遂封非子于秦邑（今天甘肃天水市境内），使复续其祖伯翳嬴姓祀，号曰“秦嬴”，秦由此正式兴起。

此时秦嬴虽然受封，但其封地似仅此一邑且爵位很低，连大夫一级都算不上，而齐国此时已经受封数代，齐哀公又奋发作为，向周边扩张领土，齐国俨然已是东方的大国了。如果把当时的齐、秦作对比，无论在领土、人口、爵位等诸多方面，连大夫都算不上的秦，恐怕连对比的资格都没有。然而包括当时的齐、秦在内的历史当事人谁也不会料想到数百年之后，这个替周王室养马、和戎狄杂处的仅有弹丸之地的封君，竟然逐步由小到大，由弱变强，逐渐成了与齐国比肩的大国，并最终灭掉齐国，完成了中国有史以来真正意义上的大一统。

秦嬴的孙子秦仲时期，周厉王无道，部分诸侯反叛周王室，西戎也趁机背叛周王室。周宣王即位，为了对付西戎，便任命秦仲为西陲大夫，此时秦才在与犬戎的斗争中晋升为大夫。西戎是秦的敌人，但放在秦整个发展历史过程中，西戎在某种意义上也是秦国得以壮大的“朋友”。没有西戎也就没有后来秦国的强大。这种奇怪的现象在历史上一次次上演，一个弱小的团体或者群体，在与强大对手的对抗中，相互斗争，相互依赖，其后弱小团体在斗争中壮大起来。一旦壮大起来它就好像有了某种惯性，其表现的外在竞争力也会越来越强，最终这个不断壮大的团体或者群体以压倒性优势，力压群雄，形成一枝独秀的局面。秦国的发展史就经历了这样一个由弱变强的典型过程。

秦仲战死在与西戎斗争的沙场上，然而秦人并未因此一蹶不振，秦仲的后人从没停止对西戎的斗争。周幽王时期，犬戎攻破镐京，幽王被杀，秦仲的儿子秦襄公因为护送周平王东迁有功，被封为诸侯，至此秦国才正式有了诸侯的名分。然而秦国这迟到的名分却很难被中原诸侯承认，仍被东方诸国“以戎狄视之”，直到战国时期，秦孝公还有“诸侯卑秦，丑莫大焉”[①] 的感叹。名分虽然没有被诸侯广泛承认，但是秦国却得到了实实在在的好处。秦襄公以一个小小的西陲大夫在周王室危难之时，勇挑重担，和郑、晋一同护送周平王东迁，平王感其忠心，遂有了封国赐土。《史记·秦本纪》对此记载甚详：

① 《史记·秦本纪》。

> 平王封襄公为诸侯，赐之岐以西之地。曰：“戎无道，侵夺我岐、丰之地，秦能攻逐戎，即有其地。”与誓，封爵之。襄公于是始国，与诸侯通使聘享之礼，乃用骝驹、黄牛、羝羊各三，祠上帝西畤。十二年，伐戎而至岐，卒。

虽然岐、丰之地控制在犬戎手里，但是秦人对此地拥有了征伐大权，秦人攻占岐、丰寸土便得有寸土，这无疑是上天赐给秦人的一个绝好机会。实际上秦人发展的空间不仅仅在岐、丰地区，而是函谷关以西的整个关中地区。这片广阔的土地，有着便利的灌溉条件，沃野千里，况且周人在此耕耘数百年，是一个得天独厚的农业发展区域，能够为国家发展提供坚实的物质基础，对当时的社会来说可谓“得关中即得天下”。秦襄公用了数年就打到岐山地区，此后秦人又经过数代努力最终控制了这一地区。关中地区周遗民甚多，秦人扩展到这一地区，必然受到周文化的影响，粗犷、质朴、勇猛、尚武的秦人也开始学习礼乐制度。此时，历史的车轮已经行驶到春秋时期（前770—前475年）了。

秦穆公（前659—前621年）是春秋时期秦国历史上著名的君主，他当政期间，秦国进一步发展，吸引人才，开疆拓土，秦国逐渐跃居为能同中原诸国分庭抗礼的大国，秦穆公也成为“春秋五霸”之一。

早在齐桓公（前685—前643年）霸业后期，西方的秦、晋二国便渐渐崛起。晋国此时刚刚经历了晋献公（前676—前651年）死后的动荡，国内局势还不明朗。而秦国在穆公嬴任好的领导下奋发图强，大有出函谷关、东向中原争霸的势头。然而秦国要想取得中原的霸业就必须把东部相邻的晋国摆平，否则霸业就会成为空中楼阁，或者反而使晋国坐收渔翁之利。秦穆公在晋献公当政时就看到了这一点。鉴于当时晋强秦弱的实际情况，秦穆公采取了与晋联姻的政策，秦穆公娶晋献公的女儿晋世子申生的姐姐为夫人。此举的目的一是和现任的晋献公搞好关系，另外，为长远之计和晋国将来的继承人搞好关系。

然而，晋献公晚年晋国发生了骊姬之乱，太子申生受谗言被迫自杀，献公立骊姬子奚齐为新太子，并且把其他诸公子尽行驱逐，这其中就包括后来的晋惠公夷吾和晋文公重耳。太子申生的死，使秦穆公联姻目的部分受挫。晋献公死后，晋国局势大乱，秦穆公趁机扶植避难于梁国的公子夷吾入国为君，是为晋惠公（前650—前637年在位）。然而晋惠公归国后不但不报答秦国的扶植之恩，还违背当初秦穆公帮助其入国时的约定，“许君焦、瑕，朝济而夕设版焉”[①]，背信弃义之快，事隔多年后秦人仍不能释怀。晋惠公归国后不久，晋国发生了饥荒，晋国向秦国请求援助，朴实的秦人就用大量的船只载着粮食，沿渭河黄河一线泛舟千里，北上援助晋国，结果次年当秦国发生饥荒时，晋人却拒绝援助秦国。

对于晋国数次背信弃义之举，秦穆公忍无可忍，发兵讨晋。韩原之战，秦军以少胜多，不但击败强敌，而且生擒晋惠公，背信弃义的晋惠公自食其果，终于沦为秦国的阶下囚。此时，晋国大夫一方面同仇敌忾，先作爰田，后作州兵，另一方面，派人同秦人谈判。秦人见晋人士气高涨，便要求晋惠公的太子圉做人质，放回晋惠公。秦晋遂达成协议，双方表面上和好，实际上已经成为敌对国家。

晋惠公估计是惊吓过度亦可能是羞愧难当，归国后不久便离开人世。太子圉趁机潜回晋国，是为晋怀公。这时流亡在外达十九年之久的公子重耳辗转来到秦国，秦穆公似乎也有了“奇货可居”的感觉，便试图扶植公子重耳归国，又把自己的一个女儿许配给他，希望重续“秦晋之好”。在晋国大夫的内应下，秦穆公护送重耳归国，晋怀公被杀，重耳即位，是为晋文公（前636—前628年在位）。秦穆公本想晋文公即位后，形势会朝着对秦国有利的方向发展，结果却使晋国得到了一位雄才大略的君主，晋文公抢尽了风头，成为继齐桓公之后的第二个霸主。秦国苦苦等到晋文公死去，满以为这次是东进中原的大好时机，结果天不遂人愿。公元前627年，穆公不听蹇叔、百里奚劝告，劳师袭击郑国，郑国商人弦高知悉后，佯装犒劳秦师，同时派人飞报国君，郑人严阵以待，秦军只得回师，在经过崤地的山谷时，遭到设伏的晋军突然袭击，秦军惨败，连军事统帅都被晋国俘虏。崤山之战实际上从根本上造成了秦被晋挤压在关中的现实。以后尽管秦国试图打开东进的道路，但始终不能突破函谷关一线。秦穆公可能也意识到了这一点，从此以后遂专心经营函谷关以西的地盘。

秦穆公是一位极有作为的君主，他在秦国历史发展中是一位关键人物。秦

① 《左传·僖公三十年》。

穆公在用人政策上很有特点。秦国不拘一格，大胆任用、提拔外来人才。“五羖大夫”百里奚原为虞国大夫，虞国为晋国所灭，百里奚作为晋国给秦穆公夫人的媵臣被迫入秦，半道逃脱，为楚国所执。秦穆公闻听百里奚贤能，以五张羊皮把其赎回，“受之国政，号曰五羖大夫”①。蹇叔为宋国人，出身也不甚高贵。由余本为晋人，后效力西戎，秦穆公听说其贤能，用计赚取，由余“遂去降秦。缪公以客礼礼之，问伐戎之形”，于是“益国十二，开地千里，遂霸西戎”②。丕豹为晋国大夫丕郑之子，其父被晋人所杀，丕豹亡奔秦国，秦穆公使其为将，遂有韩原之战的胜利。其实客卿之制非自战国产生，春秋时期各国对客卿的任用实际上已经达到相当规模，但是像秦国这样大胆、大规模地放手任用客卿的国家还没有几个。这可能是秦国僻在西戎，没有受西周礼制过多约束的缘故。

秦国在东进受挫后把发展的重点放在了经营函谷关以西的地方，这个战略的转移虽说当时是迫于无奈，但秦国在此后数百年里免于战火的破坏，最重要的是处于近乎隔绝状态的秦国最大限度地保留了原始朴素、尚武的风尚，多年和西戎杂处的秦人也形成了重功利、轻伦理的独特文化特征③。这种文化特征使得秦国在后来的发展壮大过程中较关东诸国少了思想包袱，这也是秦国以后强大的重要因素。秦国虽然僻在西陲，但是秦人并没有把自己封闭起来，他们时时关注着中原的动向，一旦时机成熟，便东进中原。

秦穆公在百里奚、蹇叔及由余等人辅佐下向西开拓疆土，“益国十二，开地千里，遂霸西戎”，周天子为表彰穆公的功业，赐之金鼓以表庆贺，实际已承认秦穆公在西方开创的事业，因此后世便把秦穆公同齐桓公、晋文公、楚庄王、越王勾践并列为春秋五霸之一④。

秦人并没有把眼光局限在函谷关以西地区，继承父业的穆公之子康公（前620—前609年）试图完成其父未竟之事业。公元前615年，秦、晋河曲大战，虽然晋军受挫，但是晋国派詹嘉率兵驻扎在瑕地以守桃林之塞（今河南灵宝市阌乡，西接函谷关），这等于把秦国彻底堵在了函谷关之内。

---

① 《史记·秦本纪》。
② 《史记·秦本纪》。
③ 王美凤、周苏平、田旭东：《春秋史与春秋文明》，上海社会科学出版社，2007年，第214页。
④ 《白虎通·号篇》。

秦穆公虽然励精图治，不遗余力地发展秦国，但是其霸业和其他四个霸主相比存在较大差距，毕竟秦国发展的起点与东方诸侯国相比要落后一些，国家实力与社会文明程度差距不小。和齐桓公时期的管仲改革相比较，秦穆公的改革突出的特点在于任人用人上敢于大规模地启用客卿，除此之外，秦国的改革便显得相当粗放、简单了。管仲改革是一套涉及政治、经济、军事及外交等诸多方面的系统工程，最难能可贵的是其对地方基层政权组织的完善，并在此基础上“作内政而寓军令”，把军事命令、行政命令的传达乃至税收的上缴渠道打通，初步达到了行政的系统化，大大提高了国家机器的行政效率。和齐国相比较，秦国要想富国强兵，东出函谷关，逐鹿中原，还有很长的路要走。

秦国东进受阻，只得向西发展，此后相当一段时间内秦国与中原国家各自相对独立发展。历史车轮滚滚向前，时间进入到了战国时期。战国初期，秦国的发展相对于周边的三晋要慢得多。三家分晋之后，较早进行了改革，国力迅速上升，特别是魏国势头很猛，承袭晋国的政治影响，压制着秦国的扩展。战国初期，秦国国内政局不稳，因为君位继承问题多年动乱，一直到秦献公（前384—前362年）即位，才结束了多年的内乱，秦国才步入正常的发展轨道。秦献公嬴师隰本来是秦灵公的太子，灵公死后却不得立为国君，被迫贬居河西三十一年后才被迎回国都，登临君位。秦献公是秦国历史上很有作为的国君，他在位23年，大力革新，积极改变秦国落后的局面。秦献公一继位就下令废止了秦国以往用活人陪葬的旧制，继位后第二年便把国都由雍（今陕西省宝鸡市）迁到栎阳（今陕西省万年县）。秦国政治中心向东迁移，对秦国政治、经济、军事的发展都有着极其重要的意义，这为秦国更好地防御魏国的进攻以及今后出兵函谷关创造了条件。

尽管秦献公时期秦国在经济、军事等诸多方面比魏国落后许多，但是献公对魏国采取以攻为守的策略，决心用武力夺回被魏国攻占多年的河西之地。河西之地在春秋时期本为晋国领土。秦穆公扶植晋惠公回国即位后，惠公本来答应给秦国以焦、瑕二邑为主的河西之地，但是惠公归国后就食言了。秦、晋韩原之战后，晋惠公被秦军所俘，后双方经过谈判惠公最终回国，谈判的条件之一就是晋国割让河西之地给秦国。自此，河西之地归秦国所有，秦晋之间以黄河为界。进入战国后，魏文侯改革变法，魏国迅速强大，而此时的秦国内乱不已。魏国趁机蚕食秦国河西之地，秦献公被迎立为君时，魏武侯乘着秦国无暇外顾的有利时机，夺取河西。河西失守，秦国依靠黄河抗击魏国的天然屏障丧失，秦国直接暴露在魏国面前。鉴于河西之地的战略意义，秦献公即位之后，下定决心夺回河西，为此秦国精心准备，改革内政，励精图治，积蓄力量，等待时机。

秦献公二十一年（前363），秦国与魏国在石门展开大战，斩首魏军六万；二十三年（前361），秦、魏少梁之战，秦军俘虏魏国将军公孙痤，并攻占魏国庞邑。献公尽管没有完全夺回河西，但是当时处于弱势的秦国采取以攻为守的策略，基本解除了魏国对秦国国都栎阳的威胁。秦献公在位期间，扭转了秦国自战国初年以来的颓势，顺应历史发展的形势，使秦国走上了蒸蒸日上的发展道路。

秦献公去世后，秦孝公（前361—前338年）即位。秦孝公大刀阔斧地进行了改革，使秦国摆脱了落后的局面，成为战国七雄中举足轻重的一支力量。秦孝公改革前，秦国面临着种种危机，在战国初期激烈的竞争中，秦国并不占优势：

> 孝公元年，河山以东强国六，与齐威、楚宣、魏惠、燕悼、韩哀、赵成侯并。淮泗之间小国十余。楚、魏与秦接界。魏筑长城，自郑滨洛以北，有上郡。楚自汉中，南有巴、黔中。周室微，诸侯力政，争相并。秦僻在雍州，不与中国诸侯之会盟，夷翟遇之。孝公于是布惠，振孤寡，招战士，明功赏。下令国中曰："昔我缪公自岐雍之间，修德行武，东平晋乱，以河为界，西霸戎翟，广地千里，天子致伯，诸侯毕贺，为后世开业，甚光美。会往者厉、躁、简公、出子之不宁，国家内忧，未遑外事，三晋攻夺我先君河西地，诸侯卑秦、丑莫大焉。献公即位，镇抚边境，徙治栎阳，且欲东伐，复缪公之故地，修缪公之政令。寡人思念先君之意，常痛于心。宾客群臣有能出奇计强秦者，吾且尊官，与之分土。"于是乃出兵东围陕城，西斩戎之獂王。
>
> 卫鞅闻是令下，西入秦，因景监求见孝公。①

---

① 《史记·秦本纪》。

秦孝公是一代英主，自觉承担起复兴秦国的大业，希望改变相当长时间以来秦国被动落后的局面，他施惠于民，赈济孤寡贫弱的国民，招募能征善战之士，并根据功劳进行相应的奖赏。正如秦孝公在诏令中分析的那样，秦国在秦穆公时曾经声威显赫，赢得了其他诸侯国的尊重和敬意。后来因为接连数代发生动乱，国内政治局势不稳，无暇对外发展，而此时关东各国却在迅速发展，趁着秦国内乱侵伐秦国。在列国纷起，竞相扩展各自利益的时代，其他的诸侯国对秦国并不尊重，甚至“以戎狄视之”。秦孝公为此感到耻辱，知耻而后勇，孝公开始想方设法发展秦国，积极作为，奋起直追！秦孝公认识到要改变秦国落后的面貌，需要贤能人才的帮助，以高官厚禄招募贤人。商鞅正是在这样的背景下来到了秦国，得以向秦孝公陈述己见，一代英主和一代能臣风云际会，吹响了秦国改革发展的号角。

在秦孝公的支持下，商鞅开始了在秦国的变法。变法过程中也遭到了不少人的反对，但商鞅意志顽强，坚持变法，在最高执政者的坚定支持下严格依照制定的法令办事，使秦国的变法相当彻底，效果相当明显。我们来看商鞅变法的主要措施：

> 令民为什伍，而相牧司连坐。不告奸者腰斩，告奸者与斩敌首同赏，匿奸者与降敌同罚。民有二男以上不分异者，倍其赋。有军功者，各以率受上爵；为私斗者，各以轻重被刑大小。僇力本业，耕织致粟帛多者复其身。事末利及怠而贫者，举以为收孥。宗室非有军功论，不得为属籍。明尊卑爵秩等级，各以差次名田宅，臣妾衣服以家次。有功者显荣，无功者虽富无所芬华。①

加强对民众的控制和管理，通过什伍制、连坐制等方式，将民众组织起来，有利于国家对民力的调动、使用；通过律令的形式令民众分家，使小家庭成为基本的生产生活单位；赏罚分明，国家通过明确的制度规定，引导民众勇立军功，对民间私下的争斗则根据不同情况加以处罚，营造为国立军功光荣、民众之间争斗可耻的氛围；引导民众努力从事农业生产，通过免除徭役的方式

① 《史记·商君列传》。

鼓励民众多生产粮食、布帛，严厉打击从事商业等末业的民众；秦国的宗室只有立下军功才能列入宗室的户籍，否则将会被除名；建立明确的尊卑等级制度，根据各自的等级占有土地、房产，不同的等级享受不同的待遇；鼓励民众积极从事农业生产，积极参加战斗，根据不同的军功进行不同的赏赐。商鞅变法，令行禁止，有功必赏，有过必罚，调动起民众的生产积极性和作战热情，有效地加强了国家对整个社会的控制力，能够集中起丰富的人力、物力、财力参与到与其他国家的竞争中去。

商鞅变法的效果相当明显，正如《战国策·秦策一》所载："商君治秦，法令至行"，"期年之后，道不拾遗，民不妄取，兵革大强，诸侯畏惧。"《史记·商君列传》也有相关记载："行之十年，秦民大说（悦），道不拾遗，山无盗贼，家给人足。民勇于公战，怯于私斗，乡邑大治。"在此期间，秦国与三晋的战争也不断取得胜利。秦国不仅扭转了被动挨打的局面，而且可以主动进攻，参与到列国激烈的竞争中去，通过军事行动为秦国争取更多的土地、人口和发展机会。

秦孝公去世后，秦惠文王（前337—前311年）即位。尽管因为商鞅变法损害了秦国相当一批既得利益集团成员的利益，商鞅也在政治斗争中失利被处死，但是商鞅之法却得到了继续贯彻落实，秦国富国强兵，持续发展。顺应局势的发展变化，秦惠王任用张仪等人，以强大的国力为基础，合纵连横，积极扩大秦国的既得利益，秦国在竞争中的优势地位日渐扩大。秦惠王时期的27年中，秦国对周围地区频繁用兵，最主要的成就有三：一是在西北部兼并了义渠的土地，在那里设县管理，稳定了秦国的侧后方，免除了后顾之忧。二是夺取魏国河西之地，把秦国的疆域推进到黄河一线。三是夺取巴蜀和汉中。公元前316年，秦国采取了一个重大的军事行动，命司马错领兵伐蜀，吞并了蜀国，接着又攻灭了巴国，秦王设置官员治理巴蜀地区。公元前312年，秦军夺取上蔡（今河南上蔡西南），接着攻取汉中地六百里，置汉中郡。巴蜀地区相当富庶，能够提供相当丰富的物质财富，为秦国进一步扩张提供了物质保障。所以终惠王之世，秦对东方六国的军事优势已然形成。

秦武王（前310—前307年）在位时间只有短短的四年，但秦国在此期间继续对外拓展政策，加强了对蜀地的控制，对西北的义渠地区保持攻势。在《史记·秦本纪》中有这样的记载："武王谓甘茂曰：'寡人欲容车通三川，窥周室，死不恨矣。’其秋，使甘茂、庶长封伐宜阳。四年，拔宜阳，斩首六万。涉河，城武遂。”年轻气盛、意气风发的秦武王，雄心勃勃地准备向中原进军，短短的话语中透露出了秦国准备取周室而代之的野心。经过艰苦努力，秦国攻占了韩国的战略要地宜阳，取得了进一步东进的基地，秦国东进的号角已经吹响。当然，秦武王因与力士比赛举鼎突然受伤，不治身亡，但是紧接着即位的秦昭王更是接过父兄的重任，承担起秦国的统一伟业。

秦昭王（前306—前251年）在位56年，继承前代君主的政策，不断蚕食周边国家的领土，有效保证了秦国稳步发展的势头，确保了秦国国力的增强和国土的不断扩大。

秦昭王即位后，穰侯魏冉多次出任国相，在秦国政治舞台上有很大的影响力，为秦国的对外开拓做出了重大贡献。穰侯特别信任白起，两个人密切合作推动了秦国的发展。秦国不断地攻城夺地，蚕食临近的魏、韩、赵的土地，运用连横的策略，拆散了齐楚两国的联盟，成功削弱了竞争对手的力量。秦国采取灵活有效的策略，又打又拉，南方的强楚、东方的强齐都受到了打击。秦国参与策划了秦、韩、魏、赵、燕五国合纵攻齐，使得齐国国都临淄被攻破，齐国元气大伤。秦国拆散齐楚联盟后，对楚国连续打击，攻占了楚国的郢都（今湖北江陵西北），迫使楚国迁都到陈（今河南淮阳）。尽管东方国家也曾经合纵攻秦，但是并未对秦国形成真正的威胁，而秦国对外的攻占往往能够收到实效，不仅直接扩大了控制的土地，而且使得主要的竞争对手纷纷被削弱，借力打力，进一步赢得了竞争的优势。

秦昭王在位时，“四贵”（宣太后、穰侯、泾阳君、华阳君）权势很大，昭王手中的实权被分散了。在多数情况下，以四贵为首的贵族和国家利益是一致的。但是随着手中权力的滋长，穰侯在决策时对个人私利考虑得越来越多，与秦昭王之间逐渐产生矛盾。公元前270年，相国魏冉听从客卿造的建议，攻取了齐国的刚（今山东宁阳东北）、寿（今山东东平西南），“以广其陶邑”，扩大自己的封地。此次秦国越过韩国、魏国，出兵攻占齐国的土地，主要为了满足魏冉的私心，“秦封君以陶，假君天下数年矣。攻齐之事成，陶为万乘长，小国率以朝，天下必听，五伯之事也”①。而从整个局势来说，此举对秦

① 《战国纵横家书·二十》。

国本身扩张的积极作用并不大。当时秦国不能越过魏国直接控制陶邑，陶邑处在魏、齐、赵之间，依赖于秦国而存在，扩大陶邑并不能使秦国获得进一步扩张的基地。这也表明了秦国内部存在不同的利益集团，需要进行调整，以便统一步调，着眼全局，进而才能集中全力服务于统一大业。

魏国人范雎此时来到秦国，向秦昭王分析了当时的国内外形势，建议秦国施行“远交而近攻”的策略，与远离秦国的国家搞好外交关系，而对邻近秦国的周边国家则采取军事行动，这样一来“得寸则王之寸也，得尺亦王之尺也”，秦国能够从中获得实利。范雎建议秦昭王确立秦国下一步的主攻目标，集中力量处理好与韩、魏的关系，使秦国占据更加有利的形势，进而威动赵、楚，与齐国结好，就可以放心蚕食魏、韩。秦昭王接受了范雎的建议，进一步加强王权，调整对外扩张的主攻方向，“远交而进攻”，大大推动了秦国统一大业进程。

范雎还进一步向秦昭王指出：

> 秦韩之地形，相错如绣。秦之有韩也，譬如木之有蠹也，人之有心腹之病也。天下无变则已，天下有变，其为秦患者孰大于韩乎？王不如收韩。昭王曰：“吾固欲收韩，韩不听，为之奈何？”对曰：“韩安得无听乎？王下兵而攻荥阳，则巩、成皋之道不通；北断太行之道，则上党之师不下。王一兴兵而攻荥阳，则其国断而为三。夫韩见必亡，安得不听乎？若韩听，而霸事因可虑矣。”王曰：“善。”且欲发使于韩。①

秦、韩两国接壤，领土交错，而又分属两个不同的利益集团，一旦形势变化，都想削弱对方，壮大自己，强秦势必要吞并韩国以除后患，卧榻之侧岂容他人安睡呢！范雎进而献上了伐韩之策，秦军进攻荥阳，切断巩、成皋的通道，北边断太行之道，切断上党郡与韩国首都之间的通道，将韩国一分为三，分割包围，各个击破。韩国面临必亡的形势，自然会向秦国屈服。秦昭王接受了范雎的建议，公元前266年任命范雎为国相，按照“远交近攻”“毋独攻其地而攻其人”的战略，秦军一次次开展攻城夺地的斗争，秦国国土逐步扩大。

① 《史记·范雎蔡泽列传》。

战国后期以来，随着列国形势的发展变化，赵国成为秦国的主要竞争对手。秦赵两国发生了多次战争，双方互有胜负。公元前269年，秦国进攻赵国的阏与（今山西和顺）地区，赵国名将赵奢率军抵抗，运用巧妙的战术，故意制造赵军怯战的假象，然后急速行军，突然发力，袭击秦军，大获全胜。在阏与之役后，秦军曾经进攻几（今河北大名东南），廉颇救几，又大败秦军。公元前268年，秦昭王派五大夫绾伐魏取怀（今河南武陟西南）。赵、齐、楚三国因此合纵出兵，赵将赵奢、齐将鲍佞“临怀而不救，亲人去而不从”①。秦国因此暂停对魏的进攻。公元前266年，秦国再次攻魏，攻取邢丘（今河南温县东），迫使魏国屈服。自公元前265年起，按照范雎制定的战略，白起率秦军连续数年进攻韩国，攻占了韩国大片土地，“断太行之道”的战略目标初步实现，割断了韩上党郡与韩国都之间的通道，将韩国国土分割围攻。韩国准备献出上党郡向秦求和，而上党郡郡守冯亭不愿意降秦。冯亭派使者到赵国，请求把上党郡献给赵，借助强赵的力量来求生存。赵国君臣围绕是否接受上党郡展开了激烈争论，平阳君赵豹认为这是韩国准备嫁祸给赵国，秦连续数年攻韩，对上党郡志在必得，不会轻易放弃，如果赵国接受上党郡，势必与秦发生直接的利益冲突。而平原君赵胜则认为应该接受上党郡，秦国进攻韩国数年尚未攻打下上党郡，赵国轻而易举获得了上党郡的土地，并且秦、韩连年战争，双方国力消耗很大，秦国不能把赵国怎么样。赵孝成王利令智昏，同意平原君的意见，发兵接收上党。公元前262年，赵王派廉颇驻守长平（今山西高平），防备秦国的进攻。秦国马上到嘴的肥肉让赵国硬生生夺去，自然不会善罢甘休，秦王派左庶长王龁进攻长平，秦、赵开始了持续数年的长平大战，这场战争意义重大，在一定程度上可以说对战国后期政治格局产生了决定性的影响。

秦、赵双方集合了近百万大军，在长平对峙交锋。老成持重的老将廉颇驻守长平，赵军筑垒固守、坚壁清野、伺机而动。面对廉颇的固守，秦军进攻难以奏效，双方相持三年，不分胜负。后来赵孝成王中了秦国的反间计，临阵换将，启用夸夸其谈的赵括代替务实的廉颇为将。赵括担任赵军主帅后，一改廉颇稳健防守、伺机出击的战略，准备和秦军决战，而这正是秦军求之不得的事

① 《战国策·赵策二》。

情。秦国改派作战经验丰富的白起担任主将，诱敌深入，设置伏兵截断赵军退路和粮道，将赵军团团包围。赵军在被围困46天后，饥饿乏食，而援兵不至，被迫突围。在突围过程中主将赵括被秦军射死，突围失败，赵军四十余万人被秦军俘虏。白起下令将大部分赵兵坑杀，长平之战以秦国获胜而告终。此次战役赵军前后死亡45万人，而秦军也损失过半。此战之后，赵国元气大伤，再也不足以对强秦构成威胁，秦国在付出巨大的代价之后，终于取得了此次关键性大战的胜利。此后，东方诸国往往自救不暇，在与秦国的竞争中再也不占优势。秦国则开始稳步地推行其统一全国的战略。

长平之战中，赵国曾经向齐国请求粮食支持，而齐王却“爱粟”贪财，或出于避战自保的考虑，拒绝了赵国的请求，对秦攻赵采取作壁上观的态度，坐视强秦对赵国施以毁灭性的打击。虽然齐国因此得以暂时性的苟延残喘，却在实际上丧失了一个潜在的盟友，随着赵国的削弱，秦国力量进一步增强，齐国面临的秦国的威胁也越来越大。

长平之战后，赵向秦求和，秦、赵暂时和解。但因为赵国没有按答应的条件割地给秦国，公元前259年9月，秦国派五大夫王陵围攻赵国都城邯郸，准备一举灭亡赵国。公元前257年，邯郸已经被围三年，赵国形势危急，派人向魏、楚求救。平原君赵胜亲自赶往楚国，在门客毛遂帮助下，与楚王歃血为盟，楚国答应出兵救赵。魏国接到赵国求救后，派晋鄙率领十万大军往救，因为担心秦国报复，大军停留在汤阴（今河南汤阴）观望不前，静观时变，准备相机而动。魏国信陵君采纳门客侯嬴的建议，通过魏王的宠姬如姬偷到发兵的虎符，信陵君带着虎符赶到魏军驻扎处，信陵君手下的大力士朱亥击杀晋鄙，取得兵权后，率领精选的魏兵八万人驰援赵国。与此同时，楚国将军景阳率领楚军也赶来救赵。两军会合后，直奔邯郸，秦国军队与魏、楚联军作战失利，被迫撤退。秦昭王令白起赶赴前线负责攻赵事宜，白起以病重推托，秦王罢免白起，将其驱逐出咸阳，并很快赐剑令其自杀。相国范雎保荐的将军郑安平作战失利，率军投降，其保荐的知交河东郡守王稽也曾积极谋划投降活动，这些变故使秦王对范雎的信任发生动摇，秦国内政局发生微妙的变化。魏、楚联军不仅成功解了邯郸之围，还乘胜追击，攻到了河东汾城一带，魏国收复了河东一些失地。秦国咄咄逼人的攻势暂时受挫，东方六国的压力暂时缓解。

秦国对东方攻势受挫，东方六国却没有进一步对秦国采取联合行动，反而为了各自利益，相互攻伐。秦国因而获得了休整的机会，得以从容地进行调整，为完成统一大业积蓄力量。魏、楚趁着战胜秦国的余威，开始向东扩张，魏国攻占了秦国的陶郡（即定陶），攻灭了卫国，占有了原来宋、卫的大部分土地，楚国则出兵兼并了鲁国。燕国看到赵国在长平之战中元气大伤，精锐部队损失殆尽，企图趁火打劫，公元前 251 年，燕军六十余万分两路攻赵，准备一举吞并赵国。赵国拼力抵抗，赵将廉颇大破燕军于鄗（今河北高邑东南），杀燕相栗腹，赵将乐乘大败燕军于代（今河北蔚县东北），俘燕将卿秦。燕国伐赵以大败告终，赵国趁胜围攻燕国首都，燕赵连年大战。燕国在攻赵的同时，也派军伐齐，攻占了齐国的聊城（今山东聊城西北）。楚国在灭鲁之后继续北进，进攻齐国的南阳地区（泰山西南、汶水以北）。魏在灭卫以后，继续东进，攻取了齐国的平陆（今山东汶上北）。当时的齐国正处于燕、魏、楚三国进攻之中，三面受敌，疲于应付，节节败退。①

公元前 251 年，在位 56 年的秦昭王去世，秦孝文王即位。公元前 250 年，秦孝文王辞世，秦庄襄王即位。公元前 249 年，秦庄襄王任命吕不韦为相国，主持秦国国政，继续推进秦国统一大业。在吕不韦的主持下，秦国攻灭了东周，攻取了韩国的成皋、荥阳，组建了三川郡。公元前 248 年，秦军大举攻赵，秦将蒙骜先后攻取了赵国榆次（今山西太原东南）、新城（今山西朔县南）、狼孟（今山西太原北）等 37 城。同年，秦军又攻取了魏国的高都（今山西晋城）和汲（今河南汲县西南）。公元前 247 年，秦国全部占有了韩国的上党郡，平定了赵国的晋阳，重建了太原郡。东方诸国再次感受到了强秦的犀利攻势，当时的国际形势再次向有利于秦国的方面转化。

面对秦国的巨大威胁，东方诸国再次组织起来，谋求自救。以赵、魏、楚三国为主体，韩、燕参加的五国合纵联盟再次组成。公元前 247 年，留居赵国十年的信陵君回到魏国，统帅五国联军反击正在进攻三晋的秦国军队，秦将蒙骜率领秦军败退到函谷关。《史记·魏公子列传》称“公子率五国之兵破秦军于河外，走蒙骜。遂乘胜逐秦军至函谷关，抑秦兵，秦兵不敢出”。此次信陵君统帅五国联军，暂时止住了秦国的攻势。但东方六国之间只是暂时的联合，相互之间还存在着直接的利益冲突。打退秦国进攻后不久，魏就攻取了韩国的

① 参见杨宽：《战国史》，上海人民出版社，2003 年，第 424 页。

管城（今河南郑州），又相继在睢阳（今河南商丘南）、蔡、召陵打败了楚军。

尽管五国合纵迫使秦军退到函谷关，但五国联军并没有对秦军构成直接的威胁，秦国实力并未受到真正的打击，秦军在等待最佳的出击时机。东方诸国征伐不断，每个国家作为一个利益团体，都在谋求本集团利益的最大化，相互之间又不存在一个压倒性优势的集团存在，因此只能是相互频频地对抗，尽管在面临秦国的共同威胁时能够组成松散的联盟，可这个联盟很快就失去共同的基础，很不牢固。秦国早已看到这一点，在雄视宇内、包举天下的明确战略目标指导下，寻找有利时机，主动出击。

秦国在暂时退却之后，又开始了对外的军事活动。公元前 242 年，秦军攻占了魏国二十余城，在新占领区设置了东郡。秦国自从建立了东郡，国土就和齐境相接，截断了“山东从亲之腰”，并对韩魏两国国都形成三面包围之势。秦国在统一全国的进程中进一步获取了战略优势，不但国土面积进一步扩张，早已远远超过东方六国，而且获得了战略主动权，可以选择最有利于自己的出击时间和地点，统一大业的完成成了时间问题。面对秦国的威胁，东方诸国只能再次联合，以谋求残存和自保。公元前 241 年，五国合纵攻秦的局面又出现了。赵将庞谖带了赵、楚、魏、韩、燕五国军队攻秦，一直攻到蕞（今陕西临潼东北）。秦军很快就出兵反击，五国联军被迫后撤。此时，赵国反而回过头来进攻齐国，攻占了齐国的饶安（今河北盐山西南）。这是战国时代最后一次合纵，但是几乎没有取得什么成效，五国联军无功而返。此后，东方诸国再也没有联合组织起像样的反抗，最终的结果是被秦国各个击破。

战国后期秦国国力强盛，不仅国土面积超过东方诸国，而且军队的战斗力也远在东方诸国之上。除了实力上占据优势之外，秦国还采取了切实有效的外交政策，对东方诸国统治集团成员进行分化瓦解，收买利用国君的亲信佞臣，屡屡使用反间计，离间诸侯国国君与执政大臣、统兵大将的关系，使得东方诸国自毁长城，逐步丧失竞争力。秦国上下一心，君主励精图治，数代勤政，致力于包举海内、统一中国，君主开明，文臣武将各司其职，又采用灵活有效的外交政策，再加上强有力的军事攻势，秦国完成统一大业就成了水到渠成之事。

“秦王扫六合，虎视何雄哉！”雄才大略的嬴政，开启了扫灭六国的进程：公元前 230 年，秦国攻灭韩国，在韩地设置颍川郡；公元前 228 年，秦军大败赵军，俘虏赵王迁；公元前226年，秦大举攻燕，攻占燕都蓟城，燕王喜逃往辽东；公元前225年，秦军攻破魏都大梁，灭亡了魏国；公元前223年，秦军攻入楚都寿春，俘虏楚王，楚国灭亡；公元前222年，秦将王贲攻取辽东，俘虏燕王喜，燕亡；同年，秦攻取代，俘虏代王嘉，赵亡；公元前221年，秦将王翦从燕国南下攻齐，在几乎没有遇到什么抵抗的情况下攻破齐国，俘虏齐王建，齐国灭亡。

“六王毕，四海一。”① 秦王嬴政终于完成祖先的遗愿，实现了“海内为郡县，法令由一统”②，建立起中央集权的统一国家，嬴政也成为中国历史上的“千古一帝”，其开创的皇帝制度在中国延续了两千多年，影响深远。

① 杜牧:《阿房宫赋》。

② 《史记·秦始皇本纪》。

第二章 ｜ 地理的参与

作为人类社会赖以存在和发展的地理环境，是人类社会活动的舞台，对于人类社会与历史发挥着重要影响。《礼记·王制》云："广谷大川异制，民生其间者异俗，刚柔、轻重、迟速异齐，五味异和，器械异制，衣服异宜。"汉武帝时期的著名理财大臣桑弘羊说："古者，为国必察土地、山陵阻险、天时地利，然后可以王霸。"[①] 清代学者顾祖禹的《读史方舆纪要》则以地理为依据，对军事成败和政治兴亡进行了分析总结。齐、秦两国不同的地理形势、经济资源和地缘政治对各自的历史进程和命运起到了什么样的作用？打开历史的卷轴，透过战争的烟尘，沿着秦国立足的关中、齐国立国的营丘，我们试着去追寻两国所处的地理环境为他们带来了什么。

一、齐、秦的疆域变迁

（一）齐国的疆域

姜太公吕尚在武王伐商后，因功绩显赫，首封于吕（今豫西晋南的霍太山附近）。周公东征胜利之后，吕尚被徙封于营丘。[②] 营丘后称临淄，因临淄水而得名，营丘的地望，在今山东省淄博市临淄区东北部。[③] 齐太公受封建立

① 桓宽:《盐铁论》。

② 《史记·齐太公世家》:"武王已平商而王天下,封师尚父于齐营丘。"有学者倡太公先封于吕,东征后始迁齐之说,参见傅斯年:《大东、小东说》,《"中央研究院"历史语言研究所集刊》第二本第一册,1930 年。

③ 营丘的地望,众说纷纭,大概有三种:一是营陵说;二是认为有两个营丘,即临淄营丘与昌乐营丘;三是营丘即缘陵,在昌乐县南。(参见王阁森、唐致卿:《齐国史》,山东人民出版社,1992 年。)《水经注·淄水注》载:"淄水又北迳其城东,城临淄水,故曰临淄,王莽之齐陵县也。《尔雅》曰:水出其前左为营丘。地封太公望,赐之以四履,都营丘为齐。……营丘者,山名也。《诗》所谓'子之营兮,遭我乎猺之间兮'。……"本文以《水经注》为确。

的“齐”，是因袭旧名，在商代姜姓齐国的基础上建立的。[①] 齐国何以称齐，与当地的地理有关，也与古代的文化观念有关。营丘附近有天齐渊，在临淄南郊山下。司马迁说：“齐所以为齐，以天齐也。……八神：一曰天主，祠天齐，天齐渊水，居临淄南郊山下者。……”[②]《集解》引苏林说天齐是指“当天中央齐”。《索隐》引《齐记》说：“天齐泉，五泉并出，有异于常，言如天之腹齐（脐）也。”这是说，“齐”地在古代人的心目中是天下之中，就如同天下的“肚脐”。齐地东临大海，北与渤海相连，南与黄海相接，是我国古代海上交通的中心，因此顾颉刚先生说：“《尔雅·释地》及《列子》都称中国为‘齐州’，恐因那时海上交通的中心在齐，故海外民族就以齐州称全中国。”[③] 天齐，乃齐之地方神，《史记》谓“自古有之”。古代有诸侯立国要居国土之中的观念，即《荀子·慎势》所谓“王者必居天下之中央”。我们可以推论，齐国之所以称齐，齐地之渊（泉）以“天齐”名，齐地之神曰“天齐”，都是因为地处“天下之中”的缘故。

太公所封之齐，据说仅方百里。[④] 齐地原有的“殷之诸侯封于齐者”，为太公轻而易举地取而代之，而周围仍然分布着东夷部族及其所建的方国。齐东部与莱国为邻，东北有纪国（今山东寿光），附近有薄姑（今山东青州境内），其北尚有一个较大的殷商城邑（今桓台县境内），西北有逄国（今济源市境），其西有谭国（今章丘境内），其南当止于鲁山北麓。齐初立国时的方百里之地，大概就在今淄博市的范围之中。

以太公之韬略和地位而移封齐，可以看出齐地对于藩屏周王室具有非常重要的战略意义。太公身兼周室外戚与勋臣，代周行政，镇抚东方，夹辅王室，享有征伐特权。《左传·僖公四年》记载管仲说：“昔召康公命我先君大公曰：‘五侯九伯，女实征之，以夹辅周室。’赐我先君履，东至于海，西至于河，南至于穆陵，北至于无棣。”“太公之履”所达范围，大致东至于海，西至于河（古黄河），南至战国齐长城沿线，至今仍名为穆陵关的地方（今山东临朐东南大岘山上）；北到河北盐山县以南，古称无棣水一带（今河北盐山南宣惠

---

① 商代姜姓齐国在晚商时又称蒲姑，《左传·昭公二十年》记载，晏子叙述齐地沿革，说：“昔爽鸠氏始居此地，季萴因之，有逄伯陵因之，蒲姑氏因之，而后大公因之。”杜预注：“逄伯陵，殷诸侯，姜姓。”

② 《史记·封禅书》。

③ 顾颉刚：《五德终始说下的政治与历史》，《古史辨》，上海古籍出版社，1982年。

④ 《孟子·告子下》：“大公之封于齐也，亦为方百里也。”

河一带)。这里所说的四至，是指齐国当时可以征伐的范围，并非指西周初齐国的疆域。

自太公就国便与莱夷争夺营丘，利用周王室赋予的征伐之权，开始了领土扩展和势力范围的蔓延。莱夷与太公争国的结果是莱夷败走东迁，齐国由此得益其部分土地。成王时期东征灭薄姑，齐国又益得薄姑之地。此外，齐国还可能吸纳了一些残存的大中型方国之间人口稀少或地处沿海的部落小邦，才得以成为临海之国。齐国的领土与周围的纪、莱、逄等国家交错分布。自太公之世起，不论是手中对“五侯九伯”的征伐大权，还是对外的蚕食扩张，都为春秋时期强大的齐国奠定了霸业基础。

平王东迁，周王室权威陵夷。齐桓公高举“尊王攘夷”的旗帜，联合许多诸侯北伐南征，阻止了南夷北狄侵扰，同时乘机兼并了许多小国，疆域随之扩张。《国语·齐语》记载，齐桓公正其封疆，“地南至于岱阴，西至于济，北至于河，东至于纪酅”。《管子·小匡》记载：“地南至于岱阴，西至于济，北至于海，东至于纪随。”岱阴，指泰山以北。泰山是齐鲁分野，齐地南境以泰山为界。济，指古济水，现黄河乃济水故道。海，即今渤海。纪，为纪国。酅，为纪邑，在今山东临淄东。[①] 可知当时齐国的疆土南至泰山，北至天津南界，西至于山东齐河县一带，东不过今山东半岛西部之弥河。[②] 大概就如《管子·小匡》所谓齐“地方三百六十里”。后来齐桓“东救徐州，分吴半；存鲁蔡陵，割越地；南据宋郑，征伐楚”，疆土进一步开拓。《管子·轻重丁》载管子问于桓公曰：“敢问齐方于几何里?”桓公曰：“方五百里。”此时的齐国才真正达到了成王赐予的五百里的封疆。齐景公时期，疆土又有所扩大。晏子说当时齐边界为“聊、摄以东，姑、尤以西”[③]。聊、摄，是当时齐国西界，在今山东聊城。姑、尤，是当时齐国东界，姑，即今山东半岛中部的大姑河，尤，即今小姑河。春秋后期齐灭东莱，取得东莱地区，使齐之东土达海。

战国时期，齐国疆域在七雄争霸以及与邻国的征战中变动，某些边界的城邑往往反复更易其主。《战国策·齐策一》载苏秦说齐宣王曰：“齐南有太山，

---

① 《国语》明道本“岱”作“陶”，他本皆作“岱”。王引之、徐元诰都认为“岱阴”为确，今据改。春秋时黄河经齐国北境，在今天津南流入渤海。因此，《国语》谓“河”，《管子》谓“海”，所记不同，所指一也。随，地不可考，或为讹误，或在酅邑附近。

② 钱林书：《春秋战国时齐国的疆域及政区》，《复旦学报》(社会科学版)，1993年，第6期。

③ 《左传·昭公二十年》。

东有琅邪，西有清河，北有渤海，此所谓四塞之国也。齐地方二千里。”这是苏秦以险固说齐国之形胜，齐之疆域在齐宣之际有所开拓，但至于地方二千里，则是战国游说之士的夸大之词。

齐北境与东境均临海。齐之北境大致在今河北中部的大城、任丘、徐水等市县一带，与燕接壤。① 北境与燕国的边界没有天险。燕将乐毅南下攻齐，秦灭五国后自燕南下灭齐，均没遇到阻拦。②

齐南境主要与鲁、宋、卫、魏、楚等国为邻。春秋以来以至战国中期，齐国南有长城与鲁、宋汶上诸国分限。战国后期，齐、楚争相蚕食宋、鲁领土，有的战略要地则为齐、楚反复争夺，对彭城的争夺就是最明显的一例。③ 直到鲁、宋诸国领土分割完毕，齐国才与楚国接壤。《战国策·秦策一》载术士张仪云：“昔者齐南破荆，中破宋，西服秦，北破燕，中使韩、魏之君，地广而兵强，战胜攻取，诏令天下。济清河浊，足以为限，长城钜防，足以为塞。”又《史记·楚世家·正义》引《齐记》云：“齐宣王乘山岭之上筑长城，东至海，西至济州千余里，以备楚。”《齐记》说的“以备楚”，是针对战国后期的齐长城，但两国之界线并不在齐长城，而在宋、鲁故地，呈犬牙交错之势。④

齐西南与魏以河水为界。《史记·六国年表》齐威王十一年载：“伐魏取观。”《水经注·河水注》引《竹书纪年》曰：“梁惠成王二年，齐田寿率师伐我，围观，观降。”观，又称观泽，位于河水东岸，在今河南清丰县南。战国时期，观地是齐、魏反复争夺之地，因此可知，齐、魏大致以河水为界。

齐之西境主要与赵、魏、卫等国为邻。《史记·赵世家》载赵敬侯二年，“败齐于灵丘”。灵丘在今山东高唐县南，位于河水北岸。由此可以推知当时赵东南境与齐西境大致以河水为界。赵成侯七年，赵侵齐，至长城。齐长城西起平阴防门，临济水。可知此时赵东境与齐西境以济水为界。

按齐国强盛之时的疆域，大致东、北至海；北境以今河北中部的大城、任

① 钱林书：《春秋战国时齐国的疆域及政区》，《复旦学报》（社会科学版），1993年，第6期。

② 《史记·田敬仲完世家》。

③ 《史记·田敬仲完世家》记齐湣王三十八年“齐遂伐宋，宋王出亡，死于温。齐南割楚之淮北”。连“楚之淮北”都为齐所占，彭城自然在其内。两年之后（齐湣王四十年），齐国占领的淮北之地二度划入楚国版图。《史记·六国年表》说楚国于此年“取齐淮北”，这一次齐国受到秦、三晋、楚的联合进攻，几乎灭国，彭城自然又为楚国所占领。

④ 国光红：《齐长城肇建原因再探》，《历史研究》，2000年，第1期。

丘等一线与燕接壤；西境大致以河、济与赵、魏为界；南境则是吞并鲁、宋等国后直接与魏、楚接壤。从东到西、从南到北各千余里。齐国虽然国力强盛，但东面临海，北接燕，西邻三晋、强秦（战国后期接壤），南壤楚，可开拓的疆土非常有限。公元前221年为秦所灭，秦在齐地建立了齐郡和琅琊郡。

（二）秦的疆域

殷代末期，秦人的一位远祖中潏“在西戎，保西垂”，在渭水中游保卫着殷王朝的西部边境。① 周人灭殷之后，因西周占据了殷人统治区，秦人被赶向更西的周之边陲。秦人的直系祖先非子善养马，被周孝王召至“汧渭之间”（今陕西扶风和眉县一带），负责给周王室养马。后来，周孝王封秦为“附庸”，准许他们在秦这个地方建筑城邑——“邑之秦”，从此定居下来。“秦”也正是在此时才成为他们的正式名称。② 当时之秦地，当在今天的甘肃东部清水的秦亭附近。③

公元前770年，周平王东迁雒邑后，封秦襄公为“诸侯”，“赐”秦“岐以西之地”④。但周平王所“赐”之地，布满了强悍的戎人和狄人，秦“立国”后能否生存下去，尚是未卜之事。⑤ 秦襄公之子文公即位之后，开始向关中拓展，于公元前750年取得了第一次伐戎的胜利：“地至岐”。⑥ 岐（今陕西宝鸡以东）是周人的故地，那里也是关中最富庶的地区之一——周原。秦武公时代，相继击败消灭戎人彭衙氏、冀戎、卦戎、小虢，秦国在杜、郑设县。杜在今陕西长安县东南，郑在今陕西华县北。至此，秦国基本上占据了西起今甘肃东南部、东至华山一线，几乎整个关中的渭水流域。⑦ 德公时迁都于雍。雍位于雍水附近，是周原最富庶的地区，无论是向东发展，还是防御西戎，地理位置都十分有利。⑧

秦穆公是完成秦国占领关中事业的一代雄主。他扫清了周围和境内的戎狄

---

① 李学勤《殷代地理简论》说，商王朝“其西界达渭水之中游”。

② 《史记·秦本纪》。

③ 林剑鸣：《秦史稿》，中国人民大学出版社，2009年。

④ 《史记·秦本纪》。

⑤ 《秦本纪》载，周平王封秦襄公为诸侯时说：“戎无道，侵伐我丰岐之地。秦能逐戎，即有其地。”就是说，秦能驱逐戎狄，就可以据此建国；而若不能，则只好听其为戎狄或逐或灭了。

⑥ 林剑鸣先生认为，秦文公控制了岐以西的地区。

⑦ 林剑鸣：《秦史稿》，中国人民大学出版社，2009年。

⑧ 史念海：《周原地理与周原考古》，《西北大学学报》，1978年，第2期。

势力。伐“茅津之戎”，迁“陆浑之戎”，顺便消灭了边境小国梁和芮，疆土伸展到黄河西岸。[①] 因此《汉书·地理志》谓“穆公称伯，以河为境”。穆公三十七年（前623），秦“用由余计”，迅速击败西戎，此后，陕西、山西交界的黄河以西的广阔土地，尽入秦国掌控之中。

终春秋之世，由于晋国阻遏，秦国一直无法东进。秦在春秋末年的疆域：“约有今陕西省中部及甘肃省东南端一带地。大致：东距黄河、潼关，东北距河西地，南距秦岭，西距陇山，北或抵平凉、泾川、延安附近。其地远不及晋、楚之大。”[②]

战国初期秦国日渐削弱，疆土随之收缩。日趋强大的东邻魏国，夺取了秦的河西。所谓“河西”地，是指从今陕西、山西两省交界处的黄河河道到渭水的北支流洛水之间的地区。秦人自言：“三晋攻夺我先君河西地，诸侯卑秦，丑莫大焉。”[③] 魏设河西郡，秦退守洛水。

秦孝公任商鞅变法，日益富强，扩疆掠地，逐步占据了一系列战略要地。孝公时期，收复部分河西失地，秦惠文王时期彻底夺取河西，与魏共享黄河天险。公元前329年，取魏之汾阴（今山西万荣西北）、皮氏（今山西河津西）、曲沃（山西曲沃）和焦（曲沃附近），深入魏国腹地。[④] 次年，秦占领蒲阳（今山西永济北），无力对抗的魏国献上郡及少梁，秦的国土推进到黄土高原之上。至此，秦全部控制河西之地。更重要的是，秦于公元前324年占领陕城（今河南陕县），公元前314年占领曲沃和焦，夺取了长期被晋（春秋时）、魏（战国时）占据的要地，取得桃林（亦称函谷），又在其东端建函谷关，打开了进军中原的门户。[⑤] 公元前313年取赵国的蔺（今山西离石西），黄河由此成为秦国的内河。

公元前316年，秦灭巴、蜀，占领今四川盆地全境，疆域扩展近一倍。经过张若任蜀守期间的开发，秦统治势力越过了金沙，到达今天云南北部和西北部地区。[⑥] 公元前312年，秦大败楚国，占领汉中。汉中北倚秦岭，南靠巴

① 梁在今陕西韩城南，芮在今陕西大荔境内，是靠近黄河西岸的两个小国。

② 童书业：《春秋史》，上海古籍出版社，2003年。

③ 《史记·秦本纪》。

④ 公元前327年，秦将河东焦、曲沃等归还魏。

⑤ 宋杰：《先秦战略地理研究》，首都师范大学出版社，1999年。宋杰认为，秦函谷关就是在取得河西之地到占据河东曲沃、焦这期间建立起来的。

⑥ 林剑鸣：《秦史稿》，上海人民出版社，1981年。

山，不仅是一片丰饶之地，还是制约楚国的战略之地。从此，秦将关中与巴蜀联为一体，为秦统一大业奠定了雄厚的物质基础。李斯概括这段历史说："惠王用张仪之计，拔三川之地，西并巴、蜀，北收上郡，南取汉中，包九夷，制鄢、郢，东居成皋之险，割膏腴之壤，遂散六国之从，使之西面事秦，功施到今。"① 至惠文王末年，秦疆域大致包括：以今陕西的关中地区为核心，北包陕北黄土高原，南领巴蜀即四川盆地以及汉中，东有黄河与函谷关，西含甘肃一部分。

秦昭襄王任范雎为相，持续东侵，逐步蚕食三晋和楚国。公元前265年，攻韩少曲（今河南孟州市境内）、高平（今河南济源西南）。次年，攻陉城（山西新绛县东北）。明年，攻太行山以南。韩的土地一片片被秦蚕食。至"前246年，即秦始皇即位的时候，秦地有巴蜀、汉中、宛、郢、上郡、河东、太原、上党等郡，函谷关外有荥阳及周国旧地"②。于是略有今陕西全部、四川大部、甘肃东部、河南的中西部、山西和湖北的西部、湖南的北部。直至战国末期攻灭东方六国。

齐、秦立国之初，齐有东夷之争，秦有戎狄之困，都经历了披荆斩棘的艰苦经营。当齐国称霸中原的时候，秦国尚在关中与戎狄争夺土地。继齐之后，晋、楚、秦相继在中原争夺霸主地位，而秦国的势力始终没有越出关中。战国时代，齐国北、西、南三面临强国，东临海，是七雄中疆土扩展最少的国家。而秦在经历了战国初期的黯淡之后，吞黄河，灭巴蜀，据汉中，建函谷，疆域的拓展势如破竹，扩地千里，更为吞并六国占据了战略要地。

二、自然地理与经济

人类生产作用于自然，而又受自然资源的制约。不同的地理资源，决定了不同的治国理念。齐、秦两国拥有不同自然资源优势，实施不同的经济政策，但都足以成就一个国富力强的大国。

（一）齐国：利鱼盐，重工商

战国时期的齐国，地处黄河下游，华北平原东部。北面是黄河、渤海一

① 《史记·李斯列传》。

② 范文澜：《中国通史简编》（修订本）第一编，人民出版社，1965年。

带，南部自西向东，绵延横亘着泰山、鲁山、沂山等高山峻岭，地形由南向北倾斜，位于“海岱之间”。发源于山脉丘陵之间的河流，呈网状辐射北流，汇入渤海。西境有黄河、济水两条大河，不仅孕育了广袤的沃土，还构成了齐国西境的一道天然屏障。因此为史家称道：“齐带山海，膏壤千里。”① “泱泱大国之风”的齐国，就是在这种独特地理环境中孕育、发展起来的。

齐地以今天的山东省区来看，处于北温带，属暖温带半湿润季风气候。冬春少雨雪，降水多集中于夏秋两季。但在古代，黄河流域的气候条件要比现在温暖湿润得多，相当于今之长江中下游，属于湿热的亚热带气候。山东各地生长着许多喜湿热的亚热带动植物，如扬子鳄出没在鲁中南地区②，竹林遍布东南沿海③，大象、孔雀、熊猫、水牛、犀牛、竹鼠、轴鹿等热带、亚热带动物繁衍于中原大地④。春秋末期，齐地犹竹木茂盛。⑤ 齐国受海洋气候影响，降水量充足，加以气候温润，自然宜于草木的滋长。《禹贡》称“海岱惟青州”，大概就是因为当时这个地区草木繁盛、四季常青的缘故。

齐地水系发达，河川交错。本地发源的，泰沂山区主要有沂、沭、汶、泗、淄、弥、潍等水；胶东丘陵地带则有胶莱、大沽、五龙等。此外还有发源于外省流经山东的一些河流。大概而言，流经山东入海的河流有三百多条。其中有古称“四渎”⑥ 的中国四大名川中的黄河、江水和济水，还有相传大禹治水时疏导的“九河”⑦ 贯穿而过。河川之外，齐地古代多湖泊，特别是山地与平原之间的洼地地带。如古之雷泽、大野泽，⑧ 今之以济宁为分界的山东“南四湖”、“北五湖”。齐人利用这些天然的水资源，兴修水利工程。《管子·度地》载：“水可扼而使东西南北及高乎？……可。故高其上领，瓴之，尺有十，分之三。”这是说在大河上游建成拦河石堰，再做成三个拦河分坝，控制

①《史记·货殖列传》。

② 周本雄：《山东兖州王因新石器时代扬子鳄遗骸》，《考古学报》，1982 年，第 2 期。

③ 竺可桢：《中国近五千年来气候变迁的初步研究》，《考古学报》，1972 年，第 1 期。

④ 贾兰坡、张振标：《河南淅川下王岗遗址中的动物群》，《文物》，1977 年，第 6 期。

⑤ 据《左传·襄公十八年》记载：“晋帅诸侯之师围齐，焚申池之竹木。”《晏子春秋》载：“齐景公树竹，令吏谨守之。”

⑥《史记·殷本纪》引《汤诰》，四渎为江、济、河、淮。其中江，指沂水；济，指济水，今黄河流经即济水故道；河，指黄河；淮，指淮河。

⑦《尔雅·释水》列九河为：徒骇、太史、马颊、覆鬴、胡苏、简、絜、钩盘、鬲津。

⑧ 大野泽又称巨野泽，在今山东巨野县北；雷泽又称雷夏泽，在今山东兖州一带。

水流作灌溉之用。有学者认为,《考工记》为战国初齐人所作。[①]《考工记》中记载有总结前人及当时水利灌溉的经验,说明春秋末至战国初齐国的水利技术已经相当进步。战国时期,各国竞修水利,大大小小的沟渠遍布各地。[②] 齐国地处黄河下游,黄河对齐国的农业生产有着重要影响。当时,齐与赵、魏以黄河为界,赵、魏两国地势较高,黄河泛滥时齐国受灾最为严重。于是,齐国"作堤去河二十五里",防止黄河泛滥成灾。堤防建成,"河水东抵齐堤,则西泛赵、魏",于是两国也沿黄河修建了一条离河二十五里的堤坝。此后,黄河两岸,河水"时止而去,填淤肥美,民耕田之。或久无害,稍筑室宅,遂成聚落"[③]。齐国有丰富的水利资源,又能重视水利,所谓"积粟如山",当是"水到渠成"的事了。

齐地拥有丰富的自然资源,其中"鱼盐之利"最值得称道。据《禹贡》记载,齐地属"青州",就是一个海滨广斥,盛产盐、葛布、海产,向中央朝贡丝的地方。在传说中的"五帝时代",在沿海活动着一支善渔、善煮盐的"夙沙氏"[④]。鱼盐之利,是齐地自古而然的传统。齐国有两个海水渔业区,一是东莱产区,二是营丘北部的渤海湾畔渔业区。管仲相齐时,注重渔业产品的境内、域外流通,提出了"通齐国之鱼盐于东莱",使"鱼盐之利,通于海内"。[⑤] 齐国内陆多湖泊,河流纵横,因而齐国的淡水渔业也很发达。春秋末期齐景公时期,齐国开始了淡水养鱼,而且产量很大。据《晏子春秋》记载,齐景公曾赐弦章鱼50车,当时齐国的渔业产量可见一斑。春秋末战国初,范蠡从越国来到齐国,带来了南方的渔业生产经验和生产技术。他开始从事海水渔业,后转为淡水渔业,都取得了明显的经济效益。在他所著的《养鱼经》

---

① 参见杨宽《战国史》,上海人民出版,2003年。郭沫若《〈考工记〉的年代与国别》(《沫若文集》第16卷)。

② 《史记·河渠书》:"荥阳下引河东南为鸿沟,以通宋、郑、陈、蔡、曹、卫,与济、汝、淮、泗会。于楚,西方则通渠汉水、云梦之野,东方则通沟江淮之间。于吴,则通渠三江、五湖。于齐,则通淄、济之间。于蜀,蜀守冰凿离碓、辟沫水之害,穿二江成都之中。此渠皆可行舟,有余则用溉浸,百姓飨其利。至于所过,往往引其水益用溉田畴之渠,以亿万计,然莫足数也。"

③ 《汉书·沟洫志》。

④ 《困学纪闻》卷十引《鲁连子》:"古善渔者,夙沙瞿子,夙沙瞿子善煮盐。"《帝王世纪·炎帝神农氏纪》:"诸侯夙沙氏叛不用命。炎帝退而修德,夙沙之民自攻其君而归炎帝。"这可能为齐地很早就有炎帝后裔姜姓集团生息繁衍,后来还建立了一些姜姓国家,直到春秋时代齐灵公还有夙沙氏之臣(《左传·襄公二年》),这一历史的纵线找到了源头。或者说,这些传说,就是姜姓集团如何在海岱地区落地生根的追忆。

⑤ 《管子·八观》。

中，他根据当时齐国的自然资源条件，提出“治生之法，水畜第一”。从而可以看出，渔业在齐国的国民经济生活中的地位。

齐国盐业资源堪称“得天独厚”。人们或以为滨海就会产盐，其实这是误解。真正产盐的滨海之地，必定是淤积平原。只有淤积平原的地下才产盐卤。所谓“海盐”，并非直接煮海水而成，而是煮盐卤而成。《管子·地数》所谓的“煮沸水为盐”，沸就是指盐卤。① 齐南诸国，即泰沂山脉之南的鲁、邹、莒、郯诸国也有滨海之地，但海岸多是岩石或沙滩，地下并无盐卤，因此并不产盐。而齐国则有广阔的盐碱地产盐，② 齐国盐业产区主要有两个，一是淄博北部沿渤海一带，一是胶东半岛沿海。因此《禹贡》唯独于青州（齐国所在）言“厥贡盐、絺”，可知齐国自古产盐，而其他各国不产盐，或者产盐，也是少量。西周时期，齐国仍在履行向周王室贡盐的义务。管仲执政时期，建议齐桓公：“请以令粜之梁、赵、宋、卫、濮阳。彼尽馈食之也，国无盐则肿，守圉之国，用盐独重。”③ 此举一出，齐国盐业成为削弱邻国、充实齐国的资本，可谓匠心独具，充分发挥了齐盐之利。当齐桓之时齐国力雄厚，无疑是沾益于盐；以后齐国长期称富强于天下，也是沾益于盐。盐业在齐国发展史上居于举足轻重的地位。④

齐地的自然资源值得称说的，还有桑麻、森林、草地和矿产。齐地自古就是生产桑麻的地区，这在《禹贡》中就有记载。在齐国东南起伏的山地丘陵地区，生长着茂密的森林。齐国地形复杂多样，有连绵起伏的山脉、丘陵，有众多的沼泽沣地，有大片的海滩草地，而正是这些“非五谷之所生”的“菹菜之壤”（草多的沼泽地），⑤ 为畜牧业生产提供了条件。齐地还有丰富的铜、铁矿，《管子》中有“出铜之山，四面之十七山，出铁之山三千六百九山”的记载。

齐国的农业、工商业就是在以上所说的自然资源基础上发展起来的。我们从农业说起。太公封齐之初，国土狭隘，土地贫瘠。临淄之地，土质虽良，但依

① 马非白《管子轻重篇新诠》引于鬯释：“沸盖谓盐之质。盐者已煮之沸，沸者未煮之盐。海水之可言煮为盐者，正以其水中有沸耳。”

② 《尚书·禹贡》于青州云“海滨广斥”。《正义》引《说文》：“卤，咸地也……东方谓之斥，西方谓之卤。”

③ 《管子·轻重甲》、《地数》篇中由一笔盐账谈起，也提到了盐的重要性，进而提出国家对盐的垄断。

④ 参见国光红：《齐长城肇建原因再探》，《历史研究》，2000 年，第 1 期。

⑤ 《管子·国准》。

然是一片没有被充分开垦的处女地。[①] 周人的农业文明非常发达，太公自周而来，定是带来了周人的垦田方式。史料阙如，我们无从获知了。齐桓时期，管仲改革，重商而不轻农。《管子·轻重乙》说："列稼缘封十五里之原，强耕而自以为落。"齐地边境原是地薄人稀的地方，因为土地的开垦，农作物的种植，而渐为人口密集的村落了。战国时期，齐威王任用邹忌为相进行改革，尤其重视土地的开垦与利用，甚至将其作为评判地方官吏的主要标准。宣王时，齐国"方二千里，带甲数十万，粟如丘山"。[②] 齐地温润的气候、肥瘠相差而多样的土壤、便利的水利为农业发展提供了优越的条件，随着铁器的出现、农具的改进以及农业技术的发展，在执政者的管理下，"膏壤千里"得以开垦利用而"粟如丘山"。

齐地众多的丘陵地带、泽陂、海滩等，为畜牧业发展提供了条件。齐桓时代提倡"六畜育于家"的政策[③]，把畜牧业发达与否作为衡量国家贫富的重要标准，所谓"计六畜之产，而贫富之国可知也"[④]。六畜以马为首，在古代是财富的象征，也是国家强弱的标志。《国语·齐语》记载，齐桓公赠卫君"系马三百"。"系马"是指圈养的良马。一次就赠送卫国圈养良马300匹，那齐国自己拥有多少，那牧养的马又有多少呢。章丘宁家埠后李春秋车马坑出土的战车10辆，战马38匹，规模相当可观，是目前全国最大的春秋车马坑。[⑤]《论语·季氏》说齐景公"有马千驷"，是说齐景拥有战马4000匹。[⑥] 可见春秋末年齐国养马业之盛。战国时期，由于战争、交通以及牛耕的发展需要，促使以牛马为主的畜牧业有了更大发展。其时，齐国是"带甲数十万"的军事大国，没有发达的养马业是装备不起来的。齐将田单以"火牛阵"大败燕军得以复国，仅于即墨一城就收牛千余头。这又可见齐国养牛业发达之一斑。"六畜"的大量养殖，为齐国带来了财富，其中养牛业的发展又促进了农业的发展，养马业的发展为军事的强大提供了资本。

齐国对工商业的重视要超过他国。这很大程度上是由齐地的地理环境所决

---

① 《禹贡》载，经常在此地活动的"莱人""秉鞭作牧"，过着以畜牧业为主的生活。

② 《战国策·齐策一》。

③ 《管子·立政》。

④ 《管子·八观》。

⑤ 山东省文物考古研究所：《济青高速公路（章丘工段）考古发掘报告》，齐鲁书社，1993年。

⑥ 在齐故都大城内东北部（今河崖头村）发现齐景公墓。在墓坑的椁室东、西、北三面，有殉马相连。按排列密度推算，全部殉马当在600匹以上。这正可以与《论语》的记载互相证明。

定的。齐太公因地制宜，在经济上采取“通商工之业，便鱼盐之利”的政策。[①] 这可见太公的明智，也是齐地的传统，更是齐地的地理使然。自齐太公重视“通商”奠定了立国之策，至于管仲相齐，更是将商业发展作为富国强兵的重要砝码。一些经营有方的大商人开始出现。比如范蠡来齐经商，“十九年之中，三致千金”，被誉为“陶朱公”。孔子的弟子子贡“结驷连骑，束帛之币以聘享诸侯，所至，国君无不分庭与之抗礼”。因此《管子·国蓄》云：“万乘之国有万金之贾，千乘之国有千金之贾。”随着工业的发展和商业的需要，齐国开始铸造和使用铜币。《管子·轻重戊》载：“令左司马伯公将白徒而铸钱于庄山。”朱活在《三谈齐币》中通过齐币出土地点的分布，推测出一个发达的贸易、交通网路。[②] 齐国商业的发达，跟齐地优越便利的交通条件不无关系。路上交通，有西起济南、东至山东半岛横贯整个齐国的东西干道，都城临淄居其中心。从临淄通往沿海以及邻国的交通也是四通八达。另外，齐国的水上交通兴起很早且非常发达。[③] 周初，海上交通早已发展到朝鲜半岛。春秋以后，运河的开凿，济水、淄水、沂水、泗水等相通，构成了齐与诸侯之间的水上交通网络。发达的齐地交通，不仅担负着南来北往的交通，也为海滨鱼盐、齐地桑麻等物资与诸国交易提供了便利。

齐国优越的地理位置、富有传统和卓识的商业政策，都是齐国商业繁荣发展的重要因素。一时间，“天下之商贾归齐若流水”。[④]《战国策·齐策一》载苏秦说：“临淄之中七万户，臣窃度之，下户三男子，三七二十一万，不待发于远县，而临淄之卒，固以二十一万矣。临淄甚富而实，其民无不吹竽、鼓瑟、击筑、弹琴、斗鸡、走犬、六博、蹋鞠者；临淄之途，车毂击，人肩摩，连衽成帷，举袂成幕，挥汗成雨；家敦而富，志高而扬。”《史记·货殖列传》也说：“临淄亦海岱之间一都会也。”考古资料也证明了临淄的繁荣，已查明的齐故城临淄的范围包括大城、小城两部分，两城的总面积达30余平方公里，是我国古代规模最大的早期城市之一。[⑤]

再说手工业。《管子·山至数》载梁聚教桓公“轻赋税而肥籍敛”，也就

① 《史记·齐太公世家》。

② 朱活:《三谈齐币》,《古币新探》,齐鲁书社,1984 年。

③ 《越绝书·吴内传》:“夷,海也。”史称东夷作海上人。“天齐”之称,源自海上中心。

④ 《管子·轻重乙》。

⑤ 群力:《临淄齐国故城勘探纪要》,《文物》,1972 年第 5 期。

是减轻农业赋税，而加重手工业税收。管仲反驳说："轻赋税则仓廪虚，肥籍敛则械器不奉，而诸侯之皮币不衣（按：衣读为殷，盛也）。仓廪虚则仕贱无禄。外，皮币不衣于天下；内，国仕贱。梁聚之言非也。"器械是指农业生产工具及兵器，皮币是指锦帛丝带之类，都是由百工即手工业生产者所供奉。管仲的政策是向手工业以及由手工业带动的商业倾斜。齐国对手工业的重视，其实与鱼盐之利同出一辙，即发掘地理资源优势。齐地丰富的森林、桑麻、矿产，造就了发达的手工业如纺织、青铜冶炼制造、炼铁制铁、制陶、漆器业。

齐国的纺织，在春秋列国中颇负盛名，《史记·货殖列传》说："齐带山海，膏壤千里，宜桑麻，人民多文采布帛鱼盐。"齐地的气候和土壤宜于桑蚕，加上太公、管仲政策引导，以至于"齐冠带衣履天下"。我国最早出现的丝织中心，可以追溯到春秋时期的临淄。当时，临淄作坊遍地，技术高超，以致齐国出现"衣必文绣，服必织锦"的盛况。《国语·齐语》记载："昔吾先君襄公……唯女是从，食必粱肉，衣必文绣。""文绣"就是指当时衣料高级并配有彩色花纹的刺绣，不仅温纯美丽、色彩鲜艳，而且质地柔软，冬暖夏凉，飘逸如云。当时齐国生产的丝绸，花色繁多，品种齐全，所谓"齐纨鲁缟"，在列国中已相当有名。就当时的市场条件和技术水平来看，能生产出罗、帛、纱、绫、绢、绮、纨、缟、锦、缣等十几种丝帛，已属不易。齐国生产的"冰纨、绮绣、纯丽"等高档丝织品，大量畅销到周边各国。《管子·小匡》记载，齐桓公为称霸诸侯，除武力震慑外，还通过小恩小惠收买人心，其中就包括丝织品。齐景公四年（前544），晏子出使郑国，就亲手赠予郑国丞相子产数十匹白经赤纬的彩绸。可见，春秋时齐国的丝绸品种、质量要远比其他诸侯国多和好，以致成为笼络人心和上层统治者国际交往的高级礼品。李斯《谏逐客书》提到各地输入秦国的名贵特产，就有阿缟（齐国东阿所产）之衣、锦绣之饰。

春秋时期，齐国已经有了铁。据《书夷铭》所记，齐灵公尝赐给叔夷莱夷造铁徒4000人，可见齐国冶铁业已颇具规模。[①] 战国时代，齐国的冶铁业有了迅速发展。《管子·海王》："今铁官之数曰：一女必有一针一刀，若其事立。耕者必有一耒一耜一铫，若其事立。行服连轺辇者，必有一斤一锯一锥一

① 张政烺:《汉代的铁官徒》,《历史教学》创刊号,1951年。

凿，若其事立。”可知其时铁制工具已广为普及。正因为铁成为国计民生的重要物资，齐国才实行“官山海”的禁榷制度，将冶铁业进行了政府控制。齐都临淄发现冶铁遗址6处，总面积90多万平方米，可见冶铁规模之盛。从出土的西周时期齐国的青铜器来看，当时的制铜业达到了较高的水平。如临淄出土的大铜盂，重达71斤，是山东出土同类器物中最大的一件。二十世纪六七十年代，在齐故城临淄西周晚期底层文化堆积中发现了一批铜器，数量之多、工艺之精，都说明了西周时期齐国制铜业的规模和技术水平。在齐故城临淄，发现冶铜遗址两处，面积约2.3万平方米。[①] 另外，制陶业、漆器业，也是齐地史前以来的古老传统，在春秋战国时代，也都取得了新的发展。

齐国独特的地理资源和当政者的治国选择，产生了一种不同于中原（包括秦国）偏重农业的经国理念：一方面发展农业，同时重视发展工商业。[②] 太公之后，从西周时的历代齐国国君，一直到春秋、战国，无论姜齐还是田齐，始终贯彻这一治国理念，齐国的经济从落后跃进到列国的前锋，为齐国争霸打下了雄厚的物质基础。

（二）秦国：沃野千里，农业发达

秦国立足丰饶的关中，北接广袤的黄土高原，南隔秦岭与巴蜀相连，渭水横贯盆地入河，黄河穿北境、东境而过。在高山峻岭的环绕中，分布着沃野千里的平川和地势高坦的塬峁。秦人在疆域拓展过程中，随着地理环境的变化，由游牧经济到农牧并举，最终发展为农业为主的农牧互补经济。苏秦曾说：“（秦）西有巴蜀、汉中之利，北有胡貉、代马之用，南有巫山、黔中之限，东有崤、函之固。田肥美，民殷富，战车万乘，奋击百万，沃野千里，蓄积饶多，地势形便，此所谓天府，天下之雄国也。”[③] 这虽是战国策士的游说之辞，但确实也道出了秦国的地理优势。

今天的陕西关中地区气候比较干燥，但在先秦，这一地区要温暖湿润得多。《史记·货殖列传》载：“渭川千亩竹子。”西汉初年关中还有大面积的竹林，其时去战国不远，气候也应相差不大。沈括《梦溪笔谈》说：“近岁，延州永宁关大河岸崩，入地数十尺，土下得竹笋一林，凡数百茎，根干相连，悉

① 高广仁、邵望平:《海岱文化与齐鲁文明》,江苏教育出版社,2005年。

② 李山:《先秦文化史讲义》,中华书局,2008年。

③ 《战国策·秦策一》。

化为石。……延郡素无竹……无乃旷古以前，地卑气湿而宜竹耶?”延州为今陕北延安。沈括的推论不无道理，古代的陕地曾有过降水丰沛的时期。公元前316年，巴蜀归秦，蜀地的成都平原，地处亚热带，气候条件自古至今一直很好，“为中国2000多年来唯一长期保持稳定高产的农业区”。[①]

秦人在关中占有的第一块地盘是周王室故地，古称周原。那里是一片沃野，靠近沮水、漆水，是理想的农业区。《诗·大雅·绵》如此描述：“周原膴膴，堇荼如饴。”穆公时，秦人拥有了整个关中。关中地区在《禹贡》九州中属于雍州，称“厥土惟黄壤，厥田惟上上”。关中是一个长条状的平原区，内部有低山丘陵错杂。渭水及其支流的冲击，在沿河两岸形成了深沟与细壑，在沟壑间有大面积的梁与原，古人称“原隰底绩”[②]。所谓的“原”实际上是渭河两岸的阶地，地表平展，土层深厚，并能引渭河及其支流进行灌溉，是上好的农耕用地。[③] 关中地区的河流泥沙含量比较高。“秦之水……淤滞而杂。”[④]《诗》云：“泾以渭浊，湜湜其沚。”[⑤] 河水挟带的泥沙是农业生产需要的优质肥料，因此关中民谣唱道：“泾水一石，其泥数斗。且溉且粪，长我禾黍。衣食京师，亿万之口。”[⑥] 后人对关中土地的肥美多有称道。“关中自汧雍以东至河华，膏腴沃野千里，自虞夏之贡，以为上田。”[⑦]“秦川是天下之上腴。”[⑧]“（秦）跨雍、梁二州……为九州膏腴”[⑨] 等等。公元前647年，晋国向秦借粮，“秦于是乎输粟于晋，自雍及绛相继，命之曰：‘泛舟之役’”。[⑩] 这虽是秦国试图东进的策略，但也显示出春秋时期秦国农业之发达。

巴、蜀很早就是农业生产较为发达的地区，既有得天独厚的自然条件，又有较高的经济生产水平。纳入秦国版图以后，秦国耕地面积猛增。特别是成都平原，在秦昭襄王时修筑都江堰以后，成为全国最富庶的地区之一，是秦国粮

---

① 邹逸麟:《中国历史地理概述》,福建人民出版社,1999年。
② 《尚书·禹贡》。
③ 徐卫民:《秦立国关中的历史地理考察》,《文博》,1998年第5期。
④ 《管子·水地》。
⑤ 《诗·邶风·谷风》。
⑥ 《汉书·沟洫志》。
⑦ 《史记·货殖列传》。
⑧ 《通典·州郡典(四)》。
⑨ 《汉书·地理志》。
⑩ 《左传·僖公十三年》。

食的重要产地。成都平原由长江及其众多支流冲击而成，平畴广阔，《汉书·地理志》所谓“蜀地沃野千里，土地肥饶”。由于秦国得巴、蜀，增加了粮食和其他物资的来源，从而保障了秦的军需供应，大大增强了秦军的战斗力。正因为如此，张仪才敢对楚王说：“秦西有巴蜀，方船积粟，起于汶山，循江而下。”[①] 汉中地区也是很好的农耕区，“厥壤沃美，赋贡所出，略侔三蜀”。到战国末期，秦的耕地面积一再扩大，以至“南有泾、渭之沃，擅巴、汉之饶”。[②]

关中地区河流众多，最有名的是渭水。发源于今甘肃渭源县，向东流经天水、郿、咸阳等城邑，纵贯关中平原，沿途接纳许多河流，最后在潼关注入黄河。[③] 渭水两岸又有众多支流，交织成一个密密麻麻的水网。关中东部的河流，古人称之“八水绕长安”。所谓“八水”，是指今西安附近的渭河及其支流泾水、浐水、灞水、沣水、镐水、潏水、涝水。“荡荡乎入八川，分流相背而异态。”[④] 此外，关中还有汧水、褒水、雍水、戏水、石川、洛河等河流，相互交织，密如蛛网。关中还有星罗棋布的湖泊，如位于汧水上游的弦蒲泽，位于三原、泾阳之间的焦获泽，位于潼关附近的阳华薮，以及镐池、兰池等。

巴蜀地区自古以来河流湖泊众多，仅见于《华阳国志》的就有郫江、捡江、沫水、汶井江、蒙溪江、白木江、洛水、大渡、绵水等。其中绵水与洛水“合流过资中，会江阳，皆灌溉稻田，膏润稼穑。是以蜀人称……绵、洛为浸润也”。

战国末年，秦国分别在成都平原和关中兴建了中国古代最有名的两个水利工程：都江堰和郑国渠。

四川盆地周围有高山环绕，中间低洼，岷江上游地势陡峻，江水一到成都平原，水流突然减速，挟带的大量泥沙便沉积下来，淤塞河道。成都平原虽然土地肥沃，气候适宜，但在原先河流没有合理利用的时候，雨季常有涝灾，雨量不足的时候又会造成旱灾。秦昭襄王时，李冰为蜀守，父子二人吸收当地人民长期与水、旱斗争的经验，修建了都江堰这一伟大的水利工程。工程的主体

---

① 《战国策·楚策一》。

② 《史记·刺客列传》。

③ 《陕西省志·军事制》，陕西人民出版社，2000 年。

④ 《陕西省志·军事制》。

部分为分鱼嘴、宝瓶口和飞砂堰。分鱼嘴修建在岷江中天然滩脊上，用竹笼装满卵石编砌分水堤埂，因形似鱼嘴，故名。分鱼嘴迎合水流将岷江水流分为两支：东边一支叫内江，西边一支叫外江。内江流到飞砂堰的末端，原有玉磊山斜出的一块砾石阻挡水的去路。李冰在这里开凿了一个人工口道，叫宝瓶口，使内江通畅前流，并由此开出许多分支渠道灌溉农田。被开凿的岩石孤立于内江、外江之间，因此叫作“离堆”。飞砂堰在分鱼嘴和宝瓶口之间，是人工修建的溢洪道。当洪水来时，内江过多的水翻过飞砂堰流入外江，这时分鱼嘴失去作用，离堆起分水的作用，大量的水便从外江泄走。枯水期间，大部分水则流入内江，从而保障灌溉有充足的用水。都江堰就是这样一个具有防洪、灌溉等多种效益的水利工程。都江堰建成后，成都平原三百多万亩土地得到灌溉，那些常遭水患的土地变成了沃野良田。史籍所谓“灌溉三郡，开稻田，于是蜀沃野千里……天下谓之天府也”。①

公元前246年，韩国水工郑国来秦修建了一条三百余里的水渠，引泾水向东注入洛水。② 这条渠从现在陕西泾阳县境内起，经三原、富平、蒲城等县进入洛水。原来关中地区渭河流域，有许多盐卤地不宜于农作物生长。水渠经过之地，可用渠水灌溉，渠水中含有大量泥沙，对关中盐卤地的改造起到了显著作用。《史记·河渠书》记载：“渠就，用注填阏之水，溉泽卤之地四万余顷，收皆亩一钟。于是关中为沃野，无凶年，秦以富强，卒并诸侯，因命曰郑国渠。”

都江堰和郑国渠的建成，使成都平原和关中成为沃野，极大地提高了秦国的农业生产水平。由于水利的兴修、牛耕的推广和先进生产工具的使用、耕地面积的不断扩大，到战国末期，秦国农业生产不论是单位面积，还是总产量，都有大幅度提高。云梦秦简《秦律》中记载着秦国境内到处都有“万石一积”的粮仓，咸阳的粮仓竟达“十万一积”，战国策士所谓“粟如丘山”不全是夸诞之辞③。战国末年的秦国，富庶程度远远超过了其他诸侯国，“秦富十倍天下”，正是指的这个时期。秦国生产的粮食不仅保障了本国食用，而且满足了

---

① 《华阳国志》。

② 郑国渠的修建，本为韩削弱秦的经济的一个计谋。《史记·李斯列传》载：“会韩人郑国来间秦，以作注溉渠，已而觉。”《史记·河渠书》载：“中作而觉，秦欲杀郑国。郑国曰：‘始臣为间，然渠成亦秦之利也。’秦以为然，卒使就渠。”

③ 《战国策·楚策一》。

不断扩大的土地上的人口所需，为统一中国准备了物质前提。[①]

秦国除了拥有大片肥沃的土地，还有丰富的森林和矿产资源。关中“山川林谷美，天材之利多”[②]。天水、陇西“山多林木，民以板为室屋……故《秦诗》曰：‘其在板屋。’”[③] 巴蜀“（有）山林竹木蔬食果实之饶”[④]，“岷山多梓、柏、大竹”[⑤]，“名材竹杆，不可胜用”[⑥]。汉中“材木竹箭之饶，拟于巴蜀”[⑦]。秦国境内的山地、丘陵，还拥有丰富的矿产资源。《汉书·地理志》记载，雍、夏阳、郑等地设有铁官[⑧]，既然设有铁官，其地或附近必然有冶铁的资源。巴蜀“地饶卮、姜、丹沙、石、铜、铁、竹、木之器”，[⑨]“其山（秦岭）出玉石、铜、铁……”[⑩]，“有鱼盐铜银之利”[⑪]。

秦的自然资源最富饶的还是肥美的土地，这种资源优势不仅促成了秦人生活方式的转化，也造就了农业经济的发达，进而形成了一种以农为本的经国理念。秦立国前还是一支游牧部落，建国之初的经济生活尚距游牧民族不远，比起齐、晋、楚等国落后得多。[⑫] 周孝王时，封秦为“附庸”，准许他们在秦建立城邑。秦，在今天甘肃清水的秦亭附近，这里土地肥沃，一直是个农业区。秦字，象以手舂米，表明“地宜禾”[⑬]。秦人定居于此，开始了游牧经济向农业经济的转变。公元前750年（秦文公十六年），秦国“地至岐”，又把没有随从周平王东迁的“周余民”接收过来。周本是一个农业民族，岐又是一个农业发达的地区，秦的农业开始发展起来。秦在战国初年，社会发展较为迟缓，“杂戎狄之俗”，东方诸侯也“以戎狄视之”。来到了一个农业发达地区，

---

① 林剑鸣:《秦史稿》,中国人民大学出版社,2009年。

② 《荀子·强国》。

③ 《汉书·地理志》。

④ 《汉书·地理志》。

⑤ 《华阳国志·蜀志》。

⑥ 《后汉书·隗嚣公孙述传》。

⑦ 《史记·河渠书》。

⑧ 雍、夏阳(故少梁,秦惠文王十一年更名)、郑(郑国始封地,在今华县),均在秦国疆域内。

⑨ 《史记·货殖列传》。

⑩ 《汉书·东方朔传》。

⑪ 《后汉书·隗嚣公孙述传》。

⑫ 据《史记·秦本纪》,秦把祀神的地方叫“畤”,畤与埘在古代同用,是兽畜栖止的地方(《诗·王风·君子于役》所谓“鸡栖于埘”,即此意)。这是反映了游牧部落的生活习俗。周孝王时,秦人之祖非子为周王室养马于“犬丘”。

⑬ 《说文》释秦:“伯益之后所封国。地宜禾。”甲骨文作[甲骨文字形],字形为以手舂米之状。

又不甘心以“戎狄”自处，传统的生活方式必然要发生变化。秦孝公痛感“诸侯卑之，丑莫大焉”，决心改革。商鞅变法促成了秦的强大，也促进了秦的农业发展。重农抑商，奖励耕织，是变法中的一项重要政策。法令规定：“僇力本业，耕织致粟帛多者，复其身；事末利及怠而贫者，举以为收孥。”[①]就是说，努力务农，生产粮食和布帛多的农户，可免除其徭役；从事商业以及懒惰致贫者，连同妻子儿女收为官奴。商鞅制定了许多鼓励垦荒的措施，同时出台了不少抑商的政策。[②] 秦人由传统游牧生活方式完全转向农业文明的生活方式，商鞅变法无疑起到了重要的作用。凭借秦国优越的土地资源，在商鞅“重农”政策的驱导下，秦国的农业经济迅速发展起来。

秦的商业经济也很繁荣。《商君书·弱民》说：“农、商、官三者，国之常食官也。农辟地，商致物，官法民。”但商鞅要的是官营工商业，对小农以外的私商严加摧折。从考古发现材料看，秦国手工业在春秋前期就达到了很高的水平，这显然跟秦人入关中后直接继承周人的技术有关。1978 年在陕西宝鸡县发现了秦国的大型铜器八件，其中镈三、钟五，经研究断定是秦出子时制造的。[③]从这些青铜器来看，秦国的青铜冶炼技术、器物制作、造型与同时代其他诸侯国没有区别。至战国末年，采铁和冶铁普遍发展起来。秦地（包括取得巴蜀之后）的铁矿资源非常丰富，秦国冶铁业发展迅速。在咸阳宫殿区附近聂家沟沟头西北，发现了秦国铸铁作坊遗址，这当是秦国的官营手工冶铁、铸铁作坊。[④] 正是因为冶铁业的发达，秦国官府专门设有管理铁器生产和使用的官吏，如秦律中出现“左采铁”、“右采铁”的官吏名。司马迁的四世祖昌就曾为秦的“铁官”。[⑤]战国时代，青铜器制造在秦经济中仍占重要地位。咸阳宫殿区附近的一处冶铜作坊，占地南北 150 米，东西 60 米，可见秦国官营冶铜作坊规模之可观。[⑥] 秦国武器大部分用青铜制作，在秦始皇陵东侧大型陶俑陪葬坑中发现的兵器如剑、矛、簇等都为青铜制造，制作水平达到了古代青铜兵器制造史的高峰。[⑦] 另外，秦国的制陶业、纺织业、皮革制造等也都有一定程度的发展。就整个手工

① 《史记·商君列传》。
② 《商君书》。
③ 卢连成、杨满仓:《陕西宝鸡县太公庙村发现秦公钟、秦公镈》,《文物》,1978 年,第 11 期。
④ 《秦都咸阳几个问题的初探》,《文物》,1976 年,第 11 期。
⑤ 《史记·太史公自序》。
⑥ 《秦都咸阳几个问题的初探》,《文物》,1976 年,第 11 期。
⑦ 《秦俑坑兵马俑军阵内容及兵器试探》,《文物》,1975 年,第 11 期。

业发展水平来说，秦国不是战国时期最先进的，但也是几个先进国之一。[1]

秦最终统一了中国，这是无可更改的历史。论者多以秦地理资源优势，作为秦国胜利的因素。然而，我们将齐、秦经济发展所依靠的地理资源加以比较，发现两国虽然地理资源优势不同，立国根基、经国理念有别，但都有丰富的资源、发达的经济。齐国在春秋时为五霸之首，战国时为东方一强，泱泱大国之风，经政治兴替而不减，与强秦抗衡而为秦所顾忌，其经济优势是不言而喻的。秦因领土扩张，资源更为丰富，为统一事业夯实基础。但经济的发达，只是推动或加速了秦的统一，却不是决定性的因素。

三、地理与军事

在冷兵器时代，地理形势对于战争的胜负起着极其重要的影响。《孙子兵法·地形篇》云："夫地形者，兵之助也。料敌制胜，计险厄、远近，上将之道也。知此而用战者必胜，不知此而用战者必败。"古代学者论天下大势，也往往言及山川险固。司马迁曾经说："夫作事者，必于东南；收功实者，常于西北。"[2] 就是基于山川地理而总结的历史趋势。齐、秦两国的地理形势，必然对各自争衡天下的军事，起到重要的影响。

（一）齐国：依山临河，险不足恃

泰沂山脉自西向东绵延至东海之滨，黄河、济水从齐西境蜿蜒流入渤海，大海东面环抱。"海岱之间"的齐地，除南境分布着一片低山丘陵，是一片广袤的大平原，北与燕地相接。齐国战略要地，便是依山临河而成。

在齐国诸战略要地中，论防护之固，无如齐都临淄。《史记·齐太公世家》载："献公元年，徙薄姑都，治临淄。"这是齐都称临淄之始。齐人怨齐胡公把齐都迁往薄姑，齐献公顺民心行事，杀胡公而把齐都迁回营丘。为抵御纪国的侵犯，整修扩建了城垣。因扩建后的东城墙紧靠淄水河岸，故更名临淄。康熙时《临淄县志》云："营丘城，临淄县城北二里。"齐国故城，位于今临淄县城的西部和北部，南面山峦起伏，丘陵绵亘，有牛山、稷山和名泉"天齐渊"；东、北面是辽阔的原野，距渤海百余华里；西依系水（俗称泥

---

① 参见林剑鸣：《秦史稿》，中国人民大学出版社，2009 年。

② 《史记·六国年表序》。

河）；东临淄水。临淄的战略意义为顾祖禹称道："自太公建国以来，齐往往称雄于天下，历汉及晋，未始不以临淄为三齐根本。"① 临淄东北对海，西北阻河，背靠山地，濒临淄水，有山川之险，有鱼盐之利。苏秦组织合纵时，在临淄对齐宣王说："齐，南有泰山，东有琅琊，西有清河（漳水），北有渤海，此所谓四塞之国也。"② 学者多以此说谓齐之疆域，或者认为是对齐国险要的描述，其实这是苏秦在夸赞齐国都城临淄之险固。

临淄南，就是由泰山、鲁山、蒙山、沂山连绵而成的泰沂山脉。始建于春秋时期的齐长城，就是大致沿着泰沂山脉以至于东海之滨的。泰山，主峰在今泰安市，海拔1545米，是境内第一高峰，异峰突起，气势磅礴。蒙山，位于泰沂山脉的南部，峰连巇跳，层峦叠翠。鲁山，位于泰沂山脉的北部，横亘于今淄博市博山区与沂源县的交界处。沂山，位于今沂水县与临朐县的交界处，奇峰屹立。由此向东，便进入胶东半岛。泰沂山脉脊背的两侧形成丘陵区。齐地的山，以丘陵为主，地势不高，起伏极小，属于残丘地形；即便是泰山、蒙山、鲁山、沂山这几座较高的山，海拔也大多在1000米左右，况且各山自成峰峦，基本不相连接，加上河谷、盆地错落其中，平原、大海环列其外，交通往来极为方便，除几处稀有关隘外很难成为险要。

齐西境带济负河，有两条水险防线。齐国地处黄河下游，春秋时期经常决溢，可见水流之充沛。战国时期，齐与赵、魏以黄河为界，都建成去河二十五里的堤防，加上河面，两堤间不止五十余里。当时的黄河，足以成为齐国西境的一道防线。渭河自陇山下流，流经关中，汇入黄河；黄河向东，穿越河南，经山东低山丘陵的边缘东流入海。渭河—黄河在古代起着沟通东西的作用。在政治重心位于关中的时代，转输关中的漕运系统必须凭借这条线路，为东西部之间的一条大动脉。山东和关中分处这条大动脉的东西两端。关中山川环抱，诚为形胜之地；自关中东出，历崤函、嵩山之险，便可下临东部平原地带，无关山之阻；若再往东，便是山东低山丘陵，这是东部平原地带少有的可以凭恃的地利。

在古人的心目中，济水是独流入海的大河，并与江、河、淮并称四渎。春秋之世，济水东西横贯晋燕齐三国，晋国在上游中游的西岸，燕国在下游的西

① 顾祖禹：《读史方舆纪要》卷三十五山东六。
② 《史记·苏秦列传》。

岸，齐国在中下游的东岸。到了战国，济水便成了魏齐两国之河，而以齐国得济水之利最多。数十年来，济水西岸燕赵两国的土地各有百余里被齐国夺取，济水几乎成了齐国的内河。济水河道宽阔，水量丰沛湍急，横贯齐国西部，自然便成了一道天堑屏障。战国之世，举凡齐国出兵大战，战场十有八九都在济水西岸。最著名的，便是大败魏国的桂陵、马陵两次大战。[①] 齐长城的西端"巨防"，即接济水而起，地望在齐西重镇平阴（今山东长清）。《战国策·秦策》载张仪说秦王时曾提到："长城巨防，足以为塞。"

河、济之间，是齐国要地。济水西岸是齐国战略重地，黄河东岸有齐国重镇。诸国伐齐，往往要溯河南去，从今平阴、阳谷一带先渡河，再涉济水向北过长城、入平阴，进入齐国北境。或由东平、汶上而攻略长城以南之地。据《左传·襄公十八年》记载，十二国联军伐齐，先渡河，郤子沉玉于河以誓，再后涉济水。（联军轻易过长城，挥师平原。东部的鲁与莒则以兵车千乘就近入齐。）战国时期，燕与三晋、秦等联军伐齐，齐师与联军相遇于济西。河、济当然可谓天险，是齐国西境的天然防线，但从发生的战争来看，并不足以凭恃而阻挡敌人的入侵。

历下（今济南西），在泰山以南，黄河以北，济水之畔。春秋时，齐、晋战于鞌，即是此地。[②] 秦灭魏之后，挥师东进，兵次于历下，齐王建不战而降。楚汉战争时，郦食其游说齐王广罢历下守备，韩信遂得以进入齐地，因入临淄。因此，前人论及济南的战略地位，称："齐州当四达之衢。南不得齐州，则无以问河、济；北不得齐州，则不敢窥淮、泗；西不得齐州，则无从得志于临淄；东不得齐州，则无争衡于阿、鄄。是故山东有难，齐州常为战守之冲。"[③]

黄河南岸，平阿（今山东阳谷）、鄄（今山东鄄城）、高唐（今山东禹城）等地是齐国的依河重镇，"用兵者之先资"[④]。《田敬仲完世家》载，威王二十四年（前333），威王曰："吾臣有盼子者，使守高唐，则赵人不敢东渔于河。"

齐国东面大海，无法扩疆，也无敌可侵。可称道的是即墨，齐国东部的一

① 桂陵，在今山东菏泽；马陵，一说在今山东莘县，据《水经注》先秦时期都在济水西岸。

② 《左传·成公二年》。鞌，在历山下，后因称历下。

③ 顾祖禹：《读史方舆纪要》卷三十一山东二。

④ 顾祖禹：《读史方舆纪要》卷三十四山东五。

座大城，名副其实的兵家重镇。《田氏营国制》中记载：“即墨为要塞之城。城下阔于高倍，上阔于下倍；城高五丈，底阔二丈六尺，上阔一丈三尺六寸，高下阔狭以此为准。城外壕沟阔二丈，深一丈，底阔一丈。城墙夯土为体，岩石为表，东西长三里，南北阔二里。”按照如此规模，即墨几乎便是战国兵家所谓的“千丈之城，万户之邑”。田单曾在此抗燕长达六年。即墨并非险要之地，而是险固之城，先秦时期的城池自可成为险要的特点，让即墨成为齐地东部的一座重镇。

齐国边境因为没有特别险要的山川形势，也就几乎没有可以控扼一方的关隘。即使是常为人称道的齐长城、穆陵关等，从齐国发生的战争来看，也没有起到真正的防御作用。

战国时期，列国纷纷“充要塞，谨关梁，塞蹊径”①。齐国也对始建于春秋时期的长城进行了修筑。《齐记》云：“齐宣王乘山岭之上筑长城，东至海，西至济州千余里，以备楚。”② 张仪在说秦王时也曾说：“齐南破荆，中破宋，西服秦，北破燕，中使韩魏之君，地广而兵强，战胜攻取，诏令天下。济清河浊，足以为限，长城巨防，足以为塞。”③ 齐宣王时，齐长城基本全线完成。西端起于今山东平阴县的防门，绵延东行，经济南、淄博、安丘、诸城等地（大致沿泰沂山脉走势），至胶南县小珠山的长城岭入海。在春秋时期，齐长城并不是齐、楚的分界，中间尚隔了鲁、卫、邹、滕、宋诸国。再者，当时的齐长城是为防止盐走私而建，并非军事防御工事。战国时期，齐、楚争相蚕食宋、鲁领地。直到鲁、宋诸国领地分割完毕，齐国才与楚国接壤。但两国之界线并不在齐长城，而在鲁、宋故地，呈犬牙交错之势。田齐之威王、宣王、湣王时代，当齐、楚激烈交锋之际，战争也多发生在宋、鲁故地。齐长城发挥战争防御作用，非常短暂。齐湣王四十年，燕、秦、楚、三晋合谋伐齐，败齐于济水之西。④ 此时的齐长城也并未能发挥多大的防御作用。⑤

齐长城在沂山段有一关隘——穆陵关。在沂山、蒙山与琅琊山、五莲山之间，由沂水、沭水冲积形成了一片河谷低地。这片河谷低地为齐地与江淮之间

① 《礼记·月令》。
② 《史记·楚世家》《正义》引。
③ 《战国策·秦策一》。
④ 《史记·田敬仲完世家》。
⑤ 国光红：《齐长城肇建原因再探》，《历史研究》，2000年，第1期。

的往来通道。春秋时，吴曾由此以侵齐、伐鲁。越灭吴之后，称雄中原，也曾由此出琅琊以觊觎齐地。今临朐县东南百里的沂山主岭，山势高峻，路径险恶，为齐长城的一部分。穆陵关，又称大岘关，即设于主岭之上，是春秋时期齐鲁交通的门户。穆陵关立关极早，管仲伐楚时即有“赐我先君履，东至海，西至河，南至穆陵，北至无棣”之语。[①] 齐长城作为齐鲁分野，为防盐走私而设，齐鲁未曾在此交战。[②] 沂州作为南北交战的必争之地，则是以后的事了。刘裕和徐达北伐，都由此路入攻山东。

亢父之险（今济宁南），“南通江、淮，北连河、济，控邳、徐之津要，扼宋、卫之噤喉”[③]。苏秦曾称亢父之险，“车不得方轨，骑不得比行，百人守险，千人不敢过也”[④]。亢父，是战国后期齐、楚接壤后，齐在泗水地区的要塞，是秦越韩、魏南下攻齐的要道。

关于山东地形的军事形势，顾祖禹这样评价：“然则山东者宜如何？曰：以自守则易弱以亡，以攻人则足以自强而集事。”[⑤] 齐国北、西、南三面均可受敌，北境与燕相接于平原，西境之河、济，南境之泰、沂山脉（齐长城）虽谓天险，实际上险固不足；境内为平原、丘陵，缺乏纵深，几处险要一被突破，全境即可能沦陷。乐毅率五国联军攻齐之战，尤能典型地反映出齐国地形的这种弱点。[⑥] 公元前284年乐毅伐齐，燕军势如破竹，六月之间连下齐城七十余座。当然，齐在联军攻击下一战即溃，还有政治、经济、军事等方面的因素，而齐国地形的弱势也暴露无遗。

齐地依山凭河，但不足为险要，几处要塞并不能控扼全境。且齐地近中原，与其他诸侯国的利害关系过于胶着，拓疆扩土的意图很容易遭到其他诸侯反对，故齐强盛之时，虽有战胜之名，却未能略地拓境，灭一宋国还遭诸侯围攻，差点亡国。[⑦] 齐国地势不宜自守，外攻又受邻国掣肘。可以说，齐地理资源虽然提供了成就一个经济大国的基础，但地势的弱点也构成了齐发展的

---

① 《史记·齐太公世家》。

② 参见国光红：《齐长城肇建原因再探》，《历史研究》，2000年，第1期。

③ 《读史方舆纪要》山东卷序。

④ 《战国策·齐策》。

⑤ 《读史方舆纪要》。

⑥ 参见饶胜文：《布局天下——中国古代军事地理大势》，解放军出版社，2006年。

⑦ 参见饶胜文：《布局天下——中国古代军事地理大势》，解放军出版社，2006年。

限度。

（二）秦国：雄关控扼，山河环绕

“秦，四塞之国，被山带渭，东有关、河，西有汉中，南有巴蜀，北有代马。”[①] 苏秦此说，将秦的地理优势概括殆尽。与东方诸国相比，秦国突出的地形优势有二：一是位居高原，控扼黄河上游，对整个东方有以高凌下之势。《史记·高祖本纪》说：“（秦）地势便利，其以下兵于诸侯，譬犹居高屋之上建瓴水也。”《读史方舆纪要·陕西序》讲得更直截了当：“陕西据天下之上游，制天下之命者也。是故以陕西发难虽微必大，虽弱必强，虽不能为天下雄，亦必浸淫横决酿成天下之大祸。”二是关中南横秦岭，西靠陇山，北有黄土高原，东有华山、崤山，黄河环绕，山川环抱，易守难攻。秦国正是凭借着得天独厚的地理优势，以关中为根基，吞巴蜀、并汉中，东侵六国，一统天下。

关中是秦的根基。关中（今陕西省中部）腹地为渭水、泾水、洛河及其支流形成的冲积平原，号称“八百里秦川”。关中所谓“四塞”，古人认为：“东函谷、南武关、西散关、北萧关，四关之中为关中。”[②] 其实，关中处在诸多关隘环绕之中，所举“四关”是最为重要的关口。

——函谷：古称桃林，是先秦时期关中与中原之间的主要交通要道。黄河自北向南流来，吸纳渭水后，折向东流。华山、崤山、中条山，在河两岸夹持而立。此道，“路在谷中，深险如函，故以为名。其中劣通，东西十五里，绝岸壁立，崖上柏林荫谷中，殆不见日”。[③] “左右绝岸十丈，中容车而已”[④]，“东自崤山，西至潼津，通名函谷，号曰天险”[⑤]。函谷关，就处于这条谷道的中段，如扼嗉喉。如果把关中比作一座山河险固的天然城堡，函谷关就是它朝向东方的正门。函谷关所在地区（今河南灵宝县境），在春秋初年属虢（在今三门峡市），后入晋，三家分晋后归于魏；商鞅变法后秦国势大盛，东攻魏国，逐渐攻占了这一地带。这座关隘，是秦通东方的最便捷的通道，在秦的对

① 《史记·苏秦列传》。

② 《史记·项羽本纪》《集解》引徐广语：“关中阻山河四塞。”另一说，《史记·高祖本纪》《索隐》引《三辅旧事》：“西以散关为限，东以函谷为界，二关之中谓之关中。”

③ 《元和郡县图志》。

④ 《后汉书·郡国(一)》注引《西征记》。

⑤ 《元和郡县图志》。

外战争中有重要意义。春秋时期，晋献公假途灭虢，先据函谷，秦兵此后屡战不得。[①] 晋国守桃林之塞，阻挡了秦东进之路，秦穆公退而经营西土，而没有参与到中原诸侯争霸的局势之中。秦夺取了函谷关后，东方各国感受到了极大的压力，“秦孝公据崤函之固，拥雍州之地，君臣固守而窥周室，有席卷天下、包举宇内、囊括四海之意，吞并八荒之心”[②]。战国后期，六国五次合纵攻秦，有四次发生在函谷关。其中两次大败联军[③]，两次败北，但诸侯联军从未能够破关。函谷关，作为关中与中原的咽喉，扼之可以保关中门户，失之则关中必危。后世经营关中者，莫不重视函谷关的守备。[④]

——武关：在今陕西省商州市境，地处函谷关以南，为其侧翼关口，是关中与江汉平原的主要通道，也是中原经由南阳盆地进入关中的一条迂回路线。[⑤] 秦岭东段，灞水和汉水支流丹江穿流而过，形成一条狭长的低谷，东南下行即通往南阳盆地。武关，“北接高山，南邻绝涧”，立于这条通道的东南出口，成为关中的东南门户。武关原属晋国，秦穆公时为秦所有，成为秦威楚、攻楚的重要前沿。苏秦在推销其合纵谋略时，恐吓楚王即以武关为要害：“秦起两军，一军出武关，一军下黔中，则鄢、郢动矣。”[⑥] 公元前316年，秦楚大战于丹阳，秦夺取楚之汉中。楚怀王“乃悉国兵复袭秦”。秦放开武关，诱敌深入，于蓝田再度大败楚军。公元前299年，秦昭王诱楚怀王至武关，劫持怀王到咸阳，迫其割地。怀王不允，次年，秦发兵出武关，大败楚军，斩首五万，取析十五城而去（今河南南阳地区）。楚国由此国力大消，“诸侯由是不直秦”[⑦]。武关，是秦、楚之间的咽喉，秦把持着武关，不断攻伐楚国，先后攻取了楚之汉中、南阳及汉北之地。武关之险不及函谷关，楚汉之争时刘邦抢先项羽一步入关中，正是绕道南阳，占武关，抵蓝田，进军灞上。

——散关：又名大散关，位于今陕西省宝鸡市西南。秦岭西端与陇山分界

---

① 春秋五大战役之一的崤之战，即发生于此时、此地。

② 《史记·秦始皇本纪》。

③ 公元前318年，苏秦推怀王为纵约长，联合齐、楚、赵、韩、燕五国之师伐秦。次年，秦将樗里疾率军出关，大败联军，杀八万二千人。公元前241年，楚相春申君联合楚、赵、魏、韩攻打秦国，“至函谷关，秦出兵攻，诸侯败走”。

④ 饶胜文：《中国古代军事地理大势》，解放军出版社，2006年。

⑤ 钱穆：《史记地名考（上）》：“潼为入关正道，武关为入关孔道。”

⑥ 《史记·苏秦列传》。

⑦ 《史记·楚世家》。

处的嘉陵江上游谷地，是秦岭西部南北往来的重要通道。从散关向南可入巴蜀，东南可至汉中，散关就处于这两条通道的北口，为“秦蜀之噤喉”，“关当山川之会，扼南北之交，北不得此，无以启梁、益，南不得此，无图关中”。[①] 通过大散关的孔道，古人称之为陈仓道，著名的“明修栈道，暗度陈仓”，就发生在这里。守住大散关，秦就可消除来自巴蜀的潜在威胁。秦并巴蜀之后，大散关则成为控制关中与汉中之通途的咽喉。

——萧关：是战国时期秦设于西北边陲的重要关隘，最早见于《史记·匈奴传》，汉文帝十四年（前166），“匈奴单于十四万骑入朝那、萧关”。萧关地望，当在今宁夏固原县东南。[②] 民国年间成书的《固原县志》说，“古道未辟，滋多萧草，故关以萧名，萧者蒿也。”萧关的称谓虽然最早见于汉代，但其设置当在战国。《战国策》载范雎曾对秦昭襄王说：“大王之国，四塞以为固。”“四塞”当指关中四围的“四关”。当然是先有四关，再有关中的说法。秦昭襄王灭义渠戎后，“于是秦有陇西、北地、上郡，筑长城以拒胡”。[③] 这时可能就有萧关的称谓了。[④] 陇山横亘关中西北，有渭水、泾水穿流而过，萧关就设置在自泾水入关中的通道上，屏障关中西北。从汉代以来的历史来看，萧关位居抵御西北诸游牧民族侵扰的前沿地带，不仅是古代拱卫关中地区的重要关隘，而且还是古代中原王朝抵御北部、西北部一带游牧民族内侵，循长城沿线建立的众多军事要塞中的一座。所谓“襟带西凉，咽喉灵武”[⑤]，“回中道路险，萧关烽堠多”[⑥]。萧关对于秦的军事防御意义也就可想而知了。

除了依山而设的关隘，秦还因河修建长城。秦国最早修建的一条长城，建于秦简公七年（公元前408），也是战国时期营建最早的一条长城。这条长城位于今陕西省东部，南起华阴县境内的华山北麓，北越渭河，沿洛河西岸北上，中经大荔县和蒲城县，北至白水县境内的黄龙山南麓。长城南北走向，主要利用洛河右岸的河堤和悬崖修城，故称“堑洛”[⑦]。秦国在其东界修筑长城

---

① 《读史方舆纪要》卷五十二陕西一。

② 具体故址有多种说法，如三关口说、瓦亭关说、古城说等。史念海（《河山集》四集）认为，在今宁夏固原。

③ 《史记·匈奴列传》。

④ 薛正昌：《历史上秦汉的萧关与唐宋萧关》，《甘肃社会科学》，1997年，第3期。

⑤ 《读史方舆纪要》卷五十二陕西一。

⑥ 刘树友：《萧关考》，《中国历史地理论丛》，第20卷第3辑。

⑦ 《史记·六国年表》。

目的非常明确，就是为了防御魏国。战国初期，秦国在连续失败和丢掉大片河西之地后，被迫在黄河以西的北洛河沿线修筑长城阻止魏国西进。秦惠王更元元年（公元前324），秦又筑洛河中游的长城，“筑上郡塞”①，这是为防赵国的。秦昭王三十六年（公元前271），秦又在陇西、北地、上郡筑长城，又称秦昭王长城，是为防匈奴的。这条长城是秦与西戎长期斗争的产物。平王东迁后，关中周围分布着众多戎族部落，战国时期，西戎中最大的一支义渠戎仍然是秦的隐患。这些长城所在地区，大部分是高原向平原的过渡地带。长城因河为险，筑堤为固，借助地形的相对高度，变化多端，既有开阔的视野，又能成为控制咽喉的军事要塞。秦与魏、赵间的长城，为秦在国力积蓄阶段起到了缓冲的作用；与西戎间的长城，阻止了游牧民族对边疆地区的骚扰。秦长城，是战争的结果，也是军事思想在地理形势上的物质体现。②

关中周匝环绕高山、大河，形势险固，是关中地区的天然屏障，“四塞”也正是依靠这些天险而设立的。

——东部以黄河为界限，与三晋相隔。战国初年，魏控制黄河时，魏王视之为“国之宝也”。③ 秦人则寝食不安，把魏当作秦的“腹心疾”。④ 后来秦国夺回黄河，局面就变成了“西河毕入秦，魏日益削，秦日益大”。⑤ 河西之地具有重要的战略意义，是否占据此地，一度成为秦、魏盛衰的转折标志。

黄河折向东流的转弯处，是陡峭险峻的华山，是秦国防御和控驭东方的前沿关喉。顾祖禹称谓：“其山盘回峻挺，翼带河滨，控临关险，状都邑之形胜，扼雍、豫之噤喉。秦中险塞，甲于天下，岂不以践华为城，因河为池，山川之雄，泰华裒然称首哉!”⑥ 后世北魏末年，贺拔岳拥中自保，就是看好了此地的形胜，“以华山为城，黄河为堑，进可以兼山东，退可以封函谷”。⑦

---

① 《史记·张仪列传》。
② 朱允:《战国秦长城的地理意义》,《天水师范学院学报》,2006年,第6期。
③ 《史记·孙子吴起列传》。
④ 《史记·商君列传》。
⑤ 《吕氏春秋·恃君》。
⑥ 《读史方舆纪要》卷五十二陕西一。
⑦ 《资治通鉴·梁纪十一》。

——南有秦岭，是关中与西南的分野。秦岭在《诗经》里称作终南山，又称中南山，汉代时遂有“秦岭”之名；在春秋时期，便被视为“九州之险”。① 秦岭东西走向，横亘于渭水与汉水之间，西起陇首，东至函谷，绵延八百余里。方志描述为：“山峦重叠，断崖如壁，山高谷深，弯曲盘亘……被人们称为‘天下之大阻’，隔绝南北交通，为关中南部的屏障。”②

——西有陇山（又称陇坻），是渭水与泾水的分水岭，渭河平原与陇东高原的天然界限。陇山绵亘于今陕西、甘肃、宁夏边境，山势陡峭，《三秦记》云：“陇坻其阪九折，不知高几许，欲上者七日乃得越。”《秦州记》云：“陇山东西百八十里，登山巅东望，秦川四五百里，极目泯然。”陇山地势高峻，俯瞰关中，是北方游牧文化与（中原）农业文明的大致界限，秦战国时在这一带修筑长城就是为了防止北方戎狄的入侵。

——关中之北，是陕北黄土高原南缘向关中盆地过渡地带的一系列低山，如白于山、子午岭、黄龙山等，地势不算险峻。但与秦相接的北方，都是一些文化落后、势力薄弱的游牧戎族，经过秦的攻伐，逐渐解除了腹背受敌之忧。

关中地形的优越，历来多有称颂。“被险带河，四塞以为固。”③ “左据函谷二崤之阻，表以太华终南之山；右界褒斜陇首之险，带以洪河泾渭之川。……防御之阻，则天地之隩区焉。是以横被六合，三成帝畿。”④ “岩险周固，衿带易守。得之者强，据之者久。”⑤ 秦国正是依恃关中易守难攻的形势，跻身“五霸”，列名“七雄”；退能从容经营，进能蚕食诸侯，最终统一天下。⑥

公元前316年，秦并巴、蜀。巴蜀四围都是崇山峻岭，也是一个险固的四塞之国。秦（秦岭）巴（大巴山）山地横亘其北，与秦关中相望；巫山其东，重岩叠嶂，下临吴、楚。秦得巴蜀，不仅消除了来自秦岭以南的隐患，而且对楚国形成了威逼之势。巴蜀为秦国最重要的侧翼地区。

楚、秦丹阳之战（前312年）之后，秦据关中。秦岭是关中的南面屏障，

① 《左传·昭公四年》。
② 《陕西省志·军事志》。
③ 《史记·张仪列传》。
④ 班固:《西都赋》。
⑤ 张衡:《西京赋》。
⑥ 参见王铁峰:《秦国富强及东并六国之地理条件研究》(吉林大学硕士论文,2004年)。

大巴山是巴蜀的背面屏障。关中，在秦岭与大巴山之间的汉水上游。汉中为楚控制，秦以秦岭为界，以散关为据，足以抵楚。汉中为秦控制，楚只能凭借大巴山险要来防御秦。从地势来看，越大巴山南进较易，自汉中越秦岭北进难。另外，汉中处汉水上游，土地肥沃，资源丰富，秦设汉中郡，使关中与巴蜀连成一片，巴蜀的资源可以畅通无阻地输入关中。

古代学者论天下大势，往往言及关中。“收功实者常于西北……秦之帝用雍州兴”①，“（关中）自汉及今，常为王者奥区”②，“天下大势，恒在西北”③。关中在历史上的重要地位，缘于它得天独厚的地理形势。关中，据天下之上游，山河环绕，雄关控扼，“以一方阻三面”。形势有利，便挥师东进；一时受挫又可退居自保，安然厚植国力。④ 这种山河形势，让秦国能从容治兵力农，积蓄力量，静观东方列国情势变化。至于秦并巴蜀，如虎添翼；占据汉中，吞并天下之势几乎已成，于是秦扫荡六国，势如破竹，终得以归天下于一统。秦能够统一天下，地理形势虽不能说起到决定性的作用，但实可谓居功之大端。

“险可恃也，而不可恃也。”⑤ 在政治兴亡和军事成败中，地理因素固然重要，但并不具有决定性的作用。战国时代著名的军事家吴起曾说过“在德不在险”，决定军事成败、政治兴衰的根本原因不是地理因素，三苗“德义不修”、夏桀“修政不仁”、殷纣“修政不德”，虽然有险固的河山，也不能挽救其覆亡的命运。⑥ 齐之地势，不易固守，扩疆受限，但春秋之世，首霸诸侯，战国时期，堪称强国。秦之地势，关中四塞，巴蜀侧翼，可攻可守，然秦末却一败涂地。可见，考察一国盛衰，是不能仅仅看其地理形势的。更为深层的原因还要到制度、文化等层面去考察。

---

① 《史记·六国年表序》。

② 《元和郡县图志》。

③ 《读史方舆纪要》陕西序。

④ 《史记·秦始皇本纪》:“彼(东方诸侯)见秦阻之难犯也,必退师。(秦则)安土息民,以待其蔽,收弱扶罢,以令大国之君,不患不得意于海内。”

⑤ 《读史方舆纪要》卷六十七四川二。

⑥ 《史记·孙子吴起列传》。

四、齐、秦地缘政治

一个国家的疆域及地理位置、自然资源、国家实力、地理形胜，对政治决策会起到相当程度的影响。国与国之间的政治、经济、军事等方面关系，构成了国家间的地缘关系，成为一种可被利用的资源。《孙子兵法》中有“诸侯之地三属，先至而得天下者为衢地”之说。齐与秦，一濒东海，一处西陲，都有入主中原、一统天下的雄心，地缘资源各有优劣，在中国从分裂走向统一的格局演变中都扮演着非常重要的角色。具体说来，齐、秦两国与韩、魏、赵、燕、楚，在地理上接壤或相邻，在政治上关系错综而复杂，从而形成了不同的地缘政治。

（一）中部：如何利用韩、魏的地缘优势

先秦时期，黄河中游地区处“天下之中”，被称作“中原”或“中国”，是当时的政治重心。《史记·货殖列传》记载：“昔唐人（尧）都河东，殷人都河内，周人都河南，夫三河在天下之中，若鼎足，王者所更居也，建国各数百岁。……都国诸侯所聚会。”正因如此，中原也是春秋战国时代诸侯“逐鹿问鼎”的要冲之地。春秋时期，晋国控制着黄河中段，堵住了齐国出入中原的通道①，遏住了秦国的东进之路②。三家分晋之后，魏、韩地处黄河中游，控制了当时交通中原的重要干道和战略要点，被称作“中国之处而天下之枢”③。“韩，天下之咽喉；魏，天下之胸腹。……韩、魏从，而天下可图也。”④ 偏居东、西一隅的齐、秦要想问政中原，魏、韩就成为必须面对的重要国家。

三晋特别是韩、魏为秦、楚、齐三大强国包围，为自身生存往往“朝秦暮楚”，邦无定交。秦、楚与三晋接壤，侵凌甚急且掠地便利，三晋若要抵御秦、楚，必然要倚重齐国。齐国若结盟三晋，互为表里，唇齿相依，必对秦、楚造成威慑。然而，齐国并没有充分利用这份地缘优势，反而自己在破坏这份资源。公元前318年，在公孙衍的合纵策略下，形成东方六国反秦的形势，联

---

① 公元前592年，晋邀请鲁、卫、曹、郑之君在断道（山西沁县西）会盟，确定了联手对齐的方略。后来四国之师在鞍（山东济南北）大败齐军，迫使其求和。

② 顾栋高认为，晋国拓境时“最得便利者，莫如伐虢之役，自渑池迄灵宝以东崤函四百里，尽虢略之地。晋之得以西向制秦，秦人抑首而不敢出者，以先得虢扼其咽喉也”。

③ 《战国策·韩策一》。

④ 《战国策·秦策五》。

军攻秦时，齐未出兵。次年，秦在修鱼（今河南原阳县西）打败三晋，齐趁机向赵、魏进攻。五国伐秦失败，六国纵约瓦解，秦在东方的胜利，齐负有不小的责任。当秦定关中，据河西，吞巴蜀，吞并天下的气势几近不可阻遏的时候，齐国作为东方诸侯联合抗秦的中坚，并未充分利用与三晋的联盟关系抵抗强秦，而是以扩充疆域为要务，盯上了北境之燕和南境之宋。在攻秦伐楚中，无利可得，尚有补救的可能；在攻燕伐宋后，引火上身，齐国大势已去。关于齐与三晋的地缘，学者曾感叹："韩、魏、楚、赵恐秦兼天下而臣其君，故专心一志以逆秦，三国与秦壤界而患急，齐不与秦壤界而患缓。是以天下之势，不得不事齐。秦得齐，则权重中国；赵、魏、韩得齐，则足以敌秦。故秦、楚、赵、魏得齐者重，失齐者轻。齐有此势，不能以重于天下者，何也？其用之者过也。"[①] 当然，齐没有充分利用与三晋的地缘关系，与其短视政策有很大干系，一定程度上也受到齐地本身的地理限制。

与齐经营东方的捉襟见肘不同，秦则据其居高临下的地势，利用军事、政治乃至权诈等手段，通过对三晋的攻伐和挟制，不仅打开了交通中原的门户，而且达到了对齐、楚的制衡，进而形成了统一天下的有利形势。大概而言，秦与魏主要争夺黄河天险和崤函地区；秦与韩，主要是占据宜阳——豫西通道的东端。赵国处于秦的东北，秦拉拢赵以对抗齐、魏，战国后期曾是抗秦的中坚，但在六国自保无力的形势下，无法独自抵挡秦军的铁蹄。

秦与魏隔河相峙，重要的战略要地是河西、河东以及上郡。三家分晋之后，秦与魏以黄河为界。秦在厉公以后国势日趋衰弱，而魏国经李悝变法和吴起治兵发展壮大起来，通过一系列战争，占有了全部河西之地，在此筑城设郡，吴起为守，一把利剑插入秦国领土，秦只能退守洛水。秦如果不占据黄河防线，就无法保障关中的安全，更谈不上东进中原。此时，齐与魏争霸东方，为秦提供了机会。公元前408年吴起伐秦获胜之后，魏国有实力有条件拓展河西之地，甚至进一步向关中进攻，[②] 但却在河西采取了守势，将矛头瞄向了东方，这为秦留下了东山再起的机会。战国中期以来，秦主要兵力都投入到这些地区，战略目标就是收复河西与上郡，并在河东夺取东进的立足点。自商鞅变

① 顾祖禹:《读书方舆纪要》。

② 此时正值秦厉公之后秦国政局动乱，国力衰微；秦在当时外交孤立，楚与中原诸侯都不会协助秦国。参看宋杰《先秦战略地理研究》，对魏的战略失策分析尤详。

法至公元前328年，秦渡过黄河，占领蒲阳（今山西永济北），魏为求和而献上郡及河西少梁（今陕西韩城），秦全部占有黄河以西的土地。魏自撤出河西之后，土地日益缩小，“处于中原地区，毫无天险可守，东有强齐，南有劲楚，北方的赵国虎视眈眈，平时需四方戍守，战时往往数路出兵，顾首则不能顾尾，得此而失彼”[①]，形势极为不利。而河西之地归秦，使秦在战略上处于极其有利的地位。西北臣服义渠戎，稳定后方，南有秦岭与楚相隔，东依黄河天险，保障了关中安全，拥有了一个相对稳定的发展环境。同时，秦占河西意味着通往中原的门户洞开，东方各国也感受到秦的威胁，开始了“合纵”抗秦活动。

对东方诸侯更大的威胁是秦占据崤函地区。秦于公元前324年占领陕城（今河南陕县），夺取了长期被魏（春秋时是晋）占据的桃林（亦称函谷），在其东端建函谷关。在先秦有一条连接东西的交通要道，沿黄河南岸经函谷、陕城抵达崤山，然后分南北二途：南路沿洛河北岸达宜阳，东行至洛阳盆地；北路经硖石、渑池、新安抵达洛阳。然后向东经过一片低山丘陵，便进入豫东平原。韩都新郑、魏都大梁都在附近。这条通道被学者称作“豫西通道”。[②] 关中东端正对豫西通道的西段，崤函山区正处其间。豫西通道是秦进兵中原的必经之路，当然也是山东诸侯合纵攻秦的主要路线。函谷关是豫西通道西段的咽喉要地，秦控制函谷，退可守关中，进可出兵豫东，挟制韩、魏，以窥周室，争雄天下。

秦占崤函之后，黄河南岸沿线就只有韩与两周的领土了。周室微弱，保持中立，不能构成秦的阻力。韩国地处“天下咽喉”[③]，其在晋南、豫西的土地与关中平原相邻。“秦韩之地形，相错如绣，秦之有韩也，譬如木之有蠹也。”[④] 另外，豫西通道东端的要塞宜阳，就在韩地。[⑤] 宜阳作为战略要地，在后世也有体现，刘秀正是在宜阳截住了赤眉军的东进之路，进而将其降服。[⑥] 秦在占据魏之河西、崤函之后，若再深入河东，背依黄河并非有利的军事形势，在合纵的形势下一时也无法灭魏。攻韩，是秦东进的必然战略目标，也是当时形势下的上策。张仪谋划攻韩时曾如此描述：“亲魏善楚，下兵三川，塞

① 林剑鸣：《秦史稿》，中国人民大学出版社，2009年。

② 宋杰《先秦战略地理研究》中称作“豫西通道”，说解甚详。

③ 《战国策·秦策五》。

④ 《战国策·秦策三》。

⑤ 《资治通鉴》卷四十。

⑥ 《资治通鉴》卷四十。

辗辕缑氏之口，当屯留之道。魏绝南阳，楚临南郑，秦攻新城、宜阳，以临二周之郊……”① 秦之伐韩，必攻宜阳。② 公元前308年，秦攻下宜阳，控制了豫西走廊西段。

齐、秦抗衡，谁能控制韩、魏，谁就更有条件在角逐中获胜。齐并非不知道韩、魏的重要，但齐与秦并不接壤，几次联合韩、魏攻秦，都适可而止，不能得有寸土，也未能有效地削弱秦国。另外，齐与韩、魏联盟并非铁板一块，数次为秦所破。最重要的是，齐国以扩疆为首务，但没有竭力去占据韩、魏的战略要地，用来控制秦的发展。而秦国，为了控制韩、魏，除了军事威慑，还采取了许多政治谋略③，最致命的是占据了河西、崤函，不仅确保了关中的安全，而且达到了制衡齐、楚，威逼天下的气势。

（二）南面：如何利用楚国的地缘优势

楚国的根基在长江中下游，上通巴蜀，下抵东南，“楚国之强，大地计众，中分天下”④。楚全盛时期，东北抵达淮、泗之间，西到秦岭以南的汉中，与齐、秦均势争锋，影响着天下的形势。

齐与楚，地隔江、淮，相距遥远⑤。齐在春秋时期的中原霸业和战国时期向南的势力扩张都曾受到楚国的挑战和遏制。齐楚之间，是豫东和淮泗平原，分布着宋、鲁、卫、蔡、郯、薛、邾、莒等十余个小国⑥。对淮、泗间诸侯控制权的争夺，构成了齐与魏、楚的冲突，也影响了国家间格局的变化。春秋战国之际，楚夺取江淮间大片土地，推进到了泗水流域。⑦ 公元前447年，楚灭蔡（今安徽寿县北）；公元前445年灭杞（今山东安丘县北）；公元前441年灭莒（今山东莒县），势力范围延伸到了胶东半岛。齐国当然不能坐视楚国对淮泗地区的控制而不顾，长期把主要兵力都用在与楚国的较量和争夺上。⑧ 齐

---

① 《战国策·秦策一》。张仪对攻韩的形势分析，侧重于军事。司马错反对攻韩，则是考虑到了政治影响。秦王依司马错计而伐蜀，更符合当时的战略形势，张仪对韩地理战略的分析还是非常到位的。

② 《战国策·楚策一》。苏秦说楚王：“秦下甲兵，据宜阳，韩之上地不通。”

③ 如玩弄交换或退让部分土地，拉拢韩魏，逐步达到蚕食其土地的目的；秦曾派张仪相魏，樗里疾相韩，以影响他们的决策；离间韩魏联盟，达到削弱抵抗力量的目的；招纳韩魏贤士，如商鞅、张仪、范雎之流，让这些熟悉本土的人才为秦出力。

④ 《淮南子·兵略》。

⑤ 公元前656年（齐桓公三十年），齐伐楚，楚子说：“君处北海，寡人处南海，是风马牛不相及也。”

⑥ 《史记·田敬仲完世家》：“泗上十二诸侯皆来朝。”索隐：“邾、莒、宋、鲁之比。”

⑦ 《史记·楚世家》：“楚东侵，广地至泗上。”

⑧ 《战国纵横家书》（八）载：“薛公之相齐也，伐楚九岁，攻秦三年，欲以残宋取淮北。”

威王时期，齐国非常强盛，“楚人不敢为寇东取，泗上十二诸侯皆来朝”。[①] 齐国在控制了泗上之后，又觊觎宋和楚国的东部。齐、楚相争，仅从战争来看，虽然时有战胜之名，但鲜有获利之实。公元前301年，齐、魏、韩三国乘机攻楚，在垂沙（今河南唐河县西）大败楚军。宛（今河南南阳）、叶（今河南叶县南）以北的楚地被韩、魏瓜分，齐国无寸土可获。[②] 齐国连年劳师与楚争战，造成的后果则是“南攻楚五年，蓄积散”[③]。秦国名相范雎曾说：“昔者，齐人伐楚，战胜，破军杀将，再辟千里，肤寸之地无得者，岂齐不欲得地哉？形弗能有也。”[④] 说的就是齐与秦、韩、魏伐楚的事。齐“伐楚而肥韩、魏”，耗损的却是自己，是由齐国地理所决定的，也说明了齐国征伐淮、泗的政策并没有充分考虑到地缘的因素。

齐与楚为争夺淮、泗，互相攻伐，长期掣肘，互相消耗的过程中，秦国迅猛地发展起来。公元前315年，秦吞并巴蜀，从水路直通楚国，对楚乃至东方诸国都构成了巨大的威胁。[⑤] 齐与楚面对共同的敌人开始联合起来，但往往因为秦的离间而失败。齐楚合则两利，如公元前312年的曲沃之战，齐楚联合向秦的与国韩国发动攻击，秦出兵救韩，齐楚联军围秦军于曲沃，秦军受到了一定的损失。齐楚离则两伤，秦拆散齐楚联盟之后的濮水之战，齐大败；蓝田之战，楚惨败。齐楚联盟，并非铁板一块，面对强秦的严重威胁，仍不放松对淮、泗地区的觊觎，也难怪一经离间，就分崩离析。齐对淮、泗地区的争夺，由于地理的局限，空耗了国力，无寸土可获；从地缘政治来看，受到魏、楚的羁绊，而更致命的则是让强秦坐收“渔人之利”。

秦与楚，南境隔秦岭以巴蜀相对，东南有豫西山区以武关相临。当秦得志于黄河，楚得志于江淮之时，两国实力不相上下，又有接壤的地利之争，两国形势如张仪所言：“凡天下强国，非秦而楚，非楚而秦。两国敌侔交争，其势不两立。”[⑥] 秦与楚之间的关系大概有三处关节：一是接壤或临境关键区域的

---

① 《史记·田敬仲完世家》。

② 齐国联合韩、魏攻秦的时候，韩、魏得实惠，齐国也是没有实质收获。这都是齐国的地理位置所限而致，从而说明齐国的外交策略的错误，学者多有论说。

③ 《战国策·燕策一》。

④ 《战国策·秦策三》。

⑤ 《华阳国志·蜀志》：“得蜀则得楚，得楚则得天下矣。”

⑥ 《战国策·楚策一》。

争夺，如巴蜀、汉中；二是与中原大国的关系；三是面对共同的敌人齐国。相对于齐的偏安、短视，秦对楚的一系列举措表现为捷足先登、放眼全局，然后势如破竹，从而势不可遏。

巴蜀是物产丰饶的四塞之地，北隔秦岭与秦相望，西有大巴山、巫山与楚相阻。当秦、楚相争势不两立之时，秦并巴蜀几乎决定了秦胜楚败的局势。秦并巴蜀，疆域扩大了近一倍以上，“擅巴蜀之饶”为秦的统一战争提供了雄厚的物质基础。从地理上说，秦得巴蜀，无疑给楚国背后插了一把利剑，楚国的命运由此转折，秦、楚的角逐天平也由此向秦国倾斜。司马错从地理形势说伐蜀之利，可谓目光如炬：“（巴蜀）水通于楚，有巴之劲卒，浮大船舶以东向楚，楚地可得；得蜀则得楚，楚亡则天下并矣。”① 后世西晋伐吴，其中一条路线便是王浚率水师自益州（今四川，三国时蜀汉）顺江东下，一路所向披靡，直抵建业（今南京，吴都）。“王浚楼船下益州，金陵王气黯然收”，这份充满沧桑的感怀，道出了巴蜀的战略意义，其实也可作为楚国忽略巴蜀战略意义的一份叹息。相对于秦，楚对巴蜀的政策非常消极。设巴郡、筑捍关，只是一种战略防御；吞汉中，却未能进一步进军蜀国，可谓失策。其实，楚威王也看到了秦对巴蜀的觊觎，《史记·苏秦列传》载楚威王对苏秦说：“寡人之国西与秦接境，秦有举巴蜀并汉中之心。秦，虎狼之国，不可亲也。”楚国也并非无灭巴蜀之实力，然而却一味奉行防御之策。这应当从楚国的国内情形和国际关系来综合分析了。无论如何，秦取巴蜀，让秦占有先机，对于秦的发展具有非凡的重要意义。得蜀数年后（前 312 年），秦在蓝田之战打败楚国，取其汉中。秦取汉中，不是秦对楚的一次单纯的军事胜利，而是秦的地缘政治谋略的成功。②

秦灭巴蜀、吞汉中，对楚国形成严重的威胁。但还不能说楚国已无力与秦抗衡了。就地理形势而言，楚据捍关，还拥有比汉中更难攻取的巫郡和黔中。公元前 306 年，越地入楚，就疆域而言，楚国仍为七国之首。就经济而言，秦、楚也难分伯仲。就军事的势头而言，秦势正猛，楚军被动。然而，楚在当时“合纵”“连横”的地缘政治中充当着非常关键的砝码。“纵合则楚王，横

① 《华阳国志·蜀志》。

② 秦灭巴、蜀后挥师东向，首先制服了三晋，与此同时拆散齐、楚联盟。蓝田之战，楚前方受到秦的痛击，后方受到韩、魏的包抄，汉中最终为秦所有。

成则秦帝”，就是对当时经济、政治、军事综合而言的一种形势。具体而言，魏国衰弱之后，逐渐形成秦、齐争强的形势。此时楚国的去向（与秦结盟或与齐联盟）对时局的发展起到举足轻重的作用。秦对此形势非常清醒，采取了“和楚”的政策，利用各种策略将楚拉拢到自己的阵营中。秦“远交近攻”策略的一个重要目的是消灭三晋，挺进中原。齐、楚如果要遏制秦的进攻，就需攻占韩、赵、魏的战略要地，直接控制交通枢纽。然而，齐、楚却把眼光放在了淮、泗之间。[①] 齐连年伐楚，楚背齐投秦，很多时候都是为了这种眼光不长的局部利益。[②] 秦国谋略的成功，也正好利用了这点。公元前278年，秦攻下楚都郢，楚国民心、军心俱散，屈原《哀郢》长歌：“皇天之不纯命兮，何百姓之震愆！”次年，秦攻占楚黔中郡、巫郡，楚国防秦之险要丧失殆尽，楚国也已经不再是秦的担忧。

（三）北面：如何利用燕、赵的地缘优势

燕、赵，居于远离中原的北方，本身实力较弱，常依附于诸强。燕，是齐国扩地所觊觎的目标，是秦国用来牵制齐国的对象；齐与赵大多不能相善，秦则拉拢赵对付齐。

齐之北邻是燕国，西境大部临赵。燕、赵都是秦、楚拉拢用以抗齐的对象，因而齐国对他们的用兵也非常谨慎，基本上采取守御的态度，如苏代所谓：“（齐）济西不役，所以备赵也；河北不师，所以备燕也。”[③] 齐、秦对峙，齐也曾联合燕、赵对抗秦国，但合纵攻秦并未真正起到打击秦国的效果。相反，秦则能利用燕赵，达到遏制齐的效果。公元前318年，在五国联合伐秦的同时，齐国瞅准了当时正在发生内乱的燕国，采取联合三晋与楚，远攻秦、近攻燕的策略。然而，齐攻燕既没有获得重要的战略要地，又结怨于诸侯，埋下了隐患。

赵武灵王的外交政策是结秦连宋，加上秦用外交破坏齐赵结盟，齐与赵除了在合纵反秦时为与国关系，大多不相为善。公元前285年，赵参与了伐齐，魏国名将乐毅时任燕、赵两国的“共相”。齐衰之后，赵国在与秦的交锋失利

---

① 宋杰:《先秦战略地理研究》,首都大学出版社,1999年。

② 就地域军事地理而言,淮、泗对齐、楚的战略意义很大;就战国时的国际格局而言,争淮泗而忽略强秦,就是缺乏大局眼光了。

③ 《战国策·燕策一》。

后，连续攻齐。公元前283年至公元前271年，赵一直在攻取齐地。齐湣王时期，赵国一度联合魏国企图兼并宋国。齐、赵不相能，得利的还是秦。公元前260年，秦攻赵长平，请粟于齐，齐不听。公元前241年，赵组织合纵攻秦，其时，秦已与齐境相接，齐仍拒不参与反秦。在齐无力抗秦，而赵尚能与秦抗衡之时，齐国奉行孤立政策，变相支持了秦灭六国，当然也加速了自身的灭亡。

燕、赵两国，距秦较远，掠地难以固守，不是秦的主攻目标，反而是秦在“远交近攻”战略中拉拢和利用的对象。苏秦曾说：“且夫秦之攻燕也，逾云中、九原，过代、上谷，弥埊踵道数千里，虽得燕城，秦计固不能守也。秦之不能害燕亦明矣。”[①] 赵虽与秦接壤，但攻赵会受到韩、魏的阻挠。燕、赵两国边境与齐国相邻，时有冲突，秦就利用燕、赵与齐的矛盾限制齐国。齐国灭宋，天下震惊，五国伐齐的局势就是在秦的外交鼓吹下形成的。[②] 攻齐联军的主力实际是燕和三晋，最终的结果却是为秦除去了一个可以抗衡的齐国。

当楚国的半壁江山都已经为秦所有，颓势难以挽回；齐国在与燕的互相报复中，大伤元气，赵国在赵武灵王胡服骑射改革后，是战国后期唯一能与秦抗衡的国家了。正如时人所谓“当今之时，山东之建国，莫如赵强”[③]。然而，赵国的统治中心所在的冀南平原土地贫瘠，虽经十几年东征西战扩地千里，但国家实力是无法与秦国相比的。在秦的“远交近攻”策略和强大的军事攻势下，仅一场“长平之战”就消灭了赵国的有生力量。至此，秦已拥有绝对的强势傲视东方六国。秦在六国合纵无力而互相征伐的形势下，连续攻取三晋之地。秦在黄河以北投入很大，逐步占据了赵之晋阳、韩之上党以及河内的漳水流域，使邯郸孤立无援。[④] 公元前230年秦灭韩，次年大举攻赵，公元前228年灭赵。然后，北上灭燕，南渡黄河攻占魏都大梁。

要而论之，齐在地缘政治上，有便利和可取之处，但时有短视之举。齐与魏相争泗上，正逢魏强盛、秦崛起、楚扩张，战争的结果是：秦控制了黄河天

① 《战国策·燕策一》。

② 林剑鸣:《秦史稿》,中国人民大学出版社,2009年。

③ 《战国策·赵策二》。

④ 《史记·范雎列传》载范雎说秦王:“北断太行之道,则上党之师不下。”公元前263年,白起攻南阳(今河南修武),次年伐野王(今河南沁阳),都是为了隔断上党与韩都之间的通道。那里有河内与河南之间的交通要道黄河孟津,周武王会盟天下诸侯之处,是从北向南,通往洛阳的必由之路。

险，打开了东进之路；楚接壤中原，推进淮泗，对齐国构成了威胁；魏的衰弱，损失的是齐国的屏障；而齐国本身，徒有战胜之名，空耗国力。齐与楚相争淮、泗，韩、魏得地，秦吞巴蜀，造就了秦吞并天下的大势。齐灭燕，秦乘机进攻三晋，既有获地之利，又迫使韩、魏屈服。齐灭宋，触犯众怒，遭燕报复，是一个不顾大局的短视之谋。三晋是齐对抗强秦的重要盟友，但在秦对东方构成巨大威胁之时，齐国仍以攻伐邻国为要务，错失了遏制、削弱秦国的机会。齐国的地理形势，宜攻而不易守，这就需要在地缘资源中寻求有利形势，然而齐国胶着于中原、失策于南北，相较于秦的步步为营、咄咄逼近，齐国则是步步失策、捉襟见肘。

秦国在地缘政治格局中，始终立足全局。秦占河西，打通豫西，吞并巴蜀，据有汉中，所侵占均为战略要地，其意义不仅是疆域的扩大，而是吞并天下大局下的关键。秦攻魏，乘齐、魏争霸；秦伐蜀，趁楚不虞，可以说是抓住了时机。秦在伐齐不利的情况下，转而攻魏；在灭魏不能的形势下，转而攻韩，秦能够根据地缘形势的变化调整政策。秦以富足的经济后盾、强大的军事力量，参以灵活而奸诈的外交，最终吞并天下。可以说，地理位置为秦营造了便利的地缘资源，但更重要的是秦的策略用足用好了这份地缘之利。

第三章 变法与制度安排

战国时期是一个制度大变革的时代。

齐、秦两国都顺应时代要求进行了变法革新，一为齐威王变法，一为秦孝公变法，也都建立起了中央集权制度。但为什么齐、秦两国还会有如此不同的历史命运呢？在本章对齐、秦政治、经济、军事制度的对比分析中，我们将揭示两国变法在彻底性、广泛性、持久性上存在的差距，进而说明，正是通过变法，秦国对齐国才真正具有了体制和制度优势，变法才是齐、秦兴衰的转捩点和根本原因。

一、分封制的奥妙

分封制是西周和春秋时期推行的一种主要政治制度，也是西周与春秋时期政治文化的中心内容。分封制的内容可以概括为“天子建国，诸侯立家，卿置侧室，大夫有二宗，士有隶子弟”①。具体而言，就是周天子把王畿以外的土地以“授民授疆土”的形式分封给诸侯建立侯国；诸侯又以“锡田锡邑”的名义，将一部分土地分给卿、大夫作为采邑；卿也可以分封给其下的卿或大夫，大夫又可以分封所属的大夫或家大夫；士可以其子弟为仆隶。受封的各级贵族有义务逐级向他们的上级纳贡或在必要时出兵保卫其利益。这种层层分封的制度构建了西周和春秋时期政权统治的主要模式。

齐秦两国虽都实行了分封制，却有明显差异。

齐国是在西周初年由周天子分封建国的，为“首封”之国，这种建国方

① 《左传·桓公二年》。

式注定了齐国受西周礼乐政治文化影响较深，也昭示着齐立国之初就必然全面推行分封制。《荀子·仲尼》载，齐桓公赐管仲“书社三百”，所谓“书社”就是将社员之名籍书于社簿，春秋时以二十五家为一社。《晏子春秋》也载：“景公谓晏子曰：‘昔吾先君桓公，予管仲狐与穀，其县十七，著之于帛，申之以策，通之诸侯，以为其子孙赏邑。’”① 可知，管仲在春秋初年曾因功被赐封至狐与谷。《左传·襄公二十八年》又载，齐景公“与晏子邶殿其鄙六十……与北郭佐邑六十，受之。与子雅邑，辞多受少。与子尾邑，受而稍致之。”《说苑·臣术》亦载，齐景公“令吏致千家之县一于晏子”。春秋时期，这类有关齐国君主赐封臣下的例子比比皆是，因此可以判定，至迟在春秋时期，齐国已经普遍实行了典型的分封制。

《尚书大传》云：“古者诸侯始受封，则有采地。……其后子孙虽有罪，黜，其采地不黜，使其子孙贤者守之，世世以祠其始受封之人。”齐国的情况就是如此，齐王把采邑分给功臣与贵族，受封者对采邑的所有权是可以世袭的。齐国卿大夫在采邑内拥有很大的权力，他们不仅占有采邑内的土地，而且拥有土地上的人们，还有权在采邑内建立自己的政权机构并任免官吏，完全享有分封权、管理权等各种权力，并且这些权力只受宗法礼制的约束，根本不受周天子和国君的控制。《战国策·齐策一》云：“夫齐削地而封田婴，是其所以弱也。”分封会导致国力削弱，其规模之大、危害之深可想而知。齐威王把薛地封给田婴，楚国昭阳曾“请以数倍之地易薛”。但薛地建有齐先君宗庙，田婴不愿让齐王先君宗庙流落于楚人之手，才没有交换。这项交易虽没有完成，但至少说明田婴是有权进行交换的，否则昭阳就不可能有这样的提议。换言之，靖郭君田婴是拥有薛地的土地实际占有权和所有权的。在采邑内，受封者有征收赋税的权力，如“孟尝君相齐，其舍人魏子为孟尝君收邑入”②。这种“邑入”，《史记·索隐》解释为：“收其国之租税。”采邑内的赋税由受封者或受封者委派的官吏直接收取，根本不需要经国家官吏收取后再转交受封之人。

在采邑内，受封贵族有“家”有“室”，包括贵族的财产、玉帛、妻妾、奴婢等，这是贵族的私产，并不属于齐国国君。贵族的“家室”由“家宰”或“室老”管理，齐国贵族无一例外都拥有“家宰”。家宰一般由贵族亲信担

① 吴则虞:《晏子春秋集释》,中华书局,1982 年,第 485 页。
② 《史记·孟尝君列传》。

任，与贵族休戚与共。《左传·襄公二十五年》载：齐国发生了崔杼之乱，齐庄公被弑杀，连带一位替他管理鱼税的官员申蒯也被杀死，申蒯死了，申蒯的“家宰”也未能幸免。这段文字是这样说的：“申蒯者，侍渔者，退，谓其宰曰：‘尔以帑免，我将死。’其宰曰：‘免，是反子之义也。’与之皆死。”齐国的大夫陈子车死后，他的妻子和家宰要用人殉葬，他兄弟陈子亢以为此举不合礼法，强烈反对，激愤地抗议：如果不得已而用人殉，“妻与宰”是最合适的人选。[①] 家宰与妻子并列为贵族最亲密之人，可见家宰职位的重要。

为保护私有财产和人身安全，贵族在采邑上建有城堡，甚至豢养一定数量的军队。春秋时大国的大贵族，封地多达几十邑，甚至百邑以上，兵力也在数千人甚至上万人以上，这些私卒家兵只听命于家主，对国君毫无责任意识。因此，齐国贵族仅仅凭借自己掌控的庞大军事实力就可以比较容易地操纵国政，上威诸侯，下治庶民，不仅是国君的离心力量，而且对国君构成强大的威胁。《史记·齐太公世家》载，齐庄公曾私通崔杼之妻。当庄公进入崔氏之宅时，“崔氏之徒持兵从中起……公踰墙，射中公股，公反坠，遂弑之。”崔氏之徒，即崔氏的家兵。在斩杀齐庄公之前，他们留下了一段耐人寻味的话：“君之臣崔杼疾病，不能听命。近于公宫，陪臣争趣有淫者，不知二命。”杜预注道：“言得淫人，受崔子命讨之，不知他命也。”崔氏的家兵受命委质，只服从崔杼的命令，对国君并无一丝责任，包括“弑君”也唯崔杼之命是从。

齐国贵族除占有大量采邑和享有采邑内的权力之外，还可在齐国范围内获得很多特权和赏赐。《说苑·尊贤》载：“齐桓公使管仲治国，管仲对曰：‘贱不能临贵。’桓公以为上卿，而国不治，桓公曰：‘何故?’管仲对曰：‘贫不能使富。’桓公赐之齐国市租一年。”为了提升管仲的地位，增加管仲的财富，齐桓公任命他为上卿，并赐予大量财富。一个臣子，竟然可以占有一国一年的市租税，这无疑是一个特大的权力与恩惠。可以想象，齐国贵族拥有的财力和经济基础该是多么雄厚。齐国孟尝君的经济力量也十分强大，不仅可以豢养数量众多的士，而且对门客提供优厚的俸禄，如给门客夏侯章以“四马百人之食”。孟尝君自己更是生活优渥，“宫中积珍宝，狗马实外厩，美人充下陈”[②]，享乐富足之极。孟尝君还曾“招致天下任侠奸人入薛中盖六万余家”，用轻于

---

① 李学勤主编:《十三经注疏·礼记正义》,北京大学出版社,1999 年,第 292 – 293 页。

② 《战国策·齐人有冯谖者》。

国家赋税的办法与国家争夺人口，把大量贫苦农民收归门下，既扩大了奴役的对象，又培养了自己的实力。后来他竟“中立于诸侯，无所属”，终于将薛地从齐国的领土中分裂出去，一度成为独立的小国。而齐襄王因“畏孟尝君”，也只得对其采取“与连和，亲薛公”的妥协政策。①

与齐国典型而充分的分封制相比，秦国的分封制是不完备的，更是不典型的，这一特点与其自身历史发展的特殊性密切相关。秦人建国较晚，当时的宗法政治文化已经开始动摇，并日渐形成“礼崩乐坏”的局面。在这种形势下发展起来的秦国，受礼乐文化影响较轻，不可能像齐国那样严格地承继周代的礼乐文化制度，自然也没有实行齐在西周、春秋时期推行的严格的分封制。再者，秦国发祥于中国西部，兴起于诸戎之间，长期与戎夷共处共生，难免要受他们习俗的影响。加之，秦国的国土和臣民主要夺取于关中诸戎之手，这也决定了秦国国民大多与戎狄有文化的或血缘的渊源关系。据《史记·秦本纪》记载的由余向秦穆公所介绍的戎夷之状，可知当时他们还没有“礼乐法度”。另从《商君列传》中也可知，直到商鞅变法前夕，秦人和戎夷一样，依然还保持着“父子无别，同室而居”的生活状态。中原各国之所以称秦国为“秦戎”，视秦人为“戎夷”，想来和秦人与夷狄习俗多有相同不无关系，而像夷狄一样缺乏严格的宗法礼乐文化，当为非常重要的原因之一。

秦立国于春秋伊始。周平王封秦襄公为诸侯，“赐之岐以西之地”②。但平王的封赐颇有点送空头人情的味道，口惠而实不至。《史记·秦本纪》载：“戎无道，侵夺我岐、丰之地，秦能攻逐戎，即有其地。”可见当时岐丰之地虽名义上是周王的领地，实际上已落入戎夷之手。直至秦文公十六年（前750）伐戎大获全胜，秦国才最终取得岐地。秦开国之初就没有得到真正的分封，明显缺乏推行分封制的环境，因此，秦国也没有实行齐国那样典型的分封制，而是推行的一种特殊的分封制度。③

秦国的分封制不把土地分封给子弟，《史记·李斯列传》说：“秦无尺土之封，不立子弟为王、功臣为诸侯。”博士淳于越也对秦始皇说：“今陛下有

① 《史记·孟尝君列传》。

② 《史记·秦本纪》。

③ 关于秦国的分封制，林剑鸣先生曾有详细的论述。参见林剑鸣《秦史稿》，上海人民出版社，1981年，第80－82页。

海内，而子弟为匹夫。”① 所以秦宣公有九子，成公有七子，穆公有四十子，都未被册立，也未见被封于何地。持春秋时期秦与齐一样推行过把土地分封给子弟观点的人最常采用的史料无外乎两则。其一，《史记·秦本纪》载：“武公……有子一人，名曰白，白不立，封平阳。”其二，《国语·楚语上》又载，“郑有京、栎，卫有蒲、戚，宋有萧、蒙，鲁有弁、费，齐有渠丘，晋有曲沃，秦有徵、衙……秦徵、衙实难桓、景。”韦昭注：“徵、衙，桓公之子、景公之弟公子鍼之邑。”由此观之，似乎白和鍼都曾被分封过，但细考之，却发现这两则史料的真实性颇让人怀疑。平阳早在武公之前、宪公之时，就成了秦的国都。武公时，秦都仍在平阳，《史记·秦本纪》云：武公“居平阳宫”，这时如何能把国都封给白呢？至于说徵、衙是鍼的封地，也难令人信服。《左传·昭公元年》载：“秦后子有宠于桓，如二君于景。其母曰：‘弗去，惧选。’癸卯，鍼适晋，其车千乘。”假若徵、衙真是公子鍼的封邑，为何当他面临危难之时，宁可抛家舍业远奔晋国，也未见有丝毫眷顾徵、衙的表示。难道徵、衙之于公子鍼尚不如商邑之于鞅？商鞅所封之商地，仅系“衣食租税”的“职田”性质。但即便如此，当其被秦惠文王追捕时，尚能“走商邑，与其徒属发邑兵北出击郑”②，因此，很难说徵、衙是鍼的封地。

秦国不册封子弟并不意味着秦没有实行分封制，只是秦分封的模式没那么严格与规范，分封的类型也更加灵活多样而已。秦的封地多数只赏赐给受封者征收赋税，也就是“食邑”，因此，秦的分封制更像食邑制。对于分封制与食邑制的区别，金景芳先生指出：“分封制度的原型是‘天子建国，诸侯立家’，受封的对他所分得的土地都有直接的统治权。食邑则不然，只是指定某一地的赋税作为某人的收入，至于此地的统治权，仍有君主派人去执行，食邑者不得干涉。”③ 即便是这种“食邑”性质的封地在秦国也没有大规模地推广，只在少数地方施行。另外，也并非所有的秦国封地都是食邑性质的，《商君书·境内》说：“能攻城围邑，斩首八千已上，则盈论；野战，斩首二千，则盈论。吏自操及校以上大将尽赏。行间之吏也……故爵公乘，就为五大夫，则税邑三百家。故爵五大夫，就为大庶长。故大庶长，就为左更。故四更也，就为大良

① 《史记·秦始皇本纪》。
② 《史记·商君列传》。
③ 金景芳:《古史论集》,齐鲁书社,1981 年,第 56 页。

造。皆有赐邑三百家，有赐税三百家。爵五大夫，有税邑六百家者，受客。”高亨注曰：“此言左右庶长三更及大良造均有赐邑三百家、赐税三百家。赐邑与赐税不同，大概是赐邑乃把邑赏给臣下，作为封邑；赐税乃把地税赏给臣下，土地人民仍属公家。”① 据此而论，税邑和赐邑确乎是两种性质完全不同的封邑模式。前者只是把征收赋税的权力赐给了受封者，而由国家派遣的地方行政官吏管理；后者则可能不仅拥有赐给的采邑内的征收赋税权，就连采邑内的行政管理权也由受封者本人执掌。

与齐国贵族在自己封邑内享有多种自主权力不同，秦国的封君列侯在其封地内必须遵行国君统一的法令，有的封地内还同时设有由国君委派的“相国”或“守”，这显然是用来制约、监视受封者的。次之，秦封国的发兵之权完全由中央的国君直接掌控，受封之人无权干涉。秦始皇时，权臣嫪毐凭借太后的势力，专横跋扈，权倾人主，封国内“事无大小皆决于毐”，但当他要发兵叛乱之时，还必须得“矫王御玺及太后玺”，才能征发其封邑内的“县卒及卫卒、官骑、戎翟君公、舍人”②。可以这样说，如果没有国君的玺、符为凭，权力再大的封君封侯在自己封邑内也无征发兵役之权。再次，秦国多数受封列侯只有征收封地内租税的权力而不“临土治民”，如《商君书》讲到的“税邑”便是。受封者既不是封邑土地的所有者，对封区内的土地和人民自然无占有权，因此，其所食之“租税”，只能是赋税（地税），而不是地租。所封之“户”“邑”“都”“城”“县”“郡”等，都只不过是征收赋税的范围和根据而已。另外，秦国受封者的地位也远不如西周或东方诸侯国稳固，封地是否世袭，由于史料缺乏，不得而知，但最高统治者常常借故夺回封地。商鞅为秦变法，国富兵强，封于商，但孝公死后，他不仅被车裂而死，封地也被剥夺。穰侯魏冉在秦，威震人主，封于陶邑，后遭范雎谗言构陷，忧愤而死，秦王马上把陶收归中央，设为郡。名将白起为秦攻城略地，封为武安君，一旦失去人主的宠爱，即身死杜邮，封土亦失。可见，与齐国等东方诸国相比，秦国受封者的经济支配范围和政治权力都大大缩小了，因此，秦国的地方分封势力要发展成根深蒂固的地方分裂势力是非常不容易的。

齐秦两国之所以在分封制上出现这种区别，根本原因就在于：秦立国之

① 高亨：《商君书注译》，中华书局，1974 年，第 150 页。
② 《史记·秦始皇本纪》。

时，西周家国一体的政治模式已开始崩溃，宗亲分封制和井田制也已动摇。当秦国地位有所提高、国土逐渐扩大，有条件大规模分封宗室时，行将取而代之的郡县制又萌生于世，商鞅变法的主要内容就是进一步消除西周政治模式的影响。因此，秦国基本上没有经历过典型的西周政治模式阶段，也没有形成强大的由公室封君和其他封君构成的贵族势力，更没有任用宗室王族执掌国政的政治传统。

很明显，秦国的分封制比齐国有更大的优势，齐国推行典型的分封制，受封者在封邑内享有高度的自主权，这种相对独立的政治经济单位带有很大的离心性与割据性，也无法适应大规模兼并战争的要求。君主要征调大夫采邑内的钱粮兵员，势必要与卿大夫的利益发生冲突而受到抵制。在这种分封制下，经济是分散的、相互独立的，政权也是分裂的、割据的。在这种体制下，国君的强势地位难以体现，国君的意志更难得到贯彻执行。而秦国分封就很好地体现了君主集权的色彩和发展趋势，这种集权制度使国家可积聚更多的力量来对抗、征服其他国家。在这种体制下，君主的意志无疑会得到更强烈的彰显，也更容易在国家政治生活中得到贯彻执行，有利于保证一个国家内外政策的连贯性和一致性，减少随意性和突变性。

二、都县制与郡县制

如何规范、协调中央与地方的关系，是任何一个政府必须面对的课题。战国时期，齐秦两国推行的是两套完全不同的地方行政制度。齐国奉行都县制，而秦国推行的是郡县制。在战国这个郡县制大行其道的时代，齐国的都县制显得特立独行。都县制与郡县制在齐秦两国政治领域的运转及产生的影响，也是造成两国一亡一兴命运的不容忽视的原因。

“都”是战国时期齐国特有的地方行政组织。《周礼·小司徒》云：“九夫为井，四井为邑，四邑为丘，四丘为甸，四甸为县，四县为都。”《左传·隐公元年》云：“先王之制：大都，不过三国之一；中，五之一；小，九之一。”据《左传·庄公二十八年》载，“凡邑，有宗庙先君之主曰都，无曰邑。邑曰筑，都曰城”。可知“都”是有宗庙先君之主的有城的大邑。齐国共设有五都，但“五都”具体所指却未见明确记载，仅能根据已发现的资料加以推测。

杨宽先生认为五都指：临淄、平陆、高唐、即墨、莒。[①] 韩连琪先生认为“齐的五都，当即西北邻近燕、赵的高唐、平陆，南方邻近楚国的南城，西南方邻近赵、卫的阿和东方与莒接邻的即墨”。居于中央的齐城（临淄），虽有都的设置，也有军队，可能并不在五都之内。[②]

齐国五都均驻有经过考选和训练的常备兵，因而时有“五都之兵”或“五家之兵”之谓。在对外作战时，五都之兵常常是军队的主力，如齐湣王被淖齿杀于莒，莒人则杀淖齿；田单以即墨一城，而破燕军数十万，收复失地。莒人和田单用的主要是莒和即墨的地方军队。《战国策·燕策一》也载：“孟轲谓齐宣王曰：‘今伐燕，此文、武之时，不可失也。’王因令章子将五都之兵，以因北地之众以伐燕。”

五都长官称“都大夫”，既是五都之兵的主将，又是都的最高行政长官。《孙膑兵法·擒庞涓》载：“孙子曰：‘都大夫孰为不识事?’曰：‘齐城、高唐。’孙子曰：‘请取所……二夫合以□□□□□□□都横卷，四达环涂（途），□横卷所□陈也。’”《史记·田敬仲完世家》也载，齐威王曾得意地夸耀说：“吾臣有檀子者，使守南城，则楚人不敢为寇东取，泗上十二诸侯皆来朝。吾臣有肦子者，使守高唐，则赵人不敢东渔于河。”又《孟子·公孙丑下》载：“孟子之平陆，谓其大夫（孔距心）曰：‘子之持戟之士，一日而三失伍，则去之否乎?’曰：‘不待三。’‘然则子之失伍也亦多矣。凶年饥岁，子之民老羸转于沟壑、壮者散而之四方者几千人矣。’曰：‘此非距心之所得为也。’曰：‘今有受人之牛羊而为之牧之者，则必为之求牧与刍矣，求牧与刍而不得，则反诸其人乎？抑亦立而视其死与?’曰：‘此则距心之罪也。’”很明显，都大夫既要统领军队以尽保境安民之责，还要兼管地方政务。

都本是一个国家宗庙及先君灵位的所在地，在宗法社会，掌管宗族祭祀的都具有极为重要的地位和意义。以常理论之，一个国家只应有一都。而齐国既然在国都之外又存有与国都平行的其他几都，由此看来，齐国的地方行政权力应分属于五都，而不是集中于国都。国家行政权也不是仅仅集中在国君一人之手，都大夫享有很大的权力。再有，齐国五都之内驻扎有大量军队，指挥权掌控在都大夫之手，因此，齐国的军权也在某种程度上分散于地方，国君难以唯

① 杨宽:《战国史》(增订本),上海人民出版社,1998 年,第 229 – 230 页。
② 韩连琪:《春秋战国时代的郡县制及其演变》,《文史哲》,1986 年,第 5 期。

我独尊，自然也就难以保证政令的畅通无阻和顺利贯彻。在一个需要集权的时代，这种状况自然难以与时代要求相符合。

齐国的“五都制”似乎来源于春秋时期管仲推行的“五属制”。据《国语·齐语》的记载，“制鄙：三十家为邑，邑有司；十邑为卒，卒有卒帅；十卒为乡，乡有乡帅；三乡为县，县有县帅；十县为属，属有大夫。五属，故立五大夫，使各治一属焉；立五正，使各听一属焉。是故正之政听属，牧政听县，下政听乡。”齐国大夫可能拥有很大的权力，这就不难理解齐威王为何多年不理朝政而并不妨碍齐国大夫对“属”的治理。可见，自春秋时期开始，齐国的国家权力就没有仅仅集中于国君一人之手，分权的地方行政管理模式早在管仲改革时就已经成为政权运作的重要理念。

“县”作为一级地方行政机构，首先出现在秦、晋两国，而后各国纷纷效仿施行。齐国在桓公时期已设“县”。管仲改革规定“三乡为县”，“十县为属”，“牧正听县，下政听乡”。[①]《晏子春秋》载齐景公谓晏子曰：“昔吾先君桓公，予管仲狐与縠，其县十七，著之于帛，申之以策，通之诸侯，以为其子孙赏邑。”[②] 齐景公“令吏致千家之县于晏子”[③]。不过，这时的县和后世所称之县完全不同。齐国相当数量的县被赏赐给贵族作为世代传承的封邑，具有浓厚的分封制性质，这就失去了它作为地方行政机构的意义，因此，齐国的县较之秦、晋等国的县要落后许多。不难看出，齐国的县尽管在春秋时期就建立了，但却一直没有发展起来。

春秋时期齐器铭文载：“余锡汝厘都冂爵，其县三百。余命汝司囗厘，造国徒三千，为汝敌寮。……余锡汝马车戎兵，厘仆三百有五十家。汝以戒戎作。”[④] 出手很是阔绰，一次就赏赐300个县，不过这300个县实际上只是300个邑，也即自然居民点，并非后来通常意义上的县。厘都一邑，有三百县；狐、縠二邑有十七县，由此推测，当时齐国县的数量一定非常多，面积也比其他国家的要小，可能仍同于《周礼·小司徒》所谓的“四甸为县”、《遂人职》所说的“五鄙为县”的县。而同时期秦国的邽、冀等县，面积明显远较齐县

① 《国语·齐语》。

② 吴则虞:《晏子春秋集释》,中华书局,1982年,第485页。

③ 《说苑·臣术》。

④ 薛尚功:《历代钟鼎彝器款识法帖》,中华书局,1986年,第34－35页。

为大。

战国时期，齐国县的辖区扩大了不少。《史记·滑稽列传》载齐威王“于是乃朝诸县令长七十二人，赏一人，诛一人，奋兵而出，诸侯振惊，皆还齐侵地”。《史记会注考证》谓：“齐七十二城，赏即墨大夫，烹阿大夫。”①《战国策·齐策一》载邹忌曾对齐威王说，“今齐地方千里，百二十城。”齐威王时齐国的疆土要明显大于春秋桓公、景公时，而全国只有七十多个，至多也只有一百二十个县。可见此时齐国县的辖区已经很大了，几乎跟后来的县不相上下。

恰如前文所论，战国时期其他国家都无一例外地实行了郡县制，唯独齐国没有建立郡，而实行都县制，这是为什么呢?

其一，战国时期齐国开拓疆土并不多，而且五都制度可以替代郡的职能。战国时各国的郡主要设置在新开拓的地区，特别是少数民族地区。姚鼐曾说过，“郡之称，盖始于秦、晋，以所得戎翟地远，使人守之，为戎翟民君长，故名曰郡”②。例如秦灭巴国、蜀国后，于秦惠文王更元九年（前316）设巴郡；秦昭王二十二年（前285）设蜀郡；西北破义渠后，又于秦昭王二十八年（前279）设陇西郡；秦昭王三十六年（前271）设北地郡。赵武灵王破北方楼烦、林胡后，分别设立了雁门郡及云中郡。燕将秦开北破东胡后，在其地设置上谷、渔阳、辽东、辽西、右北平五郡。这些都是为了保卫新得到的疆土，防范戎狄而建置的郡。但春秋末年以来，齐国在北、西、南三面扩地不多，虽然向东灭了莱夷，取得了整个山东半岛，但到战国时此地少数民族与汉族已基本融合，构不成对齐国的威胁，故也不需要专门设郡以守之。

三晋及秦、燕等国，除在新得的疆土，特别是原少数民族地区设郡外，还在各大国之间形势险要的边界地区设郡，以应对日益激烈的兼并战争。韩、赵、魏三国就各自在上党地区设上党郡。在魏、秦交界处，魏为防秦先设西河、上郡，后又设河东郡。在楚、秦交界地，楚为防秦设汉中郡等，目的自然是为了便于防守、保卫边疆。正因为郡是应国防需要而设置的，故郡的长官称“守”，亦谓之“太守”。齐国北、西、南三面虽与燕、赵、魏、楚等大国接壤，经常发生争夺战，给边疆造成威胁，但齐国建有五都制度，完全可以保卫

---

① ［日］泷川资言:《史记会注考证》,文学古籍刊行社,1955年,第5033页。

② 姚鼐:《惜抱轩全集》,中国书店,1991年,第10页。

边地的安全。

其二，齐国自桓公以来，已经有了一套比较完整且相对成熟的地方行政管理制度。据《国语·齐语》所载，当时管仲把全国划分成国都及其他两部分。国都地区分成二十一乡，除六个工商乡之外，十五士乡又分成三个相对独立的行政管理系统，分别由齐氏、国氏、高氏统领，下设各级官吏。国都以外的广大地区，由下至上分成邑、卒、乡、县、属五级。每年正月，五属大夫都要把自己治内的情况向国君报告，直接向国君负责，国君也以此来评定他们的功过得失。据此而论，"属"似乎还真有些"郡"的意味。当然，这可能只是一种规范化、理想化的政治构想，在实际执行中可能并不完全如此。

都县制是以破坏宗族血缘组织为目的而建立起来的新的地方行政制度，是齐国政治、经济发展的必然结果，也是一种管理方式与政权运作模式的创举。到了战国时期，这种制度仍然适合齐国政治、经济及军事的发展与需要，因而，仍有存在的可能与必要。

郡县制是战国时期秦国实行的地方行政制度。秦最早设县是在秦武公时期。武公即位后，随着军事力量的加强和兼并战争的逐渐扩大，"县"这种由中央控制的地方统治机构开始萌生。"武公十年（前688)，伐邽、冀戎，初县之"，"十一年初县杜、郑"，[①] 这是秦设县的最早记载。在当时各诸侯国中，秦设县的时间是比较早的，但秦县制的发展又是异常缓慢的。从《史记》的记载来看，武公以后，只有厉公二十一年（前456）县频阳；惠公十年（前390）县陕；献公六年（前379）县蒲、兰田、善明氏，十一年（前374）县栎阳等寥寥十处。非常明显，这一时期秦置县数量还比较少，且较为分散，同时秦的县制在组织上也不很明确，掌管一县政务的官吏的名称、权限和管辖范围、俸禄薪给等，史籍中少有记载，难以详察。

真正把秦国县制推到一个新高度的是商鞅变法。通过变法，秦把"县"普遍推行到全国范围。关于商鞅置县的数量，司马迁在《秦本记》中说是四十一县，而在《商君列传》中却说是三十一县，于是便给历史留下了一个疑团。事实上，两个数字代表了两个不同的对象：《秦本纪》中的四十一县，指的是商鞅变法之后秦国全境县数的总和。《商君列传》中的三十一县，指的是

---

① 《史记·秦本纪》。

商鞅变法中新置的县数，如果加上变法以前秦国历代先公所置的十县，正好是四十一县。如此来看，两个数字带来的疑团便烟消云散了。另外，县的组织机构在制度化建设方面也有了长足的发展。变法以后，秦县级官吏的设置有了明确的规定，同时官吏的名称、权限范围、俸禄等也有了比较统一的规定。县的组织机构大体上是“县一令”，“集小乡邑聚为县，置令、丞”,[①] “初为县，有秩史”[②]。据此可知，秦当时县衙设置的官吏有令、丞和有秩禄的低级官吏三个类型，反映出秦县制在逐步完善与成熟。

春秋末年，“郡”作为一级地方行政组织开始出现。郡最初设置在新得到的边疆地区以巩固边防，因为边地荒僻，地广人稀，面积虽远较县为大，但是地位要比县低，所以赵简子在作战时宣誓说：“克敌者，上大夫受县，下大夫受郡。”[③] 战国时期，郡县关系发生了变化，秦武王时已有“宜阳，大县也，上党、南阳积之久矣。名曰县，其实郡也”[④] 的记载。魏的上党郡辖十五个县以上，韩的上党郡辖十七个县以上，燕的上谷郡辖三十六县，赵的上党郡辖二十四县，代郡辖三十六县等。可见，战国时期，郡的地位已重于县，二者已有了隶属关系。另外，战国时期，虽然有时“城”与“县”可以互称，但是二者是有区别的，“县”指的是行政辖区，“城”指县的治所或有城郭的城市，故而《孙膑兵法》说：“平陵，其城小而县大。”

陇西、北地是秦昭王时灭掉义渠后较早设置的两个郡，后又陆续设立了一系列的郡，由此，郡县两级制在秦国确立。郡县制确立以后，县成为统治地方的基本单位，郡则是中央与县的联络机构。执行中央的律令、监督所属各县就是郡的主要任务。郡级地方机构的完备，使郡县制最终在制度上得以确立。在郡县制下，中央之于地方“如身之使臂，臂之使指，莫不制从”[⑤]。封建专制统治在实际运用中更加灵活自如，中央集权精神的体现也更加充分。

秦国的郡县制与齐国的都县制相比，无疑有很多优点，也更加适应时代发展的要求。郡县制是中央集权的重要组成部分，它加速了分散格局的瓦解和国家的统一。在封建社会初期生产力水平低下、小农经济遍布全国的情况下，高度集权国家

---

① 《史记·商君列传》。
② 《史记·六国年表》。
③ 《左传·哀公二年》。
④ 《史记·樗里子甘茂列传》。
⑤ 《汉书·贾谊传》。

可以最大限度地集中全国的人力、物力、财力，有利于抵御外族的侵扰，保护民族的生存和保证安定的生产环境。郡县制的确立，使不同政治信仰、不同文化风俗、不同血缘的民族都按照什伍编制起来，实行统一管理，加强了中央对地方的统辖，对防止王朝分裂起着极其重要的作用。郡县制强化了君主的权威，郡县的行政权和军事权都牢牢掌控在国君手中，由国君直接任免郡县的长官，并加以考核。这种强大的中央集权力量无疑是推动秦国走向兴盛并最终灭掉齐国的重要原因。

三、土地制度的嬗变

对中国古代农耕社会而言，土地是最宝贵的财富。有时候，它甚至已超越了资源与财富的概念，自觉不自觉地承载着社会的前途、人们的梦想，自古就一直是备受关注的焦点。土地所有权明显影响着人们对土地开发的投入以及劳动生产的热情，当一项土地制度能够起到解放生产力的作用时，其对社会经济的促进作用有时要远远大于农耕技术的进步。

西周初年，太公建齐，完成了对齐地的军事征服和政治占领，却没有也不可能对深层次经济领域的土地制度进行彻底改造，而在很大程度上“齐承殷制”。但姜齐的建立也不可避免地给原有的社会经济制度带来了种种冲击。因此，齐国的土地制度既不同于“田里不鬻”的奴隶制，也不同于后世的封建土地所有制，而是一种封建生产方式的领主所有的井田制。[①]

“井田”一词，最早见于《穀梁传·宣公十五年》：“古者三百步为里，名曰井田。井田者，九百亩，公田居一。”当时，以方九百亩为一里，划为九区，形如“井”字，故名井田制。井田的疆理，一般每一方块为一百亩（约合今三十一亩多），作为一个耕作单位，被称为一田。中间的一田为公田，驱使农奴无偿地助耕，全部收获均缴给统治者；其余八田为私田，分配给一家一户的农奴耕种，收获归农奴所有。井田制刺激了农奴生产的积极性，有利于社会经济的发展，“圣人制井田之法而口分之：一夫一妇受田百亩，以养父母妻子……司空谨别田之高下善恶，分为三品：上田一岁一垦，中田二岁一垦，下田三岁一垦……故三年一换土易居，财均力平”[②]。井田制的基本特点是实际

---

① 李英森等:《齐国经济史》,齐鲁书社,1997年,第326页。

② 李学勤主编:《十三经注疏·春秋公羊传注疏》,北京大学出版社,1999年,第360页。

耕作者对土地无所有权，只有使用权，土地属于国有；同时，土地在一定范围内实行定期平均分配制度。不过，当时齐国的封主对土地所有权的要求还不很强烈，因为“太公之封于齐也，亦为方百里也”[①]，封土范围并不大，而且“泻卤之地，不生五谷也”[②]。加之，农业生产并非当时齐国的主要经济部门，齐国统治者把更多的精力都集中到渔盐、纺织、手工业和商业贸易等上面去了，“太公至国、修政……通商工之业，便鱼盐之利”[③]。直至桓管改革前夕，这种重商行为都没有太大变化。

进至春秋前中期的桓管时代，伴随时代和社会环境的变化，在“修旧法，择其善者而业用之”[④] 基本改革思想的指导下，齐国君臣对土地制度进行了一次大规模的彻底改造，创立了独具特色的“公田”“均田”双轨土地制度。

齐桓公时期，公田制（即井田制）仍在实行，但内容却发生了新的变化。首先，农奴服务于公田的农耕时间大为减少，且有时量限制。改革后的公田劳动时间共有“三日之功”，每人每年只需在公田上劳动三天时间，《礼记·王制》也记载：“用民之力，岁不过三日。”其次，参加公田劳动的人员大为扩大。改革后的“公田”，参加无偿劳动的人员不再局限于井田周围“同养公田”的农奴，而是士、农、工、商四民都参加，但不参与收益分配。最后，劳动内容也有明确规定。成年劳动力每人每年在三日内完成二犁地的耕作量；半劳力完成一犁地的工作量。剩余时间归个人支配。[⑤]

“均田制”就是“均田分力”或“均地分力”，也即赵守正先生所谓“均，谓公平折算；力，致力于农事。均地分力，意即土地经过公开折算后租于农民，使其分户耕种之”[⑥]。“均田”是把公田（徭役田）直接分给各农户去种，把公田和各户原有的份田一起来平均分配；“分力”，则是打破私田、公田的界限，实行授田制下一家一户的分散经营，这是一种新型的土地关系。“均田分力”的政策，激发了农民的生产劳动积极性，人们主动掌握农时，早出晚归，不辞辛苦尽心农事，把农民的无穷潜力挖掘了出来。

---

① 李学勤主编:《十三经注疏·孟子注疏》,北京大学出版社,1999 年,第 338 页。

② 《汉书·食货志》注引晋灼语。

③ 《史记·齐太公世家》。

④ 《国语·齐语》。

⑤ 李英森等:《齐国经济史》,齐鲁书社,1997 年,第 350 页。

⑥ 赵守正:《管子通解》,北京经济学院出版社,1989 年,第 61 页。

齐国土地改革的基础是土地国有化，也正是因为国家控制了大量的土地，因而能够授田与民。齐国土地的分配原则是“陵陆、丘阜、田畴均”[①]。“畴，一井也。”[②] 即不论丘陵还是平地，井田内的土地都要分配均等。由于地区各异，条件不同，土质肥瘠有别，因而在实际分配过程中，需要适当调配。具体做法是：“上地方八十里……中地方百里……下地方百二十里……以上地方八十里与下地方百二十里，通于中地方百里。”[③] 西周时，齐国的井田制规定：三百步为里，方里为井，井九百亩，九夫耕种，一夫百亩。到春秋时，齐国的土地制度改革仍沿用此标准。《管子·乘马》中说：“方一里，九夫之力也。”《管子·山权数》也载：“地量百亩，一夫之力也。”

战国时期，齐国的基本土地制度是国家授田制，即国家授予直接生产者定量土地的制度。《银雀山汉墓竹简·田法》中说“州、乡以地次授田于野”，就是明证。战国时期齐国的授田制与春秋时期的“公田”、“均田”双轨制，就土地所有权而言，并无什么不同，都是土地国有制，只是战国时期，齐国的国家机器更强化些，因而对土地的干预更强烈些罢了。

不过，战国时齐国的授田并不是以百亩为单位，而是以三十亩为标准。“食民有率，率三十亩而足于卒岁。”[④] 再有，齐国授田按“口”，而不是按“夫”。“令曰：常以秋岁末之时，阅其民，案家人比地，定什伍口数”[⑤]，尹知章注“案家人比地，有十口五口之数，当受地若干”。齐国“计口授田制”，与秦国“军功爵授田制”大有区别。“计口授田”旨在藏富于民，在和平时代不失为发展经济的良策，但在战争时代，远不如“军功爵授田制”能够鼓舞士气，提高军队的战斗力。

就所有权而言，齐国的土地制度是国家所有制，并非土地私有制，也正因为土地公有，所以才能实行“三年一轮换”或“十年更制”的重新分配制，假若是土地私有，就不可能进行如此大规模的统一调换了。为了有效行使对土地的所有权，从中央到地方的国家机构中都设有专管土地的官员。在中央设“大司田”管理全国的土地，大夫宁戚曾长期担任此职。地方上也设置地官，

① 《管子·小匡》。
② 《孟子·尽心上》注。
③ 《管子·乘马》。
④ 《管子·禁藏》。
⑤ 《管子·度地》。

称为“虞师”“司空”“由田”“乡师”等。农业和土地管理机构比较齐全、严整和规范。

在齐国，不仅春秋时期没有出现土地私有制，即便整个战国时期，都看不到土地私有制的影子。《管子》一书虽对商品交换有所涉及，但却无丝毫土地买卖的痕迹，相反，却有土地不能买卖的证据，《管子·小称》曰：“虽有天子诸侯，民皆操名而去之，则捐其地而走矣。”农民逃亡，土地只能遗弃，这说明土地不能买卖，归国家所有。而“（土地）私有权的真正自由，没有土地买卖的自由是不行的”[①]。土地无法自由买卖，自然会延缓封建经济的发展，土地制度无法顺应时代的发展与要求，这也是齐国最终败亡的重要经济原因。

秦国的土地制度与齐国有很大的不同，齐国实行过井田制，而秦国却不曾推行过这一在中国古代社会普遍实行过的土地制度。那么，秦国为何未曾实行井田制呢？

首先，当春秋初年秦国在“歧丰之地”建立国家时，这里的井田制已经崩溃。“歧丰之地”原是西周王畿，也是封建制经济因素最早出现的地区之一，早在西周中期，这里就出现过土地交换的现象[②]，在王畿地区就有了类似于封建社会中的土地交易或租田、典田[③]。到西周末年，周宣王又“料民于太原”[④]，反映了奴隶主已无法控制人丁了。西周末年阶级斗争的激化促使井田制崩溃。秦立国后，自然不可能恢复这种已经开始崩溃的土地制度。

其次，历来人们相信秦国也有井田制，唯一的根据无非就是商鞅变法时有“开阡陌”之说。其实，阡陌与“井田”并无必然联系。《风俗通》云：“南北曰阡，东西曰陌。”程瑶田的《沟洫疆理小记》解释道：“遂上有径，当百亩之间，故谓之陌，其径东西行，故东西曰陌也；遂上之径东西行，则沟上之畛必南北行，畛当千亩之间，故谓之阡，故曰南北曰阡也。”因此，阡陌只是划分土地疆界的标志及作灌溉或行路之用，在井田制的土地上需要，在不实行井田制的地方，又何尝不需要阡陌呢？其实，阡陌一直存在，商鞅变法“决裂”的只是标志着国有土地的旧阡陌，与此同时，在私有土地上又出现新的

---

① 乌廷玉：《中国历代土地制度史纲》（上册），吉林大学出版社，1987 年，第 3 页。

② 岐山县文化馆，庞怀靖；陕西省文管会，镇烽、忠如、志儒：《陕西省岐山县董家村西周铜器窖穴发掘简报》，《文物》，1976 年，第 5 期。

③ 唐兰：《用青铜器铭文来研究西周史》，《文物》，1976 年，第 6 期。

④ 《国语·周语上》。

阡陌。

在《汉书》之前已知的所有历史资料中，关于商鞅变法的记载都只提到“开阡陌”，而无“废井田”之类的话。第一个将废井田与商鞅的“开阡陌”联系起来的记载是《汉书·食货志》：“至秦则不然，用商鞅之法，改帝王之制，除井田，民得卖买，富者田连阡陌，贫者无立锥之地。”① 此后在一些著作里，才把商鞅“废井田，开阡陌”等同起来，尤其是《通典》和《文献通考》也这样认为，几成历史定论。成书在《汉书》之前的《史记》等书均无“废井田”之说，唯独《汉书》中才出现此说，因此，此说并不足为凭。现存的关于商鞅变法的第一手资料特别是《商君书》中根本没有“废井田”的记载。商鞅变法时为何不“除井田”呢？原因很简单，就因为秦未曾实行过井田制。

最后，秦国在建国之前还处在氏族社会，当然也无所谓“井田制”。

秦国没有井田，也没有实行井田制，而实行类似军事屯田性质的爰（辕）田制。《汉书·地理志》引孟康之言：“三年爰土易居，古制也，末世浸废。商鞅相秦，复立爰田，上田不易，中田一易，下田再易，爰自在其田，不复易居也。《食货志》曰‘自爰其处而已’是也。辕爰同。”② 由于土地肥饶、硗埆不同，爰（辕）田制下的农民授田仍然有百亩、二百亩、三百亩的差别。“岁耕种者为不易上田；休一岁者为一易中田；休二岁者为再易下田。”③ 但商鞅变法之后，不论是耕种上田、中田或下田的农户，都已经不再定期交换耕地，而是根据休耕的需要，“自爰其处”，份地开始固定化。这种“三岁更耕之，自爰其处”④ 的爰（辕）田制比之“三年一换主易居”的授田制，更能适应生产力的发展要求。在爰田制下，耕地虽然仍旧属于共同体所有，但农民的份地既然不再定期重新分配，随着时间的推移，他们对于份地的占有权必定越来越牢固，以至于这些小块土地事实上变成了各家农民的世袭财产。爰田制标志着土地私有化的历史进程向前跨了一大步，代表了授田制的一个新的历史阶段。

① 《汉书·食货志》。
② 《汉书·食货志》。
③ 《汉书·食货志》。
④ 《汉书·食货志》。

在井田制与爰田制这两种不同的土地所有制形式下，社会各阶级的地位也发生了变化。在井田制下，奴隶只能在井田上劳动。所谓“无野人莫以养君子，无君子莫以治野人”。当兵打仗成为“君子”的特权。而爰田制下，则普遍出军赋，包括野人在内，也有当兵的权利了，反映了奴隶地位的提高。①

由于秦国不实行井田制，也不实行严格意义上的分封制，因此，土地占有权集中于王室，在王室以外没有足以与其抗衡的大土地占有模式。这也就是为什么春秋时期的秦国从没有出现齐国那样激烈的“公室”同“私门”之间的斗争的主要原因。

与齐国没有出现土地私有化不同，秦国在商鞅变法后已出现了土地私有化，秦简保留下的一些资料为此提供了明证。《法律答问》中有这样的记录：“盗徙封，赎耐。”这里的“封”，就是“封疆”，即田界，是设立于阡陌之旁的标记。法律规定偷偷改变田界位置的就应处以“赎耐”之刑，这一律文的意义在于，它明确宣布封建私有土地受到法律保护，其私有权不容侵犯。另一条史料也很能说明问题：“甲小未盈六尺，有马一匹自牧之，今马为人败，食人稼一石，问当论不当？不当论及赏（偿）稼。”② 从这条民事问题的法律答问中可以看出，某甲的马因为管理疏忽，跑到别人田里吃了庄稼，引起纠纷。很显然，这马是甲的私有财产，那块生长庄稼的田地也是别人私有的。《徭律》也说：禁苑“其近田恐兽及马牛出食稼者，县啬夫材兴有田其旁者，无贵贱，以田少多出人，以垣缮之，不得为徭”③。禁苑附近的田有的属于“贵”者，有的属于“贱”者，有的田多，有的田少，也说明当时土地私有制的存在。其实，在秦国不仅私有土地受到法律保护，举凡一切动产及不动产的所有权，包括牛羊、甲盾、钱财以至桑叶和系羊的绳子等都在秦律上有明确规定，对侵犯其所有权的行为都有处理办法，如：“士五（伍）甲盗一羊，羊颈有索，索直（值）一钱，问可（何）论？甲意所盗羊殹（也），而索系羊，甲即牵羊去，议不为过羊。”④ 既然对系羊颈的索（绳子）都有明确规定，其他贵重物品的所有权当也受国家保护，自不待言。

---

① 林剑鸣:《试论商鞅变法成功的原因》,《西北大学学报》,1978 年,第 2 期。

② 《睡虎地秦墓竹简·释文》,文物出版社,1990 年,第 130 页。

③ 《睡虎地秦墓竹简·释文》,文物出版社,1990 年,第 47 页。

④ 《睡虎地秦墓竹简·释文》,文物出版社,1990 年,第 100 页。

秦国不仅出现了土地的私有化，而且秦国农民的份地可以由子孙后代继承，也可以自由处置甚至买卖。商鞅招徕三晋之民，“利其田宅，而复之三世”①。这些来自三晋的授田农民，可以享受三代免除赋役的优待。这些土地自然不能像从前一样可以在公社内部定期重新分配，也不需要在年老或身死之后归还国家。董仲舒说：秦“用商鞅之法，改帝王之制，除井田，民得卖买”②。其实，在商鞅的变法令中并没有规定“民得买卖”，董仲舒所谓“民得买卖”是指变法的后果而言。长平之战时，赵王起用赵括为将，赵括的母亲就曾指责赵括说：“王所赐金帛，归藏于家，而日视便利田宅，可买者买之。”③ 可以随时挑选收买田地，说明当时田宅的买卖已经比较流行。战国末年纵横家编造的有关苏秦的故事中记载了这样一件事，某日，苏秦声称：“且使我有洛阳负郭田二顷，吾岂能佩六国相印乎！”④ 在苏秦看来，负郭田是比较好的，远胜身兼六国相印。苏秦原是洛阳农民出身，他这话的意思是说：如果他是有洛阳负郭田二顷的地主，就不会出来游说和谋求官职了。

战国时代，土地买卖更为常见，农民弃田圃已不再是稀奇的事，“中牟之民弃田圃而随文学者邑之半”⑤。当时的法家之士之所以反复强调要“令民归心于农”，无非是担心“民农者寡，而游食者众。众则农者殆。农者殆则土地荒”⑥。农民可以随意弃置土地，是土地兼并产生的重要条件。《商君书·错法》说：“同列而相臣妾者，贫富之谓也。同实而相并兼者，强弱之谓也。”马端临在《文献通考·田赋考》中也说：“盖自秦开阡陌之后，田即为庶人所擅，然亦惟富者贵者可得之。富者有赀可以买田，贵者有力可以占田，而耕田之夫率属役于富贵者也。”土地买卖推动了土地兼并的发展，土地兼并又进一步加速了土地私有化进程。当然，对战国时代刚刚产生的土地兼并现象不宜估计过高，但这种现象已经出现则是不争的事实。

通过齐秦土地制度的比较，可以清晰地发现：在土地私有化进程上，秦国远远走在了齐国前面。商鞅变法所采用的军功爵制，把国有土地按照士兵军功

---

① 《商君书·徕民》。
② 《汉书·食货志》(上)。
③ 《史记·廉颇蔺相如列传》。
④ 《史记·苏秦列传》。
⑤ 《韩非子·外诸说左上》。
⑥ 《商君书·农战》。

大小进行分配，规定“能得甲首一者，赏爵一级，益田一顷，益宅九亩”，由于作战士兵绝大多数是普通农民，这样大部分土地最终分配给广大农民，产生了一大批自耕农和以中小地主为主体的军功地主，这种土地制度无疑会更容易调动各阶层的积极性。齐秦两国的土地制度，一者落后于时代发展，一者顺应了中央集权政治体制，此中优劣自然不难看出。

四、农业还是商业

农业是基础。无农不稳，无商不活。农业与商业的协调发展是一个社会健康、持续、稳定发展的重要指标。二者的关系本应相辅相成、共同发展，但在历史发展的某些特殊阶段，出于某种需要，政府会人为地采取某些方式推动或限制某一行业的发展。在中国古代历史上，重农抑商是经济发展的主流。齐、秦两国推行不同的农业与商业制度，这影响到两国的经济走势，并最终推动两国走上不同的历史道路。

（一）齐秦两国的专卖制度

专卖制度，古称禁榷制度。禁，乃禁止之意；榷，为独木桥。禁榷，就是禁止私人经营，由官府垄断，利出一孔，犹如过独木桥，舍此而别无他途。因此，所谓专卖制度，就是国家对某些特定产品的产运销全过程或部分环节实行垄断经营和统一管理的制度。

春秋时期，齐国采用管仲之法率先实行专卖制度。齐桓公询问富国强兵之术，管仲对以盐铁之利。齐国北临渤海，东滨东海，拥有广阔的海涂盐场，为齐国以盐致富提供了得天独厚的自然条件。《管子·海王》载：“桓公曰：‘然则吾何以为国？’管子对曰：‘唯官山海为可耳。’桓公曰：‘何谓官山海？’管子对曰：‘海王之国，谨正盐策。’”所谓“官山海”，主要内容就是实行盐铁直接专卖。这两种东西都是人们生产和生活必不可少的，盐铁出产有一定的地方，生产需要相当的设备，不是任何地方都能生产的，也不是人人都能生产的，必须依赖市场供给；同时，盐铁也是销售面最广、销售量巨大、获利丰厚的主要商品。关于盐铁专卖的必要性，《汉书·食货志》有精当的论述：“夫盐，食肴之将……铁，田农之本。……非编户齐民所能家作，必仰于市，虽贵数倍，不得不买。”假若放任私人经营，一是丰厚利润为私人赚走，国家难以获利；二是容易操控物价，有碍稳定。实行官营专卖，从原料、生产到运销，由国家一手操办，可以防止私商渔利百姓。对管仲的“官山海”政策，吴慧先生这样分析道：“盐铁两项大宗商品实行专卖政策，所采取的形式可归纳为民制、官收、官运、官销八字。这种专卖形式可称为‘直接专卖制’。”① 这种专卖制度对后世产生了深远影响，成为数千年官营专卖制度的蓝本。

齐国对食盐生产的管理，主要体现在两个方面：其一，“请君伐菹薪，使国人煮沸水为盐，正而积之”。可见，政府已下放了食盐的生产权，允许人民伐薪煮盐，由政府征购积存，运往各地销售。结果，“草封泽盐者之归之者，譬若示人”②。据称，齐国四个月竟得盐三万六千钟。其二，官府从时间上严格控制食盐的生产，只允许百姓在十月至次年正月间煮海为盐。此即所谓“十月始正，至于正月”③。一进入阳春三月，农事开始，便下令“北海之众毋得聚庸而煮盐”。如此就可以从生产环节上控制盐产量，从而使市场上不会出现盐涌价贱的情况，为实行盐专卖奠定了基础。官府设立盐官，统一管理运销事宜，垄断食盐运销。《管子·山国轨》载，桓公曰：“吾欲立轨官，为之奈何？管子对曰：盐铁之策，足以立轨官。”盐官通过政权组织，计口配盐。管仲对桓公所说的“谨正盐策”，就是根据人口户籍，将男女老少分别登记配售盐数，按人分等定量供应。曾仰丰指出：“无论本产或由外输入，均归政府统营。如‘积盐以令粜于梁、赵、宋、卫’，是内盐出境由政府运销之谓。如‘通东莱之盐，而官出之’，是外盐输入，亦由政府收买出售之谓。”④

齐国在食盐运销方面的最大特色是利用食盐垄断对其他诸侯国进行商战。在经济水平低下、列国纷争的形势下，“内守国财”是比较容易做到的，但要“外因天下”，也就是要谋取他国财富则难以实现，尤其是采用军事以外的手段，更是难上加难。管仲独具慧眼，发现了食盐的这一功能，与非产盐国大打食盐贸易战。“君以四什之贾，循河、济之流，南输梁、赵、宋、卫、濮阳”⑤，齐国自然获利匪浅。食盐是齐国特产，为内地许多国家所匮乏，因此，只要垄断了食盐运销，就有可能利用食盐这一特殊的商品，“外因天下”，齐

① 吴慧：《中国古代六大经济改革家》，上海人民出版社，1984年，第43页。

② 《管子·戒》。

③ 《管子·轻重甲》。

④ 曾仰丰：《中国盐政史》，上海书店，1984年，第6页。

⑤ 《管子·地数》。

国的食盐销到了哪儿，就等于齐国的盐税征到了那儿，这是军事与政治手段望尘莫及的，也是成就齐国霸业的基本支柱之一。

对铁的营销，管仲向桓公提出："善者不如与民，量其重，计其赢，民得其七，君得其三。有杂之以轻重，守之以高下。若此，则民疾作而为上虏矣。"① 所以，最好的办法是把它交给民间经营，算好它的产值，计算它的赢利，由百姓分利七成，君主分利三成。国君再把轻重之术运用在这个过程中，掌握其价格的高低，这样，百姓就只有奋力劳动而甘听君主摆布了。这收入的三成作为专卖税，实质上就是产品税。国家得到的铁和铁器，一部分供给官营工业使用，一部分供给农民、工匠、军器工厂。铁器的销售采取附加一定税额进销售价格的办法，"令针之重加一也，三十针一人之籍。刀之重加六，五六三十，五刀一人之籍也"②。这样做，使所有人只要使用铁器就要向国家纳税。这种铁专营制度，虽无课税之名，但事实上所有人都难逃国家的课税之征，国家收入大增。

盐铁专卖制度给齐国带来了巨大的经济收益，繁荣了齐国的工商业，为齐国称霸中原提供了雄厚的经济基础。管仲曾做过定量分析："十口之家十人食盐，百口之家百人食盐。终月，大男食盐五升少半，大女食盐三升少半，吾子食盐二升少半。此其大历也。盐百升而釜。令盐之重升加分强，釜五十也。升加一强，釜百也。升加二强，釜二百也。钟二千，十钟二万，百钟二十万，千钟二百万。万乘之国，人数开口千万也。禺策之，商日二百万，十日二千万，一月六千万。"③ 管仲以月为计算单位，把齐国人对食盐的需求量和加价收入额加以计算，不论成年男女，还是未成年幼儿，每月都需食用数量不等的食盐。只要每升盐加价半钱，一釜（一百升）就可多得五十钱。如果一升盐加价一钱，一釜就可多得一百钱。依此类推，一升盐加价二钱，一釜可多得二百钱，一钟（十釜）可多得二千钱，十钟可多得二万钱，一百钟可多得二十万钱，一千钟可多得二百万钱。一千万人口的国家，一日可多得二百万钱，十日可多得二千万钱，一月可多得六千万钱。管仲还把盐专卖收入数与征籍收入数作了比较："万乘之国，正人百万也。月人三十钱之籍，为钱三千万。今吾非

---

① 《管子·轻重乙》。
② 《管子·海王》。
③ 《管子·海王》。

籍之诸君吾子，而有二国之籍者六千万。”① 六千万钱的巨额盐专卖收入，相当于两个万乘之国的征籍收入，甚为可观，而且表面上国家并没有向人民直接征籍，人民也不会抱怨国家。

确如管仲所料，专卖制度给齐国带来了巨额财政收入，把齐国的发展带入了一个新阶段。司马迁对此给予极高的评价，称赞管子“通轻重之权，徼山海之业，以朝诸侯，用区区之齐显成霸名”②。清人顾栋高也说得也很清楚：“齐于春秋号为大国……其形势要害不如晋，幅员广远不如吴、楚。徒……以饶鱼盐之利……用管子之计，官山府海，遂成富强，为王伯首。岂惟地利，抑亦人谋之善也。”③

不过管仲去世后，齐国逐渐背离了这套行之有效的“官山海”制度，到齐景公时，已把“官山海”变成了国家对“山海”的全部垄断，弄得“民人苦病，夫妇皆诅”④。与此同时，新兴贵族田氏则在其领地放开山海之利，他们经销的木材、鱼、盐、蜃、蛤等商品的价格，同产地价格一样，不附加运价，即“山木如市，弗加于山；鱼、盐、蜃、蛤，弗加于海”⑤，田氏利用海盐运销贸易，以低价售盐于民，获得了齐国百姓的拥护，“其爱之如父母，而归之如流水”。专卖制度成了与国君争夺百姓的手段，这实际上也有违管仲的初衷。不过，利用食盐等重要商品的运销贸易，施小恩小惠于民，作为夺取政权的重要手段之一，这在中国历史上当首推齐国田氏。

战国时代，随着“工商食官”的瓦解，私营工商业者的力量日益强大，私营商业成为商业流通中的主导力量，包括齐国在内的东方各国都驰山泽之禁，听任百姓经营盐铁，出现了一大批靠经营盐铁致富的富商大贾，实力很强。他们操纵市场，控制物价，有些人的实力甚至能与国君抗衡。《史记·货殖列传》载：“齐俗贱奴虏，而刀间独爱贵之，桀黠奴，人之所患也，唯刀间收取，使之逐渔盐商贾之利。”大商人刀间对奴虏和黥刑罪人不贱视，收到门下为其贩卖鱼盐，从而大获其利。

战国时代，秦国推行商鞅变法，独树一帜，严格推行盐铁官卖制度。《汉

---

① 《管子·海王》。

② 《史记·平准书》。

③ 顾栋高:《春秋大事表》,中华书局,1993 年,第 511 页。

④ 《左传·昭公二十年》。

⑤ 《左传·昭公三年》。

书·食货志》引董仲舒的话说："至秦则不然，用商鞅之法……又颛川泽之利，管山林之饶……田租口赋，盐铁之利，二十倍于古。"所谓的"商鞅之法"，在《盐铁论·非鞅》中引大夫言："昔商君相秦也……外设百倍之利，收山泽之税，国富民强，器械完饰，蓄积有余。……盐铁之利，所以佐百姓之急，足军旅之费，务蓄积以备乏绝，所给甚众，有益于国，无害于人。"也恰恰是因为商鞅以来的秦国实行的是盐铁专卖，所以，才会有司马迁对汉初政策转变的那段描述："汉兴，海内为一，开关梁，弛山泽之禁，是以富商大贾周流天下，交易之物莫不通。"① 在盐铁会议上，文人学士也才会用汉文帝时的盐铁无禁攻击商鞅的盐铁政策，他们称"文帝之时，无盐、铁之利而民富"。商鞅之时，"外禁山泽之原，内设百倍之利"，"峭法长利，秦人不聊生，相与哭孝公"②。

秦国盐铁专卖的具体做法是官营官卖，即从生产到流通领域都由官府来控制。《秦律杂抄》中"左采铁""右采铁"等便是当时管理矿山开采的官职名称，司马迁的高祖——司马昌就曾出任过"秦主铁官"一职。秦国还专设有主管冶炼煮盐的职官，《华阳国志·蜀志》载，秦"惠王二十七年（前311）（张）仪与（张）若城成都……置盐铁市官并长丞。"据廖品龙考证，"秦统一巴蜀的时间为公元前316年"，即秦惠王改元后的九年，"由于当时还没有穿凿盐井，张若任蜀守时还无盐的生产可管"，成都"盐铁市官只管盐的销售则是无疑的"。③ 后来，秦蜀守李冰主持开凿了四川第一口盐井——广都盐井，即属"官营"。④ 这足可证明当时冶铁煮盐都由国家经营，严禁私铸私煮。盐铁产品集中于官府手中之后，统一由官府组织流通。铁除了一部分原料供官府手工业作坊作生产消费用，一部分成品留作官府自用之外，其余即供给市场之需。盐除了一部分供官府消费并按口供给禀食者以外，其余也作为商品通过官营商业来供应非禀食的平民。盐铁专卖收到良好的效果，"不赋百姓而师以赡。故利用不竭而民不知，地尽西河而民不苦。盐、铁之利，所以佐百姓之

---

① 《史记·货殖列传》。

② 《盐铁论·非鞅》。

③ 廖品龙：《试论张若在成都置盐铁市官与李冰穿广都盐井》，《四川井盐史论丛》，四川社会科学院出版社，1985年。

④ 郭正忠主编：《中国盐业史·古代编》，人民出版社，1992年，第29－30页。

急，足军旅之费，务蓄积以备乏绝，所给甚众，有益于国，无害于人”①。

除了盐铁专卖之外，秦国对粮食也实行专卖，禁止私买私卖，类似现在的统购统销，这在中国古代历史上是空前的。秦国推行粮食专卖至少基于以下几个因素的考虑：首先，粮食作为人民生活的必需品，销售量比盐铁更大。因此搞粮食专卖获利自然要远超盐铁许多倍，国家可以从中获得更大的财政收入。其次，为了抑制和打击商贾，禁止末业和游食之人。商贾不能经营粮食的买卖，就失去了投机倒把的发财门路。再次，那些生产技术水平低和懒散不想辛勤劳作的人因粮食供应不足，也会不遗余力地把自己耕种的土地经营好。

秦国建立了一套完善的配套制度以保证粮食专卖制度的施行。秦国建立了包括封印、廥籍、核验、负偿、宿卫等内容的严密而科学的粮仓管理制度，从粮食入仓、出仓、增积、发放、保管等各个环节，堵塞一切可能造成的粮食流失，从而限制、缩小商业资本活动的舞台，不使商业资本介入流通领域。对散留在民间农民手中的余粮，商鞅要求人们将这些粮食上交出售（1000 石 = 一级爵位）给国家，国家给予适当的官爵和免除劳役，此即所谓“纳粟拜爵”制度。这项制度既保证了国家对全国境内官、私粮食的支配，又减少了市场上粮食的流动，从根本上阻断了流通中的粮食来源；另一方面，通过这种方式，也使一部分社会成员为获得爵位尽力务农，推动了农业生产的发展。

不过，秦国的粮食专卖与盐铁专卖还有一定的区别，国家对粮食进行统购统销，与盐铁专卖政策中官营官销是一样的。不同之处在于生产环节上，盐铁由官府来生产，而粮食的生产却要靠个体农民来完成。粮食专卖是农民生产，官府收购，官府出售，“使商无得籴，农无得粜”②。粮食买卖的流通领域被取缔、流通环节被斩断后，官私用粮都要靠国家供给。国家的军队、官吏、官工商、官奴婢等官府中的各种人都实行粮食分配制度，国家根据不同级别、身份、工种按月供给不同数量的口粮，不在这些范围内的人必须仰求官营商业来籴得粮食，至于农民则要自给自足，政府不鼓励其粜粮度日，所以，秦国对运送粮食的粮车都有详细的规定，“令送粮无取僦，无得反庸，车牛舆重设必当名”③。同盐铁专卖一样，粮食专卖也显示了商鞅重农抑商的特色。

---

① 《盐铁论·非鞅》。
② 《商君书·垦令》。
③ 《商君书·垦令》。

与管仲推行专卖制度出于推动经济发展的目的不同，秦国推行专卖制度的最主要目的是强化国家实力而弱化民众力量，故《商君书·弱民》开门见山地指出：“民弱国强；民强国弱。故有道之国，务在弱民。朴则强；淫则弱。弱则轨；淫则越志。弱则有用；越志则强。”因此，弱民是国富兵强的前提。出于管理的方便，“民”中最易“弱”者应为“朴民”亦即农民，而“淫民”则不易管理，所谓“淫民”即指商人，故《韩非子》把商人列为国之“五蠹”之一。不过，秦国的官营专卖比之春秋时齐国的专卖似乎前进了许多，日本学者森谷克己指出：“秦国不仅对制盐……征多额的税，而且本质上是已进而为国营，而使奴隶从事于此项工作。”① 所以，秦国在食盐生产上，已经不再是一般百姓私制，而是由官府强制奴隶们从事生产劳动了。

尽管目的不同，但专卖制度无疑对齐秦两国国力的增长都发挥了重要作用。齐国在春秋年间率先称霸与此不无关系，而后来秦国吞并六国与此也关系密切。但由于两国推行这一制度的时代不同，也影响到两国最终命运的不同。战国时代，当秦国推行专卖制度时，齐国已放任盐铁的自由经营，因此，齐国商人获得了丰厚的利润，富可敌国。概言之，盐铁专营可以增强国家的实力，而放任商人自主经营，无疑也可催生“民富”，在战国那个兵戈不息、需要国家强势的时候，“富民”的力量如何能抵挡“强国”的进攻呢。两国命运，已在注定之中。

（二）齐秦两国的市籍制度

市籍制度是中国古代重要的经济管理制度。中国古代的商人拥有特殊的户籍，被称为“市籍”。市籍制度最主要的作用并非管理人口，而是管理经济。它起源于西周的户口登记，是商贾的户籍兼经商许可证。市籍制度借用了户籍制度的概念和结构，利用限制商贾的人身达到控制商贾经营活动的目的。西周时期，为维护社会的等级观念，对全社会进行户口调查，商贾被划入平民队伍，拥有平民户籍。齐国实行“四民分业”定居制，要求人们按职业而居，商贾户籍从平民户籍中被分离出来，后来，又进一步具体化、制度化，市籍制度逐渐初具雏形。

所谓“四民分业”制度，就是把民众按不同的职业分为“士、农、工、商”四大社会阶层，并按各自的专业聚居在固定地区的一种经济管理制度，

① ［日］森谷克己著，陈昌蔚译：《中国社会经济史》，商务印书馆，1936年，第135页。

这是我国经济体制和国家管理体制的一项重大改革。管仲是我国历史上第一个明确提出“四民分业定居”思想的人。管仲主张“定民之居，成民之事”①，令士农工商按各自的专业在固定地区从事各自的专业活动。他说：“四民者勿使杂处，杂处则其言哤，其事易。”② 他认为四民不能“杂处”，杂处就会语言嘈杂，见异思迁，不安心自己的专业生产，不利于社会安定。而解决的办法就是“处士也，使就闲燕，处工，就官府；处商，就市井；处农，就田野”③。他们都必须从事一定的社会工作，按职业定居，不得违反。

推行“四民分业”定居制度对当时政治、经济的发展具有重要的意义。管仲把士农工商并列为“四民”，使他们处于平等的地位，并称之为“国之石民也”④，打破了过去的等级观念，改变了士贵商贱的世俗偏见，客观上有利于消除阶级差别。就经济活动而论，“四民分业”制度对商业活动有明显的促进作用。首先，同行业的人聚居在一处，便于彼此交流生产经验，提高技术水平。管子认为“群萃而州处”可以收到“相语以事，相示以巧，相陈以功”⑤的效果。这对稳定社会秩序，安定生产，提高生产技术和产品质量，为国家生产更多更好的产品具有重要的意义。其次，同业者聚居一处，信息灵通，可以“相语以利，相示以赖，相陈以知贾”⑥，增强商贾的经营本领，使他们更好地“料多少，计贵贱”，通货之有无，调物之余缺，促进商品流通，繁荣市场，活跃经济。再次，同业聚居，易于养成专业气氛，把专业变成“世业”。管子认为“群萃而州处”可以使人们“少而习焉，其心安焉，不见异物而迁焉”⑦，使人人安心本业，为本行业提供稳定的劳动力，保证各种社会职业分工的世代相传。另外，同业聚居，无形中塑造出一种良好的社会技术教育环境，可使“其父兄之教不肃而成，其子弟之学不劳而能”⑧，子女生来就在父兄言传身教的职业熏陶下耳濡目染，学会各种生产技能和经营管理方法，这样，子承父

---

① 《国语·齐语》。
② 《国语·齐语》。
③ 《国语·齐语》。
④ 《管子·小匡》。
⑤ 《国语·齐语》。
⑥ 《国语·齐语》。
⑦ 《国语·齐语》。
⑧ 《国语·齐语》。

业，世代相传，成为世袭的职业者，为社会提供稳定的人力和技术资源。①

随着“四民分业定居”制度的实行，齐国的市籍制度亦随之推行开来。《国语·齐语》记载，桓公接受了管仲的建议，建立了二十一乡，其中“市立三乡”，所有的商贾都聚居在临近“市”的三个乡里。由于商人所居近市，使他们可以很方便地“监其乡之资，以知其市之贾”，并在此基础之上“以其所有，易其所无，市贱鬻贵”②。在被视为齐战国时代法律的《守法守令十三篇》五《市法》中，这样的集中居住地区叫作“邑”，是由邑啬夫进行管理的，如：“□也。市啬夫使不能独利市，邑啬夫……邑啬夫□□至于市。”要在市中从事商业活动必须在邑中获得居住权，也就是获得市籍，此即所谓“百化（货）财物利之，市必居邑之中”。③

不过，自推行“四民分业”制之后的数百年间，市籍的作用还仅限于区分职业性户口类型，直到秦国商鞅变法时其内涵才被进一步充实和强化。这种充实和强化使市籍制度逐步走向完善，最终成为抑商政策的有力平台，成为限制和打击商贾势力的一种重要手段。

献公七年（前378），秦国“初行为市”，开始在城市中建立市场，设官管理。考古资料表明，献公时的都城——雍城的确有市场建筑的遗址。由于市的出现，人口逐渐流徙，献公十年（前375）又下令“为户籍相伍”，开始制订户籍制度。市与户籍制度的出现，预示着市籍在秦国的出现，这比齐国落后了近三百年。不过，此时秦的市籍，仍然还只具备齐市籍的单纯户口分类功能，比管仲“四民分业”并未有多少进步。

商鞅变法开始后，原有的市籍制度就不断被添加新的内容，从而形成了通常意义上的市籍制度。商鞅的变法令中有这样的规定：“以商之口数使商，令之厮、舆、徒、重者必当名，则农逸而商劳。”④ 这即是说国家要根据商贾之家户籍（即市籍）上所登录的家庭人口数，安排其家庭成员（包括家属和奴婢）的劳役负担。商人不事农桑，家中还豢养了许多奴婢，不利于国家控制人口，所以商鞅下令按商人家庭的人口数分派劳役，家属、奴婢也要依名册应

① 王秀珠、李英森:《齐国经济管理体制的重大改革——论管子的“四民分业”》,《管子学刊》,1988年,第1期。

② 《国语·齐语》。

③ 《银雀山汉墓竹简·释文注释》,文物出版社,1985年,第141页。

④ 《商君书·垦令》。

役，这同对贵族家庭“以其食口之数，赋而重使之”① 的做法如出一辙，而与农民因生产可以免役，“僇力本业，耕织致粟帛多者复其身”② 形成鲜明对比。商鞅利用市籍来推行重农抑商政策，还体现在对商人征收的赋税上。这表明，市籍已不再是简单的户口分类了，现实的需要已赋予它新的内涵和功能，使它成为抑商政策的辅助工具之一。

秦始皇亲政后，基于市籍制度的各种抑商政策纷纷出台，商贾的法律地位、社会地位不断下降。最突出的体现是，市籍完全与普通户籍分离开来，商贾在保留市籍的同时也被强加了一些限制性规定。有市籍的商贾不得立户、仕宦、名田，生活享受亦受限制，不得衣丝乘车，不准获得私有土地及房屋，商贾子孙不得仕宦为吏。

商贾低下的地位由“七科谪”也可得见一斑。据《汉书·晁错传》记载，晁错在追述秦代的情况时称：“秦之戍卒不能其水土，戍者死于边，输者偾于道。秦民见行，如往弃市，因以谪发之，名曰‘谪戍’。先发吏有谪及赘婿、贾人，后以尝有市籍者，又后以大父母、父母尝有市籍者，后入闾，取其左。”从征发顺序上看，首先要征发罪犯，其次是赘婿，现有市籍的商贾居第三位，曾有市籍之人居第四，商贾子孙列第五、六位，最后才征发闾左的贫民。这明显是按社会地位由低向高依次排列的。可见，秦代商贾的地位仅高于罪犯、赘婿，而低于城市贫民。

秦时商贾常常被征从军。不过，这时从军已不再像春秋之前一样，是一种权力与地位的象征了。随着战国时期战争机器的疯狂转动，流血漂杵已司空见惯，为了扩大兵力来源，以罪犯和游荡少年充军戍边成为保持军事力量的重要手段，从军已逐渐成为一种惩罚方式。当时，还出现了“军市”这一种特殊类型的“市”，由军队在驻地立市，军方招徕商贾与士卒交易。《商君书·垦令》称：“令军市无有女子，而命其商贾自给甲兵，使视军兴。”“军市”上商贾要自备武器，很可能在战斗激烈时他们也要披甲上阵、冲锋杀敌。军市中的商贾与“七科谪”中的商贾是有区别的。“七科”中的商贾纯粹受直系家庭成员有或曾有市籍之累，遭“七科谪”的惩罚后，他们就是军中的士卒。而军市中的商贾则受军方招徕，与军方交易，并不是军队中的士卒，尽管他们可能

① 《商君书·垦令》。
② 《史记·商君列传》。

不免于战阵。这也是秦重农抑商的又一表现方式。

因此，在商鞅变法之前，市籍还仅仅作为职业性户类的划分而存在。随着商鞅抑商政策的一步步推行，市籍制度也一步步走向完善，对商人的限制也越来越多，打击越来越重，这在市籍制度的发展历程中得到清晰展现。市籍既是商贾的户籍，同时又兼有户籍的固化户口、限制流动性质和市场管理的经商许可、纳税凭证作用。秦时的市籍制度，已不仅是市场管理制度之一，还是配合抑商政策打击商贾的工具，许多具体政策如“毋得名田”、“七科谪”等限制性规定都是基于市籍之上的，是针对有市籍的中小商人的。

市籍制度在齐秦两国发挥了不同的作用。齐国市籍制度的建立，是从稳定商人阶层、发展商业这个积极意义出发的，这与齐国的重商主义传统有相当的关系。加之，春秋初、中期的齐国工商各业不服兵役，虽有公田上的名义劳动，但也只有短短三天时间，为时不长，这给工商业者以宽松的环境，使其专心致志生产经营，有利于工商业的发展。这明显与后来秦代限制、歧视商人的目的迥异。

（三）齐秦两国的经济调节制度

经济的良性运行需要调节手段，经济调节制度的不同也会对经济发展产生不同的影响。齐国重视市场在经济活动中的调节作用。管仲认为：“无市则民乏”，“市者，货之准也”，“市者，可以知治乱，可以知多寡，而不能为多寡”,[①] 市场具有满足需求和评价商品的社会功能，并且“市也者，劝也。劝者，所以起本”[②]，“市者，天地之财具也。而万人之所和而利也，正是道也”[③]。市场是商品交换关系的总和，通过市场交换，把人们创造的财富聚集到一起，经过比较和衡量，确立价格标准和交换比例，以其所有，易其所无，满足大家的需求，从而实现社会范围内的协作和互利。

政府对于人民的市场活动，应采取自由开放的方针，但自由开放不等于放任不管，尊重市场自发性，也不意味着国家可以放弃对市场的调控。按《管子》的思想，在顺应市场自发性、实行自由开放的同时，应按照轻重之理，即按照货币、价格的变动规律，一方面，政府通过主动参与市场活动，调节商

---

① 《管子·乘马》。
② 《管子·奢靡》。
③ 《管子·问》。

品的供求、价格和流向；另一方面，通过控制货币的铸造和流通调节物价，并借以调节社会的利益分配，既利于安定民生，又利于实现国家财政收入的目的。轻重作为一个反映商品货币经济关系的范畴，最早被用来表示金属货币的贵贱，随后被用于表示和说明市场价格，后来则发展到用来说明国家直接进入商品经济领域，控制工商业进而控制国民经济，在社会经济生活中处于举足轻重的地位。

轻重理论用之于万物方面，则任何商品都是“重则至，轻则去……物藏则重，发则轻”①，“散则轻，聚则重”，“少或不足则重，有余或多则轻”②。《管子·轻重甲》则说：“章之以物则物重，不章以物则物轻；守之以物则物重，不守以物则物轻。”《管子·地数》也说：“令急则重，令徐则轻。”也就是说，藏、聚、少和不足的意思相同，发、散、有余和多的意思相同，都指影响商品供求的因素。“守”或“不守”指人们对商品的态度，如果人们对商品抱着“守”的态度，商品流通不畅，商品价格就高；反之，则商品流通顺畅，没有人囤积居奇，价格自然就低。“章”同“障”，即受阻碍之意，商品的流通受到阻碍与否，当然轻重不同，价格也不同。“令”是指国家向人们征收贡赋的命令，如果国家的“令急”，大家就会抢购商品以供缴纳以用，商品就会紧张，物价必然上涨，反之亦然。在掌握了影响商品供求的因素后，国家或者商人就可以利用商品的价格变动规律来为国家增加财政收入或为自身积累财富。

轻重理论用之于货币方面，货币与万物成反比。《管子·山至数》曰：“币重而万物轻，币轻而万物重。”《管子·山国轨》说：“国币之九在上，一在下，币重而万物轻。敛万物，应之以币。币在下，万物皆在上。万物重十倍。”这里所谓的“上”，是指货币退出流通领域，由国家收藏起来；所谓的“下”，是指货币处于流通领域之中。如果流通中的货币十分之九退出流通领域，只有十分之一的货币在流通领域执行支付手段的职能，那么货币的购买力就大幅上涨，币值上涨则会带来物价的下跌；由此可见，商品的价格随着流通中货币数的增减而涨跌，单位货币的购买力也随着流通中货币量的多少而降升。

---

① 《管子·揆度》。
② 《管子·国蓄》。

轻重理论用在谷物方面，《管子·轻重》认为谷物与万物的轻重关系成反比。《管子·轻重乙》载："粟重而万物轻，粟轻而万物重。"《管子·乘马数》也载："谷独贵独贱。桓公曰：'何谓独贵独贱?'管子对曰：'谷重而万物轻，谷轻而万物重。'"这就是说，谷与万物的关系是：谷重万物相对轻，谷轻万物相对重。

至于谷物、货币、万物三者的轻重问题，《管子》认为三者中任何两两之间即货币与万物、货币与谷物、谷物与万物之间都是反比例关系，不可能同涨同落。货币购买力之高下与万物价格之高下的相关关系是："币重而万物轻，币轻而万物重。"① 货币的购买力高则万物的价格低，货币的购买力低则万物的价格高。在货币和谷物间的相对轻重关系中，由于谷物也是万物之一，故"币重则谷轻，币轻则谷重"，货币和谷物的关系符合货币和万物的关系，两者呈反比例关系。《管子》又将谷物从万物中抽出来，使谷物和万物的价格也形成一种对比关系，即所谓"谷重而万物轻，谷轻而万物重"②。在重使用价值的古代社会，谷物一定程度上和货币共同扮演了一般等价物的角色，其价格和万物的价格呈现出一种反比例关系。在货币、谷物和万物的相对价格关系中，谷物本身的轻重起着一种能动的作用，即"谷独贵独贱"。在谷物生产正常的情况下，则货币起着决定的作用。由此可见，在谷物、货币和万物三者中，前两者起着决定作用，因而"人君操谷、币、金衡，而天下可定也"③。

轻重之理告诉人们，物价的变动受"时有春秋，岁有赈凶"④ 的影响，表现为"岁有赈凶故民有羡不足，时有春秋故谷有贵贱"。《说文》释："赈，富也。"这里表示丰收。丰收年粮食多余（羡），粮价低；而歉收年粮食不足，其价必贵。同样的，春天和秋天的季节转换，粮食也会多余或者短缺，从而制约着价格的轻重转换。因此，管子主张"人君御谷物之秩相胜，而操事于其不平之间"⑤，国君的控制职能是在粮食贵贱变化之间进行适当调节。调节的具体办法是"以重射轻，以贱泄平"，即粮食丰收了，供过于求，其价格自然下跌，这时国家适当提高收购价格，大量收购粮食。遇到荒歉年景，粮食歉

① 《管子·山至数》。
② 《管子·乘马数》。
③ 《管子·山至数》。
④ 《管子·七臣七主》。
⑤ 《管子·国蓄》。

收，需求大于供应，粮价就升高，这时国家把大量的库存粮食投入市场，使升高的粮价趋于正常的价格水平。在一个年度之内，不同地区之间也会出现丰收和歉收的差别，有的地方风调雨顺而丰收，有的却因灾减产，也可以运用轻重术作地区间的调剂。齐桓公问管仲："齐西水潦而民饥，齐东丰庸而粟贱。欲以东之贱被西之贵，为之有道乎？"管仲答道："今齐西之粟釜百泉……齐东之粟釜十泉"，价钱相差十倍。为以丰补歉，可用税收调节法，按人头计税，每人缴纳三十钱，按时价折收"五谷菽粟"，"若此，则齐西出三斗而决其籍，齐东出三釜而决其籍"，两地一个人的实际缴纳额要相差十倍。"釜十之粟皆实于仓廪"，政府把齐国东部多缴纳的粮食用于救助西部的灾民，"西之民饥者得食，寒者得衣。……若此，则东西之相被，远近之准平矣"①。这是运用轻重之术，通过税收杠杆调节地区间的余缺以舒解自然灾害的设想。

粮食的供求与货币之间也关系密切，"人君操谷、币、金衡，而天下可定也"，国家只要恰当掌控粮食与货币的轻重平衡关系，就可以使天下安定。凶年"谷在上，币在下"；丰年"谷在下，币在上"，粮食与货币价格呈相反的变化；加之粮价是物价的基础，使得"谷重而万物轻，谷轻而万物重"② 了。也就是说，粮价在丰歉年间的变动反过来给金属货币的轻重以影响，造成谷重而币轻，谷轻而币重。因此，国家只需掌控货币发行量，并运用货币吞吐谷物，就可以通过调节市场谷物的供求关系来平衡谷物的贵贱，达到国家调节市场粮价及稳定市场物价的目的。

价格是促生产的重要市场机制，提高谷物价格，能够促进粮食生产。"粟价五倍"，就可能"一岁耕，五岁食"③。价格上升带给农民实际的利益，农民不再需要政府的驱使，"不待见使……农夫夜寝早起，力作而无止"④。市场的价格激励机制，调动了农民劳动的主动性，并由此导出治理经济的一条重要原则："彼善为国者，不曰使之，使不得不使，不曰用之，使不得不用。故使民无有不用不使者。"⑤ 可见，"通于轻重之数……此国策之大者也"。通过运用"徐疾之数，轻重之策"去调节市场，达至增产目标，"一可以为十，十可以

① 《管子·轻重丁》。
② 《管子·乘马数》。
③ 《管子·揆度》。
④ 《管子·山至数》。
⑤ 《管子·山至数》。

为百"[1]。

其他商品的市场交易也采用“轻重之术”来控制。这样既打击了奸商投机倒把、囤积居奇的不法行为，又保护了老百姓的利益，而且在一收一卖的过程中，国家也获得了不少利益（即差价收入）。从政治角度上看，还稳定了社会秩序。因为平抑了物价，百姓不至于因奸商的豪夺诈取而家破人亡、流离失所，不会因衣食不足而犯上作乱。《管子》以“轻重之术”平抑物价的办法来管理市场，其精明之处就在于用经济手段平抑物价，最终受益的还是国家。对一些重要的、需求量大的商品，管子采取“天下下我高，天下轻我重”的措施来调节商品价格，这样既防止商品外流，又吸引他国商品输入，而对齐国富产而消费不了的商品，管子则采取“天下高我下”的刺激出口政策，使这些商品的价格低于其他诸侯国此类商品的价格，以便及时脱手。

秦国的经济调节制度与齐国相去甚远。商鞅变法时在秦国贯彻重农抑商之策，与此相适应，秦国在经济管理领域推行的也是一种国家运用政权力量作用于经济的调节手段，亦即运用行政、法律手段对价格进行强制性干预的手段。第一，国家运用行政法律手段人为地提高粮食价格，这和其一贯的“农战”政策是相吻合的，强调“利出一孔”。第二，国家强行提高一些非生活必需品的价格，从而减少这些商品的利润和销售量，使商人无利可图，这也是一项打击商人的价格策略。这种经济调节手段，不仅使商品的价格完全背离了商品本身的价值，更无视价值规律的要求，由政府根据需要，通过行政手段决定商品的价格，这使商品的价格与价值几乎没有多少关系。

商鞅下令“使商无得粜”，禁止商人从事粮食经营；不仅如此，还禁止粮食生产者、禀食者自由买卖，甚至连农民之间的粮食品种调节也在被禁止之列。这从根本上断绝了商人的粮源，使得粮商“多岁不加乐，饥年无裕利”[2]；同时由政府决定粮食价格，贵“境内之食”，人为提高产品的价格，且粮价长期固定不变。这直接导致了粮食对农副产品和其他行业产品价格的影响、调节作用削弱，二者之间的关系因行政干预而相互割裂。另一方面，“商鞅对于粮食、货币、产品价格三者关系有着较深的误解，这严重影响了粮价对整个社会

① 《管子·山权数》。
② 《商君书·垦令》。

物价水平的调节"[①]。商鞅强调"（金）［粟］生而（粟）［金］死，粟死而金生"[②]，他把黄金（货币）与粮食看成是完全排斥的，视"好生粟"重于"好生金"，宁愿输出黄金换取粮食，反对输出粮食而让黄金流入国内，对货币远不如对谷物重视。因此，商鞅根本没有注意到可以控制货币的铸造和发行以影响商品的价格和供求。

因此，齐国的经济调节制度更强调国家在尊重市场规律前提下的经济调控，手段更为灵活，更加符合经济运作的规律；而秦国的经济调节更强调行政、法律手段，与价值规律的要求明显不符，但却更符合国家的需要和整体利益要求，更利于把全国的人力、物力、财力集中在一起，也更符合推进统一的时代步伐。

（四）齐秦两国的商税制度

合理的商业税收制度既能增加国家的财政收入，也能推动商业经济的发展；反之，则会损害社会经济的进步。我国很早就开始征收商业税，当时被称为"关市之赋"，即关赋和市赋，也就是在关塞要隘征收的通行税和在市场征收的商税的统称。

古代关津，设于边境要隘的称为边关，设于江河要冲的称为关津，一般统称为关卡。"关卡"最初设在诸侯国的边境或国境要隘之处，主要作用是军事防御，控制商旅行人，查验有无挟带违禁货物，防止本国居民外逃和外敌入侵，维护国家安全，而不是征收关税。设市也是为沟通有无，只向商人存放货物的邸舍收取租金，而不税其所售物品，此即史称"关讥而不征，市廛而不税"[③]。其后，随着商品交换的发展，关市延伸出财政功能，开始对出入关门的货物、过往的商旅或市场交易的商品征税，这就是"关税"和"市税"，即"关市之赋"的源头。

西周时期就有"关市之赋""关市之征""司关""关人"等记载。《周礼·天官·大宰》提出国家九项税收，称为"九赋"，"一曰邦中之赋，二曰四郊之赋，三曰邦甸之赋，四曰家削之赋，五曰邦县之赋，六曰邦都之赋，七曰关市之赋，八曰山泽之赋，九曰币余之赋"[④]。这则史料一方面说明当时

① 蔡万进:《秦国粮食经济研究》,内蒙古人民出版社,1996 年,第 155 页。

② 《商君书·去强》。

③ 《礼记·王制》。

④ 李学勤主编:《十三经注疏·周礼注疏》,北京大学出版社,1999 年,第 35 页。

“关市之赋”的收入不多，地位也不是很重要，在九赋之中仅排在第七位；另一方面也反映了西周社会经济发展，市场活跃的情况。因此，新辟税源以满足国家财政开支日益增长的需要，实属必然。

春秋时期，各国都有对商品征税的制度，齐国亦然。“乘彼垝垣，以望复关，不见复关，泣涕涟涟。既见复关，载笑载言。”[①] 此处的“复关”即为征收商税的关卡。征税的具体数目，《管子·幼官》记载：“市赋百取二，关赋百取一。”这就是说，市场交易税2%，关税1%，两税共3%。同书《乘马》又记曰：“商苟在市者三十人，其正月、十二月，黄金一镒。”就是说，三十名商人从正月到十二月所纳市租折合黄金一镒。不过，据《史记·齐悼惠王世家》载：“临淄十万户，市租千金。”《索隐》注曰：“市租谓所卖之物出税，日得千金。”由此而论，似乎实际税率远超《管子》所定之数。

为了招徕商贾，齐国给予许多优惠条件，减少入关手续，减轻税率，以促进商品经济的发展。《管子·问》规定：“征于关者，勿征于市；征于市者，勿征于关。虚车勿索，徒负勿入，以来远人，十六道同身。”就是说，关税与市税不能同时征收，商人之空车和挑担子的商贩都不得收税。齐国过去在边境设有十六道关卡征税，现在必须全部撤除，不得再行收税。至昭公时（前625年）又有“废六关”的记载[②]，进一步放宽了关卡的限制，方便了商旅往来。桓公十九年（前667），齐国再次下令减轻关税，实行五十而税一的轻税政策。《管子·大匡》记载：“桓公践位十九年，驰关市之征，五十而取一。”即关、市税的征收都不能超过五十分之一，二者合起来不超过4%。如此轻的税率还是比较少见的。为了更好地吸引商贾往来经商，齐国甚至采取“关讥而不征，市书而不赋，近者示之以忠信，远者示之以礼义”[③]，只统计货物的上市量，而不征税。这无疑是调动商人积极性、促进商品流通的最直接也最有效的方式。这种商税制度推行的结果就是“行此数年，而民归之若流水”[④]，繁荣了市场，刺激了经济的发展，也使国家大受裨益。后来齐景公时虽有设卡收费、横征暴敛、强行买卖扰乱市场秩序之举，但在晏子劝谏下，最终还是“使有

---

① 《诗经·卫风·氓》。
② 《左传·文公二年》。
③ 《管子·霸形》。
④ 《管子·霸形》。

司宽政，毁关，去禁，薄敛，已责”①，重新推行低税率的关税制度。

除在税收上让利于外商，齐国还以人为本，处处优待外商，承诺凡不按照规定对外商服务的官员，将受到法律的惩处。据《管子·小匡》记载：齐桓公设立专门的官员“有司”负责外商的有关服务事宜。规定，每三里路设置一个驿站，贮备一些食品，供外商歇息食用。凡是诸侯各国来齐国交涉外贸事宜，对从行官吏，派人用车替他们运载行装。来客与“有司”各执契券，客至齐国要交契费。若是待客礼仪与收费标准不相符合者，要治管理官吏以罪。《管子·轻重乙》规定的更具体：“一乘者有食，三乘者有刍菽，五乘者有伍养。”这就是说，有一乘（四马所拉的车）的商人到齐国免费提供饮食；有三乘的商人除免费吃饭外，还外加免费供应马的饲料；有五乘的商人不但免费吃饭和供应马的饲料，还给他配备五个由政府专门配备可以自由调遣的服务人员。管仲将外商货物多寡与服务档次相挂钩，激励外商为享受更舒适的服务而主动增加贸易量，对吸引外商来齐国贸易起了很大的促进作用。

另外，管仲还设置“女闾”（设于宫中的淫乐场所），以吸引、款待远道而来的商人。这些优惠政策实施的结果，出现了“天下商贾归齐若流水”的局面，在通向齐国的道路上，车马急驰，你追我赶，唯恐他人先入而自己享受不到优惠服务。据史书记载，被后世商人奉为祖师的陶朱公范蠡曾浮海来临淄经商，“十九年之中三致千金”“治产积居”，遂“至巨万”。孔子的弟子子贡也曾弃学来齐地经商，“富拟人君”，“终卒于齐”。旨在招引外国商人入齐而实施的这些举措，为管仲“来天下之财”的宏伟愿望创造了条件。

秦国出于“农战”的需要，抑制商品经济的发展，而抬高商税无疑是贯彻重农抑商策略的关键一环。自秦国施行抑商政策伊始，重征商税就与之相伴而生，时有“重关市之赋”②、“不农之征必多，市利之租必重”③ 之谓。同时，还对酒肉征收相当高的税，“贵酒肉之价，重其租，令十倍其朴”④，使税额是其成本价格的十倍，如此，既可减少酒商、肉商，又可限制消费，使农民专心农业；同时，通过重税高价，国家也可以获得巨额的收入。后来的秦朝继

① 《左传·昭公二十年》。
② 《商君书·垦令》。
③ 《商君书·外内》。
④ 《商君书·垦令》。

承了秦国的抑商传统，颁布了“关市律”和“金布律”，继续实行高税政策。顺便提及，除了实行高关税制度之外，秦国还有“废逆旅”的规定，尽管该规定并非真正废除旅馆，而只是减少旅馆的数量并加强对旅店的管理以使经商者出门不便，但它确实在客观上加大了商业经营的难度。

很明显，齐国降低商品税率毫无疑问会繁荣市场、促进经济的发展，也会使商人获得巨大的利益，但国家的财政收入并没有明显增加，所以商鞅云：“农少商多，贵人贫。”[①] 荀子也说：“工商众则国贫。”[②] 而秦国抬高商税税率，一方面是出于“农战”的需要，经常能起到避免加重农民负担的作用，同时还可以增加国家收入。抑商是为了“农战”，“农战”又以战为核心，重战是最根本的目标，商鞅及其身后的秦国一心为了战，一切为了战，抑商政策和农战政策的偏重性和极端化日益凸显，在取得成功的同时，也埋下了失败的祸根。

（五）齐秦两国的市场管理制度

经济活动要靠交易来完成，有交易就要有市场。市在中国古代出现很早，传说中有“神农作市”、“祝融作市”[③]。到春秋战国，随着铁器的使用，社会经济的发展，城市的扩大和增多，市场也随之发展了起来。《周礼·考工记·匠人》载：“匠人营国，方九里，旁三门。……左祖右社，面朝后市。”周王都城布局为“左祖右社，面朝后市”，即左为祖庙，右为社（土地神），前面是国王居住、办公的“朝”，后面是市场。市被视为珍宝、货物荟萃之地，所以成了国都中与祖庙、社、朝并列的四大布局之一。周代既已设市，《周礼·地官》之“司市”“质人”“廛人”等应为当时管理“市”的职官，其中，“司市掌市之治、教、政、刑、量度、禁令。以次叙（次序）分地而经市，以陈市辨物而平市，以政令禁物靡而均市，以商贾阜（多）货而行布（货币），以量度成贾而征儥（卖），以质（长券）、剂（短券）结信而止讼，以贾（经商）民禁伪而除诈，以刑罚禁虣（暴）而去盗，以泉府同货而敛赊。”司市掌管市的治理、教化、政务、刑罚、量度、禁令，质人主要是掌管市上商业信用合同契券的官吏，廛人是管理市上税收的官吏。为了保护市场交易有序和物价

---

① 《商君书·去强》。
② 《荀子·富国》。
③ 《世本·作篇》。

稳定，各国都实行了严密的市场管理制度。

当时，国家对上市交易和通关的商品也有严格的规定，如《礼记·王制》载：其一，“有圭璧金璋，不粥于市。命服命车，不粥于市。宗庙之器，不粥于市。牺牲不粥于市”。“锦文珠玉成器，不粥于市”，亦即统治者使用的礼仪器皿严禁上市；其二，“戎器不粥于市”，意即军用武器严禁上市；其三，“五谷不时，果实未熟，不粥于市”，意即为维护正常农业生产，不适时令或未成熟的农产品严禁上市；其四，“用器不中度，不粥于市”，“布帛精粗不中数，幅广狭不中量，不粥于市”，不合格的产品严禁上市。诸如此类等等。对于市场的违法行为，官府则颁布了各种禁令，“在民者十有二，在商者十有二，在贾者十有二，在工者十有二”。触犯禁令者处以“市刑”，刑罚分“小刑宪罚，中刑徇罚，大刑扑罚，其附于刑者，归于士”。

齐国的市场管理比较严格而完善，机构设置比较健全。据《荀子·王制》记载，齐国中央政权除设五官之外，还专设“治市”，负责市场管理，“修采清，易道路，谨盗贼，平室肆，以时顺修，使宾旅安而货财通”。“治市”是齐国管理市场的职务最高的官吏，它隶属相国之下“农工部”大司田的管辖。为发展对外贸易，齐国还专门设置了“有司”，专职管理外来商人。据史书记载，齐桓公就曾选派身居卿位的高子担任“有司”之职。

地方官府也设专门人员管理市场。管理人员主要有“市啬夫”“市吏”“市椽”。据临沂银雀山汉墓出土的残简《守法守令十三篇》中的《市法》说，“市啬夫使不能独利市”，“欲利市，吏必力事焉”。“市啬夫”是地方市场管理的主要负责人，其职责与《周礼》中的“司市”一职相类似，其职权是负责管理市场的场地划分，行政教化，物价平抑，货物伪劣，合同债务及市场治安等，管理的内容全面而具体。“市啬夫”的属官还有“市吏”“市椽”，分别负责具体事务。“治市”“市啬夫”之设，既反映了齐国对市场管理的高度重视，也标志着市场行政管理的系统化与规范化。

统一的度量衡和规范的齐货币。从出土文物来看，虽还没有发现“度”“衡”方面的器物，但早在1857年山东胶县灵山就出土了三件著名的齐国铜量器（称“齐三量”），1992年在临淄又出土了两件造型似水舀的铜量器，可见齐国市场上已有了统一的量器，这是规范市场管理的一项重要举措。《管子·轻重乙》载：“先王善制其通货，以御其司命，故民力可尽也。”铸币有商品流通手段和财富贮藏两种重要职能，是市场交易的重要一环，发展到战国时期，齐国控制了铸币权，使铸币统一于“齐法化”，在齐故城遗址和齐国所辖的境域内出土了大量的齐刀币，这便是齐国货币“齐法化”的佐证。统一的齐法化货币是齐国强化市场管理的又一项重要举措。

与齐国的市场管理制度相比较，秦国的似乎更完备一些。秦市的管理机构名为“市亭”，市亭以“亭啬夫”担任市政长官，负责掌管市务，征收市租、税收，维持秩序。市内的店铺都分类排列，叫“列肆”，“列肆”内的商贾都要编入市籍，以五户为一伍，称“列伍”，设“列伍长”一人，协助市吏对商业活动进行管理。市场管理非常严格，首先要求货物明码标价。秦简明文规定：“有卖及买殹（也），各婴其价；小屋不能名一钱者，勿婴。”[①] 婴其价，即标价。凡市场上做买卖，在一钱以上的商品，都要分别系签标明价格，以保证公平交易，防止商人任意抬高物价；同时可能也是为了便于市吏对“市租”的征收。对于收入的钱币，还明确规定：“官府受钱者，千钱一畚，以丞、令印印。不盈千者，亦封印之。”[②] 不仅统一规定“千钱一畚”，还要加盖丞印、令印进行封缄。为防止偷盗销货款，秦律规定：“为作务及官府市，受钱必辄入其钱缿中，令市者见其入，不从令者赀一甲。”[③] “为作务”指从事作业技工之流；“官府市”是官营商业；“缿”，乃陶制盛钱器。该律的意思是说，从事手工业生产和为官府出售产品，在收钱时必须立即把钱投进盛钱器皿中，使买者见其投入，违反法令者，则罚一甲的处分，从而充分发挥了购买者的监督作用。

“平权衡、正度量、调轻重”，[④] 是商鞅变法时的一项重要内容，这在秦律中也有突出的反映。根据秦的律文规定，衡量器必须定期检查，至少每年应校正一次。衡量器如有误差，要按差值大小给予罚甲、盾的处分。因此，为了杜绝商贾在度量衡上弄虚作假，加强市场管理，官府通常要颁布和设置标准衡器。为了强化对市场的监管，秦国还推行一种契约管理制度，《商君书·定分》也云：“即以左券予吏之问法令者，主法令之吏谨藏其右券木（押）

① 《睡虎地秦墓竹简·释文》，文物出版社，1990 年，第 37 页。
② 《睡虎地秦墓竹简·释文》，文物出版社，1990 年，第 37 页。
③ 《睡虎地秦墓竹简·释文》，文物出版社，1990 年，第 42 页。
④ 《战国策·蔡泽见逐于赵》。

[柙]，以室藏之，封以法令之长印。即后有物故，以券书从事。”当时的券约，中剖为左右两半，其左在下，其右在官。市场交易中的部分经济契约大体上也是如此，使用契约时买卖双方各持一半。如承袭秦制的汉代规定：“市买为券，书以别之，各得其一，讼则案券以正之。”① 买卖双方若有争讼，市官便根据其证券来判断是非，以解决纠纷。可见，当时对市场上的买卖契约及有关民事争讼的管理已有一定的制度。

简言之，就市场管理制度而言，秦国的制度建设要更加完备，惩罚力度也更严格；而齐国市场管理制度则相对松散一些，惩罚制度也相对温和。齐国经济管理的目的是“富国安民”，更多地考虑到人民的利益，这和商鞅的“富国强兵”有很大区别。之所以出现这种状况，与秦国“重农抑商”关系密切，正是出于限制商业发展的目的，秦国才制定了这套强化控制的严密制度。不过，在春秋战国时期，商品经济的发展还极其脆弱，需要的是政府的扶植而不是压制。这明显是造成齐国商品经济相对发达而秦国比较落后的重要因素。不过，秦国的这套制度对维护当时市场正常秩序、规范商业活动有积极意义，也为汉代以降各王朝的市场管理制度奠定了基本模式。

齐秦两国的经济制度有很大不同。就制度本身来说，秦国的经济制度带有非常强烈的重农抑商色彩，或者说制度本身就是重农抑商政策的产物；而齐国的经济制度则有明显的农商并重趋势。就效果而言，齐国经济制度的推行有利于“富民安民”，而秦国的则更有利于“富国强兵”。这种种区别都是催生齐秦两国一亡一兴的重要因素。

五、孱弱之军与虎狼雄师

在一个诸侯兼并、动荡混战的年代，军事力量无疑是决定一国命运的最直接因素。军事力量的强弱与军事制度密不可分，军事制度是否健全、能否适应时代要求就成为决定军事实力强弱的关键。纵观齐、秦两国军事制度的发展与演变，很容易发现，两国军事制度有许多相同之处，这足以证明在时代变迁和社会现实的共同作用下，两国都进行了顺应时势要求的改革，特别是军事制度

① 程树德:《九朝律考·汉律考》,中华书局,1963 年,第 122 页。

的改革，以期为本国的发展与安全求得保证。

其一，两国的军队领导体制相似。

西周初年，周王为加强对诸侯国军队的控制，通过“命卿”制度把各国军队主要军事长官的任免权牢牢掌控在手里。齐国的国氏、高氏二卿，就由周天子直接任命。周天子还在诸侯国中派驻监军，以监督其军事行动，“天子使其大夫为三监，监于方伯之国，国三人”①。在齐国军事领导体制中，设有负责处理日常事务的职官，主要是司徒、司马、司空，并称“三事”或“三有事（司）”。司马在军事上的作用最为重要，其主要职责是：管理国家军赋、组织军事训练和演习、执行军事法律等。各诸侯国的司马均由周王亲自任命②，如此一来，周王室可以比较容易地实现对诸侯国军队的控制。

进入春秋时期，这种军事领导权高度集中于周王的制度随着宗法分封制的动摇而受到严重威胁。特别是春秋中期以后，周天子随时调遣诸侯武装从征的权力逐渐丧失，周王朝不仅不能调动诸侯军队，它本身直接控制的军队也越来越少，王室发生内乱，不得不依靠大国或大国联军来平定。周天子的军权下移到诸侯国君手中。“周室既衰，礼乐征伐自诸侯出，转向吞灭，数百年间，列国耗尽。至春秋时，尚有数十国，五伯（霸）迭起，总其盟会。”③ 军事全由大国主宰。军事领导权下移的另一个突出现象，就是卿、大夫在各自封邑内不断扩充家族武装和私人亲兵，这种“私属”军队不但普遍存在，而且发展很快。

进入战国时期，秦国发生了秦孝公、商鞅的改革，齐国发生了齐威王、邹忌的改革，他们在加强封建中央集权的同时，相应地也使军事领导权高度集中到国君手里。国王既是国家行政的最高主宰，也是军队的最高统帅，独揽国家政务与军政大权，不论是中央还是地方行政官吏，或者是军队的各级将领，都由国君任免。国王根据“举贤用能”、“论德而定次，量能而授官”的原则，或以军功举官爵，无功者不食禄；或从有实战经验者中选将帅，“猛将必拔于卒伍”；或通过知兵献策以命将帅，不问出身门第。孙膑、吴起、白起、王翦、蒙恬、尉缭等著名将领无不是经过其国王选拔、任用的既有军功和实战经

① 李学勤主编:《十三经注疏·礼记正义》,北京大学出版社,1999 年,第 351 页。

② 徐勇:《齐国军事史》,齐鲁书社,1997 年,第 9 页。

③ 《汉书·地理志》。

验，又有谋略计策的高级将领。这样，国君与将领形成了一种新的雇主关系，军将一心为君主竭智尽忠，从而保证了军权的集中统一。国君对各级军事指挥官均有生杀予夺的权力。齐将田忌战功卓著，但在邹忌挑拨下被齐王误认为有谋反之心，被轻易剥夺了兵权，逃奔楚国。旷世名将白起虽屡立奇功，就因为在攻赵问题上与秦昭王发生分歧而被昭王责令自杀。

为确保对军权的控制，各诸侯国又建立了兵符调兵制度。所谓兵符，是指国君在任命将帅时颁发的一种军权凭证，其形状一般为虎形，故又称为虎符。虎符上有铭文，刻有发兵的规定，可分为两半，底有合样。左半边授予统兵在外的将帅，右半边留在国君处。每临战事需调兵遣将时，就由国君派使者持兵符的右半边与统兵之将联系。除非这两半边的兵符能够完全吻合，否则任何人不得擅自调动50人以上的军队。秦惠文王时曾颁布“杜虎符”，稍晚，秦国还颁发了“新郪虎符”。“杜虎符”所刻铭文曰：“甲兵之符，右在君，左在杜，凡兴士、被甲、用兵五十人以上，必会君符，乃敢行之。”兵符制的建立和实行，有效地加强了军权的集中统一，确保了国君对全国军队的有效控制。

为避免战场指挥脱节，挫伤将帅临阵指挥积极性，一些诸侯国实行了可称之为将军临战受命的制度。指挥作战的将军出征前，必须由国君亲自任命。国君“先谋于庙，行令于廷”，举行隆重的仪式，“君身以斧钺授将”，[①] 使将军所发布的军令具有合法性，也借机让他向国君表示效忠。而一旦国君把象征着权力的斧钺授予他，将军就享有在战场上独立指挥的权力，甚至握有对各级将吏生杀予夺的大权，即所谓“军中之事，不闻君命，皆由将出”[②]。如此，使军队的调动权与指挥权在一定程度上分离开来，既确保了君权对军队的控制，又使“将能立威”[③]，调动了统军将帅临阵相机指挥的积极性。

战国时期战争方式的多样化，参战人数十分庞大，战争区域愈益广阔，杀伤程度愈益残酷，以及军事训练的经常化等等，都需要大批有一定军事知识、指挥才能和作战经验的专业将吏，这就促使各诸侯国相继建立起独立的武官系统，实行了将、相分职，即所谓“官分文武，惟王之二术也”[④]。早在春秋末

---

① 《尉缭子·将令》。
② 《六韬·龙韬·立将》。
③ 《尉缭子·兵令下》。
④ 《尉缭子·原官》。

期，齐国的将与相就有逐步分职的趋向，至战国前期以降，将、相分职已成定制。齐威王在位时，邹忌为相，田忌为将，职责分得很明确。范雎、蔡泽等人为相后，秦国的丞相也开始只主管行政，而军事则由专门的武职官吏负责。正如《六韬·文韬·举贤》所说的："将相分职，而各以官名举人。"战国时期，文武分职、将相分权已成为一种普遍的现象。专职武官平时负责军队的管理和训练，战时则奉命率军出征、指挥作战，他们同文官一样不一定是贵族，一般也很少再获得封邑，而是食封建国家的"俸禄"。文武分职、武官系统独立对于健全和巩固高度集权的军事领导体制具有重大意义。因为在这种体制下，将帅基本无权过问政治事务，有力地保证了国家政治权力的独立和集中，也保证了国君对军事决策的有效控制。同时，也造就了一支专职将帅队伍，促进了军事指挥艺术的提高，并推动军事理论日趋成熟，这对于中国古代军队的建设有重要意义。

简言之，齐秦两国军事领导体制的演变趋势是一致的，都经历了军事领导权由集中于周天子到集中于诸侯国君的转移过程。在战国时期，齐秦两国都确立了国君对军队的绝对领导权，这对两国军事实力的增长起到了积极作用。

其二，两国推行近似的兵役制。

西周时期实行的兵役制度是兵民不分的"军民制"，兵员主要来源是"国人"（包括贵族和普通国人）。这种"军民一体"的兵役制是与西周"国""野"分治的社会结构密切联系的。"国"指周天子和各诸侯国的部邑及其郊区，居住在其中的称"国人"；"野"指"国"以外的广大农村，居住在其中的人是为"野人"。"国人"与"野人"的政治经济地位差别很大，反映在兵役制度上，就是"国人"有"执干戈以卫社稷"的义务和权力，"野人"则主要从事农业劳动，一般没有当兵的资格。

春秋前期，这种"国人当兵，野人不当兵"的兵役制得以推行。国人平时"三时务农，而一时讲武"①，积极备战。在军中，贵族和武士担任车乘的甲士，成为军队的骨干，普通国人充任战斗徒兵。齐国是推行这种"国人兵役制"最典型的国家。管仲在齐国推行"作内政而寄军令"的政策，就是较为严格意义上"兵农合一"的武装力量体制。具体措施是："五家为轨，五人

① 《国语·周语上》。

为伍，轨长率之。十轨为里，故五十人为小戎，里有司率之。四里为连，故二百人为卒，连长率之。十连为乡，故二千人为旅，乡良人率之。五乡一帅，故万人一军，五乡之帅率之。”① 在这里，基层行政体系与国家军事组织是一致的。基层行政以“五家为轨，十轨为里，四里为连，十连为乡”，而军事组织则是“五人为伍，五十人为小戎，二百人为卒，二千人为旅，万人为一军”，所以称为“卒伍整于里，军旅整于郊”②，这一兵役制度的实质就是使居民组织军事化，以便有效地进行双重管理。在这种体制下，齐国郊内居民基本上是居则为轨，出则为伍，平时为民，战时为兵，“武政听属，文政听乡”③。农忙时节在家务农，农闲时则集中进行军事训练，即所谓“春以蒐振旅，秋以猕治兵”④。士兵由“居同乐，行同和，死同哀”⑤ 的同宗族人组成，他们“乡田同井，出入相友，守望相助，疾病相扶持”⑥，所以在作战中能够做到“守则同固，战则同强”⑦。这种“亦兵亦民”的军事体制便于部队的集结与训练，也有利于发挥士兵的战斗力。

春秋中期以后，国人兵役制的传统遭到严重冲击，逐渐被“国人”“野人”共同参与的普遍兵役制所代替。主要原因有两个：其一，日趋频繁、激烈的战争使“国人”的兵役负担过于沉重，兵源问题日渐突出，不得不从“野人”阶层中补充兵源。其二，人口增殖速度加快，“国”“野”之间有了更多的交往、渗透与融合，“野人”的政治地位虽然还低于“国人”，但他们的经济地位已经与“国人”很接近了。在这种情况下，许多诸侯国纷纷废除了只有“国人”才能当兵的特权，扩大了征兵范围。齐桓公及其后的统治者采取“叁其国而伍其鄙”的措施，实行“匹夫有善，可得而举也”⑧ 的政策，使那些“野鄙”中有才能的人，获得了服兵役甚至当甲士的机会。战国时期，随着“野人”阶层社会地位的提高，“国”“野”界限被彻底废除，农民成为军队的主要来源。农民多是“编户齐民”，一律按照郡、县、乡、里等地方行

① 《管子·小匡》。
② 《国语·齐语》。
③ 《管子·小匡》。
④ 《国语·齐语》。
⑤ 《国语·齐语》。
⑥ 《孟子·滕文公上》。
⑦ 《国语·齐语》。
⑧ 《国语·齐语》。

政体系征兵。特别到了战国中期，随着郡县制的普遍推行，各国都全面实行以郡县为单位的征兵制度。

在普遍征兵制下，兵源获得了重要保证。当时齐国号称带甲数十万，仅齐都临淄一地即可征收二十余万兵士，“临淄之中七万户，臣窃度之，下户三男子，三七二十一万，不待发于远县，而临淄之卒，固已二十一万矣”①。魏国“武力二十余万，苍头二千万，奋击二十万，厮徒十万，车六百乘，骑五千匹”②。就连当时实力最弱的韩国也有“带甲数十万”③。秦国的军队数量在战国时期位居各国之首，有“带甲百余万，车千乘，骑万匹，虎挚之士，跿跔科头，贯颐奋戟者，至不可胜计也”④。这一切都是推行普遍征兵制的结果。

很显然，齐、秦兵役制度都经历了一个演变过程。春秋以前的兵役制度是国人权利和义务的结合，“执干戈以卫社稷”曾被引为无上的光荣。但战国时期的兵役制度早已不是权利，更不是光荣，而是一项令人难以忍受的沉重负担。当然，这种普遍征兵制对保证两国长期保有军事大国地位极为必须。在冷兵器时代，兵员的多寡无疑是决定战争走势的重要因素，哪个国家普遍征兵制最典型、贯彻得最彻底，其兵源就最有保障，军事实力也就最强，在战国纷争的时代，也才最有可能立于不败之地。

其三，两国军队的兵种设置相似。

齐、秦两国的军事建制都涵盖了车兵、步兵、舟兵、骑兵四大兵种，在兵种建设上，两国保持了相对齐全、完备的兵种。

车兵，是春秋时期齐、秦军事力量的核心。当时有代表性的著名战役，无不是以车兵为主展开的。崤之战，秦出动战车 300 乘；吴师入郢，申包胥向秦乞师，秦派战车 500 乘救援。最兴盛时，齐、秦两国的战车各达 2000 至 3000 乘。由于车兵作战较多地受地形地貌的限制，加之进攻与防御性武器的改进，战国时期，车兵的威力相对减弱，已不能再成为战争中的核心，但并不意味着车战在战争中失去了重要性，车兵依然是当时的重要兵种之一。当时的纵横家多以战车的多寡来衡量一国军事实力的高低，对秦就有“车千乘”之谓，苏

① 《战国策·苏秦为赵合纵说齐宣王》。
② 《战国策·苏子为赵合纵说魏王》。
③ 《战国策·苏秦为楚合纵说韩王》。
④ 《战国策·张仪为秦连横说韩王》。

秦还曾盛赞“齐车之良”。秦兵马俑坑车兵、步兵、骑兵分别编组，协同作战的布列情况也清晰地表明车兵依然在当时占有重要地位，车兵作为一支独立的兵种仍有相当规模。

步兵是一个古老而人数众多的兵种。战国时期，步兵数量大幅增加，由于步兵作战不受地形限制、行动灵活自如的特点，逐渐取代了车兵，成为决定战争胜负的主力部队。步兵被统称为“带甲”。当时人们在列举某国军事力量时，总是习惯将“带甲百万”“带甲数十万”置于“骑某千匹”“车千乘”之前。齐国步兵尚勇任武，训练有素。战国时期齐国的兵家学者们从理论上对步兵的战法进行了研究和总结：“步兵与车骑战者，必依丘陵险阻，长兵强弩居前，短兵弱弩居后，更发更止。敌之车骑虽众而至，坚阵疾战，材士强弩，以备我后。”① 军事理论家之所以如此专注，自然与步兵在战争中的重要作用不无关系。秦国步兵在战国七雄中实力最强，张仪估计“秦带甲百余万”，苏秦也说秦“战车万乘，奋击百万”。秦军编制的最小单位是什伍制，即五人为伍，十人为什。《商君书·境内》说：“其战也，五人来簿为伍……五人一屯长。百人一将。……五百主，短兵五十人。二五百主，将之主，短兵百。”据袁仲一研究，秦军的编制序列为“5 人、10 人、50 人、100 人、500 人、1000 人、10000 人，万人为一军”②。足可说明秦建制步兵的结构体系已相当成熟与完善。

骑兵也是齐、秦两国共有的兵种。春秋骑兵有了初步发展，但数量不多，通常和兵车混合编制。战国时期是骑兵迅速崛起的关键阶段，它具有冲击力强和作战灵活的特点，成为战斗力很强的兵种。在张仪、苏秦等纵横家的描述中，当时各国拥有“骑万匹”（秦、赵、楚三国）、“骑六千匹”（燕国）、“骑五千匹”（魏国）等数量不等的骑兵部队。《史记·张仪列传》载张仪游说韩王时，曾盛赞“秦马之良，戎兵之众，探前趹后，蹄间三寻，腾者，不可胜数”。史书中关于动用骑兵作战的记载也不鲜见。长平之战中，秦国骑兵奇袭赵国营盘，与步兵协同作战，为战争的最后胜利建立奇勋。齐国在战国时期始终拥有一支强大的骑兵部队，并经常投入战斗。“《孙子笺》云：‘齐宣王以文

① 《六韬·犬韬·战步》。
② 袁仲一：《秦始皇陵兵马俑研究》，文物出版社，1990 年，第 213 页。

骑六百匹伐燕。'"[①] 孙膑曾系统总结了骑兵的作战特点和主要用途，他指出："用骑有十利：一曰迎敌始至；二曰乘敌虚背；三曰追散击乱；四曰迎敌击后，使敌奔走；五曰遮其粮食，纪其军道；六曰败其津关，发其桥梁；七曰掩其不备，卒击其未整旅；八曰攻其懈怠，出其不意；九曰烧其积聚，虚其市里；十曰掠其田野，系累其子弟。此十者，骑战利也。夫骑者，能离能合，能散能聚，百里为期，千里而赴，出入无间，故名曰离合之兵也。"[②] 骑兵既有车兵的速度，又弥补了战车不够便捷的不足；既有步兵的灵活，又弥补了步行迟缓的缺陷；加之，骑兵所具有的冲锋陷阵的威力与迅捷是车兵、步兵所无法企及的，这使其很快成为仅次于步兵的第二大兵种。

舟船在商周时期可能已被用于军事行动。春秋时期，舟兵已发展成为一个独立的新兵种。水乡泽国的楚、吴、越等国都建立了比较发达的舟师。齐国拥有较长的海岸线和较多的水域，其舟兵亦当有一定规模。产生于齐地的《六韬》中有给部队配备"天横""飞江""浮海""绝江"等涉水渡河器材的记述。《孙膑兵法·十阵》就曾专列"水战之法"；《六韬·龙韬·骑兵》也载有："奇伎者，所以越深水，渡江河也；强弩长兵者，所以踰水战也。"如果没有实战经验，不可能有如此深刻而系统的体会。战国时期，秦国舟师拥有大小战船万艘以上，其大型战船"一舫载五十人，与三月之粮，下水而浮，一日行三百余里"[③]。秦国舟师的实力非常强大，有"秦为大白船万艘，欲以攻楚"[④] 的记载。据《战国策·燕策二》载秦曾警告楚说："蜀地之甲，轻舟浮于汶，乘夏水而下江，五日而至郢。汉中之甲，乘舟出于巴，乘夏水而下汉，四日而至五渚。"这表明秦在巴蜀地区拥有运兵船万余艘，可沿长江顺流东下。秦伐魏时，秦国舟师就扮演了配合陆路军事行动的重要角色，"我举安邑，塞女戟，韩氏太原卷。我下枳、道南阳、封、冀，包两周，乘夏水，浮轻舟，强弩在前，锬戈在后，决荥口，魏无大梁，决白马之口，魏无济阳，决宿胥之口，魏无虚、顿丘。陆攻则击河内，水攻则灭大梁"[⑤]。在秦水陆大军配合的强大攻势之下，魏国只得投降。可以判断，舟师在秦统一过程中也发挥了

① 缪文远：《七国考订补》，上海古籍出版社，1987 年，第 586 页。
② 《通典》卷一四九引《孙膑兵法》。
③ 《战国策·张仪为秦破纵连横》。
④ 扬雄：《蜀王本纪》，载严可均辑：《全汉文》，商务印书馆，1999 年，第 542 页。
⑤ 《战国策·秦召燕王》。

重要作用。

其四，两国军事训练的内容近似。

齐秦两国为提高士兵军事素养、增强军队作战力，都重视军事训练。培养军士对指挥信号和部队徽识的识别能力是两国军事训练内容的重要方面。古时作战，士卒的军事行动全靠听金鼓的声音、看旌旗的挥动。因此，训练士卒熟悉金、鼓、铃、旗等指挥信号的功用，就成为齐秦两国都非常重视的首要军事训练内容。齐国对士卒信号识别能力的训练要求不仅严格，也非常具体，制定有金、鼓、铃、旗和徽章、符节等方面的训练规章。齐国用金鼓指挥进退和约束部队："凡领三军，有金鼓之节，所以整齐士众者也。"① 具体而言，就是鸣鼓则进，并根据鼓声的轻重缓急来决定行动的快慢，即《司马法·严位》所说的"奏鼓轻，舒鼓重"的含义。当时，执行不同军务的将士，要佩带不同颜色的徽章以资识别："一曰，举日章则昼行。二曰，举月章则夜行。三曰，举龙章则行水。四曰，举虎章则行林。五曰，举乌章则行陂。六曰，举蛇章则行泽。七曰，举鹊章则行陆。八曰，举狼章则行山。九曰，举韝章则载食而驾。九章既定，而动静不过。"② 秦国的训练内容同样具体而严格，《尉缭子·勒卒令》曰："金、鼓、铃、旗，四者各有法。鼓之则进，重鼓则击。金之则止，重金则退。铃，传令也。旗，麾之左则左，麾之右则右。奇兵则反是。一鼓一击而左，一鼓一击而右。一步一鼓，步鼓也。十步一鼓，趋鼓也。音不绝，鹜鼓也。商，将鼓也。角，帅鼓也。小鼓，伯鼓也。三鼓同，则将、帅、伯其心一也。奇兵则反是。鼓失次者有诛，喧哗者有诛，不听金、鼓、铃、旗而动者有诛。"《尉缭子·兵教上》也载："击鼓而进，低旗则趋，击金而退，麾而左之，麾而右之，金鼓俱击而坐。"秦国的这套训练内容，一是强调正奇兵指挥信号的不同，二是强调将帅与指挥信号的协同一致，三是强调训练法令的权威性。《尉缭子·经卒令》《尉缭子·兵教令》亦都提到部队徽识的使用办法和规定。如此详细的规定，非久经训练是不能熟谙的。

两国都重视队列与阵法的训练。队列训练主要是进退、左右、纵横、分合、起坐跑伏等动作的要求和变化。它是所有军事训练中最基础的部分。战国

---

① 《六韬·犬韬·教战》。

② 《管子·兵法》。

时期齐国军队在进行训练时将其置于非常重要的位置。《司马法·严位》中所强调的“立卒伍，定行列，正纵横”“立进俯，坐进跪”“行慎行列，战谨进止”等，即是齐国军队进行这方面训练的真实写照。战国时期，随着战争中阵法的日趋复杂化，要求军队在队列训练的基础上开展严格的阵法训练，做到“人习陈利”[①]，才能作战。当时齐国军队的阵法训练，注意让士卒根据阵法的变化，熟练地掌握各种战斗动作和技能，确保临战时能够“位欲严，政欲栗，力欲窕，气欲闲，心欲一”[②]，从而取得对敌作战的胜利。秦俑的成功发掘，为秦人重视军训提供了最好的展示标本。秦俑中的士卒俑或重装或轻装，都严守岗位，队列虽有密有疏，但个个都有固定的位置。秦俑凡持同类兵器者，必然同一个手势，兵器种类、携带部位、姿势表情整齐划一，如无严格训练，是很难达到这种严整状态的。[③] 秦军在阵法的演练上重视训练正奇兵和步兵、车骑诸兵种的配合作战战术。《尉缭子·兵令上》云：“出卒陈兵，固有恒令；行伍之疏数，固有常法，先后之次有适宜……善御敌者，正兵先合，而后扼之，此必胜之术也。”

齐、秦两国都重视步、车、骑等多兵种协同训练，“兵贵知变动，车贵知地形，骑贵知别径奇道”[④]。各兵种协同配合适应了战国以来战场地域扩大，在不同地形上战斗的需要，亦即“易则多其车，险则多其骑，厄则多其弩”[⑤]。多兵种协同配合可以克服单兵种作战的不足，相互补充，彼此配合，最大限度地发挥军队混合作战的整体威力。孙膑在指挥马陵之战时就以骑兵诱敌，以战车为垒，以步卒设伏击溃魏军。长平之战时，秦国就出动步兵、骑兵等多兵种联合参战，这也是秦军获胜的一个原因。当然，如无平时的严格训练，何能成功组织出这种大兵团协同作战呢。

齐、秦两国虽在军事制度上有不少相似之处，但亦有明显差异，主要体现在两方面：一是在军功爵制的规定、运作、执行力度等方面的差异；二是在军事法律即惩罚制度上的不同。军事管理体制的差异是造成两国军队战斗力存在巨大差异的最重要因素。正是由于采用了一种更加顺应时代、更能调动积极

① 《司马法·定爵》。
② 《司马法·严位》。
③ 王学理:《秦俑专题研究》,三秦出版社,1994 年,第 210－211 页。
④ 《六韬·犬韬·战车》。
⑤ 《孙膑兵法·八阵》。

性、赏罚分明的军事管理体制，才使秦军爆发出巨大的战斗力，攻无不克，战无不胜，所向披靡。而齐国军事管理体制的不完善及其无法最大限度调动士兵的战斗积极性，是这个一度非常强大的东方大国在秦军面前不堪一击的重要原因。

（一）在军功爵制的规定、运作、执行力度等方面的差异

所谓“军功爵制”，就是“以爵赏战功”的制度，也即朱绍侯先生所谓的“因军功（实际也包括事功）而赐给爵位、田宅、食邑、封国的爵禄制度”。[①]这是诸侯列国提高军队战斗力的一项重要措施，同时也是各国士卒争取更高级社会地位的最主要途径。

齐国是最早建立因功赐爵制的国家。《管子·小问》在提到“为政三本”时说：“三本者，一曰固，二曰尊，三曰质。故国父母坟墓之所在，固也；田宅爵禄，尊也；妻、子，质也。三者备，则民必死，而不我欺也。”此处所谓的“田宅爵禄”，就是国君因功赏赐给臣下、士兵的土地房屋和爵位。秦国在春秋时期也已建立了军功爵制。《左传·襄公十一年》载“秦庶长鲍、庶长武，帅师伐晋以救郑”。在秦的二十级军功爵制中，就有左庶长、右庶长、大庶长的爵名。早在秦宁公十二年（前704）就有“宁公卒，大庶长弗忌、威垒、三父废太子而立出子为君”[②]的事件出现。大庶长是秦军功爵制中的第十八级，陈直先生据此而论“秦爵二十级……一般人以为商鞅创法。证以本文，秦当春秋初年，即有此制度”[③]。这说明秦从春秋直到战国商鞅变法之前都有实行军功爵制的记录，但与齐国一样，这一时期的军功爵制没有形成完整、系统的制度，秦国的军功爵制的作用也似乎不如齐国那样突出。[④]

战国时期，面对日益频繁的兼并战争，各国统治者不得不进行比春秋时期更为深入的改革，其中重要的一项就是废除“世官”制，积极推行军功爵制。因此，战国时期军功爵制才开始全面推行开来，成为军事制度变革的一个中心环节。其中，秦国的军功爵制最为完备，也最为典型，对后世的影响也最大。《史记·商君列传》说：“有军功者，各以率受上爵……宗室非有军功论，不

① 朱绍侯：《军功爵制研究》，上海人民出版社，1990年，第3页。
② 《史记·秦本纪》。
③ 陈直：《史记新证》，中华书局，2006年，第11页。
④ 朱绍侯：《军功爵制研究》，上海人民出版社，1990年，第12页。

得为属籍。明尊卑爵秩等级，各以差次名田宅，臣妾衣服以家次。有功者显荣，无功者虽富无所芬华。”军功成为赏爵赐禄的最必要条件，凡是没有军功的旧贵族就要被开除贵族籍，不能得到封爵。商鞅变法之后，秦国的军功爵制几经变化，最后确定了二十等爵制：“一级曰公士，二上造，三簪袅，四不更，五大夫，六官大夫，七公大夫，八公乘，九五大夫，十左庶长，十一右庶长，十二左更，十三中更，十四右更，十五少上造，十六大上造，十七驷车庶长，十八大庶长，十九关内侯，二十彻侯。”[①] 二十等爵共分四个等级：一至四爵是兵卒的爵称；五至九爵是军吏的爵称；十至十八级是军将的爵称，十九、二十是特高级，是军事统帅和卿相一类人物的爵称。按照爵位的不同，享受不同的政治、经济特权，立有军功，爵位逐次递增，反之，则可以夺爵。其赏赐爵禄的原则是“官爵之迁与斩首之功相称”[②]，爵高者重赏，爵低者轻赏，赏罚分明。

军功爵制的全面推行带来了重大影响，除沉重打击了靠“血亲”获得高官厚禄的旧贵族之外，对新兴的地主阶级无疑也是一个鼓舞，他们可以通过建立军功来参与、掌握政权。军功爵制也使一般民众有了获得爵位的机会和可能，这比起“庶人力于农穑，工商皂隶不知迁业”[③] 的世袭制毕竟有所改变。从此，“宰相必起于州部，猛将必发于卒伍”[④]，军功爵制很快就显示出了生机勃勃的朝气和强大生命力。但齐、秦两国军功爵制在内容、运作方式、推行力度上都有很大不同。

——两国军功爵制的内容不同。齐国军功爵制规定：“得一首者，则赐赎锱金，无本赏矣。”“八两曰锱。本赏，谓有功同受赏也。其技击之术，斩得一首则官赐锱金赎之。斩首，虽战败亦赏，不斩首，虽胜亦不赏，是本无赏也。”[⑤] 齐国的技击之士，冒死战斗，杀敌一人，所得赏金仅仅八两，此外再无别的赏赐。这种仅仅强调物质赏赐的军功爵制使齐军具有了雇佣兵的性质，缺少了为国而战的热情，容易在战斗时溃逃，对民众的吸引力和号召力必然会大打折扣，自然也不能很好地催生士兵的战斗激情。

---

① 《汉书·百官公卿表》。
② 《韩非子·定法》。
③ 《左传·襄公九年》。
④ 《韩非子·显学》。
⑤ 王先谦:《荀子集解》,中华书局,1988年,第271页。

秦国军功爵制的内容则不同。《商君书·境内》说："能得甲首一者，赏爵一级，益田一顷，益宅九亩，一除庶子一人，乃得人兵官之吏。"《韩非子·定法》也指出："商君之法曰：'斩一首者爵一级，欲为官者为五十石之官；斩二首者爵二级，欲为官者为百石之官。'"这就是说，秦国的战士凡能斩敌一首的，可以获得爵位一级以及与之相适应的田宅、庶子，也可以做官成为军功地主，如果不断立功，还可不断受赏，乃至于获得高官厚禄。由此可见，秦国对斩首士卒除了物质赏赐之外，更有政治上的优待，这无疑对民众具有更大的吸引力，也更容易激发战斗激情，对战斗力的提升居功至伟。

——齐、秦军功爵制在推行过程中强调的重点不同。齐国军功爵制片面强调斩首的数量，仅仅依靠斩首的数量来衡量士兵军功的高低，不强调对士卒的惩罚。这种考量标准过于单一，在操作的过程中也容易偏离制定政策的初衷，一方面容易造成士兵只关注斩首数量而轻视战争的胜败；另一方面也会造成不重视本方士卒的伤亡，为一己私利而逞一时之勇。一支只关注赏金而不关注战争胜负的军队，如何可能抵挡住虎狼之师的秦军呢？

秦国的军功爵制则不仅强调斩敌首的数量，更关注己方的伤亡情况和战争的胜负结果。《商君书·境内》指出："其战也，五人来薄为伍，一人羽而轻其四人，能人得一首则复。"其意为：一伍之中，一人战死，其余四人即获罪。据此我们可以判定，如果有二、三或四人战死，其他人的罪名一定会更重。将功折罪的唯一办法是杀敌，一人战死，须杀敌一人，二人战死，须杀敌二人。《尉缭子·束伍令》也记载："五人为伍，共一符，收于将吏之所。亡伍而得伍，当之；得伍而不亡，有赏；亡伍不得伍，身死家残。"由此可见，《韩非子·定法》所载"商君之法曰：'斩一首者爵一级……斩二首者爵二级'"是有条件的。这个条件就是斩杀敌人首级的数量必须超过己方战士伤亡的数目。如果己方战士的伤亡甚于敌方，非但不能论功行赏，反而要以律论罪。如果己方战士的伤亡人数与敌人的死亡数相等，则功罪相当，不赏不罚。这就要求秦兵在尽力杀敌的同时，更强调部队内部士兵之间的协作，对提升秦军战斗力无疑是个巨大的推动。

——齐、秦两国推行军功爵制的力度不同。虽然目前还没有直接的资料证实齐国是采用何种方式推行军功爵制的，但很明显齐国军功爵制在实际战争中贯彻的力度不够，这由齐、秦两国士兵在战争中的不同表现和最终的结局可以证明。但秦国军功爵制在战争中贯彻得却非常充分和彻底，并且秦国当政者把推行军功爵制提高到事关国家“存亡之机”的重要高度。商鞅认为：“行赏而兵强者，爵禄之谓也。爵禄者兵之实也。是故人君之出爵禄也，道明。道明则国日强；道幽则国日削。故爵禄之所道，存亡之机也。夫削国亡主非无爵禄也，其所道过也。三王五霸，其所道不过爵禄，而功相万者，其所道明也。”①这种认识高度必然有助于秦国强化推行军功爵制的力度。

在完善军功爵制的配套制度上秦国也遥遥领先于东方六国。为推行军功爵制，秦国专门设立了主管官员和责任机构。秦首先设立太尉一职管理授爵事宜，《吕氏春秋·孟夏纪·孟夏》中有这样的记载：“立夏之日，天子亲率三公九卿大夫，以迎夏于南郊，还，乃行赏、封侯、庆赐，无不欣说，乃命乐师习合礼乐，命太尉赞俊杰，遂贤良，举长大；行爵出禄，必当其位。”秦还设有主爵中尉一职，《汉书·百官公卿表》载：“主爵中尉，秦官，掌列侯。”顾名思义，主爵中尉应该是专管颁行爵赏的职官。从《商君书·境内》所记载的“吏自操及校以上大将尽赏，行间之吏也”，及“将军以不疑致士大夫劳爵”的情况而论，在军队中，大将、将军及五百主、二五百主、百将、屯长等各级军官和军吏都有评论和颁行军功爵的职责。在地方上，由县丞、县尉颁赐得爵者应得的食邑、土地和其他奖赏。很明显，秦从上到下建立了一套完整的管理、评议、颁赐军功爵的机构，并采取了相应的措施。

——齐、秦两国推行军功爵制的效果不同。荀子对此曾有精妙的论述，他认为齐国的军功爵制“是事小敌毳则偷可用也，事大敌坚则涣焉离耳，若飞鸟然，倾侧反复无日，是亡国之兵也，兵莫弱是矣，是其去赁市、佣而战之几矣”②。在荀子看来，这种办法，如果战役小、敌人弱，那还勉强可以暂时利用；如果战役大，敌人强，那么士兵就会涣散而逃离，哪里还有比这更衰弱的军队呢？这与花费钱财雇取佣工让他们入伍参战也就没有多大的差别了。而秦国推行军功爵制的效果则是另一个样子：“秦人，其生民狭厄，其使民也酷烈，劫之以势，隐之以厄，忸之以庆赏，鳅之以刑罚，使天下之民所以要利于上者，非斗无由也。厄而用之，得而后功之，功赏相长也，五甲首而隶五家，

① 《商君书·错法》。

② 《荀子·议兵》。

是最为众强长久，多地以正，故四世有胜，非幸也，数也。”[①] 诚如此论，秦国能保持四代的胜利，绝非侥幸，而有其必然性，其中军功爵制的推行功不可没。

简言之，齐、秦两国虽都推行军功爵制，都强调功利，但齐人更强调个人物质利益的满足，与国家的整体利益联系并不直接，也不紧密，个人的自由度要大得多。而秦人追求的功利不仅与个人切身利益密切相关，而且与国家命运紧密相连。同时，秦国的军功爵制也远比齐国的更为规范、切实与明确。秦国的军功爵制比较成功地把全国人民都纳入了战争的轨道，也吸引着每个人都把自己的能量发挥到极致。之所以有如此威力，关键在于它是由国家不断进行财产和权利再分配的基本形式。各级爵位都落实在土地、赋税、徭役的分配以及个人身份地位的升降等最切实的利益上，一切所求目标的实现及其所获利益都与其自身的努力成正比。一个顺应时代发展的、更能调动民众积极性的制度开创了秦国历史的新篇章。

（二）在军事法律即惩罚制度上的不同

一国的军事管理制度无非包含两个方面，一为奖，一为惩。就军功爵制而论，主要强调的是奖励，而军事法制则以惩罚为主。齐秦两国不仅在奖励制度即军功爵制上差异很大，在军事法律上也有很大差异。齐秦两国都强调用严刑峻法来保证军事纪律的贯彻执行，两国军事法制中都大量充斥着籍没家属、暴尸示众、挖掘祖坟、杀、烹、车裂等种种酷刑。毋庸讳言，在当时的历史环境下，这些残酷军法的威慑力确实在一定程度上起到了提高部队战斗力的作用。

就完备性、严谨性及酷烈程度而言，秦国的军事法律远非齐国所能比拟。商鞅变法时，秦在居民管理上实行“什伍连坐”制。此法规定：“令民为什伍，而相牧司连坐。不告奸者腰斩，告奸者与斩敌首同赏，匿奸者与降敌同罚。”[②] 这种法律非常残酷，一人犯罪，全家甚至全族都要被诛杀。秦将樊於期叛逃燕国后，秦王政下令以“金千金，邑万家”悬赏他的头颅，而且将其“父母宗族皆为戮没”[③]。此法应用于军队管理上，就是在军中也出现了什伍连坐法。军队编为伍、什、属、闾各级，在这些组织中，有一人“干令犯禁”，其他人必须揭发，否则整个伍、什、属、闾一律惩处。这一法令使军中“父

---

① 《荀子·议兵》。

② 《史记·商君列传》。

③ 《战国策·燕太子丹质于秦亡归》。

不得以私其子，兄不得以私其弟"，起到了"什伍相结，上下相联，无有不得之奸，无有不揭之罪"① 的作用。《尉缭子·兵教下》把这种"同罪保伍"的"连刑"看作"威加天下"的人君十二条"必胜之道"的第一条。军官之间，亦有连坐法。"吏自什长已上，至左右将，上下皆相保也。有干令犯禁者，揭之，免于罪；知而弗揭者，皆与同罪。"②《秦律杂抄》又说："徒卒不上宿，署君子、敦（屯）长、仆射不告，赀各一盾。"这种系统化的连坐法打碎了那种依靠血缘关系来维系军队团结、保证战斗力的做法，大大加深了军队组织内部的政治关系和阶级关系，保证了军事行动的统一。

秦国的军事训练设有专职教官负责，教习不好，要惩处教官。《秦律杂抄》规定，教练四年的马还不能驾车，要处罚教练者四年徭戍；士吏或发弩啬夫射不中目标，除惩罚本人外，还要罚所在县的县尉衣甲二具，并免职，另行保举。《尉缭子·兵教上》篇说："凡伍临陈，若一人有不进死于敌，则教者如犯法者之罪。"凡有临阵逃亡或不服从法令的军吏，都要判处"教者如犯法者之罪"。教官对教练结果承担着巨大的责任，在这种刑罚法令的约束下，平日对教练要求的严格程度，就不言自明了。经过严格训练的部队，应能成为"守者必固，战者必斗"③ 的常胜之军。

秦军法严惩逃亡畏战。《尉缭子·重刑令》载："将自千人以上，有战而北，守而降，离地逃众，命曰'国贼'。身戮家残，去其籍，发其坟墓，暴其骨于市，男女公于官。自百人以上，有战而北，守而降，离地逃众，命曰'军贼'，身死家残，男女公于官。"把战败和投降的将吏视为"国贼""军贼"，处以杀头抄家、取消官籍、发掘祖坟、暴露尸骨、鬻卖家属为官奴的严酷刑罚，是前所未有的。秦律还规定，攻城战中，城已攻陷而迟到者、虚报阵亡者，均处"耐"刑；屯长和同什人知情不报者，罚一甲；同伍不报者罚二甲；因虚报阵亡而后人骗得爵位者，则夺其爵，本人罚为隶臣。平时执勤亦有严格规定，如上岗迟到者，凡屯长、什长知情不报的，罚一盾；提前下岗者则罚二甲，等等。

秦国对逃避兵役的官民都依法惩处。秦律规定，行政官吏啬夫、佐等爵位

① 《尉缭子·伍制令》。
② 《尉缭子·伍制令》。
③ 《尉缭子·兵教上》。

在“上造”者，征兵时不听上级命令，罚缴兵甲二具。县官若把应服兵役者收藏为“子弟”，逃避兵役，县尉罚二甲，并免官；县令罚二甲。对隐瞒役龄、虚报残疾或提前“免老”者，皆要受罚：其同伍者罚一盾并流放，里典、伍老等则判“赎耐”之刑。应募入伍未满役而提前归家者，罚居边四个月。

秦国军事法律中已有详细的营区管制法。在军营中，前后左中右各军都有专门的营地，以行垣相别，不准逾越。在一军之中，将帅、伯也各有专门营地，以沟渠相别，禁止随便通行。如果“非其百人而入者，伯诛之；伯不诛，与之同罪”[①]。在营区的纵横道路上，每一百二十步设一标识，派人分段把持。凡在营区通行的，必须持有将吏颁发的符节，如无符节，不准通行。即便是军中的采樵者、放牧者出入营区也要排成队列。军吏出入营区不持符节的，士卒出入营区不排成队列的，一经发现就地诛杀。这无疑十分有效地保持了营区秩序。

总而言之，秦国的军法更为完备细致，内容也更加丰富，恰如《盐铁论·刑德》所论：“秦法繁于秋荼，而网密于凝脂。”举凡军队编制、纪律、赏罚、训练、驻营、作战、行军、兵役等，无不制定法令规章，依法行事。“有功必赏，犯令必死。”[②] 秦律的刑罚固然残忍，但这样残忍的刑罚也迫使秦国士兵为了自己和家人的安危而小心谨慎地不触犯任何律条，同时也自动相互监视，告发违律者来换取自身的平安，这使秦军中几乎任何微小的不安定因素都被及时发现并予以纠正，刑罚还保证了所有将士都绝对服从命令，听从长官的指挥。这种规范严谨的重赏重罚、信赏必罚的制度，造就了一支令行禁止、军纪严明的强大军队。

（三）军事保障制度不同

两国均重视粮秣在军事体系中的重要作用。就两国粮秣管理体制的健全程度而论，仍以秦国为胜。《秦律》中对冒领和倒卖军粮规定了详细的惩处办法。长平之战赵军失败的重要原因就是秦将白起出奇兵分割包围了赵军，使之“粮道绝”，“遮绝赵救及粮食”，以至造成“赵卒不得食四十六日，皆内阴相杀食”[③] 的惨状。此役秦军投入60万左右的兵力，长平距离秦都咸阳近500公里。如此庞大的秦军远离国土，连续作战达两年之久，以当时的条件而言，

---

① 《尉缭子·分塞令》。
② 《尉缭子·兵令上》。
③ 《史记·白起列传》。

秦军的后勤供应几乎是一个不可能完成的任务，但就是这个看似无法完成的任务，秦国却完成得非常出色，远远强于赵国。由此可见，后勤保障中的粮秣管理和供应，确为所有治军者必须重视的问题。

齐、秦两国都重视粮秣基地建设。秦国不仅招徕三晋的民众开荒垦田，增加军粮的供应，[①] 还在各地建造了不少得到严格管理的仓廪以贮藏粮秣，以此支撑战争的开销。据马非百《秦集史》统计，秦国的仓廪分布在全国各地。大致的情况是：其一，陈留仓、敖仓、霸上仓，栎阳仓、咸阳仓为一组；其二，琅琊仓、黄睡仓、北河仓、督道仓为一组；其三，成都仓为一组；其四，苑仓为一组。其中第二组与第三组，显然是专为军事需要所设。至于秦取得巴蜀地区这块天然的大粮仓对秦国的壮大关系最为密切，“蜀既属，秦益强，富厚轻诸侯”[②]。仅在伐楚之役中，秦国就得以“率巴、蜀众十万，大舶船万艘，米六百万斛，浮江伐楚”[③]。故而宋代学者有秦国“灭六雄而一天下，岂偶然哉？由得蜀故也”[④] 之谓。

齐国在后勤基地的建设方面稍逊于秦国，但要比其他诸侯国搞得好些。经过多年的开垦耕耘，齐国耕地面积扩大，土壤肥沃，“齐带山海，膏壤千里，宜桑麻”[⑤]，农作物产量大增，为战争提供了充足的保障。《晏子春秋·内篇谏上第一》载，齐景公时，霖雨十七日，齐国遭受水灾。晏婴谏景公应巡视天下，以恤天灾百姓。景公于是“用粟九十七万钟，薪橑万三千乘，怀宝二千七百家，用金三千”。根据齐国的量：“豆、区、釜、钟。四升为豆，各自其四，以登于釜，釜十则钟。”[⑥] 中国历史博物馆所藏齐国的公豆陶量，高 11.6 厘米，口径 14.9 厘米，容 1300 毫升（小米）。如此计算，每豆 1300 毫升，每区则 5200 毫升，釜则 20800 毫升，每钟则 208000 毫升，折合 208 升，合后来的 20.8 斗。每斗按粟 15 斤计算，97 万钟粟则合三百多万斤。齐景公能一次拿出 97 万钟粮食赈济灾民，足以说明齐国府库的充实。《晏子春秋·内篇谏上》还载：“景公燕赏于国内，万钟者三，千钟者五。”燕赏粮食动辄以千钟万钟

① 《商君书·徕民》。
② 《战国策·司马错与张仪争论于秦惠王前》。
③ 常璩撰，刘琳校注：《华阳国志校注》，巴蜀书社，1984 年，第 194 页。
④ 郭允蹈：《蜀鉴》卷一。
⑤ 《史记·货殖列传》。
⑥ 《左传·昭公三年》。

计，如果没有发达的农业，是不可想象的。战国时期，齐国的军粮供给还是比较充足的，那时，战国七雄中只有齐与秦同被称为“粟如丘山”①。据载，战国后期齐国还有能力借粮食给其他国家，“秦攻赵，齐楚救之……赵无食，请粟于齐”②。可见其粮秣积贮之丰富。无独有偶，秦国也曾借粮给别国。秦穆公十二年（前648），晋国因灾荒向秦借粮，秦穆公慨然允诺，将大批粮食向晋输送，“以船漕车转，自雍相望至绛”③，其规模之大，被称为“泛舟之役”。如果没有充足的粮食储备，何能出现这种大规模的运粮场面呢?

车战和骑战都需要大量的马匹。因此，畜牧业特别是马政问题也成为当时军事后勤保障中十分关键的一个组成部分。秦地处西北，长期与戎狄杂居，民族渊源和地缘优势是东方各国所不具备的。秦国充分利用这种优势，一方面从游牧民族那里引进了大批良种马，荀子有谓：“北海则有走马吠犬焉，然而中国得而畜使之。”④ 另一方面开辟了大片的牧马场，大规模牧养马匹。张良在议论汉朝定都汉中时曾提出汉中“北有胡苑之利”，汉代在北部边郡建有牧苑三十六，官奴婢三万人从事牧养。汉承秦制，规模如此庞大的牧场为秦制的遗留当不成问题。这些措施大大提高了秦国马匹的质量与数量。

秦国的马政管理体制也非常规范与严格。秦国在中央和地方都设有专门的官员来管理畜牧业，在中央置“太仆”，掌舆马、主马政；在边郡设有“牧师令”，建立官营畜牧业基地；地方长官中有“厩驺”一职，《汉纪》记载夏侯婴就曾做沛县的“厩驺”。秦国牧场管理十分严格，《厩苑律》规定，放牧中如有牛马死亡，要及时令死亡的牛马腐烂，及时制止疾病的蔓延，有利于保护牛马群，否则就要按未腐烂时的价格加以赔偿。《法律答问》中还记载：诸侯有客来，要用火燻其车上的衡扼，以防止寄生虫传入，危害秦国的养马业。如此细微之事，都以法律的形式加以规范，足见秦政府对畜牧业的重视。对于饲料的管理，秦国有一套严格的征收刍稿的制度，刍稿就是饲养牲畜用的草料，云梦秦简《仓律》《效律》中都有记载，“入顷刍稿，以其受田之数，无垦不垦，顷入刍三石，稿二石”⑤，显然刍稿是国家的一项重要税收。刍稿以“积”

① 《史记·苏秦列传》。

② 《史记·田敬仲完世家》。

③ 《史记·秦本纪》。

④ 《荀子·王制》。

⑤ 《睡虎地秦墓竹简·释文》，文物出版社，1990年，第21页。

为单位，数量比较大。《仓律》：“入禾稼、刍稿，辄为廥籍，上内史，刍稿各万石一积，咸阳二万一积。”丰富的饲料为秦国畜牧业的发展奠定了基础。马匹驯养的结果有专门部门验收，据《秦律杂抄》的记述可知，供乘骑用军马被征后，“到军课之，马殿，令、丞二甲；司马赀二甲，法（废）”[①]，“马劳课殿，赀厩啬夫一甲，令、丞、佐、史各一盾。马劳课殿，赀皂啬夫一盾”。[②]厩啬夫、皂啬夫都是县里负责养马的人员，如果马劳役的成绩被评为下等，罚厩啬夫一甲、皂啬夫一盾。马政系统管理的规范、细致是秦国骑兵勇猛无敌、马踏六国的一个重要原因。

与秦国相比较，齐国在战马饲养和训练上均无特色可言。严耕望先生曾指出：“秦国领有中国最佳的战马产区，所以骑兵特强。以悍卒乘壮马，如虎添翼，绝不是东方的怯懦步兵所能抵拒，只有赵国北境也产马，训练骑兵，所以战国后期能与秦国一抗的只有赵国，当秦赵长平一战，赵国失败，丧师四十多万之后，东方六国就已经精神崩溃了。这也是秦国能统一天下的一个极重要的原因。”[③]

因此，齐、秦两国虽然在兵种与军事训练内容上极为相似，但两国推行的军事管理体制及后勤保障制度却有重大的差别，这种差别使两国军队的战斗力差距增大，“秦带甲百余万，车千乘，骑万匹，虎挚之士，跿跔科头，贯颐奋戟者，至不可胜计也。秦马之良，戎兵之众，探前趹后，蹄间三寻者，不可称数也。山东之卒，被甲冒胄以会战，秦人捐甲徒裎以趋敌，左挈人头，右挟生虏。夫秦卒之与山东之卒也，犹孟贲之与怯夫也；以重力相压，犹乌获之与婴儿也。夫战孟贲、乌获之士，以攻不服之弱国，无以异于堕千钧之重，集于鸟卵之上，必无幸矣”[④]。完备的军事制度从组织到作战、从生产到补给等方面都确保秦军拥有了一支强大军队所必需的要素，明确的赏罚体系则保证了秦军士兵具有好战、盼战的意志，也从精神上释放了秦军的战斗力。因此，秦兴齐亡的命运也就顺理成章了。

---

① 《睡虎地秦墓竹简·释文》，文物出版社，1990 年，第 81 页。

② 《睡虎地秦墓竹简·释文》，文物出版社，1990 年，第 86 页。

③ 严耕望：《治史三书》，辽宁教育出版社，1998 年，第 11－12 页。

④ 《战国策·张仪为秦连横说韩王》。

六、制度绩效看运作

一国制度建设的优劣除了制度本身先进与否之外，更体现在制度的运作与实践上。就齐、秦两国的制度设置而论，不可否认存在着某种差异，但更大的差异还是体现在制度的运行上。齐国制度的运行侧重于人治，不仅行政效率低而且随意性大，难以保障制度建设的持续性与规范性。而秦国的体制运作模式侧重于法治，行政效率高并且可以避免造成“人亡政息”的局面，有利于社会稳定和国家长治久安。

齐国威王的政治改革无疑有许多积极意义，但这一改革也埋藏着许多不足之处，最大的不足是没有进行系统的制度化建设，更没有使齐国的政治运作进入法治、法制的轨道。齐国的官僚选任体制要求举贤任能，贤能之士在位则国治，奸佞专权则国乱。齐桓公之所以能“九合诸侯，一匡天下”，成就一代霸业，主要是因为在他周围汇聚了管仲、鲍叔牙、宁戚、王子城父等一大批贤能之士。齐威王之所以能实现一鸣惊人的宏愿，得力于邹忌、田忌、孙膑等人的鼎力相助。齐国虽重视人才，但从没将人才的任用提升到制度层面，齐国的稷下学宫虽然形成一种制度，但它却不是法治的体现，而是人治的主要表现：稷下学宫是齐国的智囊机构，稷下先生们与齐国国君是师友而不是君臣关系。齐君贤明时，他们在稷下学宫中聚众讲学，批评时政，积极向国君进谏治国良言并且不失时机地向国君推荐官吏，而一旦齐君昏庸无能，稷下学士便会纷纷离开齐国另寻明主。齐国的人治还表现在邹忌讽齐王纳谏上，邹忌意识到自己位高权重深受周围人蒙蔽，转而进谏齐威王，阐明君主受群臣蒙蔽的严重性。齐威王采纳邹忌的谏言，广开纳谏之门，“群臣吏民，能面刺寡人之过者，受上赏；上书谏寡人者，受中赏；能谤议于市朝，闻寡人之耳者，受下赏”[①]。齐王采纳群臣谏言的确得到许多兴利除弊、富国强兵的好建议，但这一切的前提必须是国君善于纳谏、贤明而不昏聩。

这种侧重“人治”的政治运作方式太容易受国君素质的左右，君明臣贤则国泰民安，而一旦君主昏聩则易为奸臣操控，那么国家倾覆的危险就很大

① 《战国策·邹忌修八尺有余》。

了。正是这种没有制度保障的“人治”为后来齐国权臣乱政提供了可乘之机。

一代霸主齐桓公晚年生活荒唐腐化，宠信佞人，他专宠易牙、竖刁、堂巫、卫公子开方等人。易牙之所以受宠，是因为齐桓公想吃蒸婴儿肉，而进献自己的儿子让桓公吃掉。竖刁为了接近齐桓公，自受宫刑，为桓公管理内宫而受宠。卫公子为了侍奉桓公，十五年不归视自己的父母双亲。堂巫，据说此人能审生死，祛除疾病。管仲在世之时，就劝齐桓公远离这几个人，但齐桓公不听管仲之言，照样重用易牙、竖刁、卫公子开方，致使三人专齐国之大权。《管子·小称》载：齐桓公晚年，三人发难，把齐桓公围困在宫中，齐桓公“饥而欲食，渴而欲饮，不可得”，深悔当初没听从管仲的话，拿起一条素幭裹首而死。桓公死后，其子争立，攻战不休，可怜桓公的尸身停在床上 67 天，尸虫遍地，都不能下殓入土。一代霸君，落得如此下场，也够可悲可叹的。

齐国在威王晚年和宣滑时期，有田婴、田文父子掌权，他们结党营私，排斥异己，终成尾大不掉之势。孟尝君田文甚至不惜出卖国家利益，事秦相魏，在齐国生死存亡的关键时期伙同敌国，共谋倾齐。齐王建时，“后胜相齐，多受秦间金，多使宾客入秦，秦又多予金，客皆为反间，劝王去纵（合纵）朝秦，不修攻战之备，不助五国攻秦”①。

齐国的政治运作侧重“人治”，还体现在对贵族特权没有从制度、法制的层面上加以必要的限制与约束，致使权贵势力太重，权力易被贵族操控与垄断，使因能授官、量功授禄的制度常常遭受冲击与破坏，人才录用难以持久。韩非子在比较秦国政治与六国政治时就曾不无感慨地说：“忠劝邪止而地广主尊者，秦是也；群臣朋党比周以隐正道，行私曲而地削主卑者，山东是也。”②

其他东方六国无论是在变法期间还是变法之后，也都以人治为主。当然，这并不是说齐国不重视法律，齐相邹忌就曾提出“谨修法律而督奸吏”③ 的主张。尽管东方六国也各有法律，并为秦国法律的制定与完善提供了很好的借鉴样本，魏国李悝的《法经》就对商鞅的法律思想与法律实践产生了很大影响，但《法经》不过是魏文侯改革的一个组成部分，并不像秦国那样把立法、执

---

① 《史记·田敬仲完世家》。

② 《韩非子·饰邪》。

③ 《史记·田敬仲完世家》。

法视为改革的根本，其立法的指导思想也不像商鞅那样把剥夺宗室贵族的特权作为其施政总纲，《法经》的实施也没有像秦国那样强调在法律面前人人平等。因此，比较而言，法律理念在东方六国政治运作领域起到的作用远不如在秦国强大，法律系统也远没有秦国完善、系统与规范。

秦国健全法制，厉行法治，建立规范化的政治操作体系，特别是将各项措施制度化、法制化。秦国以法律的形式规定了各级官僚的岗位责任，明确各级官僚的违法、渎职、失职的惩罚细则；一人违法，同僚之间、上下之间都负有连带责任，“令民为什伍，而相牧司连坐”① 的原则同样施用于官僚队伍。为了规范国家的行政活动，秦国制定了一系列的行政法规，如关于廷尉机构行政管理的《尉杂》、关于治粟内史机构行政管理的《内史杂》、关于司空机构行政管理的《工律》、关于公车司马机构行政管理的《公车司马猎律》、关于户籍行政管理的《傅律》、关于徭役行政管理的《徭律》、关于文书传递管理的《行书律》、关于边防事务管理的《屯表律》、关于戍边管理的《戍律》、关于驿站食物供应管理的《传食律》、关于出入境管理的《游士律》和关于少数民族事务管理的《属邦律》等，总计现在所见到的律目就有三十余种。有关法律的内容涉及经济行政管理、军事行政管理、外交行政管理、司法行政管理、社会治安管理、监狱行政管理、户籍行政管理、交通行政管理、文化教育行政管理等方方面面。因此，可以说秦国的行政管理充分体现了“依法治国”、依法行政的精神。

秦国的行政法规不仅类型完全，而且结构严密，规范明确。秦简《徭律》规定：县令有权征发禁苑周围有农田的居民兴建防护措施，“无贵贱，以田少多出人”；县一级政府机构拆改官衙等公房必须事先向上级报告；对修缮工程必须准确计算工作量，如果所估不实，对估算者以法论处等。这就对县一级政府机构征发徭役时，有权做什么、可以做什么、必须做什么、不准做什么以及违反规定的后果等，都有明确规定。秦的行政法规绝大多数属于确定性规范，对规则的内容、适用的条件和制裁的尺度都有明确具体的规定，甚至达到精确量化的程度，只有极少数法律规范允许官吏酌情处理，这为行政机关最大范围“依法行政”创造了条件。

秦的官法官规体现着秦王以法治吏的政治理念和将行政管理法制化的意

---

① 《史记·商君列传》。

图。它不仅内容广泛，规范严整，条文具体，而且惩处严厉。秦国行政法规所规定的法律制裁手段包括经济制裁、行政强制、行政处罚和刑事处罚等。秦对官吏触犯法规的处罚相当严酷，官吏违规轻者处以口头责罚或罚款，重者则“赀徭”“免”“费”，因违法被秦王流放到边疆服苦役的官吏比比皆是。

推行依法行政在秦国促成了“道不拾遗，民不妄取，兵革大强”① 局面的出现，秦昭襄王时，著名大儒荀子曾到过秦国，依据儒家价值观念，他批评秦国“无儒”，认为这是最大的短处，但他又承认秦国政治有其所长。他说：“其固塞险，形势便，山林川谷美，天材之利多，是形胜也。入境，观其风俗，其百姓朴，其声乐不流污，其服不挑，甚畏有司而顺，古之民也。及都邑官府，其百吏肃然，莫不恭俭敦敬，忠信而不楛，古之吏也。入其国，观其士大夫，出于其门，入于公门，出于公门，归于其家，无有私事也，不比周，不朋党，倜然莫不明通而公也，古之士大夫也。观其朝廷，其闲听决百事不留，恬然如无治者，古之朝也。”② 在荀子看来，秦国政治“佚而治，约而详，不烦而功”，基本符合“治之至”的标准。这番话出自非议以法为本的名儒之口，足可证明当时秦国的政治制度和行政效率明显优于包括齐国在内的东方各国。秦孝公、秦惠王、秦武王、秦昭襄王“四世有胜”，并最终由秦嬴政灭掉六国，统一天下的事实证明：人治仅能奏效于一时一事，难以泽被百年，只有加强法制，依法治国，才能保障制度运作的高效与稳定。

历史经验告诉后人，国家兴衰与制度安排关系密切。在战国那个动荡战乱的时代，哪一个国家最早、最坚决地强化中央集权，就会最先抢占发展优势，走在时代的前列。秦国的中央集权制度，不仅建设得最完备，也运用得最彻底，它最大限度地集中全国的资源和财富，把普通民众的命运与国家的整体命运联系在一起，最大限度激发了民众的生产潜力和战斗勇气。因此，秦人在为自己的命运拼搏、奋斗的同时，客观上也促进了国家实力的增强。而齐国的制度建设明显与时代特点不相吻合，过分强调个人的奋斗与努力在成就其事业中的重要作用，淡化了农耕文明下强烈的集体意识、家族乡里意识。不言而喻，秦国强调中央集权的制度建设无疑更加顺应历史发展的趋势，因此，它才能在优胜劣汰的激烈竞争中脱颖而出，兵吞六国，结束数百年的分裂局面。

---

① 《战国策·卫鞅亡魏入秦》。
② 《荀子·强国》。

第四章 国运与人才

国家昌盛，端赖人才。国家之间的竞争本质上就是人才的竞争，综观春秋战国可以看出，其政治格局随人才的流动而变化，人才的和叛与诸侯的强弱呈互动状态。如果把人才政策置于国家战略的大背景之下，可以看出齐国和秦国的不同之处。秦国一贯重视人才，并较早采用了客卿制，作为一项国策施行，依靠大量外来人才特别是具有法家思想的人才加速了发展和统一的进程。齐国在春秋早期重视人才而得以称霸诸侯，但到了战国时期没有把聚集人才作为国策，其人才结构也以儒、道、墨等思想流派为主，与力主政治经济改革的法家相比缺乏竞争力。在战国时期的非常环境中，秦国的各类客卿人才形成了一种集合力量，发展成为强大的综合实力，而齐国缺乏明确的人才规划，没有批量出现优秀的内部人才和外来客卿，也就没有在政治经济领域取得明显的进步，从而在竞争中逐渐丧失优势，最终为秦所灭。

一、从世卿制到客卿制

从人才发展的历史观察，秦国和齐国经历了大致相同的阶段。先秦时期是早期政治制度累积形成的过程，各诸侯国都经历了从宗法制度下的世卿世禄制到士阶层的出现，直至客卿人才的崛起而激发的人才自由流动这一过程。世卿世禄制是用血缘关系表达政治，是宗法制度的必然产物，也是分封制的必然结果。在宗法制度下，“任人唯亲”是社会公认的原则和主流的用人标准，完全不同于今天的认识和理解，当时所谓的选贤任能基本上是局限在贵族阶层内部相对封闭的范围内，只有秦国较早打破了这一用人桎梏，但依然受到极大限制。

严格的宗法制度始于西周，而世卿世禄制的发展完善是在春秋时期。一般来说，世卿世禄制是广义的，因为没有哪个家族能永久把持一个特定的职位，不存在狭义的绝对的世卿世禄，但重要的卿大夫职位始终不出几个贵族家族，比如齐国的高氏、国氏、鲍氏、田氏等，职位分配只是他们内部的游戏。当时的社会结构是家族大于个人，族权又大于家权，从这个意义上才存在世卿世禄。春秋时期，王权衰落，周天子已无地可封，策命分封等表明周天子权力所在的规则基本自行消亡，权力逐级下移到诸侯国。经过十几代人的发展，卿大夫集团内部也已经分化重组，出现了累代为卿的巨室，如鲁有“三桓”，郑有“七穆”，晋有“六卿”。诸侯国内的公室权力被削弱，权力被几个同姓或异姓的卿大夫集团控制，他们自行决定自己职位的继承人，长期把持政府权力，成为真正的世卿。他们还大量占有土地，有实力的卿大夫在自己的采邑上俨然一个诸侯国，有家大夫、宰、老等管理人员。这时“采邑已经由官吏的俸禄形式演变为国家政权形式”,[①]“采邑的内部机构日趋复杂，卿大夫之家已经成为一级国家政权组织,”[②]这一级政权被有实力的世卿所垄断，诸侯国君已丧失对采邑的控制力，他们之于卿大夫专权的局面，正是原来周天子所面对的诸侯国的局面。卿大夫们无须任何策命就可以把自己的公职和采邑传给子孙，还在采邑内自行派出邑宰有司直接行使管理权力，而采邑中的产品很少贡献给公室。摩尔根在《古代社会》中经常提到“建立在地域和财产基础上的国家”[③]，他说氏族组成社会，而地域财产是国家的要素，通俗地讲就是实力决定一切。按照这样的标准，卿大夫的采邑就是独立的小国。有了世袭的职位和土地，就是有了地域和财产，世卿世禄制度方有其实。这种制度下没有一般意义上人才的观念，只是在家族中选取所谓的贤者，也就是宗法和宗族政治。

宗法政治的时代是宗族专政的时代，是贵族的时代，贵族垄断了主要的社会资源，包括文化和教育资源，因为教育是体现统治权力的工具。西周春秋时期是有学校教育的，《孟子·滕文公上》说“设为庠、序、学、校以教之”，但这些教育机构和设施主要为贵族所占有，极少数“匹夫有善可得而举”，庶人难有受教育的机会。由于教育主要服务于贵族阶层，并由官方主导，习惯上称之为官学。春秋中期以后，宗法制度逐步受到破坏，官学也走向没落，私学

① 吕文郁:《周代的采邑制度》,社会科学文献出版社,2006 年,第 178 页。
② 吕文郁:《周代的采邑制度》,社会科学文献出版社,2006 年,前言第 8 页。
③ [美]摩尔根:《古代社会》,中央编译出版社,2007 年,第 22 页等多处。

代替官学进入主流社会，如《左传·昭公十七年》载孔子语：“吾闻之，天子失官，官学在四夷。”失官是指官吏不履行自己的职责，这和当时周室日益颓败的政治状况是符合的。

官学没落，但教育的需求还在，所以私学应运而生。私学兴起始于孔子。“孔子最大的抱负虽在政治，他最大的成就却在教育。”①私学兴起并不能说明官学已完全不存在，只是由于官学衰败，无力再担负起教育国士的全部职能，私学很可能在刚开始时只是对官学的一种补充，而不是与官学对立，因为从理论和实践上都无法想象官学突然之间全部消失，而被私学全面代替。私学讲授的内容应当是对官学的延续，日后逐渐丰富创新，而不是另起炉灶。可以确定的是，私学为了扩大自己的影响，在招生时对学生没有身份限定，这就从根本上打破了官学为贵族所主导的格局，给庶民提供了通过受教育进入主流社会的机会。孔子曾说“自行束修以上，吾未尝无诲焉”②，用几条干肉做学费，孔子就同意收为学生而教育之，看来学费门槛不高，这样平民就有能力上学了，中国历史上第一次出现了“教育改变命运”的制度性机会。私学的教育理念比官学负责和先进，“有教无类”③ 代表了私学对学生一视同仁的基本原则。私学的教育质量也应当比官学高，因为大凡一种事物在刚出现时必然有其新生的活力，孔子对待学生的严谨态度和以“六艺”授学都是很好的证明。由于私学的多种优势，其取得教育统治地位已是水到渠成。

春秋中期以后围绕私学授学的学人集团已经形成。学人集团“各著书言治乱之事以干世主”④，而以儒、墨两家声势最为浩大，“孔墨弟子徒属，充满天下，皆以仁义之术，教导于天下”⑤。“孔子……养徒三千，入孝出悌，言为文章。墨子服役者百八十人，皆可使赴火蹈刃。”⑥他们以尊师为名，形成团体实力，甚至几可与诸侯抗衡。其时又有“杨朱、墨翟之言盈天下，天下不归杨朱则归墨”⑦。诸派大师云集，得天下英才而教育之，真是一派热火朝天的学子气象。

---

① 张荫麟:《中国史纲》,上海古籍出版社,2006 年,第 74 页。
② 《论语·述而》。
③ 《论语·卫灵公》。
④ 《史记·孟子荀卿列传》。
⑤ 《吕氏春秋·有度》。
⑥ 《淮南子·泰族训》。
⑦ 《孟子·滕文公下》。

学人集团的势力确已不可小觑，他们“博学以疑圣，华诬以协众，弦歌鼓舞，缘饰诗书，以买名誉于天下”[①]，“一大师之所号召，其朋徒之盛，风声之广，盖尤后世之所少见也”[②]。学人集团有如此之大的社会号召力，其力量不在于学，而是学成入仕后所形成的集合力量。孔子的影响力之大与其众多学生身处列国政权高位有很大关系，“七十子之徒游诸侯，大者为师傅卿相，小者友教士大夫”[③]，并宣称“仲尼日月也，无得而逾焉”[④]。孔子的思想得以广泛传播也源于此，否则不会有《论语》的出现和传承。郭沫若把其中关系说得透彻：“既有多数的人要靠着读书来取进身之阶，自然也就有孔、墨这样的大师，靠着教书来铺张自己的场面了。”[⑤]

学子学成后入仕而成为士，而贵族阶层原本就有士，二者最终融合成为新的士阶层。贵族中最初的士是武士，顾颉刚明确指出：“吾国古代之士，皆武士也。士为低级之贵族，居于国中，有统驭平民之权力，亦有执干戈以卫社稷之任务，故谓之国士以示其地位之高……为当时一般人所仰望者也。”[⑥]士在春秋时代与大夫有别，“士大夫”尚未连称，“春秋社会还是一个大夫社会，而不是如战国时代那样一个由游士占据主导地位的士的社会”[⑦]。春秋前期“唯有武士是最受教育的人”[⑧]。孔子的私学教育的一个特征是重文胜过重武，其作用是促进了士由武职向文职的转变，这是春秋中后期的士的新出路，也是春秋前后士的根本区别。私学的兴起在武士向文士的转变中起到了关键的作用，而“武士成了文士，吸收下层的优秀分子，另组成一个社会中最有势力的阶层时，封建社会的命运已大半告终了”[⑨]！

新的士阶层的形成改变了国民组成的结构，并形成了新的政治力量。孔子说“士志与道”[⑩]，即士是社会基本价值和道德的维护者，能够超越个人利益

---

① 《淮南子·俶真训》。
② 钱穆:《秦汉史》,生活·读书·新知三联书店,2004 年,第 5 页。
③ 《史记·儒林列传》。
④ 《论语·子张》。
⑤ 郭沫若:《十批判书》,中国华侨出版社,2008 年,第 48 页。
⑥ 顾颉刚:《史林杂识初编》,中华书局,1963 年,第 85 页。
⑦ 何怀宏:《世袭社会及其解体》,生活·读书·新知三联书店,1996 年,第 83 页。
⑧ 张荫麟:《中国史纲》,上海古籍出版社,2006 年,第 34 页。
⑨ 童书业:《春秋史》,上海古籍出版社,2003 年,第 246 页。
⑩ 《论语·里仁》。

而对国家和社会深切关怀，是“社会的良心”，孟子说“无恒产而有恒心者，唯士为能”①。既然士阶层已成为社会的中坚，那么其中一部分人必然要进入统治阶层了。由于大量的士人等待出仕，而本国未必能提供足够多的职位，一些人开始游历他国寻找机会，游说诸侯谋取职位。由于各种原因，一些人得以在异国为官，今天我们按照广义的标准统称这类人为“客卿”。

由于客卿多是有真才实学之士，相对于腐朽的世官制下的宗族子弟更有能力，许多诸侯国君或世卿大族使用这些外来人很得心应手，于是更多的游士有机会获得各种各样的职位，在这样背景下，客卿开始大量出现，甚至在一些诸侯国内，客卿开始与世官分庭抗礼，有的诸侯国比如秦国、楚国建立了相对成熟的客卿制度。战国时期，由于战争引发的生存危机，人才需求量骤然加大并且对人才能力要求明确——能否迅速为国家和君主创造利益，学有专长的法家、兵家、纵横家人物大量出现，纷纷登堂入室成为各国的客卿。旧宗族不愿交出权力，但出于生存压力又不得不使用客卿，就这样，顽强的世卿制和高效的客卿制并存，成为战国时期的普遍现象，直至秦始皇统一中国建立先进的中央集权的官僚制度。

从宗法制度下的世卿世禄制，到以能力为选拔标准的客卿制，由于国家的政治需求，先秦时期的人才使用方式发生了重大改变。历史证明，能够引领时代趋势的秦国通过客卿制广纳天下人才得以迅速发展，而宗族势力相对顽强的齐国没有抓住历史的机遇，战国时期的齐国没有出现秦国那样的人才群，甚至没有一个在政治或军事上的领军型的外来人才。由于人才的匮乏，齐国的政治改革和军事发展进步缓慢，国家竞争力没有显著提高，在最终的较量中输给了秦国。

二、齐国的大国地位与人才

齐国是西周最早分封的异姓诸侯国之一，也最有资格认识到人才的重要性，因齐太公姜尚就是作为特殊人才辅佐周文王和武王有功而得封地的。《史记·齐太公世家》载：“西伯将出猎，卜之，曰：‘所获非龙非彲，非虎非罴，所获霸王之辅也。’于是周西伯猎，果遇太公于渭之阳。”霸王之辅当然就是

---

① 《孟子·梁惠王下》。

辅助君王一统天下的一流人才，果然，姜尚协助文王和武王屡建功勋，在兴周灭商的建国大业中起到了决定性作用，“天下三分，其二归周者，太公之谋计居多”。又载，“太公博闻，尝事纣。纣无道，去之。游说诸侯，无所遇，而卒西归周西伯”。据此，太公姜尚曾为商臣，又曾游历诸国而最后事周，根据广义客卿①的定义，可视作早期的客卿。

齐国自建立直至为秦所灭，始终是大国气象，司马迁形容齐国是“膏壤二千里，其民阔达多匿知，其天性也。以太公之圣，建国本，桓公之盛，修善政，以为诸侯会盟，称伯，不亦宜乎？洋洋哉，固大国之风也”。这与其建国基础稳固，发展较早，重用人才并不断创新有密切关系。齐国新建不久，管蔡作乱，淮夷叛周，成王派召公命太公曰：“东至海，西至河，南至穆陵，北至无棣，五侯九伯，实得征之。”②齐国由此获得征伐兼并特权，高举王命大旗，依靠武力很快发展成大国，奠定了齐国发展的基本框架，成就了齐国此后数百年的大国景象。大约在400年后的春秋早期，齐桓公重用管仲，修德爱民，信于诸侯，由齐桓公主导的“兵车之会三，乘车之会六，九和诸侯，一匡天下”③。特别是公元前651年的葵丘之会，周襄王赐文武胙。这一时期是齐国人才集聚的高峰，也是齐国发展历史上的顶点，齐国成为春秋早期的主要霸主，极大地巩固了齐国长期的大国地位。从齐桓公重用曾射伤自己的管仲来推理，此时的齐国必定是以能力作为选拔人才的主要标准，因此造就了齐国历史上最为辉煌的时期。

如果究其出身，管仲也是客卿，据《史记·管晏列传》：“管仲夷吾者，颍上人也。少时常与鲍叔牙游，鲍叔知其贤。及小白立为桓公……鲍叔遂进管仲。管仲既用，任政于齐，齐桓公以霸，九合诸侯，一匡天下，管仲之谋也。”颍上

---

① 客卿，史学界长期以来对其定义和内涵有两种意见。一种是狭义的客卿，即出现于战国时期、明确地拜为客卿之职的异国人，其依据是《资治通鉴·周纪二·显王三十六年》胡三省注：“秦有客卿之官，以待诸侯来者，其位为卿，而以客礼待之。”即只有明确获得客卿之位的异国人才能称作客卿。另一种意见是广义的客卿，即不论有无客卿之职，凡不产于本国之异国来仕者，均称为客卿。广义客卿论者多引马非百的关于广义客卿的定义：“客卿乃一特定的官名，专为位置某种诸侯人之来仕于秦者而设，而非泛指一切为客于秦之诸侯人……此狭义之客卿也。至于广义之客卿，则不限于有无拜为客卿之事实，举凡诸侯人之不产于秦而来仕于秦者，皆得名之曰客卿。”广义客卿的定义由秦国推而广之，扩大到所有以客出仕的异国之人，并且不拘泥于以“客”的身份为“卿”者，而是泛指一切异国来仕者。

② 《史记·齐太公世家》。

③ 《史记·齐太公世家》。

时属郑，故管仲应为郑国人，而出仕齐国，是历史上最为成功的客卿之一。管仲是一个善于创新的改革家和思想家，他提出“国多财则远者来，地辟举则民留处，仓廪实则知礼节，衣食足则知荣辱”①。这个观点揭示了人性的本质，而其“士、农、工、商”的分类影响了中国社会阶级、制度、思想长达几千年，孔子曾说“微管仲，吾其披发左衽乎”？由此可知，一个开创型的人才对整个国家发展的巨大作用，不仅表现在当代，更具有坚韧的历史穿透力和影响力。

太公姜尚建国，桓公用管仲而承上启下，客卿之于早期的齐国可谓重要。春秋时期，齐国政治的总体特点是公族宗卿和异姓世臣联合执政或轮流执政。齐国虽然宗族林立，但无一强宗，所以齐公室不但没有被某一个或几个宗族控制，反而能够利用各个宗族之间的争斗，牢固地控制着政权。齐桓公十四年（前672），“陈历公子完，号敬仲，来奔齐。齐桓公欲以为卿，让，于是以为工正。田成子常之祖也”②。齐桓公用公子完，埋下了田氏代齐的种子。齐桓公死后，齐国在继承问题上内乱不断，并于公元前589年鞍之战中大败于晋，一直到公元前386年田氏代齐的两百年间，姜齐再没有出现有大作为的国君，其国势平平，但仍不失大国之尊，也没有在与晋、楚、吴的对峙中处于明显的劣势。

田氏代齐标志着齐国进入新的发展阶段，其实在此之前自姜齐平公时，“田常相之，专齐之政”，也就是说实质上的田氏代齐大约还要早近一百年。田齐取代姜齐后，为了表现出田氏包容自信的一面，自桓公午开始，即有稷下论政。钱穆考证说：“盖齐之稷下，始自桓公（田齐），历威、宣、湣、襄，前后五世，垂及王建，终齐之亡，逾百年外，可谓盛矣。”③田齐兼听以明政，传统相继，到齐宣王时，稷下盛况空前，据说“宣王喜文学游说之士，自如邹衍、淳于髡、田骈、接予、环渊之徒七十六人，皆赐列第，为上大夫，不治而议论。是以其稷下学士复盛，且数百千人”④。但稷下先生的政治地位始终是模糊的，既是大夫，但又“不治”，仅仅“议论”，其身份更像是咨政顾问，并且多为“文学之士”，而非力主改革的法家学人。一部分人借助稷下这个平台参与政治，比如淳于髡谏齐威王数使诸侯而皆有功，但没有出现有较大建树

① 《管子·牧民》。
② 《史记·齐太公世家》。
③ 钱穆:《先秦诸子系年》,商务印书馆,2001年,第269页。
④ 《史记·田敬仲完世家》。

的人才，尽管如此，稷下现象仍不愧是田齐在战国思想史上一段光辉的历程，也是战国时期思想领域的盛宴。

从历史记载看，虽然稷下学人没有给齐国带来直接的利益，但如果对田齐初期强盛的动因加以分析，可以发现齐国这一时期强于诸侯的根本原因是人才的聚集，而促使大量人才涌现的是先进的人才价值观，这与稷下学人的思想影响是有密切联系的。《史记·田敬仲完世家》记载了齐威王[1]这样一则故事，可以说明齐国对人才的重视：

> 威王二十四年，与魏王会田于郊。魏王问曰："王亦有宝乎?"威王曰："无有。"梁王曰："若寡人小国也，尚有径寸之珠照车前后各十二乘者十枚，奈何以万乘之国而无宝乎?"威王曰："寡人之所以为宝与王异。吾臣有檀子者，使守南城，则楚人不敢为寇东取，泗上十二诸侯皆来朝。吾臣有肦子者，使守高唐，则赵人不敢东渔于河。吾吏有黔夫者，使守徐州，则燕人祭北门，赵人祭西门，徙而从者七千余家。吾臣有种首者，使备盗贼，则道不拾遗。将以照千里，岂特十二乘哉!"梁惠王惭，不怿而去。

齐威王以人为宝，重人而不重物，他大胆使用受过髡刑的"赘婿"淳于髡，重用受过膑刑的孙膑，表现出了一定的政治活力和魄力。威王重人，宣王继之，齐国在此期间聚集了大批人才，邹忌、田忌、孙膑、田婴等人均被委以重任，特别是邹忌推行法家政策进行改革，田婴和孙膑在军事上获得突出成就，齐国因此迅速崛起。公元前353年桂陵之战后，齐威王"最强于诸侯，自称为王，以令天下"[2]。公元前341年马陵之战后，"三晋之王皆因田婴朝齐（宣）王"[3]。齐湣王时，甚至强秦也把泾阳君质于齐，公元前288年"王为东帝，秦昭王为西帝"[4]。这一切均得益于齐国正确地使用了国内外人才，增强了综合实力。

田齐重视人才，知人善任，胸襟宽广，才能有稷下学宫之兴。因为稷下学宫是各种思想交汇的场所，劝谏议论之声不绝于耳，没有包容的思想，这种

---

① 《史记·田敬仲完世家》。《索隐》案：韩婴《诗外传》以为齐宣王，其说异也。
② 《史记·田敬仲完世家》。《索隐》案：王劭云："齐威王时未称王，故《战国策》谓之田侯。"存疑。
③ 《史记·田敬仲完世家》。
④ 《史记·田敬仲完世家》。

“不治而论”的机构很难得到长期的政治和经济支持，从而没有生存的基础。稷下学人对战国时期的思想界产生了较大的影响，孟子、荀子先后来到齐国。齐宣王试图留下孟子，说：“我欲中国而授孟子室，养弟子以万钟，使诸大夫，国人皆有所矜式。”[①]但孟子认为“士不托于诸侯者，抱缺击柝者，皆有常职，以食于上。无常职而赐于上者，为不恭”[②]。孟子正是由于不满意于稷下先生的模糊身份，终“不列稷下”[③]。荀子更加现实，他不但安于稷下的待遇方式，“荀卿最为老师”，并且“三为祭酒焉”[④]，也就是说他既是学术思想的领袖，又成为这个特殊机构的领导者。

稷下先生中，既有齐国人，也有来自他国的著名人士，比如慎到、环渊、荀卿、宋钘、儿说等人，他们列为大夫之属，实际上是客卿的待遇。可能是由于稷下学宫培养出的传统，直到汉初还有许多齐国辩士，如《史记·司马相如列传》载：“梁孝王来朝，从游说之士齐人邹阳、淮阴、枚乘、吴庄忌夫子之徒。”《史记·淮阴侯列传》中有“齐辩士”蒯通。

遗憾的是，稷下先生们虽然名声远播，但从历史记载和传说看，却没有为齐国做出实质性的贡献，其作用仅限于议论和评论，有时甚至是抱怨。狭义地说，甚至没有孟尝君所养的鸡鸣狗盗之徒的实际作用。而孟尝君田文虽然号称养士三千盛极一时，但没有一位胸怀治国兴邦战略的领军人物，多是谋术技巧之辈，抑或莽撞武勇之徒，不堪国之大任。田文本人怀有大志，却因齐湣王的不信任，竟到魏国为相并掌握实权，也曾到秦为相但很快被免。田文出走在很大程度上削弱了战国晚期齐国领导集团的合力，这与秦国不断有雄才大略之人加盟形成鲜明对比。齐国本不患天下无英才，根本问题是没有像秦国那样持续地在各个领域招徕和重用人才，只是阶段性地出现人才聚集的现象，这是缺乏国家策略而依靠国君个人好恶的必然结果。与秦国相比，齐国没有人才优势，但作为延续数百年的大国，齐国得祖宗荫荫与地利之惠，始终不失大国风范，直到田氏代齐后，历威王、湣王和宣王，齐国综合实力仍相当强大，是秦国统一的最大障碍。

---

① 《孟子·公孙丑下》。
② 《孟子·万章下》。
③ 钱穆:《先秦诸子系年》,商务印书馆,2001 年,第 273 页。
④ 《史记·孟子荀卿列传》。

三、秦国的人才体系

秦国立国很晚且地接戎狄，能够后来居上傲视六国，与其始终如一地重视人才和较早实行客卿制有很大关系。

秦自襄公正式立国以后，必然需要一套相应的官制实施管理，但这个时期的管理相对简单。黄留珠通过对传世文献和出土青铜器铭文的研究发现，自秦襄公列为诸侯以后，直到商鞅变法前的四百多年中，秦国曾和西周一样实行世官制(即世卿制)，并认为直到商鞅变法建立军功爵制度后，世官制仍然是秦国官制的一种重要补充，但与六国相比，其世官遗存相对为少。①其说大致是对的，从上文所说秦国对宗周文化的继承来看，沿用西周世官制应当是秦初建国时的唯一选择，世官制的惯性发展也是一个长期的过程。秦襄公一百多年之后的秦穆公时期，秦国的官制有了新的发展，除了世官制以外，秦国起用了其他诸侯国的贵族大夫担任重要职务。秦穆公与较前的齐桓公和稍后的晋文公为春秋早期霸主，由于称霸的需要，在选用人才上出现了打破宗法制度束缚选贤任能的高潮，秦国由各种途径任用了如百里奚、蹇叔、丕豹等外来之人，他们经人举荐来秦国任职，对世官制形成了一定的冲击，并为秦国任用客卿开启了先例。

从西周时期立国采用世官制，到春秋时期因争霸急需人才而出现了荐举制，再到战国时期商鞅变法制定军功爵（粟爵）制②，最后统一中国确立三公九卿的中央集权制，秦国官制的发展从春秋时期开始就处于列国的领先地位，其特点是较早地以能力而非宗族身份作为取仕的标准，并建立了多层级的相对复杂的官僚系统。客卿制度作为一种任官形式，是伴随着荐举制进入秦国官制结构中的，但客卿制从来都不是与世官制和军功爵制对立的，它们在相当长的时期内相辅相成，共同存在。世官制和荐举制没有因为军功爵制的实行而退出历史舞台，实际上，直到秦统一六国建立中央集权政府，甚至两汉之际，仍能看到它们的影子。两汉魏晋时期的“察举”制也是荐举制的遗存，只有到了

① 黄留珠:《秦汉仕进制度》,世官一章对此有专门的论述,西北大学出版社,1985 年。

② 关于纳粟拜爵的规定,虽于《商君书・靳令》有“民有余粮,使民以粟出官爵”和《史记・秦始皇本纪》“百姓内粟千石,拜爵一级”等文献记载,但于实际中执行极少,故史家于秦一般只提及军功爵制,而绝少讨论粟爵制。

隋唐科举制的推行，中国的官制才进入相对系统公正的取仕时期，但历代的皇室主要成员仍然在享受实质上的世官制。

与秦国不同，春秋时期中原诸国的官制是以宗族成员为主导的，各国的政权大都被几个强宗控制，主要官员不出这些宗族，齐国也是如此。

秦国立国较晚，又地处偏僻，受西周宗法制度的影响不深，宗族势力不能在政权系统内延伸，任用宗族以外包括非秦国人为官的阻力较小。张荫麟因此说："秦国自从它的政制有可稽考，自从穆公（前659年—前621年）的时代，已大用'客卿'，公族始终在秦国没有抬过头。"[①]这个判断大致没错，从文献记载来看，秦国公族参与政治管理的人员屈指可数。

秦国自商鞅变法后，其官制发展到一个新的管理阶段，一方面由于军功爵制的建立使秦国绝大部分官员的升迁纳入法律框架之下，从无序变为有序；另一方面是较为详细的法律制度的建立规范了官员的管理，从相对的随意性变为依法从事。这两个变化使秦国具备了官僚政府的基本特征。秦昭王时，荀况游秦后曾这样评论秦国的官吏："及都邑官府，其百吏肃然，莫不恭俭敦敬忠信而不楛，古之吏也；入其国，观其士大夫，出于其门，入于公门，归于其家，无有私事也，不比周，不朋党，倜然莫不明通而公也，古之士大夫也。"[②]荀况的描述可能有所溢美，但与实情相距不会太远，并且其职业官僚的特性远非古之士大夫所能及，秦国官制与中原诸国相比无疑是高效的。

"相"的设立是官僚政权的特征之一，愈是成熟的政府相权愈有更大的独立性。《汉书·百官公卿表》称"相国、丞相，皆秦官"[③]。汉代人认为相是秦国设立的官位。秦国最早为相者是百里奚，其任相虽然于《左传》无考，但《史记·商君列传》载有商鞅问赵良"子观我治秦也，孰与五羖大夫贤"？"五羖大夫"指的是秦穆公时的百里奚。此时商鞅已相秦十年，他如此发问的潜在意思是百里奚在秦国与他有同样的地位。赵良的答语中有"五羖大夫之相秦也"之句，说明秦穆公在公元前655年对百里奚"授之国政"就是任命其为相，从百里奚在秦国的权力和作用看，也起到了相的作用。中原诸国设相最早的是赵国，《史记·赵世家》载，赵国在赵烈侯六年（前403）有"相国公仲连"的说法，

---

① 张荫麟：《中国史纲》，上海古籍出版社，2006年，第23页。

② 《荀子·强国》。

③ 秦时称相邦而非相国，汉时避刘邦讳，改称相国。

比秦国要晚250年以上，齐国设立明确的相职也是在相对较晚的战国时期。但最重要的不是时间的早晚，关键是君主能否给予为相者真正的权力。秦国自穆公始，几乎每个继任的君主都有一个强有力的相，相权代表的是政府权力，这种君权和相权分立的政治传统在秦国一以贯之，直到秦始皇统一中国。统一的中央政府建立后，三公九卿的设立是相权的延伸和制度保障，政府的独立权力得到进一步加强。郡县制的实行是政府权力向基层的渗透，这一切都是在君主愿意把权力下放的背景下完成的，而君主的开明态度实源自秦穆公首创而历代相传的以贤能精英治国的精神，客卿制也是这种精英精神的产物。

“中国之教，得孔子而后立。中国之政，得秦皇而后行。中国之境，得汉武而后定。三者皆中国之所以为中国也。”①恽敬在《三代因革论》中说：“自秦以后，朝野上下，所行者，皆秦之制也。”谭嗣同则说：“二千年之政，秦政也。”②秦代先进政治架构的形成，是不断吸纳商周以来，尤其是战国时期政治文明精髓的结果，在这一过程中，秦国一贯的创新精神起到了关键作用。秦国政权体制的逐步优化与其官制的发展历程是基本一致的，由秦代创立和形成的中央集权体制和金字塔式的官僚体系成为国家统一和管理的核心，对中国历史的影响极为深远。从这个意义上看，秦国打败中原诸国，既是人才的胜利，更是先进制度的胜利。

四、齐、秦客卿任用比较

客卿的任用是先秦时期特殊的阶段性的人才现象，是先秦政治和官制发展中的重要组成部分，透过这个历史现象可以观察先秦时期旧体制的崩坏、新思想的萌芽、新经济的发展、新制度的完善等互为因果的元素。客卿制度和客卿文化对中国官僚制度和中央集权的形成有重要的影响。客卿政治是精英政治，客卿文化是创新文化，客卿思想是开放思想，它是中国海纳百川式的包容的社会精神的滥觞。

春秋以降，任用客卿已是各诸侯国普遍的现象。秦国是客卿制度最完善的国家，不但客卿数量多，而且权力大，对秦国的强盛和统一起到了关键的作

① 夏曾佑：《中国古代史》，河北教育出版社，2000年，第245页。

② 蔡尚思，方行编：《谭嗣同全集》之《仁学》，中华书局，1981年，第337页。

用，并形成了开放的客卿文化。这是由于秦国宗法制度的约束不似中原地区严苛，政权的管理从一开始就有官僚政府的特征，而不是宗族权力在政府系统的简单扩张和延伸。春秋时期秦宗族同姓任官见于记载者，只有公子挚、公子慭①、公子鍼、公子蒲、公子虎寥寥数人，在秦国政权中发挥主要作用的是广选于各种渠道的贤能之士，这种开放的用人思想正是得益于其相对落后的文化，落后的文化转而成为产生先进制度的人才优势。

齐国在春秋时期任用管仲等人，成就了齐国最强盛的时期。非但齐国，燕国、吴国、越国都是在大量任用客卿的时期国势最强，其兴亡与客卿的政治作为密切相关。楚国客卿数量也较大，但客卿的权力和影响力都不能和秦国相提并论，客卿在楚国强大的贵族政治的包围中没有发挥出应有的作用。

相对于秦国的客卿，齐国客卿在数量、地位、历史作用上都大为逊色。下文所列客卿表，以春秋和战国两个时期划分，从表中可以看出，春秋时期的人才流动数量相对较少，秦国仅有客卿 9 人，齐国只有 7 人，秦有百里奚，齐有管仲，秦齐可谓势均力敌。战国时期，客卿在国际关系中往往起到决定性的作用，秦国顺应历史潮流，任用的外来客卿大量增加，有明确记载的即有 32 人，而同一时期齐国只有 14 人。而究其功用，秦、齐更不可同日而语，秦国的商鞅、张仪、甘茂、吕不韦、范雎等大量客卿均建有盖世奇功，而这一时期的齐国除了身份模糊的稷下先生属外来智力集团外，其余人员并没有给齐国带来直接或间接的较大利益。战国时期的齐国除了表面上地域广阔、人口较众的大国表象，其内在的竞争力相对于秦国已经日益落后。

春秋客卿表

秦国 9 人

时代（公元前）	姓　名	国　别	出身和途径	职　位	事功和结局
秦穆公 659 – 621 年	百里奚②	虞	虞国大夫，游历多国，公孙支推荐。	上卿，相	助立晋惠公、怀公、文公，修秦政。

① 《左传·僖公二十八年》称为小子慭，秦穆公子。

② 《史记·秦本纪》："晋献公……虏虞君及其大夫百里奚……穆公闻百里奚贤，欲重赎之……授之国政，号曰五羖大夫。"《说苑》有"秦穆公见百里奚牛肥，公知其君子，以为上卿"。百里奚游历多国，国籍难以确定，本文采用虞国说。

续表

时代（公元前）	姓　名	国　别	出身和途径	职　位	事功和结局
	孟明视①	虞	百里奚之子②	将	伐郑不成，并两败于晋，后增修国政，重施于民，终败晋。
	蹇　叔③	宋	百里奚推荐	上大夫	谏穆公勿伐郑。
	白乙丙④		蹇叔之子	将	
	西乞术⑤		蹇叔之子	将	秦康公时为秦伐晋事聘鲁。
	丕　豹⑥	晋	晋大夫丕郑之子	将	伐晋，获晋惠公；广秦地东至于河。
	由　余⑦	戎	戎人	客	谋助秦国，伐戎国，益国十二，开地千里，遂霸西戎。
	公子雍⑧	晋	晋襄公子	亚卿	归国继位不成。
秦康公 620－609 年	士会⑨	晋	晋大夫	谋士	助秦与晋河曲之战。归晋。

齐国 7 人

时代（公元前）	姓　名	国　别	出身和途径	职　位	事功和结局
齐桓公 685－645 年	管　仲⑩	郑	商人，事公子纠，鲍叔荐。	国政、仲父	通货积财，富国强兵，助桓公九合诸侯，一匡天下。

① 《史记·秦本纪》:“使百里奚子孟明视、蹇叔子西乞术及白乙丙将兵。”

② 据马非百考证,孟明视与百里奚为一人,详说见《秦集史》第 132－137 页之论述,中华书局,1982 年。但从年龄等方面判断,马说难信,本文以为百里奚子。

③ 《史记·秦本纪》:百里奚曰:“蹇叔贤而世莫知。臣尝困于齐而乞食铚人,蹇叔收臣……”于是穆公使人厚币迎蹇叔,以为上大夫。《史记·李斯列传》:“于是蹇叔在宋。公乃使人厚币迎蹇叔于宋。”

④ 《史记·秦本纪》:“使百里奚子孟明视、蹇叔子西乞术及白乙丙将兵。”

⑤ 同上。

⑥ 《史记·秦本纪》:“丕郑子丕豹奔秦……阴用豹。”

⑦ 《史记·秦本纪》:“戎王使由余于秦……由余遂去降秦。穆公以客礼礼之,问伐戎之形。”

⑧ 《左传·文公六年》:“先君是以爱其子,而仕诸秦,为亚卿焉。”公子雍为晋文公子,襄公庶弟。

⑨ 《左传·文公七年》:“先蔑奔秦,士会从之。”十二年侵伐晋,士会为谋士。

⑩ 《史记·管晏列传》:“管仲夷吾者,颍上人也。少时常与鲍叔牙游,鲍叔知其贤。及小白立为桓公……鲍叔遂进管仲。管仲既用,任政于齐,齐桓公以霸,九合诸侯,一匡天下,管仲之谋也。”颍上时属郑,故管仲应为郑国人。

续表

时代（公元前）	姓　名	国　别	出身和途径	职　位	事功和结局
	鲍叔牙①	郑	商人，事公子小白，后为齐桓公。	位在管仲之下。	子孙世禄于齐，有封邑者十余世，常为名大夫。
	公子完②	陈	陈国公子，国乱奔齐。	工正，齐侯使为卿，辞。③	二百年后，田氏代齐。
齐顷公 595－582年	晏　弱④	莱		大夫	筑东阳，迫莱。
齐庄公 553－548年	石　父⑤	越	说于晏子。	上客	
	栾　盈⑥	晋	晋国大夫，奔齐。	客	为齐谋曲沃，袭入绛。灭栾氏宗。

说明1：《史记·管晏列传》载："管仲夷吾者，颍上人也。"《索隐》曰："颍，水名。《地理志》：颍水出阳城。"《正义》引韦昭云："夷吾，姬姓之后，管严之子敬仲也。"⑦ 那么，对管仲国别的认定，需从"颍上"与"夷吾"两条入手。首先，"颍上"并非确切地名，仅指位而已。《左传·成公十六年》："诸侯迁于颍上。"杨注："颍水出河南登封县西，东南流经禹县、临颍等地而后入于淮，此颍上意即颍水之旁，当在今禹县境。"参之以"泗上"佐证，《史记·张仪列传·索隐》："泗上"，"谓边近泗水之侧"，故"颍上"即为颍水两岸地方之意。至于其地所属，《左传·成公十六年》所载诸侯伐郑事迹，可知其地此时已属郑国。其次，"夷吾"为姬姓之后，而管叔鲜为武王弟受封于管⑧，因以国为姓，而其地望所在，据钱穆《史记地名考》，"今郑县治"⑨，为故郑国之腹里地区。因此，综

---

① 《史记·管晏列传》："鲍叔既进管仲，以身下之。子孙世禄于齐，有封邑者十余世，常为名大夫。天下不多管仲之贤而多鲍叔能知人也。"

② 《史记·齐太公世家》："陈厉公子完，号敬仲，来奔齐。齐桓公欲以为卿，让；于是以为工正。田成子常之祖也。"

③ 《左传·庄公二十二年》。

④ 《左传·宣公十四年》载为晏桓子，杜注：桓子，晏婴父。

⑤ 《史记·管晏列传》："越石父贤，在缧绁中。晏子出，遭之涂，解左骖赎之，载归。弗谢，入闺。久之……晏子于是延入为上客。"

⑥ 《史记·齐太公世家》："庄公三年，晋大夫栾盈来奔，庄公厚客待之……四年，齐庆公使栾盈间入晋曲沃为内应，以兵随之，上太行，入孟门。栾盈败，齐兵还，取朝歌。"集解引徐广曰："《史记》多作'逞'。"如《晋世家》中作"栾逞"，"齐庄公微遣栾逞于曲沃，以兵随之……曲沃攻逞，逞死，遂灭栾氏宗。"

⑦ 《史记·管晏列传》。

⑧ 《史记·管蔡世家》："武王已克殷纣，平天下，封功臣昆弟。于是封叔鲜于管。"

⑨ 钱穆：《史记地名考》，商务印书馆，2001年，第334页。

合上述两点，可断定管仲当为春秋时期郑国人。鲍叔牙也是颍上人，二人都是郑国的商人，经商失败后辗转仕于齐，分事公子纠和公子小白，后皆事齐桓公。

说明2：晏弱为客卿而晏婴不能算作客卿。《史记·管晏列传》载："晏平仲婴者，莱之夷维人也。事齐灵公、庄公、景公，以节俭力行重于齐。既相齐，食不重肉，妾不衣帛。"虽然已明确晏婴为莱人，但齐灵公十五年（前567）齐国已灭莱，晏婴在前556年还不是齐国大夫，其参政时，莱国已灭亡了，所以晏婴不能列为客卿。莱国灭亡前，晏婴的父亲晏弱已是齐国大夫，并于前571年筑城逼迫莱国，所以晏弱可以计入客卿之属。

战国客卿表

秦国32人

时代（公元前）	姓名	国别	出身和途径	职位	事功和结局
秦孝公 361－338年	景监①	楚	楚王族	监	举荐商鞅。
	商鞅②	卫	卫国庶公子，宠臣景监举荐。	相	变法律，尚耕战，倡军功爵制，致秦富强；取魏地。惠王继位辄车裂死之。
	尸佼③	魏	为商鞅客。	客④	助商鞅立法、理民。商鞅死，逃亡入蜀。
秦惠王 337－311年	公孙衍⑤	魏		大良造、相	离秦返魏，佩五国之相印，为约长。⑥
	张仪⑦	魏	魏氏之余子，贫无行。	客卿、相、将	为将取魏地；取巴；间为魏相，使魏背合纵而事秦；间为楚相，使楚绝齐；说韩、齐、赵、燕以事秦。逐于武王，善终于魏。

---

① 《史记·商君列传·索隐》："景监，楚之族也。"《秦本纪》正义："（监）阉人也。"

② 《史记·商君列传》："商君者，卫之诸庶孽公子也。"

③ 钱穆在《先秦诸子系年》中作《尸佼考》，证其应为魏人。

④ 尸佼虽为商鞅客，但据《史记集解》引《刘向别录》："商君谋事划计，立法理民，未尝不与佼规之也。"故列入秦客。

⑤ 《史记·秦始皇本纪》："阴晋人犀首为大良造。"《史记·张仪列传》："犀首者，魏之阴晋人也。名衍，姓公孙氏。"

⑥ 《史记·张仪列传》。杨宽主张公孙衍为纵长，马非百《秦集史》考证《史记》说为约长是为横，实则不然。《史记·楚世家》有"苏秦约纵山东六国共攻秦，楚怀王为纵长"之说，则"约"可指"纵"，非必横也。

⑦ 《史记·张仪列传》："张仪者，魏人也……秦惠王以为客卿，与谋伐诸侯。"

续表

时代（公元前）	姓 名	国 别	出身和途径	职 位	事功和结局
	陈 轸①	夏	辩士	使者	为齐退楚柱国昭阳军。
	乐 池②	赵	乐羊之后	相	免相归赵后仍为秦，可谓终身为秦。归赵。
	魏 章③	魏	魏将	将、相	伐楚战丹阳，斩首八万；取楚汉中，置汉中郡。逐于武王，之魏。
秦武王 310－307 年	甘 茂④	楚	张仪、樗里疾举荐。	左丞相	定蜀；拔韩宜阳，斩首六万。 武王卒，奔齐楚，卒于魏。
秦昭王 306－251 年	魏 冉⑤	楚	宣太后弟	将、相（五为秦相）	举白起，取魏之河内，议立齐秦为东西帝。卒于陶（封地）。
	向 寿⑥	楚	宣太后外族	相	取韩地武始。
	芈 戎⑦	楚	宣太后同父弟		伐楚。
	通⑧			客卿	为秦救楚。
	错⑨			客卿	与白起攻垣城。

① 《战国策·楚策一》之“张仪相秦谓范雎”:“陈轸夏人也,习于三晋之事”。《战国策·秦策一》之“田莘之为陈轸说秦惠王”,高注:陈轸,夏人,仕秦亦仕楚也。

② 《史记·秦本纪》:“(秦惠文王)七年,乐池相秦。”据《史记·乐毅列传》可知,乐氏先祖乐羊死后葬于灵寿,而“其后子孙因家焉”,故可推知乐池当为赵国人。

③ 《史记·魏世家》:“(哀王)九年,与秦王会临晋,张仪、魏章皆归于魏。”《索隐》:“章为魏将,后又相秦。”

④ 《史记·樗里子甘茂列传》:“甘茂者,下蔡人也……因张仪、樗里子而求见秦惠王。王见而说之,使将。”《索隐》云:《地理志》下蔡县属汝南也,按时属于楚。

⑤ 《史记·穰侯列传》:“穰侯魏冉者,秦昭王母宣太后弟也。其先楚人,姓芈氏……而魏冉最贤,自惠王、武王时任职用事。”

⑥ 《史记·樗里子甘茂列传》:“向寿者,宣太后外族也,而与(秦)昭王少相长,故任用……秦卒相向寿。”

⑦ 《史记·穰侯列传》:“宣太后二弟:其异父长弟曰穰侯……同父弟曰芈戎,为华阳君。”

⑧ 《史记·楚世家》:“秦乃遣客卿通救楚。”

⑨ 《史记·白起王翦列传》:“客卿错攻垣城,拔之。”

续表

时代（公元前）	姓　名	国　别	出身和途径	职　位	事功和结局
	范　雎①	魏	家贫无以自资，谒者王稽举荐。	客卿、相	提出了“远交近攻”的战略。废穰侯，逐华阳，强公室，杜私门，蚕食诸侯，使秦成帝业。卒于秦。②
	郑安平③	魏	范雎举荐。	将军	以二万兵降赵。
	蔡　泽④	燕	游历赵、韩、魏；设计见范雎，后被举荐。	客卿、相	东收周室，使于燕，使太子丹入质于秦。卒事始皇帝。
	胡　伤⑤			客卿	败赵、魏于华阳，斩首十五万。败于阏与。
	竈⑥			客卿	攻齐，取刚、寿。
	寿　烛⑦			客卿、相	
	韩　侈⑧	韩	秦王召之。	客卿	
	蒙　骜⑨	齐		上卿、将	伐韩置三川郡；伐赵取三十七城；攻韩取十三城；攻魏取二十城，置东郡。

① 《史记·范雎蔡泽列传》:“范雎者,魏人也,字叔……家贫无以自资……当此时,秦昭王使谒者王稽于魏……王稽辞魏去,过载范雎入秦。”

② 湖北云梦出土秦简《大事记》有“昭王五十二年,王稽、张禄(即范雎)死”之语,似乎范雎因王稽事而死,但无具体记载。此存疑。

③ 据《史记·范雎蔡泽列传》,秦昭王四十八年,昭王任用魏人郑安平为将,使其击赵。

④ 《史记·范雎蔡泽列传》:“蔡泽者,燕人也。”又“(秦昭王四十三年)蔡泽相秦数月,人或恶之,惧诛,乃谢病归相印,号为纲成君。居秦十余年,事昭王、孝文王、庄襄王。卒事始皇帝,为秦使于燕,三年而燕使太子丹入质于秦。”

⑤ 《史记·秦本纪》:“(昭王)三十三年,客卿胡伤攻魏卷、蔡阳、长社,取之。”

⑥ 《史记·秦本纪》:“(昭王)三十六年,客卿灶攻齐,取刚、寿。”

⑦ 《史记·穰侯列传》:“(昭王十五年)魏冉谢病免相,以客卿寿烛为相,其明年,烛免,复相冉。”

⑧ 《战国策·韩策三》:“韩相公仲珉使韩侈之秦请攻魏”,“韩相公仲珉使韩侈之秦请攻魏,秦王说之……(秦王)召韩侈而仕之客卿。”

⑨ 《史记·蒙恬列传》:“恬大父蒙骜,自齐事秦昭王,官至上卿……始皇七年,蒙骜卒。”

续表

时代（公元前）	姓　名	国　别	出身和途径	职　位	事功和结局
	田　文①	齐		相	逃归齐。
	楼　缓②	赵	赵臣	丞相	谏秦王割河东退三国兵。归赵。
秦襄王 249－247年	吕不韦③	韩	韩国商人	相国	助立襄王，辅助始皇。编《吕氏春秋》。被迫自杀。
	司马空④	三晋	吕不韦门客	尚书	逐于秦，至赵。
秦王政 246－210年	茅　焦⑤	齐		上卿	说始皇迎太后。列为博士。
	尉　缭⑥	魏	布衣	国尉	说始皇散财物以乱诸侯。
	李　斯⑦	楚	上蔡布衣，为吕不韦舍人。	客卿、丞相	腰斩于市。
	昌平君⑧	楚	楚公子	相国	攻杀嫪毐。徙于郢，为荆王。
	昌文君⑨	楚	楚公子		攻杀嫪毐。
	蒙　武⑩	齐	蒙骜子	裨将军	和王翦共攻楚，杀项燕，虏楚王，灭楚。

① 《史记·田敬仲完世家》："孟尝君薛文入秦，即相秦。"

② 《史记·穰侯列传》："赵人楼缓来相秦。"《秦集史·丞相表》记载于昭王九至十二年为秦相。

③ 《史记·吕不韦列传》："吕不韦者，阳翟大贾人也。往来贩贱卖贵，家累千金。"

④ 《战国策·秦策五》："文信侯出走"，"司空马说赵王曰：'文信侯相秦，臣事之为尚书，习秦事。'"

⑤ 《史记·秦始皇本纪》："齐人茅焦说秦王。"《正义》引《说苑》云："立茅焦为傅，又爵之上卿。"《括地志》云："茅焦，沧州人也。"

⑥ 《史记·秦始皇本纪》："大梁人尉缭来，说秦王……秦王觉，固止，以为秦国尉。"

⑦ 《史记·李斯列传》："李斯者，楚上蔡人也。年少时，为郡小吏……乃从荀卿学帝王之术。学已成，度楚王不足事，而六国皆弱，无可为建功，欲西入秦。"李斯子李由为三川守，本文未计入客卿。

⑧ 《史记·秦始皇本纪》："令相国昌平君、昌文君发卒攻毐。"《索隐》："昌平君，楚之公子，立以为相，后徙于郢，项燕立为荆王，史失其名。昌文君名亦不知。"

⑨ 同上。

⑩ 《史记·蒙恬列传》："骜子曰武……始皇二十三年，蒙武为秦裨将军，与王翦攻楚。"

齐国 14 人

时代（公元前）	姓　名	国　别	出身和途径	职　位	事功和结局
齐威王 378－333 年	杜　赫①	周		使者	为齐国说楚王留田忌。
	越人蒙②				
齐宣王 332－314 年	苏　秦③	周	苏忿生之后，为燕昭王所使，间为齐臣。	客卿	组织五国伐秦；说齐王弃东帝号以德天下。反间阴谋败露，被齐车裂于市。
	环　渊④	楚	稷下先生	大夫	
	慎　到⑤	赵	稷下先生	大夫	
	甘　茂⑥	秦	秦相，奔齐	上卿	
齐湣王 313－284 年	荀　卿⑦	赵	稷下先生	大夫、祭酒	
	周　最⑧	周	周室公子		主离齐于秦。
	公子昧⑨	韩	韩公子	相	
	吕　礼⑩	秦	秦五大夫，奔齐（一说为交秦）。	相	主齐、秦合。罢相归秦。

① 《战国策·齐策一》之“田忌亡齐而之楚”：“田忌亡齐而之楚，邹忌代之相齐，恐田忌欲以楚权复于齐。杜赫曰：‘臣请为留楚。’”据《战国策·东周策》之“杜赫欲重景翠于周”，鲍注：杜赫，周人。此时应是宦游至齐。

② 《史记·鲁仲连邹阳列传》：“齐用越人蒙而强威、宣”。

③ 《史记·苏秦列传》：“苏秦佯为得罪于燕而亡走齐，齐宣王以为客卿。”苏秦应是燕昭王所遣，齐国当湣王时。

④ 《史记·孟子荀卿列传》：“环渊，楚人。”

⑤ 《史记·孟子荀卿列传》：“慎到，赵人……于是齐王嘉之……皆命曰列大夫。”

⑥ 《战国策·秦策二》之“甘茂亡秦且之齐”：“甘茂贤人也，今秦与之上卿，以相迎之，茂德王之赐，故不往，愿为王臣……赐之上卿命而处之。”

⑦ 《史记·孟子荀卿列传》：“荀卿，赵人。年五十始来游学于齐……田骈之属皆已死齐襄王时，而荀卿最为老师。齐尚修列大夫之缺，而荀卿三为祭酒焉。齐人或谗荀卿，荀卿乃适楚，而春申君以为兰陵令。”

⑧ 据《战国策·东周策》之“周最谓吕礼”和“或为周最谓金投”，《战国策·魏策四》之“周最入齐”等篇分析，周最为周人，可能是周室公子，自魏至齐，而仕于齐。

⑨ 《史记·楚世家》：“齐之所信于韩者，以韩公子眛为齐相也。”

⑩ 《史记·穰侯列传》：“魏冉相秦。欲诛吕礼，礼出奔齐。”另据《战国策·东周策》之“周最谓石礼”和“齐听祝弗”等篇，吕礼相齐，主齐、秦合，似为秦相齐。

续表

时代（公元前）	姓　名	国　别	出身和途径	职　位	事功和结局
	苏　代①	周	苏秦弟		游说无定主。
	韩　珉②	韩	秦昭王好友	相	前 286 年为齐攻宋，灭之。
	淖　齿③	楚	楚将	相	淖齿将兵救齐，杀齐湣王，为齐人杀。
齐王建 264－221 年	后　胜④			相	劝齐王朝秦，不修战备，不助五国攻秦。

战国时期，客卿已成为各国政治舞台的主角，但各国情况又有较大差异。洪迈说：“七国虎争天下，莫不招致四方游士。然六国所用相，皆其宗族及国人，如齐之田忌、田婴、田文，韩之公仲、公叔，赵之奉阳、平原君，魏王至以太子为相。独秦不然，其始与之谋国以开霸业者，魏人公孙鞅也。其他若楼缓赵人，张仪、魏冉、范雎皆魏人，蔡泽燕人，吕不韦韩人，李斯楚人，皆委国而听之不疑，卒之所以兼天下者，诸人之力也。燕昭王任郭隗、剧辛、乐毅，几灭强齐，辛、毅皆赵人也。楚悼王任吴起为相，诸侯患楚之强，盖卫人也。”⑤也就是说，任用客卿的国家均已受益，各国统治者已发现了客卿的重要性，旧贵族的统治已暴露出了疲态，没有创新和改革必然导致落后。

从上表可以发现，自战国以降，几乎秦国的每一任君主都有一个或数个外来人才起到举足轻重的辅佐作用，而其奠基者非秦孝公时期的商鞅莫属。商鞅原为卫国公子，其初入秦时，以帝王之道比三代，而秦孝公曰：“久远，吾不能待。且贤君者，各及其身显名天下，安能邑邑待数十百年以成帝王乎？”⑥不是他不认同“王道”和“帝道”，而是这样的治国方式需时太久不合时宜，

---

① 《史记》《战国策》等将苏秦和苏代事迹混而为一，苏代曾在多国游历出仕。

② 《战国策·韩策三》有“韩珉相齐”。

③ 《史记·田敬仲完世家》：“楚使淖齿将兵救齐，因相齐湣王。淖齿遂杀湣王而与燕共分齐之侵地卤器。”

④ 《史记·田敬仲完世家》：“后胜相齐，多受秦间金。”齐亡后，时人“疾建之用客之不详也”。知后胜非为齐人。

⑤ ［宋］洪迈：《容斋随笔》卷二“秦用他国人”，上海古籍出版社，1978 年，第 23 页。

⑥ 《史记·商君列传》。

你用“王道”治国，别人用军队攻击你的国家，“王道”未成而国已亡矣，所以商鞅“以强国之术说君，君大悦之耳”[①]。作为战国早期的著名客卿，商鞅历史性地开创了中国古代法制社会的先河，正是由于他先进的法制理念和强力执行手段，秦国得以在较短的时间里从一个远离中原、制度落后的中等王国跃升为秩序井然、有法可依、效率颇高的耕战之国，从此奠定了秦国稳定向前发展的模式，而非大起大落，甚至商鞅本人被诛也未导致秦国制度建设的倒退，这与吴起在楚国身死法灭形成鲜明对比。大国有大国的管理方式，其与小国的不同并非仅是国土与人口，更主要的是大国的制度与系统，可以说商鞅是秦国大国形态的奠基者。

商鞅把秦国带入了一个政治成熟的法制社会，而客卿张仪则在秦惠王时期真正开创了中国历史上的外交时代，因为张仪之前没有任何一个国家把外交作为一种主要政治手段。始于张仪，外交第一次显示出其独立于军事之外的巨大力量，甚至可以达到单纯的军事难以达到的目的。张仪创领的连横，与山东诸国声势浩大的合纵，是中国历史上最为浩大和有序的国家联盟，首次把国家战略提到一个前所未有的高度，而非简单的战争攻伐。

秦昭王时期，魏人范雎提出了“远交近攻”以蚕食诸侯的理论，是张仪外交战略的升华，确立了秦国未来的国家战略。秦襄王时期开始，韩人吕不韦在秦国的政治和军事领域扮演了极为重要的角色。秦王政时期的楚人李斯曾在其著名的《谏逐客书》中对秦国历任君主重用客卿的事实有过简略的概括：“昔穆公求士，西取由余于戎，东得百里奚于宛，迎蹇叔于宋，求丕豹、公孙支于晋，此五子者，不产于秦，而穆公用之，并国二十，遂霸西戎。孝公用商鞅之法，移风易俗，民以殷盛，国以富强，百姓乐用，诸侯亲服，获楚、魏之师，举地千里，至今治强。惠王用张仪之计，拔三川之地，西并巴、蜀，北收上郡，南取汉中，包九夷，制鄢、郢，东据成皋之险，割膏腴之壤，遂散六国之纵，使之西面事秦，功施到今。昭王得范雎，废穰侯，逐华阳，强公室，杜私门，蚕食诸侯，使秦成帝业。此四君者，皆以客之功。”以上对秦国客卿的评述基本上是符合史实的。

秦国外来人才的特点是文武并重，甘茂、魏冉、蒙骜、蒙武都是武将中的

---

① 《史记·商君列传》。

佼佼者，为秦国开疆辟土立下汗马功劳。与秦国的人才相比，齐国在战国以后的人才招徕和使用方面明显逊色，甚至可以说战国中期以后，齐国没有出现有卓越贡献的杰出人才，反而出现了苏秦反间、韩岷灭宋惹众怒、后胜误国等事件，在一定程度上加大了对外来人才的抵触情绪。

究其源流，齐国在尊贤用人思想方面曾久负盛名，管仲曾提倡“圣人卑礼以下天下之贤而王之”①，晏子则说“国有三不祥，夫有贤而不知，一不祥；知而不用，二不祥；用而不任，三不祥”②。遗憾的是，齐国在战国中后期没有高举尊贤任能的大旗，网罗天下志士，导致齐国在战国时期的客卿数量远少于秦国，反倒是地处偏僻的秦国招纳六国才俊以为客卿，充分利用客卿熟知各国地理、政治的特殊优势，举国同心而完成统一大业。客卿对秦国的贡献不但巨大，而且具有事业继承的连续性，特别是进入战国时期以后，在不同的阶段都有杰出的客卿为秦国做出历史性的贡献，对秦国的持续发展起到了重要作用。

纵观先秦时期的人才流动状况，各国任用客卿的时间和力度与其国家强盛程度存在一种线性关系。春秋时期，楚、秦、齐、晋最早任用客卿，分别成就了这些国家在春秋早中期的霸业；吴国的崛起，显然是申公巫臣、伍子胥等楚籍客卿到吴国后起到了决定性作用；越国始用客卿范蠡、文种等人，几十年的时间便代替吴国称霸。战国时期，魏国任用了一批客卿人才，迅速发展起来，秦国亦复用客卿，国势渐起。战国中后期是客卿最为活跃的时代，客卿人才成为各国争相延揽的对象。秦国和赵国的客卿人数最多，也是战国中期以后最强的两个国家。随着时间的推移，客卿流向呈现向秦国一边倒的趋势，秦国客卿为列国之首，同时赋予客卿极大的权力，故秦国称雄六国，也是秦国集天下人力，最后一击统一中国的真实写照。除了以上主要国家之外，郑、宋、鲁、卫等国基本上是人才输送的角色，与其依附于大国的情形是相当的。

从一个长时段看外来人才的作用，大有客卿盛则国家兴、客卿弱则国家衰的规律和趋势，但对外来人才的评价不宜拘泥于一时一事，而应用更长远的眼光看待客卿的整体作用与影响。并且我们不应忽视，凡是重用外来人才的国家，必定也重视本国人才，而非专门使用外来人才。人才能够发挥作用更取决

① 《管子·霸言》。

② 《晏子春秋·内篇谏下》。

于国家的政治和文化环境，秦国自秦穆公开始便有重视人才的传统，其战略的连续性也较一般国家稳定，其文化相对落后则人民易于管理，但其组织机构具有高效和创新的特点，军队在历次战争中得以磨砺。商鞅变法的成功得益于这样的环境，客卿阶层的整体能力在秦国得以发挥也是基于这样的环境。秦国是一个蕴藏了政治成功潜力的机体，只要满足了一定的条件，就能释放出巨大的力量。客卿正是依托了这一条件，才走上秦国的政治舞台，并获得了集体性的成功。

客卿在秦国的大量出现不是一个历史偶然，更不是因为秦国提供丰厚的物质条件，而是秦国历代国君出于政治传统重视人才的结果，也可以说，秦国政治发展需要引进客卿这样一类人物，所以秦国国君持续地创造了客卿生存的条件，是主观引导了客观。同时，客卿在秦国的成功是秦国君主无条件支持下的产物，秦国君主在处理事关国家利益的大事时是不考虑执行者的身份的，他们眼中只有秦国的利益。公元前260年长平之战时，秦、赵双方都实行了全国动员，秦昭王“自之河内，赐民爵各一级，发年十五以上悉诣长平，遮绝赵救及粮食”[①]。这等气魄，置之死地，义无反顾，倾全国之力，只能胜不能败。读秦史，每有荡气回肠之感，正源于此等风流人物。这样的君主不会拘泥于客卿的身份，只关心秦国的利益，客卿在秦国比在他国有更突出的表现，正是环境不同造成的。秦国始终蕴藏着一种潜在的力量，包括客卿和本国人才在内的有志之士都可以建立功业，最终汇集成统一天下的能量。客卿能在秦国做出巨大贡献是秦国君主支持的结果，客卿只是秦国崛起的一个因素，秦国历代君主间有一种不需言传的思想，这才是秦国真正的潜力。从这样的角度看待秦、齐两国力量的消长，我们才会发现在秦国和齐国的较量中，人才多少与如何使用只是表面现象，起决定作用的是其背后健康的国家政治。

客卿在秦国发展史上扮演了重要角色。政治思想的确立、国家经济的发展、国民素质的提高、军事进攻的胜利，客卿都起到了举足轻重的作用。秦国客卿的一个特点是对政治、经济、军事、外交的贡献均衡，绝无偏废。

——政治方面：春秋时期的百里奚、孟明视就曾在进行对外战争的同时“增修国政，重施于民”，通过内政支持战争。战国时期商鞅变法是秦国第一

① 《史记·白起王翦列传》。

次用法律形式规定了政治经济的完整框架，建立了系统的官爵体制，明确了国家竞争力的核心是经济实力，系统地把经济手段和竞争规则运用到国家发展战略中，是国家管理的提升和革命。范雎“远交近攻”战略的提出，是首次把军事进攻置于国家战略之下的划时代变革，是对秦国资源的有机整合。自此之后，秦国从战略不甚明晰，只追求具体战役胜利变成了驾驭全局，每一场战役都成为那场最终战争的一部分和前奏，而使秦国统一中国的梦想变得可能和可预期。与其说秦国通过战争胜利取得了统一，不如说是秦国深谋远虑的设计达到了预期的成果。

——经济方面：秦国经济改革的记载自商鞅变法始。商鞅变法奠定了秦国经济发展的基础，湖北云梦出土的竹简《秦律》是秦国在战国晚期实行的法律，应当是商鞅制定的法律的延续，其中有大量有关经济的法律，比如田律、仓律、工律、均工、工人程，甚至有金布律。秦国对农田、粮食、种子、人工、税赋、钱币、债务等各经济领域的管理规定极尽详备，达到了计划经济的水准，是宏观政策指导下的微观细则。经济法规的实施直接提高了秦国的生产发展水平，快速增强了国家实力，是军事成功的坚强后盾。

——外交方面：自张仪开始，秦国的外交始终与其军事目的相配合，外交往往能达到军事行动难以实现的目的，特别是在有效地破坏中原诸国的合纵战略方面，取得了极大的成功。如张仪用商、於之地六百里的外交欺骗，达到了楚国和齐国闭关绝约的奇效，剔除了秦国的心头之患。

——军事方面：秦国政治版图的每一次扩大，几乎都有客卿的功绩。以秦始皇元年公元前246年为基准年，其时“秦地已并巴、蜀、汉中，越宛有郢，置南郡矣；北收上郡以东，有河东、太原、上党郡；东至荥阳，灭二周，置三川郡”①。此时秦国的疆域南至汉水流域侵入楚国北部，东面占领了韩国和魏国的大片土地开始和齐国接壤，北面侵占了赵国的广大地区，对齐国形成了战略包围，这种战略态势完全是在范雎“远交近攻”的指导思想下完成的，做到了范雎所说“得寸则王之寸也，得尺亦王之尺也”②。按照“远交近攻”战略实施进攻并造成以上军事态势的秦将也多为客卿。在秦始皇继位之时，秦国已完成了以秦国为战略后方，在所有邻国境内构筑继续进攻的前沿重镇，并具

① 《史记·秦始皇本纪》。

② 《史记·范雎蔡泽列传》。

有相当战略纵深的布局——西面：早在穆公时期，戎人由余献计助秦“益国十二，开地千里，遂霸西戎”，奠定了秦国西部的疆域基础，拓展了后方纵深；西南面：司马错[①]伐蜀定蜀，张仪取巴，魏章取汉中；东南面：白起攻破楚都郢，置南郡；东面：蔡泽东收周室，蒙骜取荥阳，置三川郡和东郡；北面：魏冉取河内，王龁取上党，司马梗定太原。值得注意的是，完成以上战略布局的开疆拓土者除少数秦将外，其余皆为客卿。[②]这样的战略态势形成后，统一中国只是时间问题了。刘向说：“始皇因四塞之固，据崤函之阻，跨陇蜀之饶，听众人之策，乘六世余烈而吞食六国，兼诸侯并有天下。”[③]此时的秦国地势险要，经济富足，“听众人之策”即集天下人才的智慧，秦始皇“奋六世之余烈”完成统一大业，实是几代客卿在政治关系、外交策略、战略方向、军事路线等方面精心准备的必然结果。

客卿为秦国做出了巨大的贡献，也获得了相应的待遇和荣誉，不似齐国的客卿如过眼烟云，大多数人贡献极小，甚至祸害齐国。秦国客卿除了拜相为将之外，一些有突出功绩的客卿真如秦孝公所说“尊官与之分土”，如：商鞅，拜相，“秦封之於、商十五邑，号为商君”，[④]甚至秦“孝公疾而不起，欲传鞅，鞅辞不受”[⑤]，几乎受托而有国；张仪，拜相，“秦惠王封仪五邑，号曰武信君”[⑥]；范雎，拜相，“秦封范雎以应，号为应侯”[⑦]；吕不韦，拜相，“封为文信侯，食河南洛阳十万户”[⑧]。以上四人只是秦国客卿的代表，他们均拜相，并以其功高得封食邑，其他众多的客卿当然也相应获得回报。客卿们在获得利益和荣誉的同时也承担了巨大的政治风险，就拿上述“与之分土”的四人为例，他们功勋卓著，位高权重，分土封侯，但结局也很可悲：商鞅车裂于市，张仪被逐，吕不韦被逼自杀，四人中有三人没有善终于秦，但很值得思考的是，他们都是被下一代君主杀死或驱逐的。虽然如此，也不能就认为这种结果更易发生在客卿身上，这其实只是政治斗争的正常产物，其发生的对象可以是

① 按马非百考证，司马错即客卿错。本文存疑。
② 一说司马梗乃司马错之后，白起为白乙丙的后代。
③ 《战国策·序》。
④ 《史记·商君列传》。
⑤ 《史记·商君列传》。
⑥ 《史记·张仪列传》。
⑦ 《史记·范雎蔡泽列传》。
⑧ 《史记·吕不韦列传》。

身处其位的任何人，不是客卿独有的风险。

与齐国等中原诸国相比，秦国任用客卿有其独到之处：

第一，时间早。秦国自春秋早期穆公开始，便开启了重用外来贤才的先机，并且从此形成了传统。公元前 655 年，秦获虞国大夫百里奚，“穆公大悦，授之国政”①，开创了委国于“客”的先河。穆公时期重用的“客”并非只有百里奚一人，百里奚推荐了蹇叔，以后还有蹇叔的两个儿子也被委以大任，穆公又用计迫使戎人之贤者由余来降，“以客礼礼之，问伐戎之形”②，后来征伐戎国时的军事行动全依由余之计。与春秋时期其他诸侯国收留出奔贵族而封地授官不同，秦国是主动寻找素有贤名之人而委以重任，表现出渴求人才的态度。虽然穆公死后，秦国东向发展的战略受到一定程度的影响，到商鞅入秦前对外来人才的任用记载较少，③但以客礼对待他国贤能的做法实出于秦穆公。

第二，客卿数量多。穆公时期，秦国地狭人少，其时政府管理又极为简单，高官数量屈指可数，但仅有记载的客卿就有九人之多。秦穆公卒于公元前 621 年，其后二百多年秦国一直谋求向东发展，从而与晋国产生冲突，到秦献公时期开始成为战国政治中心之一。秦献公之子秦孝公于公元前 359 年任用公孙鞅，开始了一场影响中国历史进程的革命，此后到秦统一前的一百四十年中，秦国使用了大量外来人才。战国时期，人才跃居为决定国家前途的首要因素，得人才者得天下，秦国既有重用外来之“客”的传统基因，必然在这场争夺和使用人才的战争中取得先机。从穆公到孝公中间隔了二百六十多年，此间秦国用“客”的记录不见于史，但并不代表没有“客”活跃在秦。如公元前 452 年，秦历公时期，三家分晋的第二年，智伯的儿子“智开与邑人来奔”④，相比于公元前 620 年晋大夫士会奔秦，秦用其为谋士以伐晋，智开身为曾是晋国最有权势的六卿之一的智伯之子，对晋国非常了解，一直希望东向发展的秦国很可能任用智开作为军事官员。秦孝公发布求贤令后，起用卫人公孙鞅重振穆公之业，此后秦惠文王、秦武王、秦昭襄王、秦孝文王、秦庄襄王直至秦始皇，无不大量任用“客”卿、“客”相、“客”将，其中以惠文王和

① 《史记·秦本纪》。

② 《史记·秦本纪》。

③ 只有秦康公时期晋国士会在秦为谋士，后归晋。

④ 《史记·秦本纪》。

昭王时期最多。秦国拥有列国中数量最大的客卿群体，其中春秋时期9人，战国时期32人。据统计，自秦惠文王十年至始皇时代一个多世纪的时间里，共有丞相22人，他们是张仪（魏人，曾拜客卿）、乐池（未详）、樗里疾（秦人，秦惠文王异母弟）、甘茂（楚人）、屈盖（楚人）、向寿（楚人，宣太后外族）、魏冉（楚人，宣太后异母长弟）、薛文（齐人）、楼缓（赵人）、金受（未详）、寿烛（未详，曾拜客卿）、杜仓（未详）、芈戎（楚人，宣太后同父弟）、范雎（魏人，曾拜客卿）、蔡泽（燕人，曾拜客卿）、吕不韦（魏人）、徐诜（未详）、昌平君（楚人）、隗状（未详）、王绾（未详）、冯去疾（韩人）、李斯（楚人，曾拜客卿）。在这些声名显赫的众多丞相中，15人（68%）明确不是秦国人，籍贯明确属秦者仅一人而已，其他6人虽籍贯不明，但似乎并非秦人。就出身而言，除樗里疾是秦宗室贵族，魏冉、芈戎、向寿为秦王室贵戚之外，其余18人（82%）都具有“客”的身份，其中5人是由客卿直接拜相的。[①] 秦国二十级军功制中的最高级别为彻侯，共有卫鞅、公子通国、公子恽、恽子绾、魏冉、范雎、吕不韦、嫪毐、王离、王贲、令狐范、李斯、白仲、杜赫14人获得，其中外国人占了大多数。秦国君主并未因为他们是外国人而区别对待，该委官就委官，该授爵就授爵，毫不吝啬，“委国而听之不疑”[②]，大胆放手放权、量才使用。

第三，客卿主政时间长。春秋战国时期的政治特征是政权变化无常，各种利益交织反复，君主朝令夕改，国与国之间的关系瞬息万变，个人命运随波逐流，君主对臣属任用难以持久。秦国虽然处于同样的时代潮流之下，但其对“客”官的态度却能做到一以贯之：

1. 百里奚，自穆公五年主政，至三十六年仍见于记载，前后达31年。

2. 商鞅，自孝公三年任事变法，至二十四年孝公卒后被诛，时间跨度为21年，在孝公为君其间始终为其主政，所以秦人只闻商君之法，不闻秦王，并且历史上没有孝公阻碍限制商鞅执政的记录，孝公死前甚至想传位于商鞅。

3. 张仪，自惠文王十年相秦，直至惠文王卒，合计18年之久，[③] 为惠文王终生信任。

---

① 黄留珠：《秦汉仕进制度》，西北大学出版社，1985年，第40－43页。

② 洪迈撰，孔凡礼点校：《容斋随笔》，中华书局，2005年，第23页。

③ 张仪曾于其间相魏相楚，但实为秦，且于后元八年复相秦，张仪始终是秦国主要政治外交官员。

4. 甘茂，自武王二年为丞相，颇得武王信任。武王不幸于两年后于周举鼎而卒，甘茂是武王终身信赖之人。

5. 魏冉，自昭襄王十二年首次为丞相，至四十一年的30年间，五次为相，堪称战国丞相之最。

6. 范雎，自昭襄王三十六年为客卿，四十一年拜相，至五十二年范雎举荐蔡泽为相，其活跃时间也有16年。

7. 蔡泽，自昭襄王五十二年拜相，虽数月后谢归，但后来又历事继任的秦孝文王、庄襄王，直至秦始皇，时间在十几年以上。

8. 吕不韦，自庄襄王元年为相，经历了庄襄王三年短暂的统治，到秦始皇十年免相，历经两朝达13年。

9. 蒙骜，历事秦昭王、庄襄王、秦始皇三朝，超过十几年。

客卿长期主政，得益于君主的支持和信任，政策的延续性对秦国的快速发展起到了积极作用，这是齐国不具备的独特优势。

第四，用人不疑，堪称典范。具备识人用人的勇气，敢于用人并不难，而容人的气量则不是一般君主具备的，容人最难之处在于容许失败，等待成功。秦国自穆公始，许多君主身上都具备了这种特质，才使秦国从他国取仕的传统不断继往开来，仅举两例：

孟明视，是穆公时期重要的政治人物，受穆公之命与白乙丙、西乞术三人在公元前628年率军袭郑不成，返归时在崤被晋军大败，秦诸大夫及左右都力劝秦穆公说“是败也，奚之罪也，必杀之。公曰：‘是孤之罪也，孤实贪以祸夫子，夫子何罪?’复使为政”[①]。又过了三年，孟明视伐晋报崤之仇不成，在彭衙又大败，而秦穆公“犹用奚，奚增修国政，重施于民。晋人闻之，甚惧。明年奚伐晋，济河，焚舟，取王官及郊。晋人不出。遂自茅津渡，封崤尸而还”[②]。最终在内政和军事上取得成功。穆公确立了秦国发展的路径方向，成为秦国的国家战略，到了秦孝公时，还“下令国中，求贤者，将修穆公之业，东复侵地”[③]。战国时期，秦国能够大量任用和信任客卿，是穆公时期形成的国家基因。

---

① 《左传·文公元年》。
② 《左传·文公三年》。
③ 《史记·商君列传》。

范雎，秦昭王用之而不疑，其信任程度与秦穆公之于孟明视如出一辙，昭王曾曰："昔者齐公得管仲时，以为仲父。今吾得子，亦以为父。"[①]范雎相秦，保荐其在魏国受辱时的救命恩人郑安平为将军，率军击赵，而"郑安平为赵所围，急，以兵二万人降赵。雎席稿请罪。秦之法：任人而所任不善者，各以其罪罪之。于是雎罪当收三族。昭王恐伤雎意，乃下令国中有敢言郑安平事者，以其罪罪之。而加赐雎食物，日益厚，以顺适其意"[②]。此事发生的背景是，范雎不久前假昭王之手杀死功高盖世的武安君白起，推荐郑安平代之为将军，白起之功与郑安平之降反差巨大。郑安平降赵，范雎难辞其咎，他受到任何处罚都在情理之中，但秦王毫无怪罪之意。后来又发生一件事，当初举荐范雎的谒者王稽因范雎得为河东守，被人告发谋反，秦王大怒，"欲兼诛雎……遂弗杀而善遇之"[③]。除非极为不正常，两次事件发生后秦昭王应立诛范雎以平息朝野之怒，而秦昭王如此宽容范雎，超越了一般的君臣关系，在列国很难找出类似的例子。范雎江郎才尽时，其推荐的蔡泽又被秦昭王拜为相，其中的信任可见一斑。

战国时期，由于险恶的军事和外交环境，间谍出没于列国，离间君臣关系，以期形成有利于自己的政治结构。齐、燕、赵、魏、楚、吴都曾吃过被离间的亏，苏秦就帮助燕王在齐为间，但从不闻离间秦国君臣成功，这从反面证明了秦国的君臣关系较他国牢固，令谋划者知难而退。

综上所述，春秋早期，秦穆公以非凡的容人之气度，在其任内聚集了大量外来人才，并能在一个较长的周期内稳定地重用，容许人才的发展和阶段性的失败，出现了重"客"的高潮，才有秦国在春秋早期迅速崛起的局面。经历了两百多年的相对沉寂，自孝公开始直到秦国统一前，秦国的政治权力经常掌握在客卿手中，客卿群体也不负众望，持续地在内政和军事外交上取得成功，秦国才得以集天下之智慧和力量统一中国。

客卿对秦国的作用在政治、军事、经济等有形的方面显而易见，在思想文化领域的影响更加深远，逐渐形成了秦国独有的客卿文化。秦国客卿制度的特点和发展历程在列国中非常突出，与齐国等山东诸国迥异，这与秦国开

---

① 《战国策·秦策三》。
② 《史记·范雎蔡泽列传》。
③ 《战国策·秦策三》。

放的政治环境是分不开的。客卿制度体现出秦国政治的包容，形成了一种海纳百川的客卿文化，与秦国原本就兼容并蓄的政治思想相互促进，增强了秦国对各类人才的凝聚力，故秦国“卒之所以兼天下者，诸人之力也”。秦国统一战争的胜利，是人力的胜利，更是思想的胜利。与齐国相比，秦国政治有很多优势：

第一，相对公平的政治环境。单纯从客卿的生存环境看，秦国喜用客卿开创了一个利于人才成长的良好环境。西汉时期的著名军事家韩信曾经说：“百里奚居虞而虞亡，在秦而秦霸，非愚于虞而智于秦也，用与不用，听与不听也。”①说明同一个人在不同的条件下，其能力的发挥有天壤之别，对国家的贡献也就不同。如果说列国的君主基本都具备识人的能力，但长期信任臣下并帮助他们成就事业则为秦国历代君主所独有，并且这种信任是普遍性的。

前文已考证秦国客卿主政时间长的特点，其实这种长期的信任不仅是针对客卿的，对原为秦国人的将相的信任也是一视同仁的，比如秦将白起，从秦昭王十三年任左庶长，后因功封为武安君，直至昭王五十年长达 37 年里，始终为秦国主要的军事将领，为秦国的统一奠定了军事基础。另一位秦将王翦，自始皇十一年为将，至始皇二十六年统一中国，15 年中长期直接参与和主导了秦国的统一战争，其子王贲、其孙王离皆世为秦将。王翦家族与齐人蒙骜的客卿家族在秦国的兴衰极为相似，这一点客卿与非客卿没有任何区别。秦国对待臣下唯能力论，唯功劳论，没有因是否秦国人而有不同的待遇和结局。客卿因功受封土地，秦人有功同样受封；客卿有不能善终于秦者，秦人将相亦有被杀者，但都是政治斗争的正常产物，与国籍无关。这种公平来源于思想深处，而非权宜之计，尤其可贵。

第二，合理的君臣关系。纵观中国历史，常常是“勇略震主者身危，功盖天下者不赏”②。秦国君主没有用如此狭隘的思想处理君臣关系，他们绝大多数情况下赏罚分明，尤其是商鞅变法的施行和军功爵制的建立，使赏罚具备了标准和依据，立功者本人和君主事实上都成为法律的履行者，赏者不能滥施，受者无须感恩戴德，君臣之间按约行事。从君主爱才厚施，到用法律斩断权力的随意

---

① 《史记·淮阴侯列传》。
② 《史记·淮阴侯列传》。

性，在君臣之间建立起透明的工作关系，这既是秦国政治的先进，也是中国建立法制社会的滥觞。君臣之间具备了工作关系，就会达成共同的工作目标，形成紧密的团队，整个战国时期，只有秦国离间列国的君臣，而不闻秦国君臣被离间，[①]秦国君主始终扮演着支持者的正确角色。分工合理的君臣关系，除了各司其职的效率之外，更重要的是由合理运用战略资源而形成的强大合力。

第三，没有宗族势力的羁绊。客卿在秦国大行其道，原因之一是秦国受宗法制度影响小，宗族力量弱小，这一点对客卿和秦人同样有利。没有宗族的干预，客卿因此获得了机会。秦人没有宗族作为后盾支持，则建立功勋是唯一的出路。没有强宗和宗族领袖，就不易形成政治宗派，不但减少了内耗，还使君主集权更为容易，有利于国家动员。秦国的政治军事活动完全出于国家利益的考虑，没有宗族的私利，君臣很容易达成一致的战略目标，并全力推进。

第四，人才流失少。一般说来，人才的交流是双向的，有来者必有去者，特别是战国时期的人员流动是频繁的和多向度的，但奇特的是秦国的人才是单向度的流入，几乎没有在列国为官的秦国人，张仪、魏冉等在魏国为相是秦国的政治安排，不是个人行为，并且他们本来就不是秦国人。从文献记载看，秦国在异国为客卿者极少。这首先是秦国文化落后，加之“以吏为师”，通过教育学习而成的文学之士较少，在水平上与山东诸国的学人有差距，不具备游历他国取仕的竞争优势，最终没有成名而载入史册。其次是因为秦国有稳定和公平的政治环境，军功爵制的实行给入仕者创造了明确的可预期的晋级途径，宁愿留在秦国建功立业。复次是商鞅变法加强了对全体国民尤其是广大基层人民的管理，告奸连坐制度使秦国人一旦离开秦国就可能被举报，增大了到异国求仕的成本和风险，直接阻碍了秦国人的异国求仕之路。《云梦秦简》有两条律文可以资证：

> 臣邦人不安其主长而欲去夏者，勿许。何谓夏？欲去秦属，是谓夏。
>
> 使诸侯、外臣邦，其邦徒及伪使不来，弗坐。何谓邦徒、伪使？徒、使与偕使而弗为私舍人，是谓邦徒、伪使。

---

① 长平之战后，苏代成功离间白起和范雎，是范雎担心白起功劳超过自己，给白起伐赵设置障碍，秦王没有参与。

第一条是禁止秦人离秦去诸夏，第二条是说秦国使者的随从和副使如果滞留他国不回，使者不连坐。表面看是免除使者责任，实际上可以理解为其他官员留在异国是要受到严厉惩罚的。此外还有一条《游士律》则规定了擅自离秦的具体处罚措施：

有为故秦人出，削籍，上造以上为鬼薪，公士以下刑为城旦。

而另一个现象也可证明秦国官员极少去异国为官的：秦国的崛起得益于商鞅制定实行的一系列法律，其有效性为列国称赞并希望借鉴，但没有任何一国能真正系统学习到秦国的制度体系。比如赵国，赵武灵王可以学习“胡服骑射”，如果有机会，当然可以学习秦国的法律制度，但未见有实质性的采纳，这与缺乏秦国官员系统的传授有很大关系，反证出上述秦国法律执行严格而少有离秦者。

秦国的政治是客卿政治，客卿政治的本质是精英治国，其基础是从全“天下”范围内选拔人才，其过程是聚集智慧，其形式是政府权力的相对独立，其结果是国家体制进步和实力增强，但其前提是国君的支持和权力的下放。秦国从春秋早期秦穆公开始就是客卿政治，百里奚和蹇叔等外来人长期主政，为秦国打下了客卿文化的基础，在秦国人的思想深处对异国来仕者没有异族感，他们没有“非我族类，其心必异”的狭隘成见。秦国历史上仅现的一次“逐客”，由于李斯的一封“谏逐客书”就能烟消云散，这便是秦国客卿文化深入人心的结果，文化力量是潜移默化积累而成的势能，大是大非的问题往往由文化做最终的裁决，秦国客卿制度的盛行与发展表面看是一种政治选择，实质是文化的必然。

必须注意，秦国的客卿文化并不排斥本国人入仕，在任官的问题上，秦国没有本国人和异国人之成见，因为客卿文化是开放的政治文化。客卿文化和秦国固有的开放传统相互促进，甚至在国家继承上也出现了用“外人”的事例。秦孝文王之嫡妻为华阳夫人，华阳夫人无子。《左传·襄公三十一年》说：“太子死，有母弟则立之，无则立长，年均择贤，义均择卜，古之道也。”当时秦孝文王最大的儿子是子傒，按制应立子傒。但华阳夫人受到吕不韦等人的劝诱，竟接受其他妾的儿子异人为己子，孝文王继位后，异人成为太子，后来顺利继承王位，即秦庄襄王，秦始皇嬴政之父。秦国对继承人的选择尚且如此开放，在任用官员方面大量使用客卿就不足为奇了。相比于齐桓公葵丘之会的盟约中有“不得以妾为妻”的规定，可知秦国与齐国的文化差异之大。这种文化的差异反映在人才思想上就是包容与保守的区别，秦国文化偏重于实用性，广取天下英才为秦所用，齐国文化受传统因素的羁绊更多一些，在人才选用上不能完全放弃内外之别。正是这些貌似无关紧要的间接因素，最终导致了秦国和齐国不同的国家命运。

第五章 | 统一战略比较

历史发展是一个连续的过程。秦国能够完成统一大业，建立起中国历史上第一个统一的中央集权王朝，是秦国当政集团通过数百年努力实现的。秦国根据当时列国间形势的发展变化，及时调整内外政策，不断增强自身实力，在激烈的竞争中胜出，最后通过铁血征伐完成了统一大业。齐国却因为战略的重大失误，丧失了已经取得的大国地位，甚至亡国。身处同一时代，面临相同的时代主题，齐、秦两国选择了不同的发展战略，造就了不同的历史命运，影响了此后中国历史的发展进程。

一、国策的运筹

国策是决定国家命运的极为重要的因素。这当然取决于两个方面：其一，国策正确与否；其二，国策执行是否具有连贯性。在国策运筹上，齐、秦两国的历代执政者在这两个方面体现出较大的不同，一者咬定目标，孜孜矻矻，无论历史怎样动荡波折，总是矢志不移；一者目标游移，朝三暮四，要么穷兵黩武，要么畏缩不前，置总体国策于度外。

——我们先简要梳理秦国推进统一的国家策略。

贾谊《过秦论》说秦始皇“奋六世之余烈”而统一中国，“六世”指的是战国时代的秦孝公、秦惠文王、秦武王、秦昭襄王、秦孝文王、秦庄襄王。其实，自春秋秦穆公向东谋晋，战国秦孝公明确提出“东向以制诸侯”，经惠文王、武王之经营，至昭襄王采取“远交近攻”策略，终至始皇统一天下，秦国的东进战略始终明确，而且具有相当程度的连续性和一贯性。并且，秦国的东进战略经历代君王的经营，逐步推进，高度成熟，最终使秦国统一天下势不可挡。

秦在德公时（前677—前676年）就迁都于雍（今陕西凤翔县）。雍是西周时的王畿腹地，位于地势较高的周原，北依汧山山脉，南临雍水，为陇山以东的门户，无论是防御西戎，还是向东发展，地理位置都十分有利。[①] 此时秦的影响已经达到黄河西岸，并且开始了以主要力量向东扩展的步伐。

秦穆公为东进战略做出了卓绝的贡献，促成了秦国发展历程中的第一个高标。秦穆公虎视中原，他将兴修的宫殿称作“霸城宫”[②]，又将关中的雍水改名霸水，“以章霸名”[③]。秦向东发展，首先面对的劲敌是晋（在今山西西南部）。“晋之强，秦之忧也。”[④] 秦同晋的关系很复杂，但无论如何，秦在不同形势下的对晋策略，都体现了穆公的东进战略。大概而言，秦为了实现控制、制约、打击、削弱晋国的目的，所运用的手段或政治联姻，或干涉晋国内政，或战略联盟，或发动战争等等。

对晋战争是穆公东进战略的最明显的体现，较为重要的有三次大战。公元前645年，秦晋大战韩原，生俘晋惠公，秦军大获全胜。公元前628年，晋文公去世，秦国利用晋国国丧的机会，派大军越过晋国，偷袭地处中原腹地的郑国。袭郑不成，不甘心空手返回，顺手灭滑——“晋之边邑”[⑤]，激怒晋国，大战于殽。秦军全军覆没，西乞术、白乙丙、孟明视三员大将被俘。秦之惨败，是秦在政治、战略和地理等因素处于被动情况下的一次侥幸冒险而导致的。秦之“虎狼之心”由此可见。公元前624年，穆公亲率大军伐晋。秦军占领王官（今山西闻喜县西）及临晋、平阳间的小邑郊，然后从茅津渡河，至殽地。王官之战，是秦“增修内政，重施于民”[⑥] 的后果，也是穆公胸怀大略的体现。殽之战后，秦穆公勇于承认自己的错误，主动承担失败的罪责：“邦之杌陧（杌陧，不安定。），曰由一人”[⑦]。于是，殽之战的惨败具有了意义，让穆公痛定思痛，更清醒和清晰地经营东进战略。

① 史念海：《周原地理与周原考古》，《西北大学学报》，1978年，第2期。
② 《史记·高祖本纪》（正义）引《三秦记》。
③ 《汉书·地理志》。
④ 《史记·秦本纪》。
⑤ 《史记·秦本纪》。
⑥ 《左传·文公二年》。
⑦ 《尚书·秦誓》。

至穆公统治后期，秦极欲东进，虽然领地扩展到黄河西岸，对晋也取得了不少胜利，但因“桃园之塞”被晋占据，实难攻克，同时战争也让穆公清醒地认识到，为了更有力地东扩，必须先安定后方，经营国内。秦穆公三十七年（前623），决定“用由余谋”，向西戎发动进攻，取得了“开地千里，遂霸西戎”的局面。[①] 穆公东向受阻，转为向西开拓。秦穆公经营西戎，为后来秦之东扩奠定了坚实的基础。

从秦穆公死至秦孝公即位260年时间里，秦国有12个国君[②]。期间，秦献公在公元前383年将国都从雍迁往栎阳（今陕西临潼县栎阳镇东北），“东通三晋，亦多大贾”[③]，表明了秦国恢复河西之地的决心，体现了秦国经营东方的战略。献公在国内的改革和对三晋的军事斗争，都取得了初步的成效[④]。

秦孝公任用商鞅，提出了致力于天下一统的战略方案：将魏赶走，“秦据河山之固，东向以制诸侯，此帝王之业也”[⑤]！以地缘战略来看，魏国雄踞中原核心地带，“独擅山东之利”，而魏国又堵住了秦的东进之路，是秦的“腹心之疾”。秦将国都从栎阳迁到咸阳（在今咸阳市窑店东），“据天下之上游，制天下之命者也”[⑥]，十分清楚地反映了东向发展的勃勃雄心。从当时形势来看，在东方迅速崛起的齐国开始挑战魏国的霸权，魏处于东西夹击之中，同韩、赵的盟友关系也濒于崩溃。我们可以说历史为秦国的东扩战略提供了契机，更应当说商鞅提出该战略方案正是敏锐地看到和利用了有利的态势。

商鞅提出的“东向以制诸侯，此帝王之业也”，可以阐释为灭二周，并诸侯，统一天下的宏图，同时又是切实可行的战略指导方案：其一，实行富国强兵之策，为战略目标提供坚实的后盾。其二，采取外交攻势，谋求“诸侯畔之（魏）”的局面。其三，有利有图的军事攻击。抓住魏国“大破于齐，诸侯畔之”的时机，即马陵之战（前342年），大举东进。秦孝公二十二年（前340），齐、赵攻魏，商鞅则率秦军继续攻打魏之西鄙。魏在三面受敌、连年战

---

① 事迹详见《史记》《左传》《战国策》等。

② 康公、共公、桓公、景公、厉公、躁公、怀公、灵公、简公、惠公、出子、献公。秦孝公所谓“往者厉、躁、简公、出子之不宁”（《秦本纪》），几代昏庸之君。

③ 《史记·货殖列传》。

④ 秦献公迁都栎阳之后，多次对三晋用兵，开始由失败转向胜利。魏国迁都少梁，是魏的经营东方的策略，应该与秦的逼迫也大有关系。

⑤ 《史记·商君列传》。

⑥ 顾祖禹：《读史方舆纪要》。

争国内空虚的情形下，割让河西部分土地给秦讲和。从此，在军事实力上，秦比魏取得了优势地位。“事实上，百年后‘秦王扫六合，虎视何雄哉’恢宏历史场景的上演，正是《商君策》合乎逻辑的圆满句号。”[①] 秦国的东进战略的提出和大幅度实施，实赖商鞅，正如王充在《论衡·书解》中所说：“商鞅相孝公，为秦开帝业。”

秦惠文王继承了献公、孝公以来的正确战略，面对新的形势，将秦的东进事业向前推进。至秦惠文王十年（前328）秦全部占有河西之地，这就使得“据河山之固，东向以制诸侯”进而统一中国的宏伟战略有了坚实的地理形势根基，为秦的政治稳定和经济增长提供了一个极为稳定的环境。秦占有河西之地，是基于这样一个有利的形势：魏国在齐、赵和秦从东、西、北三面的打击下，屡遭失败。在短视的魏惠王统治下，魏国日益衰落。就在此时期，日益强盛的秦对魏开始发动猛烈攻势。公元前330年，秦大败魏，除少梁之外的河西之地全部割让秦国。但是割地并没有让秦国停止进攻，相反，更刺激了秦对土地的“贪欲”。公元前329年，秦军继续向河东进攻，深入魏国腹地。公元前328年，魏国在秦军攻击下节节败退，将上郡十五县以及河西的少梁献给秦国。至此，河西之地全部归秦。

两件史实可以帮助我们管窥秦国东进战略的成功原因及其意义。一是秦惠文王九年（前329），张仪入秦，主张秦国以“连横”之策击破东方六国。张仪入秦前就曾以“合纵”之策游说魏、赵、楚和东周，皆不为用，[②] 至秦却得到惠文王信任。我们要思考的是，张仪为什么游说东方不得志，而最终为秦惠文王所用呢？是张仪的谋略暗合了惠文王的远大战略，还是惠文王雄伟的气魄，才能真正地器用乱世的英才？二是惠文称“王”和五国攻秦的失败。秦惠文王十三年（前325），秦惠文王正式称“王”。[③] 惠文称王，成就一统天下“帝业”的野心暴露无遗。东方各国感受到秦的威胁，在魏相公孙衍活动下，有了联合赵、燕、韩、楚、魏五国共同伐秦的一次“合纵”。这次伐秦至函谷关就被秦兵击退。五国攻秦的失败，与联盟的松散消极等因素有关，还有一个因素，即秦国占据的“河山之固”，确实发挥了“东向制诸侯”的战略作用。

---

① 黄朴民:《秦汉统一战略研究》,中国人民大学出版社,2007年。

② 《史记·张仪列传》。

③ 林剑鸣:《秦史稿》,中国人民大学出版社,2009年。

秦惠文王更元九年（前316），秦灭巴、蜀，西南秦岭以外的广大地区遂归秦有，“擅巴蜀之饶”，为秦东进战略准备了雄厚的物质基础。秦灭巴蜀之后，东方的劲敌主要是齐、楚。此时秦的东进方略设计为：制服三晋，扫除东进障碍；拆散齐楚联盟，由联楚转而谋楚。公元前314年，樗里疾攻魏①；同年，秦军“益甲伐韩”②；公元前313年，秦大败赵军。秦挫败了三晋，进而打破了齐楚联盟，占领汉中，秦本土与巴蜀连成一片。秦惠文王更元十四年（前311），秦伐楚取召陵，开始一步步蚕食楚国。

秦武王时期东进的最大收获，是公元前308年派甘茂攻取宜阳（今河南宜阳县）。宜阳是中原重镇，是秦国东进的必然战略目标。攻韩，也是秦国有效实施“连横”而制约“合纵”的上策。③ 其实，早在惠文王时张仪谋划攻韩是非常有见地的，只是时机不到，至武王之世，秦才实现了这一重要战略方案。攻取宜阳，秦国控制了出入中原的门户，形成了制衡齐、楚，威逼天下的气势。

秦昭襄王时期对秦的统一大业做出的重大贡献是，启用范雎提出的“远交近攻”策略。范雎指出了秦在六国“合纵”下的孤立和被动，批评了魏冉舍近求远的“远攻近交”的错误策略，向昭襄王提出“远交近攻”的策略——先从韩、魏开始，逐步兼并各个诸侯。首先，取三晋，控制近邻韩、魏，使得“尺寸之地皆入于秦”。然后以韩、魏为依托，向南击楚，向北击赵。最后，把齐这一相距最远也最强大的国家作为征服目标。范雎的建议得到了昭襄王的支持。在秦的连续进攻之下，韩、魏丢城失地，秦的国土不断东扩。

孝文王、庄襄王在位时间较短，这一时期秦统一中国的条件已趋于成熟。秦以“远交近攻”策略周旋东方六国，达到了离间“合纵”和削弱六国的目的，秦国东进步伐大大地加速了。自庄襄王（前249—前247年）至秦始皇八年（前239）吕不韦当政，继续实施远交近攻策略，取得了很重要的成就：灭东周，攻取韩国的成皋、荥阳、上党，魏国的高都、汲、卷，以及赵国的榆次、新城、浪孟、晋阳等。在秦军的进攻面前，三晋已经无力抵抗，直至公元

---

① 《史记·魏世家》。

② 《史记·韩世家》。

③ 宜阳的战略意义，见本书《地缘政治》一节。

前241年赵、楚、魏、韩、燕五国抗秦联军失败，此后东方诸国再也联合不起来了。

秦王政十一年（前236）[①]，秦国的东进战略转入最后阶段——“灭诸侯，成帝业，为天下一统”的统一战争[②]。我们从秦灭六国的顺序能够清晰地看到，秦国依然遵循着由近及远、先弱后强、各个击破的战略思想，制定和实施了吞并六国的战略部署：抓住有利时机，重点攻打赵国，乘势灭韩而破赵；然后灭燕、亡魏；剪灭近邻，控制中原以后，转锋南下灭楚，最后消灭东方之齐。“远交近攻”的战略思想，加速了秦国统一天下的步伐。至公元前221年秦始皇“续六世之余烈”[③]，完成了旷古未有之宏业，统一了中国。

纵观秦国的东向战略，由东扩到统一，“并诸侯，吞天下”，随着形势的变化，步步推进，其战略策略一贯而逐渐丰富。秦国走的是一条进攻型路线，它的扩张是以秦地为基础，逐步向西向南发展，占领的土地基本都是能连成片的，实行的是点—线—面的铺开式扩张，由近及远地进行扩张，这是最稳妥最有效的途径。这也是秦国一统天下的一个重要原因。换句话说，六国输于秦者，非惟兵也，战略也。[④] 另外，秦国的东向战略之所具有连续性，则更是一个值得思考的问题。

——我们再来看齐国的国策。

战国前期，齐、秦两国势均力敌，东西对峙。秦国定下了“据河山之固，东向以制诸侯”的策略，而齐国也制定了“辟土地，朝秦楚，莅中国而抚四夷”[⑤] 的目标。但齐国的策略在具体实施中，表现为战略目标不明确，缺乏连续性和政治短视，走的是一条防御型路线，齐国的扩张总体是跳跃式的，在局部地区实行蚕食政策，没有固定的路线可循。

齐威王（前356年—前320年）时期，致力于与魏争霸。经过桂陵之战（前353年）和马陵之战（前341年）等战役，齐国打败了战国前期独霸中原的魏国。公元前334年魏、齐“会徐州相王”，标志着齐国成为东方最强大的

---

① 从公元前230年灭韩至前221年灭齐，秦灭六国用了十年。但是，吞并六国的最后战争却是在公元前236年即秦王政十一年攻打赵国开始的。

② 《史记·李斯列传》。

③ 贾谊:《过秦论》。

④ 郭淑珍，王关成:《秦军事史》，陕西人民教育出版社，2000年。

⑤ 《孟子·梁惠王上》。

国家。然而，齐国并没有实现“辟土地”的目的，反而成了众矢之的，尤其成为赵、秦、楚的矛头所向，形势非常严峻。

齐国是合纵策略的参与者，但不是一个真正的积极参加者，而是将精力放在伺机扩张上。齐宣王二年（前318），合纵国联合攻秦，齐不出兵。五国伐秦失败，六国纵约随之解散。齐国没有积极有效地采取削弱秦国的外交政策，也没有参加到合纵攻秦的行列，致使齐国反秦的政策并未得到真正实施。齐宣王六年（前314），齐国乘燕国内乱，顺利攻占燕国，但并未作战略安排，反而因残暴统治激起燕人强烈反对，为自己树立了一个敌人，也为齐国衰亡埋下隐患。为了对抗秦的兼并，在秦与韩、魏结盟之时，齐国采取了联楚政策。齐宣王八年（前312），齐、楚围秦于曲沃，秦军折损惨重。由于齐计较小怨，楚贪图小利，两国联盟很快被秦拆散。① 齐宣王十六年（前304），秦国再次破坏齐、楚联盟，秦、楚“合婚而欢”，楚国背齐而结秦，激怒了齐宣王。齐宣王十七年（前303）起，齐与韩、魏攻楚五年，尽管取得胜利，但并未得到多少实际利益，相反却消耗了大量的国力。而楚国的削弱，对秦却是有利的。齐宣王之政治短视如此。

齐湣王（前300年—前284年）统治时期，正值赵国经武灵王军事改革，国势大盛。赵武灵王图谋中原，定下“结秦连宋”的外交政策，② 秦、赵、宋结为同盟。为了对抗秦国，争夺宋国，公元前298年，孟尝君发动齐、韩、魏三国攻秦，直到公元前296年，攻破函谷关，威胁秦都咸阳。秦国割地求和，归韩河北及武遂（今山西垣曲东南），归魏河外及封陵（今山西永济西南），三国遂退兵。齐国兵临函谷三年，消耗了大量人力物力，但没有获得一寸土地。齐国利用韩、魏与秦的矛盾，联合攻秦，本来具有一定的积极意义。但是，在攻破函谷关，威胁咸阳的有利条件下，接受了秦国割地求和的要求，轻易地丧失了进一步打击秦国的良机。齐国发动合纵攻秦之举，得不偿失。

赵武灵王死后，秦、赵、宋联盟瓦解。秦国开始推行联齐政策。而齐湣王也不满意孟尝君联合韩、魏攻秦的政策，推行联秦政策，以便灭宋。齐、秦联合，是秦国在齐、秦两国势均力衡情况下的一种妥协。妥协的目的，是为了防止对方阻止自己兼并土地。然后，秦国发动了对韩、魏连续而猛烈的军事进

① 《史记·楚世家》。
② 《战国策·赵策四》。

攻。齐湣王十三年（前288），秦又约齐称帝，其实这也是秦国的连横策略。在苏秦的游说下，齐湣王去帝号，一方面组织合纵攻秦，一方面积极伐宋。[①]齐、赵、燕、韩、魏五国合纵联盟形成。齐国参加合纵的主要目的是吞并宋国。因此，五国合纵攻秦并未能有效打击秦国。齐湣王十五年（前286），齐国趁宋发生内乱，第三次攻宋，终于如愿吞并宋国。齐灭宋的目的实现了，却给齐国带来了巨大的灾难。连年征战，国力空虚，表面强盛的齐国已是强弩之末。灭宋使齐成为众矢之的，公元前284年，燕、秦、赵、魏、韩五国伐齐，齐国惨败，几乎灭亡。齐国近攻宋国的策略，缺乏对国际形势的综合判断，是一种没有建立在全盘考虑基础上的孤立冒险政策。

此后齐国国力大衰，已经完全无力对外兼并，采取谨事秦以求自保，对山东五国兴亡无动于衷的外交政策。齐王建即位，奉行“事秦谨，与诸侯信”的外交政策。[②]齐国的这种自守其国、孤立短视的外交政策，只是让齐国维持了一个暂时的平安局面，却成就了秦国远交近攻策略的成效。齐王建四十余年的孤立外交政策，加速了其他五国的灭亡进程，当然也导致了齐国自身的灭亡。

齐威王、秦孝公几乎同时改革，改革后，两国都强大起来，成为东西两强，也都把兼并土地、统一中国作为基本国策。齐、秦两强操纵着当时的国际形势的变化。秦国的统一战略，具有一贯性和连续性，并随着形势变化灵活调整，最终以炉火纯青的成熟策略胜出。而齐国的策略，其致命的弱点就是缺乏连续性，盲目调整，而这点又是由政治短视造成的。齐、秦的较量，在一定程度上反映在国家策略上。那么，策略背后两国执政者运筹的高下，则更是我们要去思考的问题。

二、外交的角逐

战国是真正开创中国历史外交时代的一个重要时期。外交作为一种政治手段，开始显示出独立于军事之外的巨大力量。在齐、秦两国竞争的关键时刻，天下游士奔走其间，在这场没有刀光剑影的外交“战场”上，运筹帷幄，折

---

① 《战国策·齐策五》。

② 《史记·田敬仲完世家》。

冲樽俎，上演了一幕幕精彩的历史剧，“合纵连横”、“远交近攻”以及“反间计”等妙招频发，成为影响战国后期列国走势的重要因素。

（一）连横与合纵

齐、秦两国国力虽强，但一时之间还不能取得压倒性优势，因此就需要积极争取其他国家的支持，合纵连横应时而起。“纵者，合众弱以攻一强也；横者，事一强以攻众弱也”①。合纵主要是指多个较为弱小的国家联合起来进攻或者抵抗一个强国，以防止强国的兼并；连横主要是指强国拉拢弱国进攻另外一些弱国，以达到兼并土地的目的。② 合纵的发起国较多，主要是东方六国之间合作，以进攻强秦，维护各自国家安全和利益。连横主要是由秦国发动，争取其他国家联合行动进攻秦国的敌对国，以便于秦国的对外扩张。

战国时期，列国争雄，纵横捭阖，翻手为云，覆手为雨，尔虞我诈。各个国家都在追逐各自国家利益的最大化，结盟或是对抗只是实现国家利益的手段。在这一过程中，涌现出了大量的策士、纵横家，他们活跃在列国的政治舞台上，奔走游说于各国之间。最早发起合纵的是魏国的公孙衍，最早游说连横的是秦国的张仪，后来的苏秦、李兑、信陵君等也是发起和组织合纵的重要人物。正如当时人所说：“公孙衍、张仪岂不诚大丈夫哉！一怒而诸侯惧，安居而天下息。”③ 这些组织合纵连横的纵横家和策士，对战国历史的发展产生了重大影响，一定程度上影响了历史的进程！

商鞅变法以后，随着国力上升，秦国开始了东进中原的征程。是时关东六国实力尚强，秦国要想站稳脚跟，东出函谷关与六国争雄，仅靠自己的力量是难以完成的。公孙衍、张仪等纵横家应时而生。张仪由魏国入秦，游说秦惠王，“惠王以为客卿，与谋伐诸侯”④。

秦国东进威胁到关东六国的利益，齐、秦两强的冲突在所难免。南方的楚国地域广大，人口众多，实力仅次于齐、秦两国，楚国的向背直接关系着局势的发展。当时齐、楚已经结盟，张仪为秦相后，制定了“以秦、韩与魏之势伐齐、荆（楚国）”的策略，结果秦国假道韩、魏进攻齐国，却被齐国的匡章

① 《韩非子·五蠹》。

② 杨宽：《战国史》，上海人民出版社，2003 年，第 351 页。

③ 《孟子·滕文公下》。

④ 《史记·张仪列传》。

打败。楚国当时实力也较为强盛，公元前313年，楚怀王派三大夫统帅九军向北包围秦国新占领的曲沃以及原属于楚国的於中。就在这年，楚国在齐国帮助下攻取了曲沃，接着就要争夺商於之地了。齐、楚联盟给秦国造成了很大压力，秦惠王下决心要将其拆散。秦相张仪于是南下游说楚怀王，以秦愿意献给楚国商於之地六百里为条件，来换取楚国与齐国绝交。楚怀王贪于土地，结果就答应了张仪的请求。齐、楚断交后，楚怀王便派人索要土地，张仪却答复楚国使节当时和楚怀王说好的是商於之地六里，而非六百里。楚怀王大怒，发兵攻秦，结果秦军将领魏章在丹阳大败楚军，斩首八万，俘虏楚将屈丐、裨将逢侯丑等七十多人，并乘胜攻取了楚国汉中地区，设置了汉中郡。楚怀王哪咽得下这口气，再次发兵伐秦，一度深入到蓝田，结果还是被秦军挫败。秦国又派将领袭击楚国的后方，迫使楚怀王退兵。通过几番较量，秦国巩固了汉中郡，使得关中和巴蜀连为一片，也解除了楚国的威胁。

张仪在秦国推行的连横政策相当成功，后来李斯就评价张仪："惠王用张仪之计，拔三川之地，西并巴、蜀，北收上郡，南取汉中，包九夷，制鄢、郢，东据成皋之险，割膏腴之壤，遂散六国之从，使之西面事秦，功施到今。"① 张仪纵横捭阖，屡出奇计，拔韩国三川之地，西并巴、蜀，北逐义渠，收上郡，把楚怀王玩弄于股掌之间，拆散反秦联盟，为秦国统一大业做出了杰出贡献。

秦国还在齐宣王伐燕之后，联合韩、魏等国，打着"救燕"的旗号，四处活动，联络其他诸侯国，准备打击齐国。齐宣王八年（前312），秦国联合魏国、韩国一起进攻齐国，在濮水之上大败齐军，齐将声子被杀，匡章被打跑，齐国为此被迫从燕国撤军。这也是秦国连横政策的一次胜利。张仪死后，秦国又成功地发起了一次五国合纵伐齐的行动，本书前面已经谈到，齐湣王吞并宋国后，极盛一时，威胁到秦国在关东的利益，秦昭王发动五国联军大败齐军于济西，齐国几近灭亡，对秦国已经构不成威胁了。秦国利用列国间局势的变化，通过灵活有效的外交活动，成功地削弱了一度的主要竞争对手齐国。

齐国的合纵从表面上看也轰轰烈烈。仅举几例：齐宣王十七年（前303）齐、韩、魏三国联合伐楚，秦国派出军队援楚，三国联军退回。两年之后，形

---

① 《史记·李斯列传》。

势发生了微妙的变化，秦国忙于平定后方蜀地的叛乱，秦、楚关系也出现了动摇。齐国又派人采取外交活动，进一步离间秦、楚关系，收到了很好的效果，再次伐楚的时机成熟了。齐宣王十九年（前301），齐将匡章统率齐、韩、魏三国联军进攻楚国方城，在垂沙（今河南唐河）大破楚军，韩国、魏国获得了宛（今河南南阳）、叶（今河南叶县南）以北的大片土地。公元前288年12月，齐湣王组织齐、燕、赵、魏、韩五国合纵攻秦。“五国之兵出有日矣，齐乃西师以禁秦国，使秦废令素服而听，反温、枳、高平于魏，反三公、什清于赵”①。在多国合纵的军事压力之下，秦国被迫做出让步。齐国由此也减轻了外部压力，提高了自己的国际地位。相比秦国连横所取得的实际利益（疆域扩大、人口资源增加）来说，齐国这几次大规模的合纵活动消耗了大量国力，却没能开疆拓土，没能控制更多的人口和资源，更危险的是这种形式上的胜利助长了齐国国君的贪婪，以至于像苏秦那样的燕国间谍都没有及时发觉。齐、秦两国作为合纵、连横的主要组织者和推动者，其外交政策的实效区别很大，秦国愈强，齐国愈弱，以大吞小，以强并弱，遂成战国后期的定局。

合纵连横本是外交手段，但两种手段却发挥了不同的效果。连横由一个大国主导，另外一些国家只是胁从者，利益主体相对单一，对既定的战略决策能够很好地贯彻落实，往往能收到预期的效果。合纵往往是多个国家联合对付另外一个大国，利益主体多元化，相互之间的协调很复杂，只是在面临共同的威胁时才暂时结成松散的联盟，合作的基础很不牢固。合纵国之间的利益冲突有时候还大于合纵联盟的敌对国，具体的利益又千差万别，合纵国都有自己的打算，变动的概率很大，能够真正贯彻既定战略的时候不多，往往是声势很大，但实际成效并不显著。在某种程度上说，连横政策的效果要好于合纵政策。因此，齐、秦所采用的外交手段不同，实际收效差别明显，对两国的影响也是显而易见的。

（二）“远交近攻”与“借贼兵而赍盗粮”

“远交近攻”是源于地缘关系而产生的地缘性联盟战略，这一战略思想在春秋时期就已经出现。战国初期，商鞅、张仪等也主张“远交近攻”，但作为一个完整的地缘战略概念的提出应归功于范雎。范雎从理论高度全面阐述了这

① 《战国策·赵策一》。

一思想，并上升为一种战略原则，对秦国分化瓦解、各个击破六国产生了巨大作用。

范雎在公元前266年入秦，他向秦昭襄王分析了穰侯魏冉“越韩、魏而攻齐刚、寿”战略的失误，接着便向昭襄王提出伐齐不如先攻韩、魏，即其所谓“不如远交而近攻，得寸则王之寸也，得尺亦王之尺也”。秦国得韩、魏土地以控楚、赵，“楚强则附赵，赵强则附楚，楚、赵皆附，齐必惧矣。齐惧，必卑辞重币以事秦。齐附而韩、魏因可虏也”①。实际上，范雎认为秦国应该从最近的韩、魏两国下手，逐步蚕食，由近及远，循序渐进地推进统一计划。“近攻”与“远交”相辅相成，“近攻”韩、魏就需要“远交”楚、赵、齐，防止他们与韩、魏合纵，而要“远交”楚、赵、齐也需要“近攻”韩、魏以威慑楚、赵、齐，使其不敢轻举妄动。“远交近攻”是秦国合纵连横手段的进一步深化，“远交”他国的手段有多种，可以“卑辞重币以事之；不可，则割地而赂之；不可，因举兵而伐之”②，换言之，即“胡萝卜加大棒”的手段，先是用利益引诱其站到秦国这边，再不行就要用武力教训他们，以便迫使其放弃援助与秦国交战的国家。“远交近攻”是对秦连横之策的深化、具体化，从此秦国把“远交近攻”作为扩张的基本战略，步步为营，有效破坏了东方六国的合纵战略。

齐国的情况恰恰与秦国相反，如范雎所言：“且昔齐湣王南攻楚，破军杀将，再辟地千里，而齐尺寸之地无得焉者，岂不欲得地哉，形势不能有也。诸侯见齐之罢弊，君臣之不和也，兴兵而伐齐，大破之。士辱兵顿，皆咎其王，曰：‘谁为此计者乎？’王曰：‘文子为之。’大臣作乱，文子出走。攻齐所以大破者，以其伐楚而肥韩、魏也。此所谓借贼兵而赍盗粮者也。”③ 公元前298年、公元前288年齐国两次成功组织发动了合纵攻秦的军事行动，迫使秦归还了侵占的原属三晋的部分土地，而齐国国土并未因攻秦而有所扩大，反而消耗了大量的国力。这些大规模的战争行动由齐国组织发动，然而最大的获益者不是远离前方战线的齐国而是三晋，这种为他人作嫁衣式的损己利人的做法，范雎形象地称其为“借贼兵而赍盗粮”。荀子亦云：“非其人而教之，赍盗粮，

① 《战国策·赵策一》。

② 《战国策·赵策一》。

③ 《史记·范雎蔡泽列传》。

借贼兵。"[1] 王先谦注："赍，与资同，兵，五兵也。"[2] 其意思是把粮食、武器借给贼人，则会削弱了自己实力，帮助了敌人，得不偿失显而易见。秦国对如何在切实维护本国利益的同时尽可能地削弱对手有清醒的认识和明确的选择，而齐国的选择和应对与此高下立判，业已取得的优势逐渐丧失。秦国实行与"借贼兵而赍盗粮"截然相反的策略，即所谓的"远交近攻"，获取了实实在在的国家利益。

（三）综合运用多种手段与孤立主义不作为

在统一进程中，秦国并不是仅仅依靠武力征服，而是采取了多种策略，有力地推动了统一大业的实现。秦国统治集团充分利用了其他国家统治集团内部的矛盾，进行分化瓦解，大施"反间计"，借助敌国统治之手除掉阻碍秦国完成统一的关键人物。魏国的信陵君曾经"窃符救赵"，打退秦军，帮助魏国收复了部分失地。后来又率领魏、楚、赵、韩、燕五国联军合纵攻秦，给秦国造成了很大的麻烦。秦国采用反间计，借助魏王之手除掉了信陵君：

> 秦王患之，乃行金万斤于魏，求晋鄙客，令毁公子于魏王曰："公子亡在外十年矣，今为魏将，诸侯将皆属，诸侯徒闻魏公子，不闻魏王。公子亦欲因此时定南面而王，诸侯畏公子之威，方欲共立之。"秦数使反间，伪贺公子得立为魏王未也。魏王日闻其毁，不能不信，后果使人代公子将。公子自知再以毁废，乃谢病不朝，与宾客为长夜饮，饮醇酒，多近妇女。日夜为乐饮者四岁，竟病酒而卒。[3]

信陵君与魏王之间存在着矛盾，一方面魏王需要借助信陵君来保卫魏国的安全，另一方面又时刻提防，惧怕他功高盖主。秦国正是看到了这一点，派人收买信陵君的仇家，造谣中伤信陵君，并营造假象诬蔑信陵君有取魏王而代之的野心。魏王被蒙蔽，下令夺去信陵君的兵权。信陵君知道自己再次受到了魏王的猜忌，无可奈何，无以自明，只能纵情酒色，以了残生。魏王做到了秦国想做而做不到的事情，令亲者痛、仇者快。秦国的反间计取得了良好的效果，

---

① 《荀子·大略》。

② 清代王先谦撰，沈啸寰、王星贤点校：《荀子集解》，中华书局，1988 年，第 153 页。

③ 《史记·魏公子列传》。

获得了单纯靠军事进攻不能得到的利益。

秦国统一的过程不仅仅是一场场真刀真枪的军事较量，更是一场场没有硝烟的政治斗争。一方面武将带兵冲杀，攻城夺地，血溅疆场，一批批西北汉子用热血夺占了东方国家大片的疆土；另一方面谋臣策士折冲樽俎、纵横捭阖，充分发挥聪明才智，在政治舞台上斗智斗勇，削弱对方，壮大自己，为秦统一大业做出了重大贡献。而能否采用谋臣武将的合理化建议，能否做出正确的决断，则是对当时各国最高统治者的严峻考验。到战国末期，秦又采取尉缭的“连横权臣灭六国策”，通过收买手段从各国内部瓦解抗秦力量，大大加速了秦国的东进进程：

> 大梁人尉缭来，说秦王曰：“以秦之强，诸侯譬如郡县之君，臣但恐诸侯合从，翕而出不意，此乃智伯、夫差、湣王之所以亡也。原大王毋爱财物，赂其豪臣，以乱其谋，不过亡三十万金，则诸侯可尽。”秦王从其计。①

> 秦王乃拜斯为长史，听其计，阴遣谋士赍持金玉以游说诸侯。诸侯名士可下以财者，厚遗结之；不肯者，利剑刺之。离其君臣之计，秦王乃使其良将随其后。②

尉缭向秦王进言，分析当时的形势，指出了尽管秦国实力强大，在与诸侯国的竞争中处在优势地位，但是要积极防备东方国家的合纵。如果东方国家能够组成牢固的合纵集团，将会给秦国造成难以预料的后果，秦国要避免重蹈智伯、夫差、齐滑王的覆辙，就要分化瓦解东方国家，使它们不能真正联合起来。尉缭建议秦王不要吝惜珍宝，拿出大量的财宝收买各国掌权的大臣，使得敌国统治集团内部离心离德，这样一来敌国内部分化瓦解，不能一致对外，反而纷争不已。如此一来，秦国则可以各个击破。李斯也向秦王献策，建议秦王派人携带大量的珍宝贿赂各国的当权者，能够用财宝收买的就拿大量的珍宝收买，以为我所用；不肯接受秦国财宝的权贵，那是秦国的敌人，要派出刺客暗

① 《史记·秦始皇本纪》。
② 《史记·李斯列传》。

杀他们，除掉后患；离间敌国的君臣，使敌国不能组织起有效的防御，接着再派出良将率秦国大军发动进攻，这样将会取得事半功倍的效果。

战国后期，赵国取代齐国成为秦国的主要竞争对手。赵国的军队战斗力很强，统兵将领能征善战、富于谋略。如果赵国君主能够充分尊重将帅的决策，充分发挥将帅的战斗力，而不疑忌他们，在战场上与秦国进行正面武装较量的话，那么赵国不会落得后来那种惨败的境地。遗憾的是历史不能假设，在异常复杂的斗争形势下，赵国统治者屡屡犯错，临阵换将，甚至杀掉自己的大将，在令人扼腕叹息之中，走向了毁灭的境地。长平之战，赵王中了秦国的反间计，撤换掉战争经验丰富的老将廉颇，任用纸上谈兵的赵括为将，结果赵国惨败，四十余万主力部队被秦国残杀殆尽。后来，赵王更是被佞臣所左右，不任用有才干的将领，甚至疑忌忠心耿耿的大将，自毁长城、自取灭亡：

> 廉颇居梁久之，魏不能信用。赵以数困于秦兵，赵王思复得廉颇，廉颇亦思复用于赵。赵王使使者视廉颇尚可用否。廉颇之仇郭开多与使者金，令毁之。赵使者既见廉颇，廉颇为之一饭斗米，肉十斤，被甲上马，以示尚可用。赵使还报王曰："廉将军虽老，尚善饭，然与臣坐，顷之三遗矢矣。"赵王以为老，遂不召。①

> 秦使王翦攻赵，赵使李牧、司马尚御之。李牧数破走秦军，杀秦将桓齮。王翦恶之，乃多与赵王宠臣郭开等金，使为反间，曰："李牧、司马尚欲与秦反赵，以多取封于秦。"赵王疑之，使赵及颜聚代将，斩李牧，废司马尚。后三月，王翦因急击，大破赵，杀赵军，虏赵王迁及其将颜聚，遂灭赵。②

廉颇本来是赵国的大将，富有谋略，能征善战，曾经多次率军击败过秦军。但是却因为赵王的猜忌被迫离开赵国，逃奔到魏国。后来秦国屡屡攻赵，赵国形势危急，赵王想请廉颇回国，廉颇也想回国尽忠效力。此时赵王的幸臣郭开生怕廉颇回国后会影响自己的利益，因此派人收买了前去邀请廉颇回国的

---

① 《史记·廉颇蔺相如列传》。

② 《战国策·赵策四》。

使臣，诬蔑廉颇已经衰老，不足以保卫赵国。此后主持赵国军事事务的大将李牧很有才干，有勇有谋，曾多次挫败秦国的进攻。作为关系赵国生死存亡的大将，如果赵王给其充分的信任，视其为国家的干城，那么赵国还不至于迅速覆灭。然而，秦国收买了赵王的宠臣郭开，再次使用反间计，造谣中伤李牧，说李牧勾结秦国，准备谋反。早已疑忌李牧的赵王，没做进一步的调查，就轻信谣言，更换将领，并杀掉了李牧。结果赵国自毁长城，再也无力抵抗，赵王被俘虏，赵国灭亡了。

在五国合纵伐齐之后，秦国对待齐国采取了交好的政策，争取了齐国的中立。尽管齐国元气大伤，齐襄王复国后的齐国势力已经远远不能与威宣时代相比，但是齐国仍然是有一定实力的，能够对战国政局发挥一定的影响。如果齐国积极参与东方国家针对秦国的合纵行动，那将会给秦国制造相当大的麻烦，秦国需要抽出一部分精力来对付齐国。但是秦国充分看到了齐国避战自保的意图，开展积极的外交活动，争取齐国的中立，减轻了秦国面临的压力。齐国则孤立自保，相国后胜掌握齐国大政，被秦国收买，不但不奉劝齐王励精图治，积极防备秦国的进攻，反而劝说齐王朝见秦王，对秦国不做防备，整个齐国几乎处于不设防的境地。齐国复国后当政集团的无能、懦弱和不作为，与秦国当政集团的勃勃生机形成了鲜明对比。等待齐国的只能是灭亡的命运。

三、战争的博弈

“国之大事，在祀与戎。”战争对国家的生死存亡有着直接的影响。任何一方赢得一两场战争，不足为奇，但要站在战略高度，统筹全局，精心谋划，赢得最终的胜利却需要高瞻远瞩的战略规划和灵活务实的战术。春秋时代，齐、秦两国各自独立发展，并不接壤，并未直接发生大规模的战争。进入战国时代，列国纷争，硝烟弥漫，各国纷纷投入兼并战争。经历多次战争的齐国未能巩固已经取得的优势地位，而秦国则成功地借助战争扭转了不利地位，转而成为一等强国，这在一定程度上有赖于秦国国君以及将领们的高超指挥才能和战略眼光。

（一）能否务实灵活地调整军事策略

诸侯争霸的时代，军事策略要始终围绕国家的发展战略和瞬息万变的国际形势，不断予以调整，才能最大限度地维护国家利益。这就要求执政者充分发挥主观能动性，结合实际情况，不畏艰难，坚忍不拔，采取务实灵活的策略，而这一切需要高超的政治智慧。

秦国崛起之后，其发展历程并非一帆风顺。秦穆公励精图治，尊贤尚功，广泛吸收各种人才，秦国国力迅速上升，雄心壮志的秦穆公自然把眼光投向了函谷关外，也就是关东地区。秦晋崤山之战，秦全军覆没，此后秦、晋之间虽有几次大规模的战役，双方互有胜负，但秦国始终不能突破晋国的围堵。

穆公争霸中原失败之后，并没有一蹶不振，而是及时调整了对外战争策略，把战略重点转向了对西部疆土的开拓。穆公重用由余，讨伐西戎各部，“益国十二，开地千里”，称霸西戎。国家战略的灵活调整，使秦国失之东隅，收之桑榆。非但如此，被晋国围堵在函谷关内的秦国远离了中原诸侯国之间频繁的争霸战争，相对稳定的国内局势对于发展秦国落后的生产力无疑也是一个机遇。更重要的是僻在西陲的秦国久与戎狄杂处，最大限度地保留了戎狄简朴勇武的风气，少了中原诸侯国过多的历史包袱，这为战国时期商鞅变法的彻底推行奠定了独有的文化氛围。从商鞅变法，到连横破纵、远交近攻，一直到秦始皇一统中国，可以说，秦国始终紧紧围绕东进中原的国家战略，灵活务实地调整对外战争策略，这一点贯穿于从秦孝公到秦始皇长达一个半世纪的秦国发展进程中。

与秦相比，齐国的不少军事活动带有盲目性、短期性、偶然性，对国家发展的全盘把握不够，战争收益远远小于秦国。战争是在不断变化的形势和诸多不确定因素下进行的，必须及时进行调整、补充，否则就会丧失战争主动权。齐国东临大海，扩张的最好战略肯定是向西、向中原扩张。齐、楚交接的淮北、泗上等地，是向中原发展的战略要地，两国为这块土地多次交战，齐即便夺取了也总被楚国夺回。齐国为了这片土地，不断卷入战争，损耗了大量国力，而没有及时调整阶段性目标，影响了在其他地区的军事发展，丧失了军事上的主动权。在战国后期，赵国取代齐国成为与秦国抗衡的大国后，在决定战国后期时局的关键性战役——长平之战时，秦赵双方几乎都倾国而战，当双方打得筋疲力尽、力不能支时，赵国向齐国借粮食，齐国不能审时度势，竟然拒绝接济。当时齐赵的关系可以用“唇亡齿寒”来形容，正如苏秦所言：“且赵之于燕、齐，隐蔽也，犹齿之有唇也，唇亡则齿寒。今日亡赵，明日则及齐、楚矣。"① 预言不幸被言中了。在国家遭受重创后，齐国不能吸取教训，未能及时调整策略，而是墨守成规、坐以待毙，奉行"事秦谨，与诸侯信"的对外方针②，表面看是息战养兵，但从当时的国际形势来看，实际上是媚秦自保的孤立主义，最终错失了复兴国家的良机。反观自齐襄王五年到齐王建四十四年，秦灭齐统一六国，共六十多年的时间里，齐国统治者在内政上基本上无所作为。倘若田单复国后，痛下决心，卧薪尝胆，对内大刀阔斧进行改革，依靠丰富的鱼盐资源发展经济，对外联合其他五国合力抗秦，历史或许是另一番结局。

（二）能否充实后方，分化瓦解敌对力量

秦国发动对外战争时，以攻城略地为目标，一点点蚕食周边国家，不断扩大本国土地。在实力不足以战胜关东六国时，总是小心翼翼，对外战争点到为止，目的达到就暂时停止进攻，以免关东六国组成反秦联盟，给秦国造成威胁。有时秦国为了防止敌方与他国结成联盟，甚至忍痛割爱，把已经占领的土地归还对方，不以一时的尺寸之地为必争，为了大局可以放弃暂时的利益。如秦惠文君十一年，为了防止刚刚战败的赵国与魏国结成联盟伐秦，秦国把从魏国夺得的战略要地焦和曲沃归还给魏国。焦和曲沃的位置在今天河南省三门峡以西，是函谷关的大门，秦国占领此地就可以此为据点，向东扫荡中原，而放弃此地就有重新被堵在函谷关以西的危险。当时的情况是，如果不把焦和曲沃归还魏国，赵、魏两国很可能结成反秦联盟，到时候两国联军可能向西主动收复焦和曲沃，把秦军堵在关内，进而两国再联手收复山西境内原属赵国的蔺和离石，秦国向东、向北进军的出路将完全被封住。这绝对不是秦国愿意看到的。而秦国主动把焦和曲沃归还给魏国，使得魏国亲近秦国，疏远赵国，国力远强于魏国的秦国无异于暂时把两地托给魏国管理。如此理智的抉择，其实是建立在秦国统治集团高瞻远瞩的战略眼光之上的。秦国决策阶层的睿智还不仅仅在于懂得有所不为，更重要的是秦国人还明白要在哪里有所为。秦国放弃伐韩，采用司马错的灭蜀策略就明确地体现了这一点。

秦惠王九年，蜀国出现内乱，蜀王与其弟苴矛盾激化，苴私亲巴国，巴、蜀发生军事冲突，巴人告急于秦，请求平乱。秦惠王早有吞并蜀国之心，欲发

① 《战国策·齐策二》。
② 《史记·田敬仲完世家》。

兵伐蜀。恰在此时，秦之东邻韩国犯境侵秦。秦惠王欲先伐韩，又恐蜀乱；欲先伐蜀，又恐韩趁此机会偷袭秦国，犹豫未决。不得已，秦国君臣廷议讨论伐蜀与伐韩孰优孰劣。论争主要以两人为主，张仪主张先伐韩，司马错主张先伐蜀，双方各陈己见。按照张仪的观点，秦国先伐韩，继而兵临东、西二周城下，要挟天子交出象征着最高权力的九鼎，并根据周室收藏的录画全国交通地形的图籍，挟天子以令诸侯，以此成就统一大业，按照这个观点，似乎张仪谋划的统一路线是秦国吞并六国的捷径。而司马错则认为：

> 臣闻之，欲富国者务广其地，欲强兵者务富其民，欲王者务博其德，三资者备而王随之矣。今王地小民贫，故臣愿先从事于易。夫蜀，西僻之国也，而戎翟之长也，有桀纣之乱。以秦攻之，譬如使豺狼逐群羊。得其地足以广国，取其财足以富民缮兵，不伤众而彼已服焉。拔一国而天下不以为暴，利尽西海而天下不以为贪，是我一举而名实附也，而又有禁暴止乱之名。今攻韩，劫天子，恶名也，而未必利也，又有不义之名，而攻天下所不欲，危矣。臣请谒其故：周，天下之宗室也；齐，韩之与国也。周自知失九鼎，韩自知亡三川，将二国并力合谋，以因乎齐、赵而求解乎楚、魏，以鼎与楚，以地与魏，王弗能止也。此臣之所谓危也。不如伐蜀完。①

司马错却明确反对张仪的观点，他认为在周天子名义上还是诸侯共主，东方六国实力尚存的情况下，过早伐韩并周，必将激起东方六国结成联盟，联合抗秦。以寡敌众，这对当时的秦国来说，无疑是极其危险的。而伐蜀则一举三得，“得其地足以广国，取其财足以富民缮兵，不伤众而彼已服焉”。蜀地地处成都平原，灌溉便利，土壤肥沃，非常有利于农耕，发达的农业养育了众多的人口，人口繁衍则会财力广聚。粮食、人口以及财力是保证战争取胜的三大基本要素。秦国吞并蜀国，蜀地的财力、物力以及兵员源源不断地输送到秦军前线，这就减轻了秦国其他地区人民的负担，而且蜀地北有秦岭山脉作为天然屏障，东接楚国西境，居长江上游，沿大江出三峡则楚国西部边疆危矣。可以

① 《史记·张仪列传》。

说，蜀地是进可攻、退可守，得天独厚的根据地，这是继商鞅变法后秦国力强大的又一因素。权衡利弊得失之后，秦惠王采取了司马错的建议，此后又采取了“以夷制夷”的政策，用当地贵族统治该地区，同时“移秦民万家实之”，实行优待征收赋税的制度，给予巴族人民一定的爵位，巩固在该地的统治。秦国富兵强，与东方六国的战争屡屡取胜，这与蜀地丰富的物资支援是分不开的。

齐国则不然，参与的战争很多是为他国努力，结局是他国获取土地，齐自身受益很少，同时还为了得到别国的土地不停地发动战争。齐国统治者目光短浅，过于贪恋宋国土地，对自身实力和列国局势认识不够，只顾眼前的短期利益，置国家长期发展战略于不顾，对迅速改变中原战略格局的危险性认识不够，未能及时采取有效的预防措施，付出沉重代价攻占宋国，但很快就遭灭顶之灾。

战国时期的宋国版图比春秋时期也有一定程度的拓展，其中地处鲁西南的陶邑北与齐国接壤，居天下之中，水陆交通便利，在春秋末年就是盛极一时的商业性城市。曾辅佐越勾践完成霸业的范蠡，功成名就之后就退隐此地经营商业，时间不长就“赀累巨万”，天下称其为“陶朱公”[①]。可见此地是各国垂涎已久的地方，尤其是齐国，其西南的城邑东阿与此相距不远，有着近水楼台的优势。齐湣王时宋王偃暴政，“淫于酒妇人”，“群臣谏者辄射之”，号称“桀宋”[②]。曾经被齐国占领的燕国此时看清了齐湣王贪得无厌的本质，燕昭王派当时著名的纵横家苏秦作为燕国间谍赴齐国怂恿齐湣王灭宋，并承诺燕国将助齐攻宋，“以便达到使齐国疲弱，同时离间齐赵关系，加深齐赵矛盾，以便借助秦赵之力合纵攻破齐国”[③]。宋国，尤其是天下闻名的富庶城市陶邑不单单齐国想纳为已有，与之毗邻的赵国、魏国，乃至与其不接壤的秦国都对其垂涎三尺。因此，齐国吞并宋国，赵、魏、秦三国必定不满，再挟裹上韩国与之为敌，这正是燕国愿意看到的。而当时的齐湣王根本没有看清形势，在得到秦和三晋表面上的默许以及燕国出兵支持的情况下就对宋国发动了战争，“三覆

---

① 《史记·越王勾践世家》。

② 《史记·宋微子世家》。

③ 杨宽:《战国史》(增订版),上海人民出版社,1998 年,第 382 页。

宋，宋遂举”[①]。宋王偃出逃到魏国，死于温。宋国当时也是较大的一个国家，齐国灭宋，又兼有了宋国以前侵吞楚国的淮北地，直接威胁到三晋尤其是魏国和赵国，并且也给秦国很大的压力。原来泗水上游的邹、鲁等小国国君纷纷向齐滑王称臣，齐滑王得意忘形了。然而他却没有觉察到灭宋的背后，一个北囊燕国，西包三晋、强秦的反齐大联盟悄悄形成了——五国合纵伐齐，齐一度亡国，胜败局势短期内天翻地覆，齐国历史由此改写。

（三）能否巩固占领地，尽可能地消灭敌人有生力量

在对外征伐尤其是在统一步伐加快的后期，秦国每占领一地，即在该地按照秦国模式，建立起地方行政体系。如前已介绍司马错伐蜀，开始秦国对蜀地实行羁縻政策，还是以当地人为蜀侯，后直接废掉蜀侯设置蜀郡，开发蜀地。后司马错攻取楚国的商於之地，设立黔中郡。秦灭掉西北少数民族义渠设陇西北地、上郡，伐韩灭东西周设三川郡，占韩上党、掠赵太原，设太原郡，攻取魏地设东郡……可以说，秦国对外战争往往是得敌国寸土即为秦土，在占领地区建立秦国模式的郡县体系。通过伍、里、乡、县、郡等逐级政权，秦国直接向这些地区征收赋税，摊派徭役，征发军队，达到了以战养战的效果，因而秦国才能源源不断地向前线输送财力、物力以及人力，最大限度保证了战争的胜利。

反观齐国，其战争获益往往与其战争成本不成比例，消耗大量人力物力攻占的土地，往往不能加以有效的管理和利用，与秦国以战养战的战略形成了鲜明的对比。虽然齐在战国中期成为举足轻重的强国，对外战争取得了像桂陵之战、马陵之战那样的经典胜利，也给齐国壮大造成了有利的国际形势，但历数这些战役，齐国连年对外征战却并没有真正强大起来，伐燕、灭宋都是典型的例子，这很大程度上归咎于齐对待占领地的政策失误。

大规模战争对人力、物力的消耗是惊人的，物力如果有足够的积累，短期内可以得到有效补充，而人力资源的补充需要一定时间，秦国对此有相当明确的认识，一方面尽可能动员国内的人力、物力全力支持关键性战争，另一方面则最大程度消耗敌对国的人、财、物，双管齐下，确保战争收益。战国后期，秦国对外战争务在消灭敌人有生力量，彻底摧毁敌国抵抗力。公元前 264 年，

---

① 《战国策·燕策二》。

秦国派白起进攻韩国的陉城。在白起进攻陉城的同时，范雎又向秦昭王提出了“毋独攻其地而攻其人”的战略：

> 秦攻韩，围陉。范雎谓秦昭王曰：“有攻人者，有攻地者。穰侯十攻魏而不（得）[能] 伤者，非秦弱而魏强也，其所攻者，地也。地者，人主所甚爱也。人主者，人臣之所乐为死也。攻人主所爱，与乐死者斗，故十攻而弗能胜也。今王将攻韩围陉，臣愿王之毋独攻其地，而攻其人也。王攻韩围陉，以张（仪）[平] 为言。张（仪）[平] 之力多，且削地而以自赎于王，几割地而韩不尽；张（仪）[平] 之力少，则王逐张（仪）[平]，而更与不如张（仪）[平] 者市。则王之所求于韩者，言可得也。”①

范雎指出穰侯多次进攻魏国，而不能给魏国以毁灭性打击，不是因为魏国强大秦国弱小，而是因为当时秦国的目标仅仅是攻占魏国的土地，而没有消灭魏国的有生力量。他主张秦国在对外扩张中不仅仅以攻占土地为目标，同时也要打击敌国的有生力量，即所谓“毋独攻其地而攻其人”的战略，使敌国在一段时间内无法组织有效的抵抗。在此次攻韩过程中，秦军一方面要攻城夺地，另一方面要注意打击韩国的有生力量，消耗韩国的人力，使韩国不能组织起连续有效的抵抗。这样一来，韩相张平的力量将会被削弱，张平就会被逐走，后继者不如张平，这样秦国再与韩国交涉，所获将会更多。长平之战是决定战国后期战略格局的关键性战役，秦军主将白起为彻底摧毁赵国的抵抗力，仅仅释放了二百四十多个年幼的战俘，竟然将余下的四十多万赵军全部活埋②。这场大屠杀固然骇人听闻，但是秦军这种斩草除根的残忍手段却消灭了赵国的有生力量，此后关东六国再也没有一个国家能组织如此规模的军事行动来阻击秦国扩张的步伐了。

齐国立国较早，后经威宣革新，强盛一时，但因内部改革力度不够，国家强盛缺乏持久动力，加之对外战争策略不当，伐燕、合纵伐楚、攻秦皆曾获胜，但损耗大量国力却未能有效开拓疆土，也未能有效削弱竞争对手的有生力量。齐湣王灭宋，却四面树敌，招致五国伐齐，几近灭亡。相比齐国，秦国在对外战争中所展现的智慧，可圈可点，令人叹服。这个后起而又颇有戎狄之风

---

① 《战国策·秦策三》。
② 《史记·白起王翦列传》。

的国家在对外战争中并不守旧，常常采取务实、灵活的战略方针，交好远国，攻伐邻国，占领土地即依秦制建立地方行政体系，直接运用新占领土的人力物力，以战养战，稳扎稳打，有效保证了战争的胜利。

四、波澜壮阔的十年

秦国统一战略的集中展示是在战国时代的最后十年——公元前 230 年至公元前 221 年①，一场波澜壮阔的统一总决战拉开了帷幕。

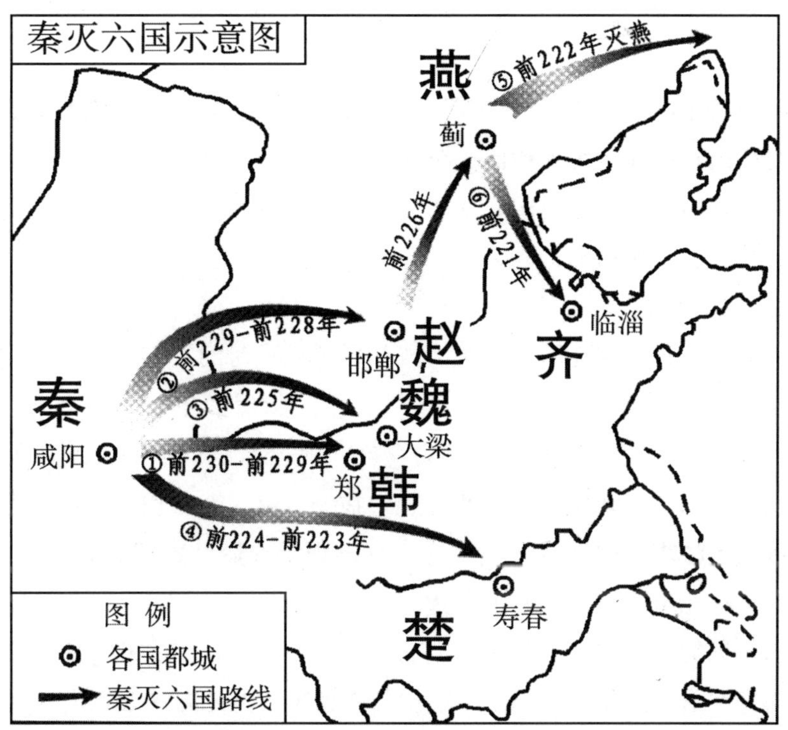

到了秦王政的时代，秦统一天下的态势已经形成。② 秦王政亲政以后，铲除了吕不韦和嫪毐集团，将政权严格控制在一人之手。于此，经济、军事、政

① 公元前 230 年灭韩，至公元前 221 年灭齐，秦用十年灭六国。但攻打赵国的战争在公元前 236 年就开始了。

② 《史记·秦始皇本纪》载，秦王政即位时，秦地已并巴、蜀、汉中；置南郡；北收上郡以东，有河东、太原、上党郡；东置三川郡，几乎拥有半壁中国。另，“吕不韦为相……招致宾客游士，欲以并天下”。

治诸多方面，秦同六国进行战略决战的时机已经成熟。李斯等人提出“灭诸侯，成帝业，为天下一统”的战略目标，得到了秦王认可。于是，李斯、尉缭、顿弱、韩非等人协助秦王制定了统一六国的战略策略，也就是攻打六国的具体战略方案和步骤。这一战略步骤可以概括为，“笼络燕、齐，稳住楚、魏，消灭韩、赵，然后各个击破，统一全国”①。秦王政在远交近攻思想的指导下，君臣相得，运筹帷幄，展开了大规模的统一战争。

（一）灭韩之战

最先消灭的是韩国。六国之中，韩国较弱，距秦最近，受兵祸最多，割地最频。秦王政时期，韩国只剩下都城阳翟（今河南禹县）周围的十几座城邑了。

公元前233年（秦王政十四年），正当秦全力攻赵之时，韩慑于秦威，派韩非使秦，向秦纳地效玺，称臣。公元前231年（秦王政十六年），在秦国进逼下，韩将南阳全部献给秦国。次年，秦国内史腾率兵到韩国接地受降，俘虏韩王安，以其地置颍川郡，韩亡。②

（二）灭赵之战

战国后期秦赵之间经历过数次大战，曾兴盛一时的军事大国赵国受到沉重打击。赵孝成王时期，兵败长平，元气大伤。赵悼襄王（前244年—前236年）即位以后，重用宠臣郭开，废嫡立庶，政治腐败。期间，统兵大将长期不和，廉颇奔魏，乐乘离赵，剧辛降燕。在外，赵、燕互相攻伐；北方匈奴也不断入侵，大将李牧被派往北边防守。赵国内外交困，秦国看到了可乘之机。另外，秦选择北上攻赵，还有道路优越性的考虑。如后勤补给的便利，可充分利用河东之地的富饶物资。如军事战略上，秦军可以从南、北、中三个方向对赵国都城邯郸形成威胁：“南走晋南豫北通道从河内方向进攻邯郸；北从太原下井陉关经北路进攻邯郸；中从上党、阏与与太行山诸孔道进攻邯郸。”③ 韩非曾谈到先灭赵国，“赵举则韩亡，韩亡则荆魏不能独立，荆魏不独立，则是一举而坏韩、蠹魏、拔荆，东以弱齐、燕”④。

---

① 黄朴民:《秦汉统一战略研究》,中国人民大学出版社,2007年。

② 事见《韩世家》。另外,韩亡,韩王安被迁于岐山,在公元前226年曾发生叛乱,被彻底镇压。

③ 郭淑珍,王关成:《秦军事史》,陕西人民教育出版社,2000年。

④ 《韩非子·初见秦第一》。

秦灭赵战争始于公元前236年（秦王政十一年），终于公元前228年（秦王政十九年），历九年，经过三次大的战役。

公元前236年（秦王政十一年），赵将庞煖率兵攻燕，国内空虚，秦以救燕为名，派王翦、桓齮、杨端和率兵约三十万乘机攻赵。王翦是此次战役的秦军主帅，大战之前，精选强兵，从北路顺利攻克了阏与（今山西和顺）、橑阳（今山西左权）。桓齮、杨端和从南路连续攻取了河间六城（在今河北、山东间）、邺城（今河北磁县东）、安阳（今河南安阳）。此时，赵国在庞煖的率领下攻取了燕国的狸（今河北任丘）、阳城（今河北清苑西南）。但上党郡和河间地区全部为秦占领。公元前234年，大将桓齮复从河内出兵攻赵平阳（今河北磁县东）、武城（今山东夏津西北）。这次大战非常惨烈，"杀赵将扈辄，斩首十万"，攻占两城。①

公元前233年（秦王政十四年），大将桓齮率兵出上党，攻取赵国的赤丽、宜安（今河北藁城西南）。秦军深入赵国后方，对其首都邯郸形成了包围之势。万分紧急的形势之下，赵王把北方边防大将李牧调回进行抵抗。李牧是赵国名将，善于用兵，所率部下皆是精锐之师。当此赵国生死存亡的关头，赵军将士与秦军在肥下（今河北藁城西南）展开激战。秦军惨败，秦将桓齮畏罪奔燕。②

公元前232年（秦王政十五年），秦军出兵两路，大举攻赵，一路从太原出发，越过太行山隘井陉关；一路至邺城，皆向赵的番吾（今河北平山县东）进攻。井陉关道路狭窄，车不方轨，骑不成列。赵将李牧把守险关，击退秦军。另一路，遭赵将司马尚顽强抵抗，秦军无法突破。秦军罢兵而归。此时的赵国，国内政治昏暗，战争消耗巨大，已是强弩之末。③

公元前231年，赵国发生了大地震和大旱灾。第二年，又发生了大饥荒。公元前229年（秦王政十八年），秦国乘机攻赵。老将王翦率兵取道井陉关直扑邯郸北；杨端和、羌瘣率另一路从河内进逼邯郸。赵将李牧、司马尚分头阻击秦军，固守壁垒，坚持抵抗了一年之久。秦国开始使用反间计，贿赂赵王宠臣郭开，向赵王诬告李牧、司马尚图谋反叛。赵王派赵葱、颜聚取代李牧、司

---

① 《史记·秦始皇本纪》。

② 事见《秦始皇本纪》《赵世家》。

③ 赵王宠臣郭开，嫉贤妒能，人才不得尽其效力，如廉颇之不能被用。

马尚为将。大敌当前，李牧拒不让权，被赵王设计处死，同时杀掉司马尚。[①]秦军乘赵军军心混乱之际发起进攻，李牧一死，秦军如入无人之境，三月以后，遂大破赵军。是年十月，俘赵王迁，秦军进入邯郸，赵亡。[②]

（三）灭魏之战

魏国在战国初期，曾是秦国东进最直接的障碍，当然也是秦国东进战略的重要攻击目标。到秦王政的时代，秦、魏间的险要如河西之地、桃林之塞，皆为秦所占有。自秦昭襄王实施远交近攻战略，直到秦王政即位以来，对魏发动了连续而猛烈的攻击。魏都大梁，又处于中原要冲之地，无险可守。魏在秦的打击下奄奄一息，灭亡已成定局。

本来，秦国兼并天下的战争就打算从魏开始。早在秦昭襄王三十一年（前276）秦停止攻楚之后，立即派主力军队进攻大梁。次年，秦兵攻至大梁，魏国割地求和，暂且延缓了大梁的陷落。公元前273年，秦军又一次进逼大梁，在燕、赵的救援下，魏又割地求和。秦国两次逼近大梁而没灭魏，因为魏居要冲之地，攻魏，必然会引来燕、赵、韩等国的救援。尤其赵国，当时为强国，尚可与秦对抗。秦国的东进战略，也是在与关东六国的较量中调整。之后，秦对魏的策略改为逐步蚕食，同时攻击魏国的地缘与国赵、韩、燕等。

远交近攻的战略让秦对东方取得了一系列胜利，魏、赵等国感到了极大的威胁。公元前247年（秦庄襄王三年，魏安釐王三十年），魏信陵君公子无忌率五国联军向秦进攻，联军与秦大战河外。诸侯联军追秦将蒙骜于函谷关外，函谷关以东、黄河以南的土地一时又尽归韩、魏。[③]当时，魏公子威震天下，秦王患之，于是设谋离间安釐王与魏公子的关系。秦数使反间，魏王日闻毁谤魏公子的话，便慢慢相信了。自知再次被毁废的公子无忌，谢病不朝，颓废度日，饮酒过度而死。秦国得知魏公子已死，即派大将蒙骜攻魏，拔取十二城池。[④]魏公子是战国四公子之一，是魏国的柱石，他的去世，让秦国的入侵更加肆无忌惮，加速了魏国的灭亡。

魏王假是魏安釐王之孙，他在位的时候，魏国的领土只剩下大梁以东数十

---

① 事见《赵世家》。另载，赵王迁，昏庸无能，“素无行”，好信谗言。

② 赵亡后，公子嘉逃往代郡，继续负隅顽抗，直到公元前222年，被彻底消灭。

③ 《史记·魏世家》。

④ 《史记·魏公子列传》。

城邑。当是时，秦国破赵灭燕之后本来打算南下灭楚，但害怕魏国在背后乘机捣乱，于是决定先灭魏。公元前225年（秦王政二十二年），大将王贲（王翦之子）为帅，兵临大梁城。虽然大梁四面无险，但城池坚固，难以强攻。王贲下令，掘开黄河大堤，水淹大梁，历时三月，城坏，俘虏魏王假，魏亡。

（四）灭楚之战

楚国在战国相当长的一段时间内是地域最为辽阔的国家，国力雄厚，军队战斗力相当强。早在公元前278年（秦昭襄王二十九年，楚顷襄王二十一年），秦攻破楚都郢，楚国遭受重创，就已经无法与秦抗衡了。楚顷襄王也安于陈（今河南淮阳），不再参加东方诸侯的合纵行动，而且还与秦结为与国，苟且相安二十余年。[①] 公元前241年，赵、楚、魏、韩、燕五国再一次联合，对抗秦国的节节进逼，但已是不堪一击。这也意味着楚国的国力和影响力已经非常衰弱了。是年，楚国为躲避战火烧身，迁都寿春（今安徽寿春）。此后，楚国政局动荡，风雨飘摇。在这种情况下，秦国并没有出兵灭楚，也一直没有用主力攻楚，甚至还与其结为与国，一个原因是楚国疆域实在太大，其东南土地非常富庶，有生兵力也非疲弱；另一原因则是，处于远交近攻策略的考虑，秦国准备先灭三晋、燕、赵。公元前225年（秦王政二十三年），秦破三晋以后，开始全力攻楚。

伐楚之前，秦王政以“发荆用兵几何”征询秦将李信，答曰：“不过用二十万人。”李信也是当时一位骁将，曾以数千兵奔袭燕太子丹至于衍水中卒破燕军，“始皇以为贤勇”。秦王又以此问老将王翦，答曰：“非六十万人不可。”秦王以为王翦老而怯弱而李信年轻壮勇，遂以李信为将（另外还有蒙恬），率二十万人攻楚。王翦见自己不为用了，便托病回老家频阳（今陕西富平县东北）休养。

公元前224年（秦王政二十三年），秦军兵分两路，李信率主力攻楚平舆（今河南平舆县北），蒙恬率兵攻楚寝（今河南沈丘县）。秦军首战告捷，李信又乘胜攻取楚之鄢陵（今河南鄢陵县），然后向西挺进欲与蒙恬部会合于成父（今安徽亳县东南）。就在此时，尾随李信军三日三夜的楚军在名将项燕的指挥下，对李信军发动了猛攻。轻敌让秦军大败，连损七名都尉，李信只得率残

① 事见《史记·春申君列传》。秦不攻楚，有春申君黄歇之功。

部逃离楚境。

秦王闻知战败的消息，认识到了轻信李信和轻敌的错误，立即亲赴频阳，请王翦出征。秦王一再请求，且痛快地答应了王翦六十万人的要求，王翦这才答应出山，再次攻楚。王翦统兵六十万，秦王又生性多疑，于是王翦在出征前，数次向秦王请求田宅园池，以示自己的贪恋业产而无叛心。作为一代名将，必然是有勇有谋。

公元前223年（秦王政二十四年），王翦率大军伐楚，楚国出动了全部兵力拒秦。始入楚境，王翦下令坚壁自守，楚军数次挑战，均不应战。项燕任楚军主帅，因新胜而士气高涨，且急于决战。王翦则采取了养精蓄锐，避敌锋芒，击其懈怠的战术。如此久之，秦军士气高昂，斗志旺盛，锐气已成。[①] 就在楚军屡攻不破，引兵东退之际，王翦下令秦军精锐追击楚军，一鼓作气大败楚军。秦军乘胜攻入楚都寿春，楚将项燕战死，楚王负刍被俘。接着，秦军又向江南广大楚地以及降服于楚的越地进攻，不久降服越君。至此，楚国全部被灭。[②]

（五）灭燕之战

燕国处于相对偏远的北方，与秦国并不直接接壤，对秦国的威胁不是很大。秦国自然不会把燕国作为主要对手，消灭燕国在秦国统一日程中原本并不靠前。但是燕太子丹和荆轲刺杀秦王的政治赌博却刺激了秦王，使得秦国暂时调整了进攻方向，在灭赵之后快速进攻燕国。

太子丹曾为质于秦，秦王政对其不善，从秦逃归，从此结怨于秦，一直想实现复仇之愿。太子丹的师傅鞠武曾以约晋、连齐、联楚、讲单于的“合纵”抗秦之策相谏，但是太子丹认为此计实施旷日弥久，他是等不及的。[③] 最后，太子丹采纳了师傅引荐的燕国谋士田光的建议，募一名勇士刺杀秦王，以挽救燕的灭亡。于是，发生了荆轲刺秦王的悲壮，有了易水送别的慷慨。[④]

荆轲刺秦王的失败，加速了燕国的灭亡。公元前227年（秦王政二十年），秦国大将王翦、辛剧率兵攻燕。公元前226年（秦王政二十一年），王

---

① 《史记·白起王翦列传》载，王翦问“军中在游戏吗？”答曰：“正在跳跃投石。”王翦曰：“士卒可用矣。”

② 事见《史记·白起王翦列传》《史记·秦始皇本纪》。

③ 《战国策·燕策三》。

④ 事见《史记·刺客列传》，本书省略。

翦率兵与燕军激战易水西岸，同时溯易水上游高地，渡河从后面包围燕军，大败燕军。是年冬天，攻克燕都蓟（今北京市东），燕王喜和太子丹逃往辽东郡。秦军猛追之际，燕王喜杀太子丹以谢罪，自己收辽东而王。公元前222年（秦王政二十五年），秦灭楚后，复派王贲远征辽东，一举攻占，俘虏燕王喜，燕亡。

（六）灭齐之战

秦国自实施范雎提出的远交近攻战略以来，开始对齐国实行和平外交策略，其实是一种战略拉拢和暂时安抚。公元前264年，年幼的齐王建即位，其母君王后听政，奉行“事秦谨”的政策，自守齐国，不参与东方他国的战事。公元前260年，秦攻赵长平，齐不听赵请粟。公元前247年，秦伐魏，楚与三晋皆出兵救魏，唯齐作壁上观。公元前241年，赵将庞煖统帅五国合纵攻秦，其时，秦国土地已与齐国相接，齐国仍然拒不参加抗秦活动。齐王建本是昏聩之人，秦又用重金贿赂其身边的宠臣，造成了齐国对外西向事秦，“秦日夜攻三晋、燕、楚，五国各自救于秦，以故王建立四十余年不受秦兵”①。

公元前222年（秦王政二十五年），秦灭楚，然后派大将王贲北上彻底灭燕、代。公元前221年（秦王政二十六年），王贲又率兵乘势向南攻齐。在几乎没遇到什么像样的抵抗之下攻破齐国，齐国七十余座城池不战而下，俘虏齐王建，昔日的强齐灭亡了。②

从公元前230年至公元前221年，十年之内，秦军势如破竹，节节胜利，消灭了六国，完成了统一，“奋六世之余烈，振长策而御宇内，吞二周而亡诸侯，履至尊而制六合，执敲扑而鞭笞天下，威振四海”③。实现了“六王毕，四海一”④ 的战略目标。十年以来的战略决战，秦国在军事力量占绝对优势的情况下，全局通盘考虑，军事攻击与外交谋略并用，实现了秦国历代君王苦心经营的东进战略，实现了秦国一统天下的千秋大业。

---

① 《史记·田敬仲完世家》。

② 齐的灭亡，有几种说法，参本书《引言》，总之秦轻而易举就灭了齐。

③ 贾谊：《过秦论》。

④ 杜牧：《阿房宫赋》。

第六章 | 文化的力量

文化是一种力量。

这种力量每时每刻都存在着、运转着，它可以左右一个人、一个民族、一个国家的前途与命运。一个国家和民族最具有生命力和创造力的标志，不在于拥有多少金银财富，而在于是否拥有持久强大的精神力量和优异的文明素养。老子说："天下莫柔弱于水，而攻坚强者莫之能胜也。"世界上最柔软的事物莫过于水，但柔顺的水一旦汇聚成滔滔洪流，那就是一支气势磅礴、无坚不摧的力量。文化就是这样一种力量——它柔软，但坚韧；它的力量一旦被激发起来，要比别的任何力量都强大得多。不同的民族，就有不同的性格、风俗和文化，从而就有不同的意识形态和政策选择，也奠定了不同的历史命运。

一、地域环境与文化模式

任何一种文化都有极强的地域性。各地迥异的山川风物为人类活动提供了不同的生存空间，人们在适应或者改变这种环境的过程中创造了独具地域特色的文化形态，并且愈在人类早期，自然环境的决定性因素愈大。自然地理环境对生产生活方式的影响，由古到今都是客观存在的事实，只是古代尤甚，而今天影响力变小罢了。谈到自然环境对文化精神及文化类型的影响时，钱穆说："各地文化精神之不同，穷其根源，最先还是由于自然环境有分别，而影响其生活方式。再由生活方式影响到文化精神。"① 他认为："游牧文化发源在高寒

① 钱穆:《中国文化史导论》(修订本),商务印书馆,1994 年版,第 2 页。

的草原地带，农耕文化发源在河流灌溉的平原，商业文化发源在滨海地带以及近海之岛屿。”① 法国学者丹纳认为不同的生活环境会给天赋优异的种族盖上不同的印记。②

齐、秦文化作为中国古代重要的两类区域文化，与两地自然环境有着千丝万缕的联系。

首先看齐国。从文化类型上讲，齐文化在很大程度上属于一种包容开放型的滨海商业文化。齐国依山、抱原、滨海、襟河，丘陵、湖泊镶嵌其间的地理环境，与中原和内陆河原地带明显不同。齐国地处黄河下游、华北平原的东部，西有黄河、济水，南亘泰沂山脉，东、北皆为海水所围。河、济二水作为齐国西境天险，在地理上将齐与赵魏诸国分割成为不同的地理单元。横亘南部的泰山、蒙山、沂山、鲁山皆为海拔千米左右的高山，由此向北是海拔五六百米至三百米左右的丘陵过渡带，丘陵的外缘是广袤无际的山麓堆积平原，其外沿则是环渤海一带广阔绵延的沿海滩涂平原。可见，地处海岱之间的齐国地形呈现山海间由南向北倾斜过渡的特点，这也决定了齐国的河流皆呈网状辐射，由南向北分流，汇于渤海。而丘陵与平原间的倾斜过渡又使河水两岸形成宽阔舒缓的河谷。河谷的开阔舒缓，滩涂的广袤无垠，百川的奔流归海、一泻千里，大海的海阔天空、碧波万顷，年复一年，日复一日地存在于齐人的视野，作用于齐人的思维，影响着他们的生活，如此天长日久便积淀内化为文化性格。

齐国濒临大海，使它具有许多内陆邦国所不可能有的海洋文化的特点，在经济上，海洋自有的优势，使它从一开始就以“通工商，便鱼盐”为特点；在宗教习俗上，海滨及海岛社会所特有的海仙传说的盛行，对于形成齐文化中海仙崇拜、八祠神说、方士巫术乃至阴阳五行思想等特点都有直接关系。梁启超曾说：“海也者，能发人进取之雄心者也……故久于海上者，能使其精神日以勇猛，日以高尚，此古来濒海之民，所以比于陆居者活气较胜，进取较锐，虽同一种族而能忽成独立之国民也。”③ 所以说齐人性格中的阔达多勇、豪迈奔放、崇尚舒缓、以侈为荣等与其独特的地理风貌有着莫大的干系。

---

① 钱穆:《中国文化史导论》(修订本),商务印书馆,1994 年,第 2 页。

② [法]丹纳著,傅雷译:《艺术哲学》,人民文学出版社,1983 年,第 82 页。

③ 梁启超:《饮冰室合集·文集之十》,中华书局,1936 年,第 108 页。

齐地水陆交通畅达，各种文化之间彼此交流碰撞、吸纳融合使齐文化能兼取“他山之石”，并包众家之长而后自成一家之体。舒缓的地形、众多的河流湖泊为交通发展创造了优越条件；另外，春秋战国之际，频繁的诸侯会盟、无休止的南征北伐及其间的商旅往来都极大地促进了齐地交通事业的发展。发达、便利的水陆交通使“四塞之地”的齐国独立而不封闭，便于商旅、使者、学者的往来，极大便利了与其他文化类型之间的交流。同时也能借助这种便利、开放的地利条件，将整合后的齐文化以山东半岛为中心，向海外、内陆地区辐射、散布开去。

齐地的多元经济也引起多元文化的辐射效应。《史记·货殖列传》这样描述：“齐带山海，膏壤千里，宜桑麻，人民多文彩布帛鱼盐。”优越的滨海环境、充沛的雨水、温暖适宜的气候、山海过渡区齐全的地形地貌都促进了齐地农、林、牧、副、渔、工、商、贸易多元经济的发展。“人物归之，襁至而辐凑。故齐冠带衣履天下，海岱之间敛袂而往朝焉。”《史记索隐》曰：“齐既富饶，能冠带天下，丰厚被于他邦，故海岱之间敛袂而朝齐，言趋利者也。”[①]多元经济进一步影响和形成了齐人不同于他人的独特价值观念和精神世界。

相对于齐国的滨海商业文化，秦文化属于典型的内陆型农业文化。秦人始居陇山以西（今甘肃省东部），与戎人杂居错处，远离中原。周王室东迁之后，秦人才逐步东进，历经若干代人的努力，直到秦穆公时，终于征服了关中。此后长达近三百年间，也就是直到秦惠文王取巴蜀（今四川）之前，秦国的国土一直大致稳定在今陕西关中地区。就地理形势而论，秦国属内陆型邦国，它领土的西部、北部为黄土高原，南部为四川盆地和成都平原，中部为关中平原，东北为黄河中下游的一部分，黄河、长江从其境内流过。除平原、高原外，秦境内丘陵面积也很广大，这些山地、丘陵海拔本就不高，又处在暖温带与亚热带的气候区，所以森林密布，动植物与矿产资源丰富。关中被赞颂为“山林川谷美，天材之利多”[②]；《汉书·地理志》称天水、陇山“山多林木，民以板为室屋”；而巴蜀、广汉等地也“山林竹木蔬食果实之饶”，盛产姜、竹、木之器。秦国境内山地丘陵多，矿产资源丰富，玉石、丹砂、铜、铁等均为其大宗，蓝田的美玉、涪陵的丹砂，当时便名重一时。这既为居民提供了更

① 《史记·货殖列传》。
② 《荀子·强国》。

多的生养之道，又为冶炼兵器、制造战具提供了便利条件。自然，这种由大川、高山、平原、高原、盆地、丘陵、山地构建的地理环境决定了秦文化属于典型的内陆型文化。

“偏居一隅”的秦国还受到游牧文化的深刻影响。这一区域位于当时华夏文明区的最西端。司马迁说秦国是“僻在雍州”，唐代杜佑则说“关中寓内西偏”。现代学者说秦国是“于称雄诸侯中独僻居住于西北”。外国历史学者也描述说：“秦远处于华夏大家庭之西，孤立于其他各国之外。”① 在和西戎长期杂居接触的过程中，秦较多地受到尚处于游牧阶段的西戎各部生活、文化、习俗上的影响，因而，其文化特征也表现出浓郁的游牧文化特色。

秦国特殊的地域环境，为秦文化打上了独特的烙印，轻伦理、重农耕，务实进取、刚烈勇猛便是这种文化的精髓。或许，这种文化内涵在秦人发迹之前就决定了其日后的崛起。

二、浪漫与务实的较量

齐文化是一种务实中闪烁着浪漫情调和迷人神采的地域文化。

齐国建国初期所处的地理环境框定了齐国不可能向农业型经济，而只能向工商型经济发展。姜太公从特定的国情出发，制定了优先发展工商经济的战略，为齐国后来成为东方商业大国奠定了基础。春秋时期，齐国的经济环境发生了很大变化，疆域扩大了，土壤得到了改良，发展农业的条件基本成熟了。桓管君臣从实际出发，在继续推行太公政策的同时，又制定了大力发展农业的方针，进行了诸如“井田畴均”“相地衰征”“勿夺农时”等一系列改革活动，把农业与工商业一同视为国民经济的基础，还实行“四民分业”政策，依据国民的实际生业划定居民区，体现了齐国人务实的精神风貌。

齐人的思想是异常自由的。齐国东、北、南三面临大海，大海的浩瀚无垠给齐人提供了广阔的思维空间，拓展了齐国人高度的思维能力和雄奇的想象力。齐燕之地自古以来多仙怪传说，多方仙术士，就与滨海齐人无边的遐想和非凡的超尘意识有关。《庄子·逍遥游》说：“齐谐者，志怪者也。”“齐谐”

① 崔瑞德等:《剑桥中国秦汉史》,中国社会科学出版社,1992 年,第 61 页。

就是记载奇闻逸事的书籍。《齐谐》一书为何时、何地、何人所作，今已不可考，但从它的名称很容易看出它是齐国的志怪之书。“《谐》之言曰：‘鹏之徙于南冥也，水击三千里，抟扶摇而上者九万里，去以六月息者也。野马也，尘埃也，生物之以息相吹也。天之苍苍，其正色邪？其远而无所至极邪？其视下也，亦若是则已矣。’”① 大鱼化为大鸟，徙于南冥，这个以大海为背景的寓言故事，其原始材料正是来源于齐国。《列子·汤问》中也有这样的记载：“渤海之东不知几亿万里，有大壑焉，实惟无底之谷，其下无底，名曰归墟。八纮九野之水，天汉之流，莫不注之，而无增无减焉。”这段神话主要解释了大海尽管时时有来自四面八方的水注入，但却不盈不溢这一神奇现象。也正是因为有了这种浪漫的文化因子，“遁辞以隐意，谲譬以指事”的隐语之风才会在齐国上下风行，淳于髡才可能用大鸟“三年不飞不鸣”来劝谏齐威王，齐客才会用“海大鱼”来劝谏靖郭君，晏婴也才会用“踊贵屦贱”来讽谏齐景公等等。

齐国思想家邹衍的“大九州说”显示了齐人放眼海外的开放心态。他“以为儒者所谓中国者，于天下乃八十一分居其一分耳。中国名曰赤县神州。赤县神州内自有九州，禹之序九州是也，不得为州数。中国外如赤县神州者九，乃所谓九州也。于是有裨海环之，人民禽兽莫能相通者，如一区中者，乃为一州。如此者九，乃有大瀛海环其外，天地之际焉”②。他打破了当时流行的“中国即天下”的观念，首先将中国与世界作了明确的区分，认为战国时期儒家所谓的“中国”（指华夏族聚居的中原地区）并不是世界的全部，当时的中国（指战国七雄疆土的总和）名叫赤县神州，赤县神州内自有九州，也就是大禹治水时所序列的冀、兖、青、徐、扬、荆、豫、梁、雍九州，这是“小九州”；而像赤县神州这么大的州全世界共有九个，即“大九州”，每一大州周围都有大海环绕。邹衍也因此成为我国古代具有“海洋开放型地球观”的第一人。“大九州说”虽然是建立在主观推测的基础上，缺乏严密论证和科学判断，但在当时人们除中国以外几乎一无所知的情况下，无疑突破了人们狭隘的地理观念，开阔了人们的视野，激发了人们探索域外的热情。这样宽广的胸襟、开放的心态和奇特的想象力，也应视为辽阔、雄奇的海洋文化孕育的

---

① 《庄子·逍遥游》。

② 《史记·孟子荀卿列传》。

产物。

邹衍还有一套体现齐人奇特想象力的阴阳五行学说。邹衍将阴阳与五行结合起来，使之神秘化，用以说明天道人道的变化规律。据《史记》与《文选注》，邹衍的学说有三个要点：其一，“深观阴阳消息”，以阴阳二气的消长说明季节变化。其二，“机祥度制”，即天瑞天谴说。其三，“五德转移”或称“终始五德”，以五行相生相胜解释朝代的兴衰，这是他阴阳五行说的核心。《史记·集解》引如淳曰：“今其书有《五德终始》，五德各以所胜为行。秦谓周为火德，灭火者水，故自谓水德。”《淮南子·齐俗训》高诱注引《邹子》佚文曰：“五德之次，从所不胜，故虞土、夏木。”所谓五德是指土、木、金、火、水五种德运，历史上每一朝代都有自己相应的德运，如土德支配虞、木德支配夏、金德支配殷、火德支配周，由这一德运决定该朝的命运。五德按照五行相胜的顺序传递，由此决定了历史上朝代的盛衰兴废。

开放的性格和走出海外的实践，使齐人不安于现实转而渴望在精神生活中求得补偿，他们幻想得道成仙，追求自然的神异，从而使齐地不仅巫风仙气浓郁，而且妖异故事也广为流传。据《山海经·大荒东经》记载：海外有“大人之国”“小人国”“君子之国”“白民之国”“司幽之国”等等，海外还有“日月所出”的大言山、明星山，有浴日的汤谷，有出日的扶木。所有这些神奇的传说，更使人们对海外世界产生了美妙的幻想：“注而不盈”“春秋不变”的大海之所以能使落下的日、月复出，是因为在海外世界存在一种起死回生、长生不死的灵药。长生不死之说由此而兴。《十洲记》中记载：“祖洲，东海中，地方五百里，上有不死草生琼田中。草似菰苗，人已死者，以草复之，皆活。”①《龙海河图》中也说：“玄洲，在此海中，地方三十里，去南岸十万里，上有芝著玄涧。涧水如密（蜜）味，服之长生。”②“长生”自然是人人向往的，为了寻求长生不死的途径，人们想尽办法，这些尝试与努力便是后人所谓的“方术”。方士们崇信海外存在着一个美妙的神仙世界，在这个世界中，有仙山、仙草、仙药，仙人往来于仙山之间。加上，东部海滨受大气环流影响形成的“海市蜃楼”不时出现，更使人们确信东海之外神仙世界的存在。在这种背景下，学者文人对海外仙境的神奇描绘便纷至沓来。《史记·封禅书》记

① 《太平御览·地部二十五》。

② 《太平御览·地部二十四》。

载："（蓬莱、方丈、瀛洲）此三神山者，其传在渤海中，去人不远；患且至，则船风引而去。盖尝有至者，诸仙人及不死之药皆在焉。其物禽兽尽自，而黄金银为宫阙。未至，望之如云；及到，三神山反居水下。临之，风辄引去，终莫能至云。"《列子·汤问》更有"五神山"之说："渤海之东……其中有五山焉，一曰岱舆，二曰员峤，三曰方壶，四曰瀛州，五曰蓬莱。其山高下周旋三万里，其顶平处九千里。山之中间相去七万里，以为邻居焉。其上台观皆金玉，其上禽兽皆纯缟，珠玕之树皆丛生，华实皆有滋味，食之皆不老不死。所居之人皆仙圣之种，一日一夕飞相往来者，不可数焉。"这种神仙妙境，激起了人们的无尽企盼，加上不死之药的诱惑，更使人们心动而神往。为了寻求长生不死之药，人们纷纷乘舟入海求仙山、仙药。《史记·封禅书》记载："自威、宣、燕昭使人入海求蓬莱、方丈、瀛洲。"齐威王、宣王曾派人入海寻仙山，求仙药。由于君王信奉方仙道，所以"齐人之上疏言神怪奇方者以万数"①。秦始皇时，"燕齐海上方士"竟达到"不可胜数"的地步。从战国至秦汉这段时间，是"方士潮涌"的鼎盛时代，见于记载的著名齐方士就有邹衍、徐福、李少君、宽舒、少翁、栾大、公孙卿等多人。后来广为流传的一系列神话传说，八仙过海、精卫填海、后羿射日等等，大多与齐地有关。

齐文化中的种种神奇的海上仙话、邹衍的大九州地理说与阴阳五行学说、络绎不绝的求仙寻道活动等等，无不给世人构建了一个虚无缥缈、引人入胜的美丽世界，也为齐文化注入了空灵玄想的色彩，从而使之披上了一层神秘、浪漫的外衣，使齐文化显得实而不板、虚而不空。这种爱幻想、求浪漫的民风使许多齐国人放下锄头，不事农耕，专务空谈神仙方术，造成齐国奢靡成风，军事实力、综合国力急遽下降，并在思想上形成了一种自我麻醉，对严峻现实缺乏应有的警惕，这在战国末期群雄竞霸、以战效胜的局势下，无疑是从思想灵魂深处的自我解除武装，也是齐人最后不能坚守国土、奋战到底而轻易投降的重要原因。

秦文化是纯粹务实的，看不到丝毫浪漫多情的影子。《韩非子·外储说右上》载："堂溪公谓昭候曰：'今有千金之玉卮而无当，可以盛水乎？'昭候曰：'不可。''有瓦器而不漏，可以盛酒乎？'昭候曰：'可。'对曰：'夫瓦

① 《史记·封禅书》。

器至贱也，不漏可以盛酒。虽有千金之玉卮，至贵而无当，漏不可盛水，则人孰注浆哉?”韩非认为，一件事物，如果只具有审美的、艺术的价值，而不具备实用价值，那就毫无意义。他认为，“千金之玉卮”，如果不用来盛水，那就不如“至贱”的“瓦器”，主张实用第一。韩非这套“唯实用”理论对秦文化影响很大。

当周平王把岐西之地分封给秦襄公时，这块土地已被戎人攻占。秦人依靠自身的力量驱走戎人以后，才真正统治了此地。所以，秦人认为他们是受天命而不是受周王之命立国，他们不认为自己是周王室的下属，也没有理由全盘接受西周文化。对秦人来说，生存发展远比道德伦理更重要。他们关心的是开疆拓土，在秦历代统治者的潜意识里，对土地面积问题都非常重视，他们对外发兵总是以赤裸裸的土地扩张为主，这种对扩张的渴望和重视程度是中原各国所无法比拟的。从秦简《日书》这部记录战国至秦代底层人社会生活状况的书籍中可以看出，秦人所关心的问题，不是仁义的施废、礼乐的兴衰、道德之完善，而是攻城略地、为官为吏、婚丧嫁娶、生老病死、饮食娱乐、牛羊马犬、耕耘稼穑等与人们切身利益直接相关的日常生活和社会生产之事。所谓吉、凶、祥、不祥、利、不利、殃、大殃、可、不可、毋、咎等占卜用的判断词，其含义都是某日做某事对于占文者的实际价值，不包含任何道德判断与道德评价。其他文献资料亦表明，从秦建国到始皇统一天下，秦人津津乐道的问题都是农战、攻伐、垦荒、开塞、徕民、重本、抑末等与日常生活关系密切并对国计民生有直接利害关系的事。

秦的务实精神还表现在君主继承制方面。秦国以外的国家一般都实行嫡长子继承制，而秦立国君不论嫡庶，有能者居之。秦的国君多数不是以嫡长子即位的。据林剑鸣先生统计，秦自襄公建国以后，至穆公以前，共有九代国君，其中，兄终弟及者有三人，以次子立者一人，以孙立者两人，不明嫡庶者一人。以长子身份继位者仅两人，即武公（系宪公长子）、宣公（系德公长子）。到了穆公以后，秦国的君位继承也无定制。如躁公卒，立其弟怀公；灵公卒，子献公不得立，随后由简公、惠公、出子即位，最后才立献公。直到战国末期，秦始皇的父亲庄襄王也是以一个不受宠的夏姬所生的庶子身份继承王位的。推行嫡长子继承制的最主要目的是为了国家政权的稳定，这种制度是把和平放在首位，而把国家的发展放在第二位。而秦国在君位继承方面实行能者居之的制度，则把国家的长足发展放在第一位，而把政权交替之间的稳定放在第二位，也突出表现了秦文化的务实精神。

秦文化的务实还体现在重物质文明、轻精神文明。秦国农业生产水平比较高，穆公时秦国的粮食不但能自给自足，而且还能大批输出以救济受灾的晋国。在手工业方面，秦国青铜器制造工艺从无到有，从仿制到形成自己独特风格，发展得相当迅速。陕西宝鸡西高泉村一号墓发现的青铜器是春秋早期的遗物，其中有壶、豆、戈、钟等，除壶、豆两件系西周遗物外，其余秦器并无突出特点。而到春秋中期，即相当于穆公以后的一段时期，“西方的秦和南方以楚为中心的各国”就已“逐渐形成了有自己特点的青铜器传统”，到春秋晚期，秦国的青铜器便与中原（包括北方的一部分）和南方的青铜器系列形成了鼎立的局面。① 秦国的建筑集中地反映了当时的生产和工艺水平。据考古工作者多年调查和发掘的结果证实，秦都雍城总面积达 10.56 平方公里，大致呈方形，城墙墙基最宽达 15 米，夯层厚达 25 – 30 厘米，城外还有二十多米宽的护城壕遗迹。战国时，咸阳的建筑更为壮观宏丽，规划更为合理，“既有供皇帝和各级官吏之用的宫城和小城，又有供市民活动的大城，有广场，有街市，有作坊，有美化环境和丰富生活的苑、囿、园、池，种植林木花草，饲养珍禽奇兽”②。

秦兵马俑也是实实在在的。从阵法的布置、兵器的装配、陶俑的塑造，都充分表现出秦人对真实的孜孜以求。在这里，找不到西周青铜器及春秋时的铜器上各式花纹的浪漫与神秘，只有具体而真实的生活，其严格写实的程度令人吃惊，如陶俑、陶马的高低以及战车的大小和各部分的比例，都尽力按照实物的真实尺寸制作，分毫不差。武士俑的铠甲，甲片的大小、叠压关系及编缀方法，与真实的甲衣完全相同。武士俑手持的是实战用的兵器，兵器不同，长短不一，手势随之略有差异。陶俑的服装、冠履、发型、发带等，都酷似真实，极力模拟实物。武士队列的编制组合，排列形式也合乎兵书上的阵法要求。这无疑是秦国真实军队的逼真再现。

但是从文明的另一个层面，即思想理论方面考察，秦国却无法与东方各国相提并论，秦国既不出深邃的思想家，也不出洒脱的文学家。春秋战国时期是

---

① 李学勤:《东周与秦代文明》,文物出版社,2007 年,第 174 – 175 页。

② 杜葆仁、禚振西:《秦城址考古述略》,《文博》,1986 年,第 1 期。

我国古代学术大繁荣的时代，关东诸国学者辈出，学派林立。三晋是法家、纵横家的发源地，楚国是道家的发源地，鲁国是儒家的发源地，齐国是黄老道家、兵家的发源地和主要传播地，而燕国则是孕育神仙家的重要摇篮。而秦国在整个春秋战国时期没有产生过一个学术派别，也没有生产过一个真正的思想家，甚至也没有一部理论著作出现。虽然在秦国曾经有百里奚、由余、商鞅、吕不韦、李斯、尉缭等政治家、军事家，但他们中没有一个是秦人，其主要贡献也多在于实践，并非思想、理论。吕不韦著的《吕氏春秋》虽是一部哲学、政治学的理论著作，但它不能代表秦的思想理论水平，也是十分明显的：首先，吕不韦不是秦人，而是“阳翟大贾人”。其次，《吕氏春秋》之成书也并非吕不韦个人之力，乃是他“使其宾客所著者也”。这些宾客绝大多数不是秦人，因为不少证据表明他们多为“儒士”，如高诱为《吕氏春秋》作序时就指出：“不韦乃集儒书，使著其所闻，为十二纪、八览、六论，合十余万言。”元陈澔也说：吕不韦“大集群儒，损益先王之礼，而作此书”[①]。而秦国在此之前是没有——至少是很少有儒生的，《荀子·强国篇》已指出秦国“无儒”这一事实。所以，参与《吕氏春秋》编纂的作者们绝大多数不是秦人，《吕氏春秋》所反映的自然也不是秦国的意识形态。

浪漫与务实不过只是文化的一种特性，并无高下优劣之分，只是在某个特定的地域及时期哪一种文化具有更能适应并推动时代发展的特性和潜质而已。在战国那个弱肉强食的年代，作风务实的秦最终战胜了“浪漫”的齐。

三、战乱时代的“武风”

春秋战国时期继承了西周“国之大事，在祀与戎”的时代传统，战争是这一时期国家政治生活的主题，各诸侯国往往为了一城一地的得失，动辄兵戈相向，攻占杀伐、流血冲突此起彼伏。这一时期的诸侯国国君都极力尊崇武力，上行下效，尚武风气盛行开来。其中，齐、秦两国更是推动武风盛行的佼佼者。

齐人的尚武之风，在时间上，一贯于齐国的始末；在空间上，风靡于江湖

① 《吕氏春秋》序，见陈奇猷：《吕氏春秋新校译》，上海古籍出版社，2002 年。

朝野。管仲称“士民贵武而贱得利”，说明齐人把武事、兵书、战法、军功看得比单纯获取物质财富重要得多。齐人求强、尚武又催生了尚勇的社会风气。《管子·水地》曰：“（齐）民贪粗而好勇。”《吴子·料敌》说：“齐性刚。”《史记·货殖列传》也说：齐人“勇于持刺，故多劫人者”。齐人从国君到士兵无不以勇为荣，齐桓公即位后不久就面向全国选拔勇武之士，规定“于子之乡，有拳勇股肱之力秀出于众者，有则以告。有则不告，谓之蔽贤”[①]。既然勇力者为贤，贤而致仕，当然民皆好之。《晏子春秋·谏上》说“庄公奋乎勇力”，结果导致“勇力之士，无忌于国”。《淮南子·人间训》记述了这样一个故事：“齐庄公出猎，有一虫举足将搏其轮，问其御曰：‘此何虫也?’对曰：‘此螳螂者也。其为虫也，知进而不知却，不量力而轻敌。’庄公曰：‘此为人而必为天下勇武矣！’回车而避之。勇武闻之，知所尽死矣。……齐庄公避一螳螂，而勇武归之。”齐景公也曾声称“欲得天下勇士，与之图国”[②]。齐湣王亦喜欢勇武，其选臣用士的标准，是看其能否在大庭广众之下与人搏斗，若是怯懦之人，便弃之不用。上有所好，下必风从之。齐国勇武之士由此辈出，孟说“能生拔牛角”，是著名的力士；《晏子春秋·谏下》也记载说，齐国有三勇士，即公孙接、田开疆、古冶子，他们“以勇力搏虎闻”，“仗兵而却三军者再”。晏子欲杀三人，齐景公却回答说：“三子者，搏之恐不得，刺之恐不中也。”此事虽未可尽信，但从侧面至少反映出两个方面的信息：一是齐国的武技已达到很高水平，二是齐国偏重于对个人勇武的推崇。

齐人尚勇之风又导致任侠。列战国四公子之一的孟尝君就素以好客养士著称于世，其门下养士数千人，招天下任侠，连鸡鸣狗盗之徒皆列其中。《史记·孟尝君列传》载，孟尝君“招致诸侯宾客及亡人有罪者”，皆“舍业厚遇之”。有一次，孟尝君与门下客途经赵国，赵人取笑他不够高大伟岸，“孟尝君闻之，怒。客与俱者下，斫击杀数百人，遂灭一县以去”。直到汉代，孟尝君的封地薛邑仍是“闾里率多暴桀子弟，与邹、鲁殊”。齐国良莠不分、不遗余力地招致“天下任侠”，带来齐“礼”的进一步沦丧，齐地成了当时刺客、力士、侠客最大的汇集地。很多年后，胶东之地仍多出英武豪迈、慷慨悲歌之士，《舆地记》记载说：古登州府一带“英雄豪杰之士，甲于京东；文物彬

① 《国语·齐语》。
② 《晏子春秋·谏下》。

彬，而豪悍之习自若”。[1]《宋史·范纯仁传》也曰：“齐俗凶悍，人轻为盗劫。”宋代大文学家苏轼在评论武定人时说他们“劲勇而沉静，朴纯而少文”。又过了数百年，清乾隆年间修订的《海洋县志》在描述登州民俗时仍说：“民多朴野，性皆犷直。”看来，尚武之风确为齐地传承已久、绵延不绝的传统。

比之齐国，秦人的尚武之风似乎更胜一筹。《韩非子·初见秦》描述秦人说：“出其父母怀衽之中，生未尝见寇耳，闻战，顿足徒裼，犯白刃，蹈炉炭，断死于前者，皆是也。”秦人听到战争的消息就跃跃欲试，脱掉衣服，跺着脚，冲锋陷阵，赴汤蹈火，在所不辞。走上战场的秦军竟然可以袒胸赤膊，甚至连铠甲也脱掉就来战场鏖战，正所谓“秦之彪悍，天下莫不震恐”。在秦始皇陵墓东侧的秦兵马俑坑中有七八千件兵俑，有头绾圆髻者，有头绾扁髻者，有头着介帻者，有头戴长冠者，但却不见一件戴有头胄者。不过，秦军并非自古就不带胄，春秋时期的秦军头上还是带胄的，《左传》僖公三十三年（前627），秦师过周北门，“左右免胄而下”。头不戴胄的兵马俑不但生动传神地体现了秦军尚武的精神风貌，而且这种震撼人心的宏大军阵场面也反映了秦人尚武精神价值取向的集体性。这种不怕牺牲的精神在受到秦国军事奖励政策鼓励后，日益膨胀，影响波及所有将士，尚武精神由此得到最大限度地张扬与拓展。

秦人在生育观念上亦表现出明显的尚武习俗。他们十分重视选择时日，以趋吉避凶且祈愿生养“勇武有力”的后代。秦简《日书》记载，“甲午生子，武有力”，“丙寅生子，武以圣”。秦人十分喜好体育运动，尤其是竞力运动，这与古希腊鼎盛时期的状况十分相似。在充满竞争的体育运动中，个人得到自身魅力的尽情张扬和群体的高度认可，也表达了当时以力为美的审美心理特征。此外，秦国盛行“田猎”或“弋猎”，从《日书》看，除正常的“起垣”、“盖屋”之外，秦人极少滞留家园，他们大多数人积极参与“弋猎极雠，攻军围城”的生活，再不然便是“作之四方墼外”，到“墼外”即深山老林中彰显男人的威风。秦人就连在饮酒放歌之时都高唱《无衣》歌：“岂曰无衣，与子同袍。王于兴师，修我戈矛，与子同仇。岂曰无衣，与子同泽。王于兴师，修我矛戟，与子偕作。岂曰无衣，与子同裳。王于兴师，修我甲兵，与子

[1] 胡朴安：《中华全国风俗志》（上册），河北人民出版社，1986年，第16页。

偕行。”[①] 以一种劈头而来的气势描绘出秦军战士无比激昂的斗志和乐观主义精神，一种强烈的战斗责任感和使命感让秦军战士群情振奋，不问缘由，不计后果，一听到战争的号角，他们即如箭在弦上，只待一声令下便开赴沙场。尚武的勇悍早已经深深地沁入了他们的脊髓之中。

齐、秦两国尚武习俗的形成，都与戎、狄、夷等少数民族有关，都是在与他们的长期交往、融合中形成的。对于齐国来说，尚武之风的源头是东夷旧部，《后汉书·东夷传》载：“《王制》云：‘东方曰夷。’夷者，柢也，言仁而好生，万物柢地而出。故天性柔顺，易以道御，至有君子、不死之国焉。”东夷人本身就是激昂飞扬、好战勇武的代表，他们的尚武之风从“夷”字由“大”和“弓”组成就可窥知一二。从文献记载看，东夷人好战，弓箭的发明或与之有关。《说文》谓：“夷，东方之人也，从大从弓。”《说文通训定声》云：“夷，东方之人也。东方夷人好战好猎，故字从‘大’持‘弓’会意，大人也。”从齐地最早的居民——东夷人是弓箭发明者这一史实中，可以看到齐地先民善射、善猎、好战的传统和他们英武刚毅、粗犷强悍的性格，齐人继承了先民这种性格，以勇猛好斗、争强好胜蜚声海内外。

对于秦国来说，崇武尚战、勇悍坚韧的民族性格是秦人在长期发展过程中形成的。秦部族在早期发展中，为了生存，不断向荒凉、空旷的西北地区迁徙，面对陌生而艰难的新环境，需要他们具有坚强的毅力和巨大的勇气以及团结精神。当时布满西北地区尚处于游牧阶段的戎狄部落正处在极富掠夺性、侵略性的发展阶段。在势力强大时，侵略秦人的领土、掠夺秦人的财物是这些部落自然而然的生存选择。周王朝对秦人的几次分封，开出的都是空头支票，口惠而实不至。因此，秦人要想获得生存和发展的空间，站稳脚跟，开创基业，必须也只有依靠武力，在刀光剑影中巩固并开拓属于自己的领地。长期处于战争的环境中，把为部族的生存和发展而战视为光荣，把杀敌立功者视为英雄，就成了秦人的心理共识。

尽管两国尚武精神的形成都与戎、夷等少数民族有关，但其中仍有差异。齐国偏重于个体竞争，勇于私斗，怯于公战。秦国则倾向于群体利益，擅长公战。更多的情况下，齐人是为了获取个人经济利益而争斗，秦人则始终围绕强

---

① 周振甫:《诗经译注》,中华书局,2002 年,第 186 页。

国、一统天下而奋斗不止。

《史记·货殖列传》认为齐人“怯于众斗，勇于持刺”，这是司马迁对齐人行为习俗的一种概括性评价。齐人无不喜欢争强斗勇，《晏子春秋·杂下》载：“齐人甚好毂击，相犯以为乐，禁之不止。”毂击，即以车轮相撞。就是齐人常常在道路上驾车相撞，禁而不能止。《史记·孙子吴起列传》中记述，齐魏马陵之战之时，孙膑对田忌分析说：“彼三晋之兵素悍勇而轻齐，齐号为怯，善战者因其势而利导之。”“齐号为怯”，这是齐国的军事指挥官对自己部队的评价。魏将庞涓对齐国军队的战斗力也有同样评价：“我故知齐军怯。”这说明齐国军队的整体战斗能力不强并非什么秘密，而是声名在外。《左传》也记载，鲁襄公十八年，齐灵公坐镇齐国西南边陲重镇平阴，分兵数路进犯鲁国，晋平公闻讯，发兵讨伐齐国。先是齐国借助防门对来犯之敌进行了有效防御，随后，晋军实施了恐吓和迷惑战术，“齐侯见之，畏其众也，乃脱归。丙寅晦，齐师夜遁”。这是齐国在鲁成公二年齐晋大规模的鞍之战大败以后主动引发的战争，既然是主动引发战争，按说应当志在必胜，但是，齐国的国君却首先被对手吓跑了，实在是够滑稽的。至于《荀子·议兵》评价说齐国军队“事小敌毳则偷可用也，事大敌坚则涣焉离耳”，无疑十分中肯。

秦人虽崇尚武力，但“勇于公战，怯于私斗”。在早期阶段，秦人私斗盛行，每年动辄死亡数千人。但自商鞅变法时始，一面实行奖励军功制度，把秦人的好斗精神加以合理引导，引向对外战争；一面严禁主仆私殴、父子擅杀、士伍相斗，其律也详，其刑也重。秦法律明令规定：“有军功者，各以率受上爵；为私斗者，各以轻重被刑大小。”[①] 《史记·商君列传》、秦简《法律答问》里明确提及的关于惩治私斗、斗殴的条例便有十二条之多，对私斗的惩罚明显较重，或夺禄、降职，甚至鞭打，乃至判处肉刑、死刑等等不一而足。即便是民间习武健身活动也在被禁止之列，“讲武之礼，罢为角抵”[②]，结果，“先王之礼，没于淫乐中矣”[③]。以往民间用作习武练兵的“角力”，秦改名为角抵（牴），变成单纯的娱乐游戏，禁绝了民间习武活动。经过整治，私斗之

① 《史记·商君列传》。
② 《文献通考·兵》。
③ 《汉书·刑法志》。

风几息，秦国“乡邑大治”[①]。虽然在当时还不能完全根绝此风，但以后秦国的民风被引上了为统一而争战斗勇的轨道。但同一时期的六国民间仍盛行血亲复仇，私斗之风与秦国社会“怯于私斗，勇于公战”的风气明显不同。《韩非子·五蠹》谓：“今兄弟被侵必攻者廉也；知友被辱随仇者贞也。”可知战国中原社会颇行“廉贞”复仇之风。而此风盛行尤以关东为甚，《汉书·地理志》载：“太原、上党又多晋公族子孙，以诈力相倾，矜夸功名，报仇过直。”便是对关东社会复仇私斗之风盛行的最好说明。当秦人众志成城、万民向战、同仇敌忾地走向统一战场之时，六国之民却陷入私斗、复仇之风而不能自拔，这无疑是一种自戕。

商鞅变法引导秦人在对外战争中争取功名爵禄。杀敌立功成为秦人追名逐利的基本手段和可靠途径，甚乎达到“闻战而相贺”的地步，使向往战争、歌颂战争、乐于战争充斥于人们的全部生活，“起居饮食所歌谣者，战也”[②]。这种全民好战，各级官吏不贪财、不泄密、不失言，君明、臣忠的新社会风尚，无异于对秦人旧思想、旧心态、旧行为的大洗礼。韩非敏锐地意识到群雄逐鹿中，取胜需调动举国之力，善用众力者才能取胜。“古之能致功名者，众人助之以力”[③]，强调国家利益与个人利益的紧密结合。秦全国上下以这种全新的精神状态投入到波澜壮阔的战斗和生产中，大大提高了秦国军队的士气和战斗力。

秦人“勇于公战”将尚武精神发挥到极致，成为一种时尚与风潮，并逐渐上升为一种坚硬的民族精神与民族信仰，使秦军终于成为当时纵横六国、所向披靡的“虎狼之师”——“民之见战也，如饿狼之见肉”[④]。秦昭王时，秦国士兵的军事素质和战斗能力已经为山东各国所望尘莫及，“故齐之技击不可以遇魏氏之武卒，魏士之武卒不可以遇秦之锐士……有遇之者，若以焦熬投石也”[⑤]。这支强大军队的出现，既是秦国文化传统长期浸淫、熏染的结果，也是商鞅变法“一民于战者”[⑥] 思想引导的体现。秦孝公之后的几代秦王继续延

---

① 《史记·商君列传》。
② 《商君书·赏刑》。
③ 《韩非子·功名》。
④ 《商君书·画策》。
⑤ 《荀子·议兵》。
⑥ 《商君书·画策》。

用商鞅推行的军功爵制，使整个社会的尚武之风达到了顶峰。

在这一点上，齐与秦不同。齐国推行的尚武精神是由国君提倡、在民众中推广的一种自觉行为。但由于齐人为国而战所得的功名、赏赐不如秦那样厚重、实际，吸引力也不会太大，不易激发民众的战斗激情。齐人只不过把它看作一种极平常的行为，一种大众化的习俗，不会去过分地为功利而追求它。因此，随着社会的发展，尚武精神在齐国开始没落、衰败，这也是经济相对发达的社会发展到一定程度后所出现的必然结果。晏婴认为“今公自奋乎勇力，不顾乎行义，勇力之士，无忌于国，身立威强，行本淫暴，贵戚不荐善，逼迩不引过，反圣王之德，而循灭君之行”，旗帜鲜明地认为世风日下是国君单纯追求武力的结果，所以力谏齐庄公在以勇力立世的同时，也应注意躬行礼义，认为“禽兽以力为政，强者犯弱，故日易主，今君去礼，则是禽兽也”①。提醒齐王注意勇力与礼义之间的关系，不能有所偏废。社会的安逸、腐败使齐人慢慢淡漠了对尚武精神的追求和推崇，国君也渐渐不再重视这种曾经支撑着整个国家走向胜利的民族精神，不再强调对它的尊崇。

秦、齐两国尚武精神形成的原因虽十分相似，但由于各自文化背景的不同，采取了不同的措施推崇这种时代精神，最终导致了不同的结果，秦最终统一了天下，而齐为秦所灭，这与两国的文化特质是分不开的。尽管齐以东夷文化为自身文化建构的基础之一，但它毕竟是由周脱胎分封而来，很大程度上保留了周文化的内涵，相对秦而言，齐较多地推崇儒家学说，其强调的礼义与勇力的并行就是最好的明证。然而，这也正是齐的悲剧所在，在以气力相争的战国时代，武力被推崇到至高无上的境地，各诸侯国为竞争地盘争战不休，礼义早被弃之脑后。齐仍沉迷于此，岂能避免失败的命运？而秦正与齐相反，完全不顾礼义而推崇法家学说，以强悍的武力取得了最终的胜利。但是这种重勇的偏悖所带来的胜利也有其局限性，在统一局面形成以后，如果还单纯地强调武勇亦必将导致失败，秦在统一后短短的十五年间便灭亡就是很好的证明。所以说，社会即不能无勇，亦不能无礼，两者密不可分，唯有相辅相成才能长治久安。

秦人虽尚勇、尚战、崇力轻死，然而所崇尚的多半仅仅是“气力”和

① 《晏子春秋·谏上》。

“气概”。历史文献中记载了很多秦国克敌制胜、以少胜多、以弱胜强的著名战例，但却没有留下著名的军事理论与著作。秦国历史上多出举鼎的大力士，这无疑是当时社会风气的一个缩影。春秋时期，秦国有个名震列国的大力士名叫杜回，战国时期的任鄙、乌获、孟说等也是著名的力士，他们都被秦王委以高官，享尽荣华富贵。不仅臣民，有时就连秦王自己都是“气力”运动的爱好者与实践者。据《史记·秦本纪》载，秦武王十分嗜武，也特别偏爱大力士。由于日夜向往象征周天子权位的周鼎，武王自己常以举鼎为戏。“武王有力好戏，力士任鄙、乌获、孟说皆至大官。王与孟说举鼎，绝膑。八月，武王死。族孟说。”就是说，秦武王好武逞勇，将手下的大力士都封了高官。而且，还和其中的一个大力士孟说比赛举鼎，结果自己没扛住，把小腿骨压折了，不治而亡。事后，孟说一家被满门抄斩。秦武王也许是中国历史上死得最搞笑的国君之一了！举鼎绝膑而死，简直闻所未闻。但另一方面，似乎也不得不感佩于秦人尚武的情怀。秦昭王时，举“任鄙以为汉中守”，以至于秦国形成了“力则任鄙，智则樗里”这样一句谚语。《水经注·渭水》甚至有这样的记载：“秦始皇造桥，铁镦重不能胜，故刻石作力士孟贲等像以之，镦乃可移动也。”可见秦时人们对大力士的崇拜与迷信程度之深。

相比较而言，齐人“尚武”更注重具备高超智慧的技击之术。齐人首创技击之术后，开创了以技巧胜勇力、以力御敌变转为以术制人的武事新领域。灵活多变的技击之术开始在军事活动中大显神通，“武事技能”受到齐国上下的高度尊崇，《荀子·议兵》云：“齐人隆技击。”隆，尊也；技，指杀敌搏斗的技巧。齐国君臣非常注重以技击之术来强化士兵的军事素质，曾规定：“其技也，得一首者，则赐赎锱金。”[①] 能以技击杀敌一人，则赏金八两，以此鼓励人们尊尚技击。管仲曾要求，士卒的武技必须达到“举之如飞鸟，动之如雷电，发之如风雨，莫当其前，莫害其后，独出独入，莫敢禁圉”[②] 的地步，才算合格。由国家通过以军队为对象进行的技击规范化训练，使得齐国国民的技击之术推广范围比较广，水平提升比较高，也比较快。因此，齐民战则持戈不逊于军，这也是齐国军队在有限的兵力下能够北伐狄戎、中和诸侯、南拒强楚的重要原因。在齐国历史中，以武技高超而载于史书者屡见不鲜，据《左

① 《荀子·议兵》。
② 《管子·七法》。

传·襄公二十八年》记载，卢蒲癸、王何等人联合栾、高、陈、鲍家族势力，围杀庆舍一人。而庆舍则勇斗不惧，即便在左肩被砍掉、身体被刺伤的情况下，还能把房子上的椽子拔下来格斗，又将俎器、酒壶投出，杀死对手后才力竭而死。可见这种技击之术不仅是在军队和游侠中流行，在贵族群体中也很是多见。

兵学发达是先秦文化的一大特色，其辉煌成就多为齐人所创。中国古代兵学号称有十大兵书，先秦时代就有《六韬》《司马兵法》《孙子兵法》《孙膑兵法》《吴子兵法》《尉缭子》六种，前四种皆为齐人所著。先秦兵书出于齐者还远不止以上数部，《管子》《荀子》《鲁连子》等书中都载有重要的兵学内容。齐人中的军事家，除享誉世界的孙武外，姜太公、管仲、司马穰苴、孙膑、田单、田忌、齐威王等人都名耀中国军事史。众多军事家与兵学典籍多出于齐，反映出齐国悠久的兵学传统和深厚的兵学根基，从军事文化层面展现了齐文化在先秦各地域文化中的地位。就这方面而言，秦自不能与齐相比。

因此，战乱频仍的春秋战国时期，出于生存的考验和发展的需要，“尚武”之风大行其道，齐秦无疑是其中的重要推动者。不过，由于民风不同，秉性各异，加之推行不同的管理手段，“尚武”习俗的展现形式和推行效果并不相同，秦人的好勇斗狠，虽有其无法弥补的弱点，却既适合了秦国质朴重实效的民风，又垄断了秦民致富求名的途径，顺应了当时历史发展的趋势，点燃了秦人的战斗激情。无怪乎《战国策·韩策一》这样不吝辞藻地赞扬秦国人尚武习俗大兴的神奇效果：“夫秦卒之与山东之卒也，犹孟贲之与怯夫也；以重力相压，犹乌获之与婴儿也。夫战孟贲、乌获之士，以攻不服之弱国，无以异于堕千钧之重，集于鸟卵之上，必无幸矣。”因此，从某种意义上说，齐、秦一亡一兴的迥异历史命运正是尚武之风在两国不同表现形式和推行手段催生的必然结果。

四、贪利与好功

对于奉道德为圭臬的中国人来说，谈功利是羞于启齿的。但不管承认不承认，追求功利确为人类的普遍行为。先秦时期，功利文化曾大行其道，齐、秦两国的文化中，充斥着功利因子，都注重一切从实地出发，一切从实际需要出发，善于随时而化，强调对实在的、物质的、现实的利益追求，而不是把追求的目标放在义理、道德等纯理性精神上。

齐人并不看重伦理名分。自太公始，齐历代统治者都灵活地因东夷礼俗施治，周礼在齐地影响相对薄弱，齐人受周礼的约束自然较轻。《左传·僖公二十三年》记曰："男女同姓，其生不蕃。"根据宗周礼义，同姓的人家，即使百代之后也不能够结婚。然而春秋时的齐国，仅据《左传》所载就有两次同姓相婚的事件。《左传·襄公二十五年》载，齐国东郭偃的姐夫棠公去世，崔武子要娶东郭偃的姐姐。东郭偃认为不可，他说："男女辨姓，今君出自丁，臣出自桓，不可。"崔氏出自姜太公的儿子丁公，东郭偃出自齐桓公，同为姜姓，是姜太公的后代，本不可嫁娶，但是崔武子依然"取之"。《左传·桓公十八年》还记载，齐襄公与其妹文姜长期通奸，被文姜的丈夫鲁桓公发现后，一怒之下，派力士彭生勒断鲁桓公肋骨，桓公死去。《新语·无为》载："齐桓公好妇人之色，妻姑姊妹，而国中多淫于骨肉。"齐桓公自己也曾毫不掩饰地说："寡人有污行，不幸而好色，而姑姊有不嫁者。"[①]《荀子·仲尼》也载："齐桓，五伯之盛者也……内行则姑、姊、妹之不嫁者七人。"《汉书·地理志》在介绍齐国这方面的情况时说："始桓公兄襄公淫乱，姑姊妹不嫁，于是令国中民家长女不得嫁，名曰'巫儿'，为家主祠，嫁者不利其家，民至今以为俗。"《战国策·齐策四》又载："齐人见田骈，曰：'闻先生高议，设为不宦，而愿为役。'田骈曰：'子何闻之?'对曰：'臣闻之邻人之女。'田骈曰：'何谓也?'对曰：'臣邻人之女，设为不嫁，行年三十而有七子，不嫁则不嫁，然嫁过毕矣。'"

秦人也不看重道德与伦理。商鞅变法以前，秦国的婚姻关系十分混乱，"始秦戎翟之教，父子无别，同室而居"[②]，儿媳"抱哺其子，与公并倨"[③]。父子同室而居，说明秦人的婚姻关系尚处在比较原始的群婚时期，或者至少可以说并未与中原各国一样建立起一夫一妻的婚姻制度。正因为如此，夫妻名分自然也就无法确定。在早期秦国历史上，并没有邦君之妻的名字在史书上出现

---

① 《管子·小匡》。
② 《史记·商君列传》。
③ 《汉书·贾谊传》。

过，更不用说她们的相关事迹了。商鞅变法之后，才“更制其教，而为其男女之别”①。

尽管经过商鞅变法，令别男女，也建立了一夫一妻制，但人们的两性观念并不可能立即改变过来，婚姻关系的混乱状况也不会立即消失，秦人的贞节观念依旧非常淡薄。以历史上有名的秦宣太后为例，《战国策·秦策》上记载，秦宣太后爱魏丑夫，太后病将死，竟宣令于朝堂之上，“为我葬，必以魏子为殉”。以一国太后之尊，公然宣称要以情夫为之陪葬，在史书上的记载也仅此一例。秦宣太后还公然以男女之事为喻来讲述外交关系，以最私密的闺房之乐来比喻最正式、最堂皇的外交活动，也够骇人听闻的。楚国围韩国雍氏，韩国派使者向秦国求救兵。秦宣太后要挟韩国使者给秦国一定的好处作为出兵救韩的条件，她说：“妾事先王也，先王以其髀加妾之身，妾困不支也，尽置其身妾之上，而妾弗重也，何也？以其少有利焉！”② 秦宣太后在其丈夫死后，还曾与人姘居生子。《史记·匈奴列传》记载：“秦昭王时，义渠戎王与宣太后乱，有二子。”寡妇公然产子，似乎并没有引起国人的关注与非议，史书中也未见有任何掩人耳目之举，足见在商鞅变法初期，从太后本人到王公贵戚，并不在乎什么婚外关系，也并不存在什么贞节观念。

秦穆公曾把包括怀嬴在内的宗女五人嫁给晋公子重耳。怀嬴曾是太子圉的妻子，重耳与太子圉的父亲夷吾是同父异母的兄弟。秦国让重耳娶自己的侄媳，重耳认为这是违背礼法之举，不愿意接受。他的随臣司空季子这样劝说道：“其国且伐，况其故妻乎！且受以结秦亲而求人，子乃拘小礼，忘大丑乎！”③ 由司空季子的话中，可以看出，他同样不赞成这桩违礼之婚，只是出于政治利益的考虑，才劝说重耳接受怀嬴。但在秦国君臣看来，这桩婚姻虽存在有结秦晋之好的政治目的，却没有什么礼俗禁忌的约束，更没有想到这桩叔父与侄媳的结合属于什么“乱伦”或“大逆不道”。上层的婚姻关系混乱，其态度尚且如此泰然无讳，那么下层百姓就更无所顾忌了。从秦简《日书》中两次出现“夫妻同衣”来看，至少生活上男女之别不是太严格。秦人在“离异日”可以自由另择新偶，也称为“离日”，是专门为已婚男女离异而定的

① 《史记·商君列传》。
② 《战国策·韩策二》。
③ 《史记·晋世家》。

日子。

不难看出，在秦人的价值评价体系中，伦理意识差，亲情淡薄，并没有给道德伦理留下什么位置，而完全是以世俗的功利为标准，内心修养或道德的自我反省，在那里是完全没有必要的，他们需要的是对自我以外实际世界的探求和自身物质需要的索取。所以，人们关心的是生产、作战等与日常生活密切相关的利害，而不注意仁义之兴废、礼乐之盛衰以及道德之完善。这种功利主义的价值观念，在汉代贾谊笔下一段生动、具体的描述中十分形象地表现出来："秦人家富子壮则出分，家贫子壮则出赘。借父耰锄，虑有德色；母取箕帚，立而谇语。……然并心而赴时，犹曰蹶六国，兼天下。"在提倡人伦礼教的儒者贾谊看来，这种斤斤计较利害得失，不讲父、子、妇、姑之礼的行为，当然"同禽兽亡几"了。

齐人所尚之"功"，《管子·明法解》中曾明言："凡所谓功者，安主上，利万民者也。"这显然是两层意思：其一是"安主上"——尚功多由事迹——对建功立业的追求；其二是"利万民"——物利惠民——重物利的追求。不过，在追求功利上，齐文化表现出明显而浓重的崇尚物利的倾向。如此说，并不是说齐人不讲"义"，齐国的政治家、思想家还是非常强调"义"的，他们将"义""仁""礼"等摆在与"利"同等重要的地位上，认识到统治者不"仁"不"义"，就会丧失百姓，乃至丧失天下。因此，齐文化中并不乏"义"的成分，只是齐人更加尚利而已。为了"逐利"，齐人注意顺从民众的欲念，在治理国家时注重物质生产，追求物质财富的获取。齐建国伊始，便制定了"通商工之业，便鱼盐之利"、"劝女工，极技巧"等发展经济的政策。另外，管仲的"相地而衰征"、晏婴的倡俭、田齐的"大斗出，小斗进"无不出于崇物利的心理动机。

数百年崇物利的传统，在特殊的历史背景下，终于积累出巨大的财富，齐国富庶起来。不过，随着商品经济的繁荣，齐人也自觉不自觉地卷入了商品经济的漩涡中。《管子·七臣七主》载："主好货则人贾市。"《荀子·大略》曰："上好富则民死利矣。"齐"通商工之业，便鱼盐之利"的一系列方针政策的制定，实出于齐人往往以获取更多物质财富、推动经济繁荣为终极目标和出发点的重物利观念，故竞相逐利成了齐地人们追求的目标。齐人的一言一行无不与物利相连，工匠相聚，"相语以事，相示以巧，相陈以功"；商贾相聚，"相语以利，相示以赖，相陈以知贾”。[①]《管子·禁藏》描绘了一幅生动形象的齐人求富逐利图，其言曰：“商人通贾，倍道兼行，夜以继日，千里而不远者，利在前也。渔人之入海，海深万仞，就彼逆流乘危万里宿夜不归者，利在水也。故利之所在，虽千仞之山无所不上，深渊之下无所不入焉。”人们无不为了发财致富而劳碌奔波，不辞辛苦甚至甘冒大风险。

齐历史发展至此，求利之下已少有“礼”“义”的约束。在齐国的集市上，销售假足、算命占卜也成了挣钱的门路。只要能聚敛财富，在管仲、齐桓公看来，即便开设“红灯区”也无不可。“齐桓公宫中女市，女闾七百，国人非之。”[②] “昔者桓公宫中二市，女闾二百，披发而御妇人。”[③] 齐桓公设的“女闾”即是“吾国正式官妓之成立”，就是现代所谓的红灯区。齐国于市中设“女闾”大概既是为了满足客商的需要，同时吸引外国商贾，增加国家收入，清人褚学稼说：“管子治齐，置女闾七百，征其夜合之资，以充国用，此即花粉钱始也。”[④] 为了目的，不择手段，这是实用主义的本质。司马迁将齐地女色与其鱼、盐、漆、丝并重，说成是齐地特产并非虚妄之辞。

富有竞争性的商贾习气使齐地民俗礼教精神淡薄，人际关系方面呈现出一种契约式的互惠关系，交往也愈益缺乏人情味。《左传·襄公二十八年》载，庆封求崔杼之尸，崔杼家臣说：“与我其拱璧，吾献其柩。”《商君书·徕民》亦载，东郭敞蓄资买爵，弟子借贷，分文不与，师徒二人反目为仇。《吕氏春秋·长利》还载，寒夜的鲁城门外，为争夺对方的衣服以御寒活命，戎夷与弟子展开舌战，各执一端，互不相让。更有不少人利令智昏，贪图金钱不惜以身试法，“齐未亡而庄公冢扫”[⑤]；齐人有欲得金者，公然白昼行窃，“殊不见人，徒见金耳”[⑥]。经商而致富的齐人，正如《管子·国蓄》记载的：“夫民富则不可以禄使也。”金钱已不足以驱动富裕的工商子弟去冒矢犯刃而卖命，这与秦人因“使其民所以要利于上者，非战无由也”[⑦] 大为不同。故而《管子·

① 《国语·齐语》。
② 《战国策·东周》。
③ 《韩非子·难二》。
④ 《坚瓠集·续集》。
⑤ 《吕氏春秋·安死》。
⑥ 《吕氏春秋·去宥》。
⑦ 《汉书·刑法志》。

制分》曰：“富者所道强也，而富未必强也，必知强之数，然后能强。”

《管子》竭力主张要用“利”引导民众致富：“民，利之则来，害之则去。民之从利也，如水之走下，于四方无择也。故欲来民者，先起其利，虽不召而民自至。”① 这个“利”是什么？就是人们社会生活中的物质或者精神上某种欲望的满足，追求私欲的满足是人的自然社会本性。在国家管理过程当中，行政“顺民”就是“爱民”，就是要“利民”，让民众获得私利的满足后，国家就能长治久安。从首先满足民众个人私欲出发，进而实现国家的富裕和安定，在此基础上规范人们的精神活动，这是齐国民本思想理论的基本逻辑。齐国在春秋、战国进行的一系列改革，包括战国时期对于知识分子的吸引政策，无不充分反映了以满足个人私欲为指导的功利思想。“百姓无宝，以利为首”②，以满足个人私欲为指导，是齐国国家管理思想的突出特色。

齐人重利、满足私欲的风习渐次与战功完全脱节，向私利和唯利是图发展，他们对物质利益的追求，远远胜过对军功的向往，朝野上下，到处弥漫着追名逐利之风。《战国策·魏策》记载，齐国欲兵伐魏国，淳于髡收受魏国的贿赂宝璧两双，文马二驷，积极游说齐王勿伐。有人揭发此事，齐王面责淳于髡，他竟直认不讳，且颇为理直气壮地申辩道：“王无伐与国之诽，魏无见亡之危，百姓无被兵之患，髡有璧、马之宝，于王何伤乎？”公开承认对私人物利的追求，并且力辩其合情合理合法。《管子·大匡》也记载，桓公三年，朝臣们为争禄位，拔刀相刺，折领而刎颈者不绝。至于“好利之民莫不愿以齐为归……众庶百姓皆以贪利争夺为俗”③ 之类的记载更是史不绝书。

正是卖国求利之徒直接断送了齐国的国运。秦国灭齐过程中曾发生过两件具有决定意义的事件，都与齐人崇物利的性格特点关系密切。其一，长平之战，齐不救赵的根本原因，并无其他，却是“不务为此而务爱粟”，仅为了自己消费粮食而坐视邻国被摧毁，终致唇亡齿寒，这典型表现了齐统治者重视物质利益而不顾国家兴亡大业的特点。其二，导致齐国灭亡的最直接原因，是因为齐相后胜贪利而中了秦国的反间之计。而秦国也充分利用了齐人贪图物利的特点，向齐国派遣大批间谍，造成齐国内乱，直接导致齐之亡国。

① 《管子·形势解》。
② 《管子·侈靡》。
③ 《荀子·强国》。

与齐人不同，战国时期秦人把毕生的信念都放在对军功事业的强烈追求上。这首先集中体现在秦立国以来有为君主对霸业目标的恒定取向，及其顺时应变向帝业目标的提升上。称霸的目标，自襄公开基建国伊始，即已初见端倪。其时秦虽偏居一隅，属蕞尔小邦，却规模弘远，志在天下，这从其奉祀制度中已可窥见。至穆公创霸，吞灭西戎，雄视东夏，将秦人事功推向了一个新阶段。战国中期，孝公变法强秦，谋求东制诸侯之帝业，角逐帝业的事功追求从此贯穿了此后秦数百年的对外拓展史。继而惠王构想并吞天下、独治海内之帝业，使秦人事功目标递进到新层次、新高度。后有昭王"业帝"，奠基一统基石，使秦人空前地逼近了统一的事功目标。至始皇完成一统伟业，实现了秦人数百年的事功梦想。始皇又创制拓边，追求传业万世之功，将秦人事功推向了顶峰。

秦人还形成了独树一帜的重战功理论形态，即商鞅和韩非颇具系统的事功思想。事功是商鞅、韩非思想的基本着眼点，《商君书》中"功"字的使用计53次，《韩非子》更是高达260次。功效思想是商、韩事功取向的哲学基础，韩非率先提出以实际功效作为判断一切事物的检验准则，折射了传统文化的实用理性。商、韩以君主为本位，以公利公功为核心，提出了从治、富、强、王到"兼天下"的最高事功目标，迎合了秦政的事功诉求，亦顺应了时代潮流。商、韩将事功提升为选任、课责官吏的尺度和实施刑赏的标准，通过导制臣民行为取向，将朝野心智功力凝聚起来，收尊主强国致霸之效。

秦人事功，自立国至统一前后贯穿始终。在功利主义价值观的支配下，秦人评价事物是用有明显客观性的数量进行衡量比较的，量的多少与价值评判的高低往往成正比。评价战争的成败是用夺取土地面积的多寡，商鞅率军伐魏击败公子昂的军队，魏国就被迫"使使割河西之地献于秦以和"，商鞅也因此被封地十五邑，"号为商君"①。评价军功大小的标准是杀敌数量的多少，秦国建立了二十等军功爵制，晋升的重要渠道就是"上首功"，奖励军功也以取敌首数量决定赐田、赐地、赐爵的多少，即所谓："功赏相长，五甲首而隶五家，是最为有数。"② 使秦人"尚功"制度化、秩

① 《史记·商君列传》。
② 《汉书·刑法志》。

序化。

在很大程度上，重战功的精神是秦社会适应东周特定历史生态环境的一种文化现象。从这个意义上而言，它具体表现为“争于战功”的尚武之风和“贵奋死”的牺牲精神。故史称：“夫一人奋死可以对十，十可以对百……千可以对万，万可以克天下矣。”① “是故秦战未尝不胜，攻未尝不取，所当未尝不破也。”② 历史业已证明，以伦理塑造历史，只能是超历史的道德理想；秦人用事功精神去拥抱历史统一潮流，追求强国之梦，最终梦想成真。在历史—伦理的冲突中，秦事功精神有其切合历史维度的进步性，是秦文化最重要的价值所在。

当重战功的文化精神被法家提炼为一种具有实践意义的政治理论时，它即刻转化成为发展社会生产力、冲击传统秩序的精神武器。事功意识的普泛化，使之成为秦社会运作的灵魂和杠杆，升华为秦民族意识的精神支柱，对秦国历史的发展产生了重大影响。事功精神以强国、创霸、帝天下为总体战略目标，以普泛的臣民事功取向为基础，以功立爵随的制度建构为导向，有效聚合了秦全社会的理想意志，充分发挥张扬了秦人的历史能动性和创造性。这种对于事功目标的恒定追求和思想志趣的专注指向性，实际构成了秦人执着的民族集体情商。事功精神与秦社会富有生机的新兴制度相辅相成，将秦全社会心力能量高度聚焦，迸发出极大的历史潜能和社会效率，这无疑是经过五个世纪的长期较量后秦人终操胜券的一大精神优势，事功精神开创了秦刚健、清新、高效的政局，锻铸了秦军强大的战斗力，促成了秦人“并天下”的伟大功业。

五、世风：求奢还是尚朴

齐人善敛财也善挥霍享乐，这是工商业风尚带给齐人的显著影响，所以张仪说：“天下强国，无过齐者，大臣父兄殷众富乐，无过齐者。”③ 经济的发展带来物质财富的极大富足，齐国上至国君、大臣，下至普通民众，在金钱、物欲的浸淫下都普遍流露出崇富重财、奢侈挥霍之性，营造了尚奢、尚逸、尚浮

① 《韩非子·初见秦》。
② 《战国策·秦策二》。
③ 《战国策·齐策一》。

夸的民风。

齐国国君是奢侈之风的最大倡行者。齐襄公“筑台以为高位，田、狩、毕、弋，不听国政，卑圣侮士，而维女是崇，九妃六嫔，陈妾数百，食必粱肉，衣必文绣。”[①] 齐桓公比之襄公更是有过之而无不及，他“闺门之内，般乐、奢汰，以齐之分奉之而不足”[②]。管仲还说他“今君之食也，必桂之浆；衣练紫之衣、狐白之裘”[③]。墨子则说他“高冠博带，金剑木盾”[④]。意思是说齐桓公喜欢戴高帽，穿紫衣，着狐裘，系大带，佩金剑，甚至连喝水都不喝普通白开水，要喝桂花汁。齐桓公有一座叫柏寝的华丽行宫，据《汉书》颜师古注，其因“以柏木为寝室于台之上”而得名。另据《左传·昭公二十六年》记载：“齐侯与晏子坐于路寝（指柏寝），公叹曰：美哉，室！其谁有此乎?”据说，柏寝当初高达三丈许，方圆四十亩，殿宇壮观，翠柏苍郁，可见耗资之重、靡费之巨。

晏婴是历史上以节俭著称的齐国国相，但是他辅佐过的齐景公却是一个非常奢侈的君主。齐景公一生“内好声色，外好狗马，猎射亡归，好色无辨。作为路寝之台，族铸大钟，撞之庭下，郊雉皆呴，一朝用三千钟赣”[⑤]。在临淄齐国故城郭城的东北部河崖头村西，曾发现一座大型的殉马墓，已被认定为景公之殉葬墓，据推算，墓葬中的殉马当在六百匹以上。经研究，殉马全系战马，且均为骟马。据研究认为，马被殉葬时，是先被处死后，再由人工精心排列。现在看到的殉马，分成两行，马头向外，昂首侧卧，呈奔驰状，排列非常整齐，在最前面的五匹，颈系银铃，如临战一般。每匹殉马，体形剽悍高大，而且非常匀称；整个马阵，威武雄壮，井然有序。延至战国，齐“有国者益淫侈”，特别是齐湣王时，“钟鼓竽瑟之音不绝……和乐倡优侏儒之笑不乏”[⑥]，豪奢异常。

上行下效，国君如此高调奢侈，民众自然热衷效仿，齐人“其俗弥侈，

---

① 《国语·齐语》。
② 《荀子·仲尼》。
③ 《说苑·反质》。
④ 《墨子·公孟》。
⑤ 《淮南子·要略》。
⑥ 《战国策·齐策五》。

织作冰纨绮绣纯丽之物，号为冠带衣履天下”[①]。当时，“名商巨贾皆出自齐”，齐城街道店铺林立，五业兴隆；娱乐区则红灯高悬，日夜笙歌；上层社会浩大的节庆不断，豪宴连连，生活极尽奢华之事。齐人的尚侈之风，《诗经·齐风》中也多有反映。《敝笱》篇用“其从如云”“其从如雨”“其从如水”来形容文姜出嫁时随从之多，阵容之豪华、生活之奢侈自然可想而知；而《卢令》中的“卢重环”“卢重鋂”指猎犬戴着金属子母环，大环套小环。这在金属非常贵重的古代，是一种极为奢侈的表现。猎犬尚且如此，主人服饰的华贵就更不在话下了。在淳于髡的笔下，齐人的生活富足安逸，“若乃州闾之会，男女杂坐，行酒稽留，六博投壶，相引为曹，握手无罚，目眙不禁，前有堕珥，后有遗簪……日暮酒阑，合尊促坐，男女同席，履舄交错，杯盘狼藉，堂上烛灭……”[②] 齐人于工商社会中喜奢华、爱铺张、骄怠腐化之气于字里行间暴露无遗。

齐都临淄作为天下第一名城当之无愧。它的繁荣被无数人说过了，那里有天下最多的富商大贾、最长的商业街、最大的踢球场，还有名震天下的稷下学宫，有迷人的韶乐演奏，有卖艺也卖身的歌妓。临淄不仅是当时闻名天下的商业大都市，也是消费享乐的黄金地，“临淄甚富而实，其民无不吹竽、鼓瑟、击筑、弹琴、斗鸡、走犬、六博、蹹鞠者”[③]。如此高的消费水平与消费内容，足见其富、其奢、其逸。齐都的繁华更是吸引着各国的商人、学者、艺人、游客慕名而来，蜂拥而至，从而使得“临淄之涂，车毂击，人肩摩，连衽成帷，举袂成幕，挥汗成雨，家殷人足，志高气扬”[④]，可见，民间的侈靡消费风气也是蔚然成风。

齐国丧葬习俗中，厚葬之风尤为突出。《韩非子·内储说上》记载：“齐国好厚葬，布帛尽于衣衾，材木近于棺椁。”《史记·苏秦列传》也说：“齐宣王卒，湣王即位，（苏秦）说湣王厚葬以明孝。”苏秦用“厚葬”的策略来削弱齐国国力，足见齐国的“厚葬”风俗为害之烈。考古发掘所见亦然，且不说临淄杀殉战马六百余匹的齐王墓，即使经过数次盗掘的郎家大墓，20 世纪

① 《汉书·地理志》。
② 《史记·滑稽列传》。
③ 《战国策·齐策一》。
④ 《史记·苏秦列传》。

70年代发掘时仍出土了包括水晶串、玛瑙串在内的陪葬物千余件。又据《括地志》记载，晋永嘉末年，人发盗齐桓公冢，“得金蚕数十薄，珠襦、玉匣、缯彩、军器不可胜数”①。《野获篇》也载，嘉靖八年临朐无盐墓被发，“其中珍异最多”。《续从征记》言田齐太公墓被发，“得一铜榔，金玉甚多”。今天，齐故城临淄一带，尚留有几米甚至数十米高的封土堆数十座，仍向人们展示着齐国厚葬的“风采”。

齐国的侈靡消费理论和实践，对于侈靡习俗的养成产生了很大的带动和促进作用。管仲认为，国家顺应世风，提倡奢侈，鼓励富者竞豪奢，有利于经济的发展。《管子・奢靡》云：“不侈，本事不得立”，“积者立余食而侈，美车马而驰，多酒醴而靡，千岁毋出食，此谓本事。”管子不仅提倡以消费促生产理论，更是这一理论的身体力行者，《说苑・尊贤》中记载说，齐桓公使管仲治国，管仲就以“贱不能临贵”“贫不能使富”“疏不能制亲”为由，公开赤裸裸地向桓公要地位、要名分、要财富。《列子・杨朱》也说，管仲相桓公，“君淫亦淫，君奢亦奢，志合言从”，娶三姓为妇，富拟公室。

齐人的喜奢之性对后人的影响极为深远。几千年后，齐地这种奢靡之性、挥霍之风犹存。清朝人丁耀亢在《家政须知》中说：“齐俗喜功利，好夸诈，故其民多豪侈自矜，一会乡邻，或破数日之费，而家无担石者。”这种尚侈、贪图享乐的民风，对国防危害极大，致使齐国君主“不修攻战之备”，《齐风・鸡鸣》就描绘了贪图安逸的齐国官员找各种借口不上早朝，这岂不是亡国之兆？至于老百姓则完全丧失了战斗力，大军压境时，就会出现“民莫敢格者”的必然结局。

秦国则与齐国完全不同，“其民厚重质直，无郑、卫骄堕浮靡之习。以善导之，则易以兴起而笃于仁义；以猛驱之，则其强毅果敢之资，亦足以强兵力农，而成富强之业，非山东诸国所及也”②。另据《荀子・强国》载：“应侯问孙卿子曰：‘入秦何见？’孙卿子曰：‘其固塞险，形势便，山林川谷美，天材之利多，是形胜也。入境，观其风俗，其百姓朴，其声乐不流污，其服不挑，甚畏有司而顺，古之民也。’”孙卿子所见到的秦国风俗，民风质朴，音乐清雅而不流邪淫浊，其穿着从容有常而无奇异之服。这样的民风，就会使“百吏肃然，莫不恭俭敦敬忠信而不楛”，就会使士大夫“出于其门，入于公门，

---

① 《史记・齐太公世家》正义引。

② 朱熹:《朱子全书》第一册,上海古籍出版社、安徽教育出版社,2002年,第513页。

出于公门，归于其家，无有私事”[①]，也自然而然会使老百姓形成“修习战备，高上气力，以射猎为先”[②] 的淳朴风气。

秦文化较少人工雕琢和刻意打磨的痕迹，更多亲近自然、浑然天成的质朴气息。秦人不但衣着朴素、毫不时髦，连音乐也很淳朴，李斯对秦国音乐有生动的描写：“夫击瓮叩缶弹筝搏髀，而歌呼呜呜快耳（目）者，真秦之声也。”[③] 瓮与缶都是日常盛水用的陶器，秦人却以之为乐器，并拍大腿以为节拍，呜呜呀呀地哼着简单的曲调。这不但是秦人天性淳朴的反映，也是商鞅实行“声服（音乐杂技）无通于百县”政策的结果。另外，秦国的鼎、石俑、陶牛、泥俑、泥马的造型也都古拙、质朴，仅求其形似，气韵不够生动。

秦墓是节俭的典型，这从长安客省庄、西安半坡、大荔北寨子和宝鸡李家崖等地发掘的战国时代秦墓地随葬品的情况中可以清晰看出。这四处墓地共计发掘秦墓219座，仅在客省庄出土一套体积甚小的模型铜礼器和一把铜剑，其余则绝无铜礼器、兵器和车马器，更没有发现乐器、人殉和车马坑。客省庄、半坡两地的秦墓，甚至大部分不出任何随葬品，或者只有一两件带钩、几片玉石饰物；随葬少量日用陶器的墓，仅占总墓数的三分之一。不仅这四处墓，总体而言，秦墓基本上不用礼器随葬，甚至不出任何随葬品，有鼎出土的墓葬仅占墓葬总数的百分之二三，规格最高的墓葬也只有五鼎、四簋、二壶的随葬铜礼器。[④] 反观东方六国，特别是齐国的墓葬，即便小型墓也大多用陶礼器随葬，反差很大。

与齐国鼓吹消费相反，秦国是限制消费的，禁止粮食交易；取缔民间旅馆；提高酒肉价格，以便让大多数人消费不起，经营者只好关门。民以食为天，温饱首要，超过温饱即是奢侈。道德判断和价值追求甚为质朴、简单，它没有复杂的哲学思辨，也没有复杂的逻辑推演，就是日常生活中的质朴的简单判断或人生的感悟与体验。

一国在一定时期内的总财富总是相对固定的，消费与积累、私人的生活消费与国家的生存发展性消费都是此消彼长的关系。齐人的这种私人高消费必然会

---

① 《荀子·强国》。

② 《汉书·地理志》。

③ 《史记·李斯列传》。

④ 中国社会科学院考古研究所编：《新中国的考古发现和研究》，文物出版社，1984年，第313－314页。

影响到国家的生存发展，从而对其综合国力产生破坏性影响，这对于立足于战国那个混战的时代是极其不利的。而秦国的节俭之风无疑显示出了极强的优势，能在财富相当的条件下，使国家积聚更多的力量来对抗、征服其他国家。

六、不同的信仰

信仰是文化中的重要元素。在某种程度上可以说，信仰决定命运，因为信仰是追求，信仰是梦想，信仰是力量，信仰是未来。远古时代，为了解释周围发生的一切，为了应付人生中的困惑，为了适应自然环境，为了建立一种社会秩序，为了更好地生存与发展，便产生了原始信仰和崇拜。齐、秦两国信仰的不同既是现实世界的反应，反过来，又推动了现实的发展。

齐国人的信仰文化丰富多彩，可谓一个多神信仰的国家。崇拜祖先灵魂、鬼神是先民精神崇拜的共性。齐人把祖先视为自己的守护神，《管子·牧民》说："顺民之经，在明鬼神，祇山川，敬宗庙，恭祖旧。……不敬宗庙则民乃上校，不恭祖旧则孝悌不备。"《管子·奢靡》也说："敬祖祢，尊始也。"齐威王作《陈侯因齐敦》，铭文 79 字，强调继承发扬先祖的思想和事业，发奋图强，不仅上追颂到其父桓公午，而且造出一个高祖——黄帝，说："高祖黄帝，迩嗣桓文。"齐国君、大夫都有祭祀祖先的宗庙。齐地的祖先崇拜，还有自己特殊的表现方式，这便是"高大其冢"。据统计，仅临淄一带便有封土高大的古墓一百五十余座，墓基方圆几十米至几百米不等，封土今残高十几米至数十米。祖先崇拜其实是与鬼神观念连在一起的，古人把与自己有血缘关系的灵魂称为祖，无血缘关系的灵魂称为鬼。祖先的灵魂可以保佑后代，威慑敌人；反之，敌对氏族的祖先的灵魂则可以加祸于自身。这种观念普遍存在于先民的灵魂崇拜中，《左传·僖公三十一年》说："鬼神非其族类，不歆其祀。"冤鬼的怨气，主要来自生前的矛盾，禳除的方法就是用不同的手段解决这些矛盾。

在齐人的信仰世界中，还充斥着无穷无尽的自然神，雷公、山神、河神、门神，甚至怪石、草木、虫鱼、禽兽都有神灵，几乎无物不神。《淮南子·览冥训》记载了这样一个故事：齐之"庶女叫天，雷电下击，景公台陨，支体伤折，海水大出"。高诱注曰："庶贱之女，齐之寡妇，无子不嫁，事姑谨敬。

姑无男有女，女利母财，令母嫁妇。妇终不肯，女杀母以诬寡妇。妇不能自明，冤结叫天。天为作雷电下击景公之台。”这则故事中寓含着齐地人拜雷电为公正持平、主持公道的冥冥之神的原始意义。齐人还相信某条河流为神灵所化，甚有灵性。《齐记补》说：“女水，东海龙女隐于此。……将还，作此水，甚有神焉，化隆则水生，政薄则津竭。”因河水有灵，故在某些河边设立祠所，《三齐略记》曰：“曲城东有百岁水，水北有万岁祠，即万里河河祠。”齐地还有桃木崇拜，《淮南子·诠言训》说“羿死于桃棓”，至今齐地仍有挂桃木棒槌避邪的遗风。苏秦说孟尝君莫入秦，亦是用土偶和桃木人的寓言故事，言桃木人系“东国之桃梗也，刻削子以为人”[①]，从中可窥见当地刻削桃木佩带或祭拜的风俗。今天胶东地区在五月端午或生孩子时，都在门上挂桃枝以避邪驱灾。齐地还崇拜艾，认为五月端午于门两旁插艾条可避邪免灾。

在齐国形形色色的神灵崇拜中，以“八神”崇拜最为典型，范围最广，影响最大。据《史记·封禅书》记载，齐有八神：一曰天主，祠天齐；二曰地主，祠泰山梁父；三曰兵主，祠蚩尤；四曰阴主，祠三山；五曰阳主，祠之罘；六曰月主，祠之莱山；七曰日主，祠成山；八曰四时主，祠琅琊。《史记·封禅书》还说：“八神将自古而有之，或曰太公以来作之。”可见，齐地八神之祠的形成应该是一个漫长而复杂的过程。八神在谱系中所处的位置大概是由该神祠址所在地区纳入齐国版图时间的先后决定的。太公始封营丘，疆土仅百里，所以那时齐人所祀大概只有临淄城南的天主，桓公称霸向西南扩张，遂将泰山附近的地主和东平地区的兵主纳入齐国的宗教信仰。景公末叶，齐灭东莱，阴阳月日四主所在的胶东半岛地区并入齐国，而四时主所在的琅琊的正式归齐，则迟至战国前期越人退处南方以后。[②] 齐国八神“各用一牢具祠”，一视同仁，并无高下之分。天主所祠者为天齐渊水，在齐国都临淄南郊，虽为齐国国名来源，亦未见特别尊贵。这种众神平等意识是齐国宗教信仰的重要特点。

八神的神祠也较分散。天主祠在齐都临淄。天齐渊是淄水出鲁中丘陵入鲁北平原冲刷而成的源潭。《齐记补》引晏子曰：“吾闻江深五里，海深十里，

① 《战国策·齐策三》。

② 张华松：《八主析论》，《管子学刊》，1995 年，第 2 期。

此渊与天齐。”[1] 意思是说其深不可测。源东岸边的蛟山脚下有温泉群，泉水温度异常，连冬日也热气升腾，故被当地先民崇为“天之腹脐”，在此祀天主，求福佑。地主祠，在泰山梁父，梁父即梁甫，是泰山东南方的一小山，传说中的东夷首领少昊之墟在此。泰山一带也是较早进入原始农业时代的地域之一，在泰山大汶口文化后期遗址中，便发现了可作播种和锄草用的鹿角锄等农具。泰山云雾缭绕，“不崇朝而遍雨乎天下”[2]，于是被奉为神灵。兵主，在齐国西境的东平陆（今山东汶上县北），祠蚩尤，因其是东夷族神勇的首领，被族人奉为战神。据《龙鱼河图》言，黄帝击败蚩尤后并没有杀死他，而是让他主兵，震慑四方。商、周王朝都曾对齐地夷人大举用兵，夷人进行过艰苦卓绝的反击。因此，齐地先民尊奉蚩尤也不足为怪。

半岛沿海地区的日主、月主、阴主、阳主、四时主是当时人们把许多无法解释的自然现象奉为了神灵。无疑，在先民的眼中，这样的神灵更神秘，更不可捉摸，也更具吸引力。四时主，掌管四时，即古代的天象、历法。阴主祠三山，三山即参山，在今山东掖县北；阳主，祠之罘，在今烟台芝罘区境内；月主祠在莱山，莱山在今山东黄县南。莱山乃秦、汉时期中国八大名山之一，能得此名，与此地盛行的古莱国文化不无关系。莱国统治过山东半岛绝大部分区域，是曾经有影响的东方大国。在莱山之北是西周时期莱国都城——归城所在地，《汉书·地理志》记曰：“黄，有莱山松林莱君祠。”月主祠之莱山也就顺理成章了。日主之祠在成山，位于今荣成市成山头。成山头位于中国大陆临海的最东端，是大陆最早迎接海上日出的地方，无疑是祠日主之地的最佳选择。另外，成山所在的区域也是山东半岛最早有人类居住的地区之一，据《汉书·地理志》记载，西汉时期，这里就设置了不夜县，“不夜，有成山日祠”。阴、阳、日、月四祠都在原齐地东北域的昆嵛山一带，应是昆嵛山地区古先民的宗教。《管子·四时》云：“日掌阳，月掌阴。”阴阳之祠，亦即日月之祠。古时，日月星辰被称为天宗，是先民祈丰年的对象。为了农业丰收，先民便向日主月主等神祇祈祷。在昆仑山地区的乳山县南北斜山一带曾发现数量众多的祭日坑，里面大多出土了祭日器具——罐形陶鼎。陶鼎上有图画文字，即当地先民祈祷天界的日神给地界的

---

① 《读史方舆纪要·山东六》。

② 《公羊传·僖公三十一年》。

农作物以丰收的遗迹。

四时之祀，在齐地延续了很久，《管子·幼官》曰：“修春秋冬夏之常祭。”《管子·轻重乙》便记述了齐地春始祭以鱼、夏至祭以麦、秋始祭以黍等祭祀节令的活动。在这一地域的胶县三里河遗址中曾发现了一座8平方米的库房，库房的窖穴中还有1.2立方米的粟米。从事原始农业的此地先民们为祈求四时节顺，避免“天反时为灾”[①]，故立四时主以祠之。

不难看出，虽然八神的起源很早，但神祠的分布却大致是齐国的范围。八神诸祠遍及齐地各处，毫无拱卫中央之意。神祠的分布与当时齐人分权的政治理念可能不无关系。另外，齐人的神多与海滨发生关系。在八神之中，就有五神——阴、阳、日、月与四时的神祠是在渤海与东海之滨。大海的浩瀚无垠、虚无缥缈，东海之滨时隐时现的海市蜃楼幻境，无不给时人一种神秘莫测之感，令人发奇妙之思，作无限的遐想，是造神的另一个源泉。再有，就八神崇拜的内容而言，除兵主蚩尤外其余皆为自然神，从八神排列的顺序来看，天、地、阴、阳、月、日又都是相对峙的范畴，体现了明显的对立统一观念。

秦国也是一个多神崇拜的国家，信仰的神灵远远多于齐人，但凡世间林林总总的事物、现象几乎都可在秦人的神的世界中占一个位置。例如，秦人崇拜土神。土神主要掌管秦人的土事，限制人们进行土木工程的时间及田间耕作的时令。“秦人格外重视以土地神为主的自然神，这与秦人所处的封闭式自然环境及长期与西戎各族搏斗、融合的客观人文条件有着直接的关联。秦人对土地的依恋集中表现在对土地神刻骨铭心的崇拜心理上。”[②] 秦简《日书·土忌》载：“正月亥、二月酉……是胃（谓）土神。”这些日子是土地神的巡查日子，故“毋起土攻（功）”，以免冒犯土神引起凶灾。再如河神崇拜。《史记·六国年表》秦灵公八年载：“初以君主妻河。”《史记索隐》解释为：“谓初以此年取他女为君主，君主犹公主也。妻河，谓嫁之河伯，故魏俗犹为河伯取妇，盖其遗风。”故河伯娶妻之风应始自秦国。

秦人还崇拜马禖神。《日书·马禖》云：“祝曰：先牧日丙，马禖合神，东乡（向）南乡（向）各一马□□□□□中土，以为马禖。”《说文》云：

---

① 《左传·宣公十五年》。

② 吴小强：《论秦人的多神崇拜特点——云梦秦简〈日书〉的宗教学研究》，《文博》，1992年，第4期。

"禖，天子求子祭名。"又指求子所祭之神。"马禖"当是司掌马的繁衍生育之神。秦人祖先造父、非子都以善育马群著称，秦人重视祭祀马神，反映了马在秦人经济生活和政治军事活动中的重要作用。秦地还有许多神灵是从人格化的自然神中演化而来的职能神，专门掌管某一具体事务。《日书》中有所谓"马良日""牛良日""羊良日""猪良日""犬良日""鸡良日""蚕良日""市良日""金钱良日"等，在这些"良日"日，要举行"祠"的活动，所"祠"之神，就是相应的职能神。在《日书》中还记录了众多的星宿神，其中就包括二十八宿星，具体有心、危、营室、尾、毕、张、翼、玄戈、斗、奎、娄、角、房、胃、柳、七星、须女、牵牛、茅、箕、东井、舆鬼、东辟等。此外，秦地还有许多"妖（芺）神"，它们是某些鸟兽虫豺及风云雷火等化成的精灵。《日书·诘》曰："鸟兽能言，是芺（妖）也。"妖神的种类很多，有"神虫""神狗""会虫""女鼠""鸟"等动物；还有"飘风""寒风""水""雷""云""火"等自然现象。他们有灵魂，有具体形象，有七情六欲，并能有目的的活动，但没有其他诸神的威严，也没有决定人间命运的功能，只会作祟害人。妖人的地位十分低下，与鬼处在同一层次，是人们厌恶、驱赶的对象。

不过，秦国崇拜的神虽然很多，但以"帝"神为尊。"帝"在古代指的是天神。顾颉刚先生就曾举例说明，"帝"与"天"是可以通用的同纽字。换言之，"天"即是"帝"，"帝"即是"天"，因为帝在天上，所以也可作为"上帝"。自三代以来，祭祀天帝的权利逐渐成为帝王的专利和标志。所谓"国之大事，在祀与戎"，秦国的历代统治者深谙此道，正是沿着军事和祭祀两条战线展开了统一全国的事业。早在被封为诸侯之后不久，秦襄公便开始了争取天帝祭祀权利的努力，他自以为承继少皞氏神灵，于公元前 770 年设置西峙祭祀白帝。据司马贞考证："峙，言神灵之所依止也。谓为坛以祭天也。"秦襄公把少皞推到天帝的位置，使白帝成为秦族膜拜的神灵，从根本上改变了过去那种笼统的、没有实指的情况。而第一次在发源地陇东为祖先建立国家祭坛，其政治意义也不言自明。而后，公元前 674 年秦宣公立"密峙"于渭河之南，用以祭祀青帝。公元前 422 年秦灵公在吴阳之地置了"上峙"祭祀黄帝，置"下峙"祭祀炎帝。对于秦灵公作畤事，司马贞《索隐》解释说："吴阳，地名，盖在岳之南。又上云'雍旁有故吴阳武畤'，今盖因武畤又作上、下畤以祭黄帝、炎帝。”也就是说，伴随着秦发展的进程，其统治者争取祭祀天帝权利的步伐亦在紧锣密鼓地进行中。秦始皇的泰山封禅正是实现了自秦襄公以来的历代君主企图以天下共主的身份名正言顺地祭祀天帝的梦想。

秦人认为他们信奉的“帝”掌管着自然天象如雷电雨水的兴滥。与其他诸神相较，秦人认为唯赤帝招致灾祸的时间遽急而不可祈免。秦人臆设诸神如“地杓”“马禖”“夭神”“神狗”及诸鬼如“粲迁之鬼”“遽鬼”“不辜鬼”“刺鬼”的力量是不及赤帝的，只是他们借助了“帝”的旗号才敢在人间为所欲为。不过，要试图理解秦人至上神崇拜的历史渊源，首先要弄清赤帝的具体含义。许慎《说文解字》认为：“赤，南方色也，从大火。”赤为大火，火为红色，故赤即为“大红火球”；段玉裁注曰：“赤色至明，引申之，凡洞然昭著皆曰赤。”再看“帝”字，帝之本义为太阳。文学家张舜徽《郑学从著演释名》曰：“帝，日也。甲骨文‘帝’字有作‘橐’，象光芒四射状。”故秦人膜拜信奉的赤帝神实即为太阳神。秦人之所以把赤帝奉为至上神崇拜，除关乎赤帝之功能、本身含义与秦人世系外，还与秦人追求的价值观念不无关系。现代学者林剑鸣认为，秦人的时尚与审美观的重要标准是追求“大”和“多”。这一价值观反映到对事物的认识上，即往往寄崇拜于至高或至大、至宏、至多的事物，光明灿烂、高踞九霄的太阳作为秦人崇拜的至上神威自是不无道理的。

天帝由一而逐渐增为四，各占天之一方，反映到地上，则表明天下尚未统一，而秦既祭四帝，显见有统一天下之意。更值得注意的是神祠的地理分布呈现出高度集中的现象，这与集权的倾向不无关联。神祠的集中地主要是秦国的故都西县和雍县。据《史记·封禅书》所说，西县（今甘肃天水西南）有数十座神祠，而雍县（今陕西凤翔）更是集中了“日、月、参、辰、南北斗……二十八宿、风伯、雨师、四海、九臣……之属，百有余庙。西亦有数十祠”。祭祀天帝的西峙、密峙、上峙、下峙也都集中在雍县周围，这与当时选址标准“自古以雍州积高，神明之隩”有关。古人认为，神仙喜欢居住在地势较高之处，容易引起神人交通的幻想，另外，雍县作为秦国都城曾长达三百五十年之久。在政治需要的推动下，雍县形成了“立畤郊上帝，诸神祠皆聚”的局面。不言而喻，雍县在秦人的眼里始终是块圣地，连秦始皇的加冕典礼也要从新都城咸阳赶回雍县举行，因而，雍县是政治中心而兼宗教中心，体现出集权社会的特征。[①]

另外，秦国的白、青、黄、炎四帝崇拜比之齐国的八祠诸神，无疑更有现实意义。与齐八神多为自然神不同，秦四帝都为现实神，白帝祭祀少皞；如按东方色青，则青帝即是太皞，均为秦的远祖；黄帝、炎帝亦为实实在在的历史人物。这种以先贤为崇拜对象的信仰体系无疑远比虚无缥缈的日、月、四时更有意义与价值。特别是对中国历史发展影响深远的炎、黄二帝同时、同地配享专祀，对于鼓舞秦人进一步发扬开拓进取的奋斗精神，增强国内人心的凝聚力和推动农耕生产、增强国力产生了重要作用。

七、政治理念：庞杂还是单一

有什么样的政治理念，就有什么样的政治行为。政治理念是一种潜在的政治文化，是超越具体事实的价值体系，作为一种心理积淀和文化传统，也是最能典型反映一国政治思维传统的一项指标。政治理念是政治行为的内在根据，也是社会政治行为的价值导向，它决定社会群体的政治心理，是社会群体贯彻政治制度、实现政治目标的精神力量和根本保障。

齐国的政治理念受稷下齐法家和黄老之学影响深远。《管子》是齐法家集大成之作，成书于战国中后期，又是在田齐政府倡导之下形成的，既有对管仲以来齐法家思想的继承，也有对齐法家新发展的总结，可视为记录当时理想与现实的齐国政治理念的可靠资料。稷下黄老之学被认为是最具有齐国特色的政治理论，“黄”指黄帝，“老”指老子。它的基本体系是由稷下先生慎到、田骈、环渊等创造的，主要著作包括 1973 年长沙马王堆三号汉墓出土的《黄老帛书》（或《黄帝四经》）和《管子》中的《白心》《内业》《心术》《枢言》等篇章。稷下黄老之学虽属道家思想，但与老庄的“人生”派道家注重修身养性、回避政治的思想不同，主体基本上是“君人南面之术”，即主要讲政治、执政之道。它与同样讲政治、执政之道的儒家学说相比要“务实”，具有可操作性；与纯法家如商鞅、韩非子的“严而少恩”的学说相比又要温和、民本一些，而且主张道法合一、德刑并重、恩威并举，更全面也更科学。

① 周振鹤:《随无涯之旅》,生活·读书·新知三联书店,1996 年,第 45 页。

谈齐国的政治理念与政治文化，不能不提稷下学宫。“稷”是齐国城都临淄一处城门的名称，“稷下”即稷门附近，齐国君主在此设立学宫，因而得名“稷下学宫”。稷下学宫是世界上第一所由官方举办、私家主持的高等学府，中国学术思想史上那场蔚为壮观的“百家争鸣”就是以此为中心展开的。稷下学宫在兴盛时期，曾容纳了当时“诸子百家”中几乎各个学派，汇集天下贤士多达千人左右。当时，凡到稷下学宫的文人学者，无论其学术派别、思想观点、政治倾向，以及国别、年龄、资历等如何，都可自由发表学术见解，更为可贵的是，齐国统治者采取了十分优礼的态度，封了不少学者为“大夫”，允许他们“不治而议论”①。稷下学者都有着积极参与现实的功业思想，期望自己的政治主张被执政者所接受、采纳。淳于髡曾用隐语谏威王，使之戒“长夜之饮”，从消极中振作起来，亲理国政，奋发图强；他还以“微言”说邹忌，敦促其变法革新。齐宣王与孟子曾多次讨论政事，仅《孟子》一书就计有十七处之多，涉及内容相当广泛。田骈以“道术”说齐王，荀况与齐相论强国之策。在各派学者的努力下，齐国政治文化呈现明显的多元性特点。

多元性的政治文化使齐国的政治理念极为庞杂，其中充斥着“无为”与“有为”、富民与伤民、霸天下与王天下的矛盾。

“无为”与“有为”的矛盾是造成君臣权力消长的重要原因。稷下黄老之学和齐法家都主张君主无为。《管子·乘马》曰：“无为者帝。”是说无为不是不为，而是不自为，不过，这里既把帝视为目标，自然就是有为了。《管子》中还有不少管仲劝谏桓公挑选贤能之士为官，而桓公自己则应致力于提升自身品德，从而实现垂拱而治。这种君主“无为”无非是为了让臣子在治国中能拥有更多的自主权，可以更大限度地发挥自己的才能。而国君有时为了贪图安逸，也乐得做无为君主。田氏代齐，就是姜齐“无为”的结果。从田成子“以大斗出贷，以小斗收”的收买人心到田和废康公自立，如此漫长的准备期，以晏子为代表已经指出了形势的危险，可姜齐竟未采取任何有效的自救措施。这种治国理念对田齐影响非常大，齐威王早年时不也曾“不治，委国卿大夫”吗？若非形势所逼和臣下苦谏，恐怕很难成就其伟业。其实，在齐国，君主有为的政治理念与无为理念一样绵长久远。齐法家认为“法者，天下之至

① 《史记·田敬仲完世家》。

道也”，同时强调“生法者，君也”[①]，将法视为君主统治百姓的有效手段，在驾驭官民方面明君要操六柄、处四位、恩威并备。

齐国君臣在“有为”与“无为”间抉择，君臣都积极有为，且上下一心时，开创了桓公的霸业、威王的盛世，齐国兴盛时一般都处于此种状态，但遗憾的是齐国历史上这种状态并不多。君王无为时，臣下独执国柄，出现宗室专权，齐国后期的政治生态便是如此，从而使齐国在满足个人或小集团的利益中，耗尽生机，走向败亡。君王若想从已执有国柄的大臣手中夺回权柄而使自己能大有作为时，二者则往往会产生激烈对抗，甚至上升为国内叛乱势力与别国干涉、入侵势力相勾结的大混乱。孟尝君与湣王的公开对抗招来燕、秦、赵、韩、魏五国联军合纵攻齐，加速了齐国的灭亡。

富民与伤民的纠葛是齐国政治理念中的又一矛盾。姜太公与后来的管仲都持“民为国本”思想，“齐国百姓，公之本也”[②]，“夫霸王之所始也，以人为本。本理则国固，本乱则国危”[③]，这奠定了齐国重民思想的基础。“凡治国之道，必先富民。民富则易治也，民贫则难治也。……善为国者，必先富民，然后治之。”[④] 这是因为“国多财则远者来，地辟举则民留处；仓廪实则知礼节，衣食足则知荣辱”[⑤]，“民富则安乡重家，安乡重家则敬上畏罪……民贫则危乡轻家，危乡轻家则敢凌上犯禁”[⑥]。齐国在“人皆好利”人性观指导下以富民为手段，以尽民力为目的，但尽民力很容易极端化为伤民，具体表现就是沉重的赋役负担。因此，用民要有用民之道——“举财长工，以足民用；陈力尚贤，以劝民智；加刑无苛，以济百姓。行之无私，则足以容众矣；出言必信，则令不穷矣。此使民之道也”[⑦]。

管仲执政时将赋役负担转化为商品价格，再加上适当轻徭薄赋、系统而有效的商战政策——“来天下之财，致天下之民”及国家盐铁专卖而给民以盐铁开发权的资源共享式合作，巧妙地隐藏并减弱了矛盾，满足了富民又尽民力

① 《管子·任法》。
② 《管子·霸形》。
③ 《管子·霸言》。
④ 《管子·治国》。
⑤ 《管子·牧民》。
⑥ 《管子·治国》。
⑦ 《管子·小匡》。

以强国的双重需要。但齐国后期的君王很少能做到这样，他们多以加深对人民的剥削为出路，再加上外交上短视性大扩张的巨大消耗，形成了恶性循环。民穷财尽的齐国怎可能抵抗得住拥有富饶的关中与“天府之国”巴蜀的大秦帝国的猛烈攻击呢?

王霸之辩不仅是儒法争论的焦点之一，也是齐国政治理念凸显的矛盾。所谓“王道”就是依靠道德礼教而实行仁义，经仁义教化征服天下。与“王道”相对，“霸道”指君主凭借武力、刑法、权势等进行统治。管子主张王霸并举，是实行王道还是实行霸道，要针对具体情况而定，即“霸王者有时”，“以备待时，以时兴事”①。管子认为人性好利，因此，对于征服其他诸侯国，他以为应施以恩惠、讲以礼制，以德服人为上，不应轻易动武。基于此，管子虽然认为战争是取得天下的必要手段，但也认识到战争同样是亡国的最大危险，因此《管子·兵法》说:“故夫兵，虽非备道至德也，然而所以辅王成霸。今代之用兵者不然，不知兵权者也。故举兵之日而境内贫，战不必胜，胜则多死，得地而国败。此四者，用兵之祸者也。”故用兵要讲究时（时机）、势（形势）、义（义兵)。正是基于这种理念，所以齐桓公才能在周室衰落、中原诸侯混战、南北夷狄侵扰中原诸侯的历史关头，制定亲四邻、尊周王、攘夷狄与创霸业、实现一统结合起来的称霸战略，先后有五次大规模的攘夷狄之举，从而实现了“九合诸侯，一匡天下”的霸业。

但这种因时、势、义的不同而灵活采取王、霸的政策并未被田齐后期君主所参透，他们表现出的是事先无长远的谋虑，权衡失误，贪图小利，不亲与国，不视时而动，一味地求霸，最终覆灭。这正如《管子·重令》篇所云:“地大国富，人众兵强，此霸王之本也，然而与危亡为邻矣。天道之数，人心之变。天道之数，至则反，盛则衰。人心之变，有余则骄，骄则缓怠。夫骄者，骄诸侯；骄诸侯者，诸侯失于外；缓怠者，民乱于内。诸侯失于外，民乱于内，天道也，此危亡之时也。”

不难看出，齐国君主在“有为”与“无为”间徘徊，在富民与伤民中来往，在霸天下与王天下间抉择，从而产生了齐国总体治国策略上的混乱、反复、无序，这使齐国的制度建设带有不可克服的随意性，缺乏连贯性、一致性

① 《管子·霸言》。

与长远性。另外，政治理念的庞杂还决定了其在战国兼并战中的无头绪、无计划，正所谓“夫未战而庙算胜者，得算多也；未战而庙算不胜者，得算少也。多算胜，少算不胜，而况于无算乎！吾以此观之，胜负见矣”①。这就导致了齐国一系列军事上、外交上的失误。这种局面的出现既是齐国创新力丧失的表现，也是创新力的限制因素，更是齐国衰落的一个重要原因。

秦国长期执行以法家思想为基础的执政理念，政治理念相对单一与纯粹。秦人统治中以法家思想作为统治思想起始于秦孝公时期的商鞅变法。按照史籍记载，商鞅觐见秦孝公时为他开出的富国强兵之道本来有三条：一曰帝道，二曰王道，三曰霸道。秦孝公既不相信帝道，对王道也缺乏兴趣，只对霸道表现出非同寻常的关注，迨至商鞅说以“强国之术”，秦孝公已欣欣然喜不自禁，并认定它就是自己梦寐以求的强国之策，决定立即加以推行，这多少可以说明秦国对于法家统治思想有着天然的容易接受的一面。当然秦孝公的这种选择说到底还是一种历史的选择，是当时社会思想能够为秦政治者提供的富国强兵、称霸天下的最佳途径和方法。

商鞅从社会治乱的视角阐明了法治的重要性。他认为处于兼并时代的百姓，朴实品质已经丧失，要想使其行为纳入正轨，只能依靠严格的法律加以约束。他说：“夫民忧则思，思则出度；乐则淫，淫则生佚。故以刑治则民威，民威则无奸，无奸则民安其所乐。以义教则民纵，民纵则乱，乱则民伤其所恶。吾所谓利者，义之本也。而世所谓义者，暴之道也。夫正民者以其所恶，必终其所好；以其所好，必败其所恶。”②

商鞅在秦推行的法家政治涉及许多方面，其中最主要、影响最大者有三：一是厉行法制，主张依法治国，一切决断于法。在立法方面，法律要详细，使人民的一切行为都纳入法律规范；法律要公布于众，使人人都知道法律；法律应随时而变，以便使法和时代的需要相结合。在执法上，主张赏罚分明，有功者赏，有罪者罚，不得徇私。二是奖励军功，提出“一刑”“一赏”，按军功的大小封给爵位，为军功地主登上政治舞台开辟了道路。三是“决裂阡陌，教民耕战”，即农战政策。要求“务耕织，修守战之备”，提倡“民勇”，推行重本抑末政策。法家政治的坚决推行收效显著，变法以后的秦国迅速强大起

① 《孙子兵法·计篇》。

② 《商君书·开塞》。

来，经济迅速增长，社会稳定，对外取得了一连串的军事胜利，对东方六国开始显现出一种高屋建瓴的态势。

商鞅变法是秦政治思想法家化的重要标志。从此开始，法家政治理念在秦国生根发芽，支配着秦国政治，成为秦国的主流政治文化。法家的政治理念强调耕战，特别注重实力，认为实力是解决社会矛盾的基本手段，而农与战则是力的源泉，“民之欲利者，非耕不得；避害者，非战不免”[①]。除了强调农战之外，还强调君主专制和独裁，“权者君之所独制也”[②]，韩非最理想的政治局面是“事在四方，要在中央。圣人执要，四方来效”[③]，就是把全国政治权力集中于中央政府，又把中央政府的政治权力集中于君主一人之手，这就是“朕即国家”论，也即绝对君主专制主义。这样，国家扩大了对社会的干预权力与力度，把社会变成了一个无限度的整体单元，形成了当时程度最高的专制集权。秦国专制的君权较早地就发展出了相当高的政治控制和社会动员能力，“古之能尊其君，未有如秦者也”[④]。在这种秩序崇拜和权力哲学之中，道德完善和道义价值、文化发展和学术研讨几无意义可言。绝对服从上级的权威和君主的意志，“万众一心”，虽不适合于“治定之化”，却完全适合于“拨乱之政”。在列国纷争的时代，秦国的合力可想而知。

自秦孝公任用商鞅变法，惠文王、武工、昭襄王、孝文王、庄襄王五代，虽然政绩各不相同，但是秦政治的法家特点一直沿袭下来。这种传统的形成并非因为秦国的君主代代都是天生的“法治主义”者，其根本原因还在于商鞅变法使“法治主义”在秦国扎下了深深的根基，商鞅的变法已深入人心，连妇女儿童都能“言商君之法”。商鞅推出的许多政策和措施，都融入了秦国的国策和制度中，在社会领域的各个方面形成了系统、牢固、稳定且有可操作性的一整套制度，这套制度制约并支配了秦国历代君主的意志和行为，使他们无法偏离秦国既定的“法治主义”轨道。秦国的胜利，从某种意义上说就是“法治主义”的胜利。

秦始皇时期是法家思想更臻发展完善的时期，也是法家政治学获得伟大成

---

① 《商君书·慎法》。

② 《商君书·修权》。

③ 《韩非子·扬权》。

④ 钱大昕:《潜研堂文集》卷二《晁错论》,上海古籍出版社,2009 年。

功的一个时期。韩非是这一时期法家思想的集大成者，他吸取和综合了以往的法家思想，形成了一个以法治为主，“法”“术”“势”相结合的完整思想体系，为专制主义中央集权的大一统国家政权的建立奠定了理论基础。他的著作《孤愤》《五蠹》传到秦国，秦王政读后大加赞赏。虽然他入秦后遭人陷害，死于狱中，但他的法治思想还是作为治国方略在秦国得以推行。秦统一全国后，贯彻“法令由一统”的原则，“始定刑名，显陈旧章，初平法式，审别职任，以立恒常”①，确立了法治。

秦王政从青年时代起就被秦国特殊的文化环境熏陶成了一个地地道道的法家人物，表现出极强的“法治主义”精神。他如饥似渴地阅读法家著作，对法家大师韩非钦佩得五体投地，四处网罗法家人物，坚决按照法家的“君主集权论”和“暴力万能论”来建构新国家的模型，坚决推行武力统一中国的铁血政策。他“臣畜天下”，“少恩而虎狼心”②，“贪狼暴虐，残贼天下，穷困万民，以适其欲”③，“天性刚戾自用”，“专任狱吏，狱吏得亲幸”，“乐以刑杀为威，天下畏罪持禄，莫敢尽忠”④ 等等，都是法家政治带给他的特质。“天下之事无大小皆决于上”⑤ 的执政理念则既反映了他进取的一面，同时又说明了他对韩非“君臣也者，以计合者也”的理解和“抱法处势”、唯恐大权旁落的充满猜忌的独夫心理。秦王政亲政后任用法家思想的继承者、韩非的同门李斯辅佐自己，扫平六国，统一宇内，开拓疆域，建立起一个前所未有的大一统的中央集权制国家。

“缘法而治”是法家的基本主张，就是要改变西周以来的“礼治”传统，用法律对社会生活进行调整，将法律作为治理国家、治理社会的基本甚至唯一手段。为此，秦加强了成文法的制定，从出土的秦简看，截止秦始皇三十六年，除《六律》以外，有正式名称的法律、法令就有近三十种。《田律》《厩苑律》是关于农田水利、山林保护、牛马饲养方面的法律；《仓律》《金布律》《藏律》是关于国家粮食物资贮存、保管、发放和货币流通、市场交易方面的法律；《徭律》《司空律》《屯表律》《戎律》是关于徭役征发、工程兴建、刑

① 《史记·秦始皇本纪》。
② 《史记·秦始皇本纪》。
③ 《汉书·贾山传》。
④ 《史记·秦始皇本纪》。
⑤ 《史记·秦始皇本纪》。

徒管理的法律；《置吏律》《除吏律》《中劳律》《除子弟律》《军爵律》《效律》和《内史杂》是关于官吏任免、奖惩、职责及军爵赏赐方面的法律；《游士律》《傅律》是关于户籍管理方面的法律；《公车司马猎律》是关于狩猎的法律；《传食律》《行书律》是关于驿站传递文书的法律；《工律》《工人程》《均工》是关于手工劳动者及劳动量计算的法律。这些法律几乎涵盖了政治、经济、军事、文化以及人们的政治行为等所有方面，在中国法律史上有着突出地位，对中国封建社会的法制建设产生了深远影响。可见秦人推崇法制思想，不仅在理论上有建树，而且在法制实践中也做出了独特贡献。

法家政治文化是秦国现实的政治文化，纯粹的儒家文化在秦国没有代表人物。出身“阳翟大贾”，后来弃商从政的吕不韦曾集门客著述而成《吕氏春秋》，以儒家为主兼采各家提出了另一种与法家完全不同政治文化。吕不韦身为秦相，执掌大权十三年，但《吕氏春秋》编成后的第三年，他被罢黜。秦统一前十五年，他便死去了。所以，《吕氏春秋》中推出的政治文化与治国理念基本未能体现、上升为国策，只能视为秦代潜在的政治文化。

吕不韦之死与他和秦王嬴政政见不合关系密切。《吕氏春秋》一书中暴露了吕不韦和嬴政政见不合，且这种不合是根本性的治国思想和路线的对立。吕不韦从崇尚自然、效法大地调和的一面重新评定和阐发了天人合一的方法论，进而提倡道家的“无为”学说并推崇儒家的“德治”和“仁治”，将秦王嬴政倡导的韩非之学置于受批判的境地，将新兴地主阶级的集团利益摆在首要位置，喊出“天下，非一人之天下也，天下之天下也”① 的口号，宛如一道刺破漫漫长夜的闪电发出耀眼的光芒，积极倡导实行开明君主专制。他认为国家利益（有时也指社会利益）是“公”，君主个人利益是“私”，主张贵公抑私和先公后私。《吕氏春秋·贵公》说：“昔先圣王之治天下也，必先公。公则天下平矣，平得于公。”该书《去私》篇也说：“尧有子十人，不与其子而授舜；舜有子九人，不与其子而授禹：至公也。”表现出对传贤不传子的君位继承制度的颂扬和向往。《吕氏春秋》还反对严刑酷法，允许思想自由化与多元化，甚至试图实行分权制。这在当时无异于向力主军权至上、“以吏为师”的秦始皇公然宣战，招来杀身之祸并非偶然。

---

① 《吕氏春秋·贵公》。

不难看出，《吕氏春秋》的政治主张在当时那种“争于气力”的时代是难以实现的，秦国依靠推行法家政治已取得了辉煌胜利，怎可能轻易改弦更张？对秦国来说，一连串的战争胜利在带来高额物质利益的同时也赋予它致命的缺陷，前所未有的成功给统治者注入了一种过分的“自信”，使统治阶层陷入了胜利的狂热之中，冷静的政治思考受到限制甚至排斥。在这种氛围中，曾在战争的特殊实践中起了巨大作用的政治模式——法家政治必然以更有力的历史惯性运行，从而使秦的政治实践始终在法家设计的政治模式里运作，为其社会统治投下了深深的历史阴影，秦朝建立仅十余年便灰飞烟灭与此不无关系。

秦国依托法家的政治理论，形成了自己强化君主集权、重视发展农业的政治理念，并且这种政治理念在秦国得到持续地、坚决地贯彻执行，这无疑保证了秦国制度建设的连贯性与长远性，也使秦国的制度建设颇具时效性，与齐国杂乱、无序的政治理念及产生的后果自不可相提并论、同日而语。

八、政治文化中的“法”精神

法是文明的产物和标志，法的产生是人类社会从野蛮走向文明的一个重要里程碑。

秦以法治国，被视为运用法家最成功的国家。商鞅变法成为法家占据秦国思想文化主流的标志，至秦始皇统一，法家思想发扬光大并走向极端。法与秦国政治生态走势和最终命运关系密切。但许多人可能不太清楚的是，齐国也是个非常重法的国家。齐自桓公时即“任霸用法”，为后代法家之先导，晏婴时虽“省刑降法”，然终战国之世仍“道法行于国”。“重霸道，尚法术”是两国共同的追求。不过，两国虽都“尚法”，但由于地缘环境不同，历史条件各异，法思想也不完全一致,法在两国政治文化中的地位与作用自然也不相同。

齐法家与秦法家是古代法家思想的两大分派。曹魏时刘邵在《人物志·流业》说：“建法立制，强国富人，是谓法家，管仲、商鞅是也。”明确指出了法家的治世手段及目的，并认为管仲、商鞅是其代表。刘歆《七略》列《管子》“在法家”，《隋书·艺文志》和新、旧《唐书·艺文志》也将《管子》归入法家。在《管子》一书中，齐法家的政论、法理篇章约占全书三分之一。《管子》一书，虽非管仲自著，但也是大量保留管仲遗说与管仲言论的原始资料，而这实际上恰好是齐法家最重要的思想来源之一。另外，管仲既然被公认是法家的先驱，他自然而然也会对齐法家思想的产生、发展起过一定影响。

其实，一般意义上所说的齐法家，是指稷下学宫时期，一批推崇管仲功业、主张法治的稷下学士，他们主张以法治国、礼法兼用、道法结合，从而为田齐变法求强图霸、富国强兵提供理论依据和智力支持。很明显，齐法家思想受稷下诸家学派影响，在立足于法治的基础上，具有很强的综合性与包容性。他们的思想学说主要保存于《管子》一书的相关章节中，其中尤以《经言》九篇，《法禁》《重令》《法法》《任法》《明法》《正世》等诸篇最为集中。

齐法家认为“法者，天下之至道也”[①]，“法者天下之仪也，所以决疑而明是非也，百姓所悬命也”[②]，赋予法最高统治权，同时也强调“生法者君也”，将法视为君主统治百姓的有效手段，是君令畅行的有效保证；还强调人人要守法，“君臣上下贵贱皆从法，是谓为大治”[③]。因此君主要顺天道、因人情而制定法律，同时还要量力而行（即法要有现实可行性）与随时变化，从而达到驭民自如、令行天下的大治效果。

齐法家的法制理论深受道家影响，《管子·形势》篇中鲜明提出：“欲王天下而失天之道，天下不可得而王也。得天之道，其事若自然；失天之道，虽立不安。”又说：“其功顺天者天助之，其功逆天者天违之。……顺天者有其功，逆天者怀其凶，不可复振也。”这种所谓“天之道”的自然天道观，显然是受老子道家说影响而形成。它代替了西周以来周天子及各诸侯“君权神授”的天命论，是划时代的一大进步。但说到底，这种自然天道观作为封建政治的哲学思想基础，是为新兴地主阶级服务的。齐法家还在一定范围内吸收儒家学说，提出了厉行法制要与礼义教化并举的主张。在《管子·牧民》中就明确提出“礼、义、廉、耻”是“国之四维”，“四维不张，国乃灭亡”的论断。因此，齐国政治文化中呈现鲜明的民主色彩，君主专制也显得较为开明，民众在思想上和行动上都拥有更多的自由。

秦人也推崇以法治国。秦文化因法家思想表现出强烈的政治影响力；同

① 《管子·任法》。
② 《管子·禁臧》。
③ 《管子·任法》。

时，法家思想也因秦人的实践而得以充实、饱满、成熟。秦人的法理念多来自三晋一脉，推动秦国走向法治轨道的商鞅就来自三晋的魏国。商鞅派法家认为法令是人民生命、治国的根本，“法也者民之命也，为治之本也”①，主张用法治思想来统一文化，排斥各家学说。这就要求国君必须掌握法、信、权，国君手中握有权柄，依赖权柄推行法律，这样在政治上才能起作用。因此，“法治第一”“君权至上”的法家思想自然渗透到秦国的社会生活中，出现了“境内之民皆言治，藏商、管之法者家有之”② 的局面。

商鞅认为：“强者必治，治者必强。富者必治，治者必富。”③ 所以，他主张“一刑”，就是“刑无等级”，刑罚的标准一致，法律面前人人平等。商鞅还主张重刑：“民之外事，莫难于战，故轻法不可以使之。……民之内事，莫苦于农，故轻治不可以使之。”④ 《垦令篇》中记载：“重刑而连其罪”。说明刑罚不但加重了，而且还要亲友连坐。在重刑的同时，商鞅还主张厚赏，“赏壹则爵尊”，就是说赏赐要丰厚，并且只赏赐有军功者。商鞅一方面禁止那些不切实用而好高骛远的理想主义，使一切都纳入实际的法治规范，另一方面提倡按照法律规则制裁和监督官吏和民众，把所有人的心灵与行动都严格管束起来，达成一个严格、有效的官僚管理系统，形成整齐、规范的社会秩序，以取代早期的基于血缘亲情的伦理规范，取代基于心理自律的道德自觉，从这个意义上说，“商鞅变法，确实以法律手段改变了秦民的故俗传统”⑤。

但在“尚法”问题上，法家在齐文化中的地位远不如秦。秦为法治国家，一切遵循法制，无论是用人抑或是经济、军事政策都通过法律形式固定下来，这从商鞅变法中可见一斑。齐有法家思想和法治传统，但从纵的方面看，齐属人治，宗法、礼制、尊尊亲亲等观念虽不如其他国家浓重，但与秦国相比却要浓厚得多，法治体系也远没有秦国系统、完善。

具体而言，隶属东方的齐国法文化与源于三晋的秦国法文化还是有太多的

---

① 《商君书·定分》。

② 《韩非子·五蠹》。

③ 《商君书·定分》。

④ 《商君书·外内》。

⑤ 臧知非:《周秦风俗的认同与冲突——秦始皇“匡饬异俗”探论》,《秦陵秦俑研究动态》,2002 年,第4 期。

区别，这种区别在两国的政治生态中产生了不同的影响。

其一，德法兼治与“一任于力”。“重法”是先秦法家共有的特点，齐法家也不例外。《管子·明法》中就有“以法治国”的明确记载。齐法家主张君臣皆须遵法，“上亦法，臣亦法，法断名决，无诽誉。故君法则主安位，臣法则货赂止而民无奸”①。而且，作为法家先驱，管仲还最先提出了法律适用的基本原则——“君臣上下贵贱皆以法”②。这比西方的“法律面前人人平等”原则要早两千多年，在当时是非常难能可贵的。但是，齐法家在强调“法治”的同时，还重“德”，他们非常看重“礼”“义”在治理国家中的作用。在人性论上，齐法家认为人性可以通过教育改变，统治阶级只要做到“教训成俗”，就可“刑罚省数”③。齐法家还认为治天下应“重法”，但不能“重力”，不能一味“以力使”，而应“以德使”，才能做到“民归之如流水”。由此可见，齐法家的“法治”思想与儒家提倡的“德主刑辅”原则有相通之处。

与齐法家不同，秦法家认为“德治”“礼治”是上古时代的产物，那时，“人民少而财有余，故民不争”，所以用“德”“礼”就能治天下。而现在“人民众而货财寡，事力劳而供养薄，故民争”④。况且东周时期，国与国争战不休，“强国事兼并，弱国务力守”⑤，要生存发展，就必须“以法为本”，“不务德而务法”⑥，“任其力不任其德”⑦。否则，只能走向“奸民”横生民疲国弱的道路。

因此，以商鞅、韩非为代表的秦法家反对并排斥儒家道德，主张治国不用礼义教化，只强调严刑峻法，这是一种唯法主义的高压统治方术。而齐法家则主张厉行法制与礼义教化结合并举，是一硬一软两手兼用的统治方术。

其二，“仓廪实则知礼节”与“民愚则国安”。在治理百姓方面，齐法家认为人们物质生活的富裕程度决定着他们对统治阶级的服从程度。老百姓衣食无着，饥寒交迫，就会铤而走险。此刻，若能“以法随而诛之，则是诛罚重

---

① 《管子·七臣七主》。
② 《管子·任法》。
③ 《管子·权修》。
④ 《韩非子·五蠹》。
⑤ 《商君书·开塞》。
⑥ 《韩非子·显学》。
⑦ 《商君书·错法》。

而乱愈起”[①]，正所谓：“刑罚不足以畏其意，杀戮不足以服其心。……杀戮众而心不服，则上位危矣。”[②] 因而主张先解决老百姓的温饱问题。管仲就提出“仓廪实则知礼节，衣食足则知荣辱”的思想，认为老百姓富裕而有了体面，自然而然就会懂礼知耻，作为统治阶级也就容易管理了，此即所谓的“富民可教”。这一观点现在说起来一点都不落后，不提高生产力，丰富社会物质文化生活，提升人民的生存环境，想把社会治理好是很困难的。

秦法家则相反，他们提出了“民农则愚，愚则易治”的观点。商鞅说：“上世之士，衣不暖肤，食不满肠，苦其意志，劳其四肢，伤其五脏，而益裕广耳。”[③] 他因此得出结论说：“民不贵学问则愚，愚则无外交，无外交，国安不殆。”[④] 商鞅设想治理老百姓，最好让其撑不死，饿不着，智慧无从开启，文化无从涉及，除“耕战”一事之外，不知其他生活方式。这样，国家就会永远长治久安，此即“愚民易治”。

其三，“宽刑省禁”与“严刑峻法”。在刑罚的具体适用上，齐法家与秦法家也有不同的观点。齐法家主张轻刑，用刑要平和，“明主，犹羿也。平和其法，审其废置而坚守之，有必治之道，故能多举而多当”[⑤]；“刑法繁则奸不禁，主严诛则失民心”[⑥]。管仲就主张对人不能滥施刑罚，即使对犯有“不用上令”“寡功”“政不治”等严重罪行的人，也可以给予两次改正悔过的机会，即所谓“一再则宥，三则不赦”[⑦]。管仲甚至还主张人犯可以“赎刑”，即按规定或经允许缴纳一定钱财折抵原定刑罚。他任齐相后的改革措施之一就是下令重罪者“甲赎”、轻罪者“盾赎”，从而使齐国一时“甲兵大足”。这种观点与齐法家“刑罚不足以畏其意，杀戮不足以服其心”的观点是一致的。

而秦法家则不然，他们坚决反对赦罪和减免刑罚，并再三强调“不赦死，不宥刑”，认为“赦死宥刑，是谓淫威，社稷将危”,[⑧] 因而坚持“有过不赦，有善不遗”的原则。在他们看来，采取“有过不赦”政策，并不在于惩罚本

---

① 《管子·正世》。
② 《管子·牧民》。
③ 《商君书·算地》。
④ 《商君书·垦令》。
⑤ 《管子·形势解》。
⑥ 《管子·七臣七主》。
⑦ 《管子·立政》。
⑧ 《韩非子·爱臣》。

人，目的在于起威慑恫吓作用，即“重一奸之罪而止境内之邪”[①]。若对犯人进行赦免或减刑，就起不到“止邪”的作用。基于此，秦法家基本都主张“轻罪重判”原则。商鞅说：“行罚：重其轻者，轻者不至，重者不来，此谓以刑去刑，刑去事成。”[②]《睡虎地秦墓竹简·法律答问》记：“五人盗，臧一钱以上，斩左止，有黥以为城旦；不盈五人，盗过六百六十钱，黥劓以为城旦；不盈六百六十到二百廿钱，黥为城旦；不盈二百廿以下到一钱，迁之。”“或盗采人桑叶，臧不盈一钱，可论？赀徭三旬。”由此可见，秦法家是典型的重刑主义者。所谓“重刑主义”，就是轻罪重罚，用恐怖手段制造一种威慑力量，驱使民众就统治阶级之范。韩非就曾极力鼓吹“重罚少赏”，主张严刑峻法，老百姓因为害怕就不敢违法，只好服服帖帖地遵守法律。其实，无论何种赏罚都要有个合理的限度，超出这个限度，一切赏罚就会失去作用与效果。

其四，“务本饬末”与“事本禁末”。《商君书·壹言》云：“能事本而禁末者，富。”而齐法家的经济政策则是“务本饬末”，《管子·幼官》中说“计凡付终，务本饬末则富”。其中的“事本”或“务本”都是指以农业生产为本事，但“禁末”和“饬末”的“末”字，秦、齐法家学说却有很大差异。秦法家“禁末”是指“技艺之士”（手工业者）和“商贾之士”，[③] 而齐法家“饬末”或“禁末”却是指“工事竞于刻镂，女事繁于文章”[④] 等奢侈品生产。但从“本”、“末”的称谓上，先秦人对商业的轻视昭然若揭、不言自明。

齐国是个例外，它有重商的传统。姜太公初治齐，就曾“通商工之业，便鱼盐之利”，故工、渔、商、盐四业均很发达。管仲改革时，专门设置了盐官、铁官管理工商各业。齐法家受齐国传统重视工商业思想的熏陶，也主张“务本饬末则富”，不过，此处的“务本”指以农业为“本”，“饬末”即对工商各业进行整顿、管理，以使其有序发展，这颇有点“以农为主，以商为辅”的味道。齐法家允许工商业存在与发展，也自有一套对付富商大贾囤积居奇、操纵市场、牟取暴利的办法，主要是经由官储采取有力手段掌握货币和粮食，运用“轻重”之术控制商品流通领域，从而限制富商大贾操纵市场。另外，齐法家也不主张工

① 《韩非子·六反》。
② 《商君书·斩令》。
③ 《商君书·算地》。
④ 《管子·立政》。

商巨贾干政，《管子·立政》中就有“百工商贾，不得服长鬈貂”的规定，因为在齐法家看来，如果让“百工商贾服长鬈貂”（做官），就会产生“商贾在朝，则货财上流”[①]，即卖官鬻爵的弊端，这或许才是齐法家“饬末”的本意。

在农商关系方面，秦法家与齐法家一样“重农”，但不同之处在于对待商业的态度。商鞅是“重农轻商”的典型，《商君书》内的《垦令》提出了鼓励垦荒的措施二十条，其中就有不少抑商的政策措施。他认为农业和商业是相互矛盾、相互对立的两大部门，犹如水火不相容。认为农民见了“商贾之可以富家”，“技艺之足以糊口”，便“必避农”[②]，“避农”的结果必然导致土地荒芜，经济萧条，国家大乱。因此，商鞅极力主张“强本禁末”，曾下令：“民之欲利者，非耕不得；避害者，非战不免。”[③] 在他的强力倡导下，秦“境内之民莫不先务耕战，而后得其所乐”[④]。就连集法家大成并在秦国大放异彩的韩非法思想，其经济学说也较为贫乏，不过是继承秦法家重农抑商的一贯主张罢了。

其五，“令重则君尊”与“君尊则令行”。“君”与“法”的关系也是先秦法家争论的焦点。齐、秦法家都主张树立君主权威，加强君主专制统治，但侧重点又有所不同。齐法家虽也主张“尊君”，但前提是“令重则君尊”及“令尊于君”[⑤]。就是要先树立起法的权威和尊严，尔后君主的权威、尊严才能树立起来，这就把“君”与“法”的关系摆在了一个合适的位置。由于“令重”“令尊”在先，那么，就要求“君臣上下贵贱皆以法”，从而把法摆在了君主之前。由此可见，齐法家的“尊君”实质上是将君主的权威建立在法制健全和君主带头守法的基础之上。

秦法家则相反，他们不认为君主的权威是建立在“令重”“令尊”的基础上，而认为“君尊则令行”[⑥]，即只有君主先树立起绝对的权威，法令才能顺利推行。商鞅就主张君主应独揽大权，“权者君之所独制也……权制断于君则威”[⑦]。韩非也认为君主只有“权重”才能“位重”，申不害则更直言不讳：“独视者则明，独听者则聪，能独断者，故可以为天下王。”在他们的影响下，

① 《管子·权修》。
② 《商君书·农战》。
③ 《商君书·慎法》。
④ 《商君书·慎法》。
⑤ 《管子·重令》。
⑥ 《商君书·君臣》。
⑦ 《商君书·修权》。

秦国大地盛行“事君以死，事主以勤”等所谓的“愚忠”，结果是“不从君者为大戮”[①]。商鞅执政时更是明确规定：“有不从王令、犯国禁、乱上制者，罪死不赦。”[②] 这就把君主专制通过法令的形式加以强化，从而彻底打碎了奴隶社会贵族专制政体中的原始民主遗存。因此，浓重的专制主义色彩、对自由思想的钳制构成了秦文化的主要特征。

另外，秦法家注重成文法，讲究法的形式。“圣人为法，必使之明白易知，名正，愚智遍能知之”[③]，“明主言法，则境内卑贱莫不闻知也”[④]。齐法家注重法的实质，不主张颁布更多的法令，《管子》中就经常用度量衡等器物来比喻法。《管子·法法》也说：“政者，正也。正也者，所以正定万物之命也。是故圣人精德立中以生正，明正以治国。故正者，所以止过而逮不及也。”

不难看出，齐秦两国的政治生态中虽然都尊崇法，但两国的法还是有许多差异的。如果说秦法家是法家正统的话，那么，齐法家则是浸润了儒、道等多家思想的法家派别，无怪乎有人说“齐国尚法而无法家”。因此，简而言之，秦法家是纯正的、单纯彻底、棱角分明的法家，而齐法家则是“德法兼治”的法家，并非纯正的法家，它有更多的调和色彩。

为什么秦法家与齐法家会有如此的不同呢？这要根源于两国国情、民俗的差异。秦民族本是从事农牧业的边地民族，到商鞅变法时，尽管秦国经济发展并不落后，但民众仍保持着若干落后的风俗习惯。正如《荀子·性恶》中所说的那样：“天非私齐、鲁之民而外秦人也，然而于父子之义、夫妇之别，不如齐鲁之孝具敬父……”从姜齐到田齐都是宗法制度与国家政权相结合，只不过姜齐是分封的贵族领主经济，到田齐则逐步演变为新兴地主经济而已。因此，植根于齐国经济、政治、文化土壤中的法家学说，在统治方术上与秦法家截然不同，也就不令人奇怪了。

秦与三晋接壤，三晋乃法家人才辈出之地，秦所用的变法人才也多出自三晋。而齐国经百余年的稷下学宫，兼收并蓄，百家争鸣，且与鲁接壤，鲁乃儒家文化的滋生地，以礼仁立国。齐文化中的原始民主观念、百家兼容的多元思

① 《国语·晋语》。
② 《商君书·赏刑》。
③ 《商君书·定分》。
④ 《韩非子·难三》。

想经儒家文化的浸染，变得更富于温情。秦、齐都以变法立国，但由于各自所在的文化场域不同，其滋生法家及法家思想的特点自然也就不同。影响秦国的文化场是以申不害、韩非子为代表的“三晋文化”，此乃法家思想的策源地；影响齐国的文化场是以孔子、孟子为代表的“邹鲁文化”，其保持周代传统相对多一些。

秦国赤裸而纯粹的法治比之齐国富于人性的开明法治具有更强的忠于集团的社会内聚力，战争时期尤其如此。处在边远地区且不倡导个人价值的秦国比之倡导个人价值的齐国有着更强的社会凝聚力，两军对垒之际，已具相当规模都市文化的齐国的社会内聚力如何能与之相提并论呢？

通过对齐、秦两国文化的比较，不难得出这样的答案：文化因素在历史的发展过程中起了至关重要的作用。任何一种文化都有优劣两种性质的文化因子，同时，优劣均是对特定环境和历史时代而言的。东周中前期，齐文化中的优秀文化因子在发挥作用，故齐强大。东周后期，齐文化中越来越多地衍生出不合时代的劣质因子，如商业文化带来的过度追求个体私利及淫富生活，导致其“怯于公战”，故齐走向衰落乃至灭亡。同样，秦在奋发图强的时代，其文化是适应秦发展需要的，故能支持秦完成帝国的统一。然而秦帝国仅仅支持了十几年便土崩瓦解，同样是其文化的劣质因子在起作用。

由此看来，任何一种区域文化都有其特定的自身规定性和一定环境、一定时代的适应性，而无优劣之分。齐、秦文化也同样是齐、秦大地上世代生息的先民在生产、生活中创造的适合自身生存的、符合那个时代的优秀文化。当然，这里的“创造”，既有纵向上的继承，也有横向上的不同文化间的交融与碰撞。说一种文化仅适应于特定的环境和时代，并不是说时过境迁就变成了劣质文化，任何文化内部都有其精髓部分供后人继承。齐、秦文化中的许多文化基因，诸如厚德仁民的民本精神、崇尚国家的爱国主义精神、崇尚有为的创造意识、自强不息的变革精神，将永远成为中华民族的宝贵财富，其兴废盛衰也给后人留下深思与借鉴。

余 论

人类的历史长河中，小至一个村庄、部落，大到一个国家、文明，兴衰成败的大幕绵延不绝，皆发人深思。“兴亡谁人定，盛衰岂无凭?”当经历无数次的风吹雨打，一片片历史风烟袅袅散去后，亦留下了许多让人唏嘘不已的经验与定律。

本书从地理、制度、人才、战略、文化等因素，对春秋战国时期齐、秦两国由对峙走向统一，最终实现中国封建社会的大一统的历史现象作了思考和探索。对历史问题的探讨总是多元的、见仁见智的，我们不渴求会有一个最终的定论，历史研究总是在争鸣中继续前行。在本书的末了，我们再把齐、秦争霸对峙的这一历史现象，置放于中国古代社会这个大背景下来观察，也许会更有助于对这一问题的深入思考。

一、集权是一种必然

中国古代为什么走向中央集权?

高度集权的政治体制为什么会在战国年间成为中国社会发展的趋势，更为奇妙的是，它为何能在中国长期存在，并居于主流政治生态之位，直到今天，仍在政治生活领域产生着影响。究竟什么才是支撑这种制度存活的深厚土壤呢?

古代汉族居住在黄河中下游，这里经常有暴发洪水的危险。各个割据的大国对于水利的治理往往是“壅防百川，各以为利”。特别是黄河下游的各国，各造堤防，天旱争水利，壅塞他国的水源，如“东周欲为稻，西周不下水”①，

① 《战国策·东周》。

遇涝则放水到邻国，“以邻为壑”。特别是魏、赵、齐等国，在水利上更是势不两立，赵、魏处上游，地势高，齐处下游，地势卑，遇黄河大水，不决齐堤，就要泛滥赵魏，保住赵魏，则必淹没齐地，所以这些国家在水利上的斗争十分激烈。在争夺水利斗争中失败的国家，在生产上势必要遭到严重破坏，而损失最惨重的当然是普通民众了。

在激烈的兼并战争中，有的国家往往为了一己私利，不顾人民的死活，决河堤放大水，用来进攻敌国。公元前454年，智伯攻赵的晋阳，决晋水灌晋阳城。公元前358年，楚攻魏，决黄河水灌长垣。公元前225年，秦将王贲攻灭魏时，包围了魏都大梁，也曾引黄河大沟的水来灌大梁，大梁城浸水三个月，城墙坍坏，魏君不得不降。赵国在对外作战中，曾多次决裂黄河堤防，造成了连年不断的大水灾：公元前332年，齐魏联合攻赵，赵决黄河水灌齐魏联军，迫使齐魏退兵。公元前281年，赵惠文王亲自到东阳（太行山东），决黄河水进攻魏国，结果“大潦，漳水出”①。公元前278年，赵国把漳水徙到了武平以西，六年后，赵国又把漳水徙到了武平以南，“河水出，大潦”。很显然，赵惠文王把黄河决口，引起了大水灾。由于黄河泛滥，漳水也决口了，严重的水涝灾害不断发生。从公元前332年到公元前272年的六十年间，黄河曾三度为灾，漳水也曾三度为害，两次徙移水道，人民生命财产遭受了惨重损失。而且，这时各国由于战略防御上的需要，纷纷把边境上河流的堤防连接起来，扩建成为长城，又到处设立关塞，勒索贿赂，征收苛税，严重阻碍了必需的商品流通与人员往来。这些人为的灾难和障碍，只有铲除割据、国家统一才能加以消除或减少。

战国时期，秦、赵、燕三国的北部，活跃着强大的游牧部族如林胡、楼烦、东胡、匈奴等，其中以匈奴最为强大。他们经常骚扰富饶的中原地区，掠夺北边各国人民充当奴隶，破坏中原地区的农业和畜牧业生产，以至“边不得田畜”②。中原各国，主要是秦、赵、燕三国，各筑长城来抵御匈奴，布置了巨大的兵力守卫边境，赵将李牧与匈奴战，精选骑兵一万三千、勇士五万、射士十万，合计当有二十万以上，燕、秦防卫匈奴的兵力也都在十万以上，合计三国约用五十万人的大军防御边境，可见匈奴侵扰的严重性与压力之大。可

① 《史记·赵世家》。

② 《史记·廉颇蔺相如列传》。

是为了进行一统天下的兼并战争，各国统治者往往无视边境人民遭受惨痛蹂躏，把守卫的军队大量投入华夏族的内战，这样自然就削弱了边防力量，给游牧部族以可乘的机会，在秦兼并六国时，匈奴已乘机向南移动，占领了河套一带的草原。为了抵御北方游牧部族的侵扰，避免先进的华夏文化遭受落后部族的破坏，很需要一个中央集权的统一国家政权来组织防卫力量，以便集中力量，加强边防，保卫边境地区人民生命财产的安全，维护华夏族先进的生产事业。

这两种对统一国家的需要是促进统一的重要因素，但并非主要因素。那么，什么才是主要的统一国家的需要呢？就是生产发展的需要。当时社会各阶级、各阶层普遍要求统一，也主要是因为分裂割据和兼并战争破坏了生产，阻碍了生产的发展。要使生产发展，必须有一个安定的社会环境，就必须结束这种“战国”的局面，实现国家的统一。

兼并战争对生产的破坏，首先表现在对生产者的大量征调和屠杀上面。战国时期，各国统治者为了进行兼并战争，大量征调人民服兵役，使他们长期脱离生产第一线。有人统计过，战国时期，全中国人口总数当在2000万左右，而当时经常的在役兵士，楚国100万，魏国70万，秦国60万，赵国四五十万，齐国六七十万，燕、韩各30万左右，合计各国军队约有四五百万人。即全国人口每四五人中就有一人服兵役。这个数字表明，几乎是全部的青壮年男子，即生产中的主要劳动力，都被征调出去作战去了。除此之外，劳动者还要为国家服别的劳役，这样，留下来从事生产的劳动力就更加少了。

兼并战争同时也是对劳动者有组织的大规模屠杀。一些大的战役，死者皆以万数。公元前317年，韩、赵、魏、燕、齐五国攻秦，秦打败韩赵军，斩首8万余。公元前312年，秦败楚军，杀甲士8万。公元前307年，秦攻取韩宜阳，斩首6万。公元前293年，秦将白起大破韩魏赵军于伊阙，斩首24万。公元前273年，秦将白起攻魏，杀魏卒13万。公元前264年，白起攻韩陉城，斩首5万。战国时最大的屠杀要数公元前260年的长平之役，白起一次坑杀赵国降卒四十余万，赵国十五岁以上的男子几乎全数被坑杀光了。以上这些人口遭屠杀的数字，还只是战败一方被杀的数字，战胜者秦国的士兵死亡数尚未统计在内，山东六国相互间的残杀亦未统计。这些死者当然都是青壮年男子，是生产活动中的主要劳动力。生产者是生产力中最积极的具有决定意义的因素。

没有生产者，任何生产都无法进行，列宁就说过："全人类的首要的生产力就是工人，劳动者。"对劳动者大规模的征调和屠杀，就是对生产最严重的破坏。

其次，每一次兼并战争，本身就对社会经济造成巨大的破坏，使那些尚未被征调的人民遭受一次悲惨的浩劫。各国军队所到之处，"芟刈其禾稼，斩其树木，堕其城郭，以湮其沟池，攘杀其牲牷，燔溃其祖庙，劲杀其万民，覆其老弱，迁其重器"①。总之是烧杀掳掠，无所不为。在战争中，人民得到的是"剖腹折颐，首身分离，暴骨草泽，头颅僵仆，相望于境，父子老弱系虏，相随于路，鬼神狐祥无所食，百姓不聊生，族类离散，流亡为臣妾"② 的悲惨境遇。每一次战争，人民负担的丧葬费、医药费，以及车马军器的费用，都是"十年之田而不偿"③ 的。如此等等，无疑都是对生产的直接破坏。因而普通民众对诸侯割据的铲除非常关心，他们渴望经济上政治上较好的国家能取得统一全国的胜利。

所以在当时，要使生产进一步发展，必须结束这种无休无止的兼并战争。而要结束这种战争，唯一的办法是实现国家统一。孟子认为，这种分裂混战的局面必须"定于一"，并且指出只有"不嗜杀人者能一之"，说明他也看到了兼并战争对劳动力屠杀的严重性。恩格斯曾经说过："无论在城市或农村，到处都增加了这样的居民，他们首先要求结束连绵不断毫无意义的战争，停止那种总是引起内战——甚至当外敌盘踞国土时还在内战——的封建主之间的争吵，结束那种不间断地延续了整个中世纪的、毫无目的的破坏状态。"④ 恩格斯的这段话，是针对封建社会末期欧洲的状况说的，但在封建社会初期的中国，也存在着类似的情形。因此，就国家统一客观上的需要而言，主要还是生产发展的需要。

而要统一，必须要集权。连绵不断的战争和错综复杂的外交关系，以及国内更为繁复的行政、经济事务，都需要一个高效率的国家机器。先秦时代，中国的政治状态是一元统治之下的松散多元制：天子威权有限而诸侯的自由度极大。这不仅不易推动生产力发展，在生产力发展到一定高度时，这种效率极低

① 《墨子·非攻下》。
② 《战国策·秦策四》。
③ 《战国策·齐策五》。
④ 《马克思恩格斯全集》第21卷，人民出版社，1965年，第451页。

的社会管理模式还会阻碍生产力发展。所以，春秋战国之世生产力大发展后，这种松散的政治制度便开始消解，集权邦国开始出现，寻求整合整个社会效率的“一统”思潮开始出现。当共同需求弥漫为普遍潮流时，人们却无法通过协商来决定由谁来供应这种共同需求，于是，武力竞争就成为必然的选择。所以说，秦帝国以战争方式统一华夏，建立中央集权制，是历史潮流推动的结果。相对于数千年松散的政治体制，“治权归一”的中央集权制无疑具有明显的进步性。历史实践表明，这种中央集权制问世伊始便展现出强大的创造力，历史进入了一个空前绝后的高峰时代。

专制集权，是相对民主而言的一个政治系统制度。民主制的产生需要两个最基本条件作支撑，一是交通与信息的极大便捷，否则，社会大协商的条件便不复存在；二是生产力的巨大质变，否则，不可能承载人人参与国事这种极其巨大的社会成本。两千多年之前，整个社会基础是自给自足的自然经济，既没有便捷沟通的手段条件，更无法承载人人当家做主的社会成本。所以，民主制不可能在自然经济条件下出现。从这一意义上说，人类的古典时代，无一例外都是专制政体，其间差别，只是专制程度的不同而已。

与西方文明相比，中华文明具有典型的农耕社会的特征。中国人的饮食结构以素食为主，主食是粮食，同时养殖少量牲畜。粮食的来源完全是通过耕种。最早的黄河流域和长江流域是中华文明的发源地，这里有良好的灌溉条件，有广阔肥沃的土地。人们在广阔的平原上耕种，然后收获粮食。农业民族擅长建立稳固的政权，农业生产需要精耕细作，需要耐心等待，需要天时、地利、人和，过多地使用武力显然于农耕不利。如果分裂的话，有限的耕地将会成为分裂势力争夺的目标，那样，战争将会使农业生产受到严重打击，而且战争的最后还是会形成一个新的集权国家。那样一个循环下来，农业生产损失巨大，外族也会趁机入侵。所以中华文明客观上要求一个统一的政权和一个巩固的国家集权。

农业民族对集权有一种渴望。正如马克思在《路易·波拿巴的雾月十八日》一书中所说，他们是由许多单个马铃薯集合而成的“一袋马铃薯”。“他们不能代表自己，一定要别人来代表他们。他们的代表一定要同时是他们的主宰，是高高站在他们上面的权威，是不受限制的政府权力，这种权力保护他们不受其他阶级侵犯，并从上面赐给他们雨水和阳光。”因此，中心集权的国家制度，只能由农业民族发明创造出来。或者说，当农业民族进入到文明时代时，他们一定会建立一个权力社会，甚至集权社会。

更为重要的是，这种集权制的政治生态适应了中国的地主土地所有制和租佃制的特点。15 世纪以前，西方没有出现中央集权制，是由于封建领主不但能够世代相承地、稳定地占有领地，而且能够终生占有农奴；他们不但具有固定的等级身份，而且在领地上亲自掌握行政权、司法权和军事权。领主不需要在地方上另设一套完整的官僚机构，就能够在庄园中对农奴进行统治。与西方相反，中国的封建地主是采取租佃制剥削佃农，地主对土地的占有是不固定的，对佃农的占有也不稳定，地主本身不能亲自掌握行政权、司法权和军事权。这些权力从土地所有权游离出来以后，必须归专门的官吏掌握，于是在地主经济之外，驾乎整个社会之上，就形成了一套完整而复杂的官僚机构。这种机构体现在地方政权上，就是历代流行的郡县制，也就是贯彻中央集权精神的关键所在。土地买卖使我国缺乏严格的等级制，地主的经济身份也很难固定在某个人身上，“以末致富”的商人可以转化为地主，破产的地主在卖尽土地以后就不再成其为地主，这种特色反映到郡县制上，就是“官无定守，民无定奉”①。统治者任用官吏的原则是“择人以尹之……俾才可长民者皆居民上”②，所以“明主之吏，宰相必起于州部”③。按照这样的原则办事，官职对于个人不是固定的、永久的，官吏就只能对皇帝负责，一切权力就只能最后集中于中央。可见中央集权、专职官吏、郡县制度是三位一体的。秦代李斯概括地指出：“海内为郡县，法令由一统。”④ 一语道破了郡县制与中央集权制关系的核心所在。汉人班彪也尖锐地看到了此点，故认为秦汉以后是“并立郡县，主有专己之威，臣无百年之柄”⑤。在专制主义中央集权制度下，正是由于“臣无百年之柄”，皇帝才能居于至高无上的地位，集全国大权于一身，而有了“专己之威”。

中国封建社会虽然很早就形成了专制主义中央集权的政体，但这一国家结构并不巩固，往往会出现割据和分裂状态，这一现象产生的根本原因，就是集

---

① 《亭林文集·郡县论四》。
② 《读通鉴论·秦始皇》。
③ 《韩非子·显学》。
④ 《史记·秦始皇本纪》。
⑤ 《汉书·叙传》。

中的政治与分散的经济之间存在矛盾。中国的中央集权制形成于自然经济占绝对支配地位的时期，分散的个体农业是社会组成的主要经济细胞，因此，中央集权制尽管有形成的必要经济基础，却缺乏使它巩固的经济前提。在这种条件下，它的不稳定性，割据、分裂状态在某种程度上的保留，是完全不可避免的。因此，即便在中央集权制最巩固的时期，我国仍是自然经济占统治地位，当时也存在割据的因素和成分；另一方面，即使在分裂割据状态最严重的时期，也还存在局部地区的中央集权制，无论是魏晋南北朝或五代十国，各小国内部仍然实行郡县制和中央集权制。在中国封建社会中，中央集权和地方割据两种因素都存在，但毕竟前者占绝对支配地位。在两千年漫长的历史长河中，统一集权的时间大大超过了分裂割据的时间就是最有力的明证。

二、变法是齐秦兴衰的转捩点

中国古代走向中央集权是一种必然，齐秦两国的兴衰，不能单纯归于制度、文化等因素的优劣高下，而是要看这种制度和文化是否适应中央集权的需要。在这一点上，我们说，是秦国适应了历史，更是历史选择了秦国！秦国正是通过变法，建立起中央集权的政治制度，真正适应了历史发展的要求，才从根本上对齐国等其他六国有了制度上的优势，才最后走向了统一的坦途。所以说，变法是齐秦兴衰、秦国统一的转捩点。

战国变法运动是各国应对时代发展要求、尝试建立集权制度的努力，更为重要的是，这一时期的改革成效直接关系着各国的最终命运。为了在弱肉强食的环境中求生存、谋发展，战国七雄竞相进行了社会改革。虽其初衷皆为兴利除弊，增强实力，但后果却大不相同。有的腾飞而起，奠定了巩固的王者之基；有的虽至强盛，却不得长期为继；有的纯系昙花一现，改革成果转瞬即逝；有的则不仅成功于当时，且能巩固于后代，改革成果根深叶茂，化作一种深沉的历史力量。各国改革力度不同，效果各异，对一国政治走势的影响也差距颇大。

秦国统一大业的成功，说到底是变革的成功；六国相继败亡，其实是变革不够、不当或不巩固、不彻底所致。商鞅以“国之所以兴者，农战也”为变法总方针，意味着他从主体上把握住了当时社会发展的基本趋势和所要解决的主要矛盾。兴农，势必会促进社会生产的进步，其直接目的虽然是为了统治者增加赋税和兵源，但本质上却反映了人民大众历史活动的基本要求。兴战，其主观目的无非是要造就一个集权程度高、武备强大、能在兼并战争中取胜的强权，而最富战争实力的强权正是结束分裂割据、走向统一的需要。

秦国围绕兴农战所进行的改革涉及政治、经济、军事、文化各个领域，范围极为广泛，对旧制度、旧观念是一次全面的冲击。在进行每一项改革时，商鞅以法家特有的性格，都做得果断、坚决、彻底，"一断于法"，不惜代价，故而能基本克服秦国社会不利于生产发展、不利于中央集权、不利于调动秦民"为上死战"积极性的落后因素，使秦国社会吏治清明、法制严厉、内政稳定、"乡邑大治"，以致出现了"山无盗贼"的太平景象，为秦国社会带来了一次根本性的改造，从而形成了欲退不能的崭新历史环境。

变法改革使秦国的政治结构和政治体制得到更新。昔日的贵族政治被"劳大者其禄厚，功多者其爵尊"[①]的官僚政治所取代，大批平民出身的事功、军功地主登上了秦国的统治舞台。加之县制的普及，地方行政建制的系统化，什伍编户制的确立，使秦的专制主义集权体制较六国发展更为完备，封建统治力量大为加强。从中央到地方，"百吏肃然"，恪尽职守，"无有私事"，民众不敢"失法离令"，皆"甚畏有司而顺"，全国秩序井然，步调整齐，专制政治之佳，六国望尘莫及。

尤其重要的是，商鞅为兴农战进行各种改革时，明确公开地高举着利益的旗帜。他从"民生则计利、死则虑名""民之欲富贵也，其阖棺而后止"的认识出发，处处以利为轴心，用爵禄田宅为诱饵，来激发秦民从事农战、关心改革的热情。他有效运用了"劫以刑、趋以赏"的正反两手和"利出一孔"的手段，在秦国造成了"民之欲利者，非耕不得，避害者，非战不免"[②]的社会气氛，从而顺利实现了驱民于农战轨道的战略意图。其结果，秦国农战实力迅速提高，不唯国家"粟如丘山""兵敌四国"，为秦赢得了"四世有胜""长雄诸侯"的基础，而且秦民亦因之"家给人足"，并可通过力耕力战获田宅、受爵禄，改善原有的社会地位和处境。这使新法得以扎根于秦国社会的深层，获得了顽强的生命力，既可在当时开花结果，亦能在后世茁壮成长，即便

① 《战国策·秦策三》。
② 《商君书·慎法》。

“及孝公，商君死”，仍旧枝叶长青。秦国的变法，前后历经 19 年，到秦始皇时，又把这种法制传统进一步健全、完善和发展，使秦国由贫弱的“蛮夷之国”，一跃而为综合国力最强的国家。

商鞅变法之所以取得成功，首先就在于它是一场顺应了历史发展规律的改革。当然，说商鞅变法顺应了历史发展的规律，并非仅指它发生在历史需要变革的年代，因为发生在变革年代的更制并不一定都是进步的、合理的。所谓顺应客观规律，主要是说这场变法所进行的废除与建立等符合了历史发展的要求。改革要成功必须遵守客观规律，违反客观规律的变法不可能成功。但规律并不能事先指示给人们一个正确的途径，也不能事后告诉人们之所以成功或失败的原因。要谋求改革的成功，除了把握改革本身的历史合理性外，还必须做大量推动改革实际进程的工作。顺应历史要求的改革必须依赖人们的努力才能走向成功，而响应、支持、赞成改革的力量是否足够强大直接决定着改革的成败，只有获得了强大支持力量的改革才有可能走向成功。在战国时期，社会的主要政治力量来自君王及其所代表的势力，因此，改革能否获得强大的支持力量并取得成功，关键在于统治集团，主要是君王对改革的态度。而统治集团改革的决心又来自于对改革的需要，来自于非改革不可的紧迫感。商鞅变法之所以能成功，一个关键性的因素就是以秦孝公为首的秦统治集团需要改革，需要通过改革以谋强秦。秦孝公在较长时期里对改革给予了坚决而有力的支持。

其他六国虽也有变法举措，但在体制上没有形成气候，在法制上没有抑制住顽固保守势力，“礼治”多半转化成“人治”，即“圣君贤相”之治，而一旦“圣君”不存，则“贤相”难保。因此，这些变法，不是流产，就是夭折；有的虽能收一时之功，却鲜有长久之效。

吴起变法在打击旧贵族、加强中央集权方面做得比较果断，但可惜破虽甚，但立不足，没能像商鞅变法那样，在剥夺旧贵族无功受禄特权的同时，通过重赏耕战之士，在全国培植起支持变法的广泛社会基础。而且其发展生产、增强武备所采取的手段皆属应急措施，而非长久之计。“令贵人往实广虚之地”①，并不能从根本上解决楚国地广人稀、劳力不足等影响生产发展的诸多问题；靠一时裁汰冗官冗员、没收封君爵禄节省的有限经费去“奉选练之

① 《吕氏春秋·贵卒》。

士”，也难以长久地调动楚民从军打仗的热情。因此，变法虽在短期内增强了楚国军力，得以“南收扬越，北并陈蔡”，开疆拓土，却没能给百姓带来致力于农战便可改善自己政治经济地位的希望之光，引不起楚民对新政的强烈向往。故楚民长期对新政表示冷漠，以至连改变郢人“以两版垣”的落后建筑方法加固楚都城防这样的好事都会招来楚民“见恶”。吴起新政就因没赢得民众理解信任而缺乏根基，加之变法时日又短，所以当旧贵族发起反攻时很快就土崩瓦解了，楚国也因之而每况愈下。

赵武灵王的“胡服骑射”，单就军事改革而论，是成功的，其胆识、气魄、意志与措施皆堪称赞许。但美中不足的是，武灵王忽视了军事改革应与政治、经济改革配套而行，没有注意分析、解决赵国生产发展和政权建设所面临的各种新问题，赵国的经济与政治始终没有多大起色。长平大战前，赵豹谏赵孝成王要有自知之明，莫与秦争上党，一个很重要的理由就是“秦以牛田，水通粮”[①]，生产技术和经济实力比赵国要雄厚，可见赵一直未能达到秦的生产水平。在政治上，赵武灵王缺乏远见，没能适应社会发展需要，着力改善贵族政治，加强中央集权，反而逆流而动，一手制造了权分为二的局面，既立次子何为赵王，又封长子章为代君，令两子同时称王。结果，祸起萧墙，公子章作乱，武灵王被赵王何的拥戴者困死于沙丘宫，作茧自缚，“为天下笑”。之后，赵国旧势力一直未能受到触动，政治局面一如既往，封君专权，太后用事，旧贵族左右朝政，忠臣良将屡遭贬斥。“胡服虽强，建立所非”[②]，虽因“胡服骑射”之功拥有一定军事实力，却缺乏能够很好驾驭这种实力的政治体制与领导集团，最终还是为秦所吞并，使武灵王的向往灰飞烟灭。

齐威王改革在整顿官风、刷新政治方面很有独到之处。用当众烹死玩忽职守的阿大夫、重赏认真负责的即墨大夫的办法赏善罚恶，儆诫群臣，收效甚为显著，为广开言路而列出三等赏格鼓励臣民进谏更使齐“战胜于朝廷”。结果，齐国“大治”。可叹好景不长，因政治体制改革上的疏漏，军权落到田氏宗族之手，遂使齐国成为强弩之末。湣王十七年（前284），风云突变，齐国被燕、秦、三晋联军杀得一败涂地，国势骤衰。未出三世，遂拱手而降秦。田齐之衰落，与湣王的骄傲专横、用兵太急、惹得天怒人怨有直接关系。然而，

① 《战国策·赵策一》。
② 《史记·赵世家》。

威王改革深度不够，留给接班人的后遗症亦不容忽略。首先是法制不健全，譬如赏赐军功，未能形成明确的、有持久诱惑力的系统制度，只规定“得一首者，则赐赎缁金”。即凡是能在战场上斩取敌人一个首级的士兵，不管仗打胜还是打败，均可得到一份能用来赎免其罪过的限额奖金。这和秦国的军功爵制全然不能相比，唤不起齐民对战争的热情。其次，威王改革未能对田齐贵族的特权加以必要的限制，政权结构得不到适当改造，集权程度不高，致使齐国封君权重，养虎为患。宣、湣之际，孟尝君田文父子坐大，形成可与中央抗衡的强大割据势力。孟尝君为发展个人权势，在齐国生死存亡的关键时刻竟伙同异国“攻伐被齐”，被荀子讥为“天下大戮”①。

只有商鞅变法，在制度上真正实现了强化国家权力的目标，做到了对民众的绝对控制。因而，商君虽死，其法未败。秦国最后能够统一中国，追根溯源，与商鞅变法的成功关系极大。秦的崛起告诉我们这样一个道理：一个落后的国家，完全可以通过改革旧制解放生产力获得经济发展，并通过坚持不懈地深化改革后来居上！切切实实的改革是历史发展的重要推动力。因此，齐国不是生产力不行，也不是文化艺术不行，而是政治建设未能随之发展进步。而秦国之所以能统一天下，也并非完全是因为秦国富裕、生产力水平高，而是在于秦国以中央集权制为核心统治制度的发展道路适应了时代要求。毕竟，战国时期，统一已是大势所趋。当时的七个强国，谁都有统一的野心，谁也都有统一的可能。频繁的兼并战争充分显示了中央集权的优越性：诸侯国内部越是中央集权，越能调动全国一切资源为战争服务，其战斗力就越强。对此，顾准先生有精妙的论述：“春秋战国时代，正当我国历史转变的关头，但是从殷商到西周、东周长期‘神授王权’的传统，已经决定了唯有绝对专制主义才能完成中国的统一，才能继承并传布中国文明，虽然这种专制主义使中国长期处于停滞不前，进展有限的状态之中，但这是历史，历史是没有什么可以后悔的。”②

三、秦国统一奠定了中国封建社会的政治走向

十五年，只有十五年。

---

① 《荀子·王霸》。

② 顾准：《顾准文集》，贵州人民出版社，1994年，第191页。

公元前206年，汉帝国的缔造者刘邦攻进了咸阳，大秦帝国灭亡了。

秦国统一用了漫长的一个半世纪，却在短短的十五年内迅速陨落了。这真是一个令人嗟叹的历史现象。

十五年，即便对一个人短暂的一生来说，也并非是一个十分漫长的过程，更遑论悠久漫长的中国历史长河呢。然而，也就是这个短命的大秦王朝，却将短短的十五年享国时光幻化出璀璨的光彩，导引着两千多年中国历史的发展道路。数千年的中国封建历史就按照它设计、构建的模式发展延续着。这实在是个奇迹。

秦朝是中国历史上一个承前启后的重要转折期，它既是上古以至战国时代历史文化的总结，又是汉唐、明清历史文化发展的基础。这一时期，秦始皇为了进行王朝统治施行了许多重要的制度和政策，这些制度和政策显现出明显高超的政治智慧，无论是对当时的社会还是后世的历史，都发生了重要影响。当然，在两千多年的历史演变中，这一系列制度设计也不是毫无变化，但秦朝时形成的基本特征并没有根本改变。

（一）创立集权主义的皇帝制度

秦朝确立了集权主义的皇帝制度，这对中国历史的影响是极其深远的。“皇”和“帝”是古代最为神圣的称号，“皇”是“天人之总称”，“得天之道者为帝”，嬴政把“皇”与“帝”连起来，自称“始皇帝”。皇帝是新的神圣的象征，“德兼三皇，功高五帝”，是独一无二的，至高无上的。为了显示皇帝的权威，嬴政规定：只有皇帝才可以称“朕”，在此之前，“朕”表示“我”，不论尊卑，每一个人都可使用，屈原在《离骚》中就有“朕皇考曰伯庸”的词句。皇帝的印以玉雕刻，称“玺”，皇帝的命令称“制”和“诏”。此外，嬴政还订立了一套烦琐的礼仪规范，籍以维护皇帝的尊严。如此等等，就从名号、制度、礼仪等诸多方面确保了皇帝的至高无上和不可侵犯。“在制度与观念的互动中，‘皇帝’不再是单纯的文化符号，而是统治思想和政治制度的最高概括。”①

皇帝制度的核心是皇权独尊，这既是对先秦王权的超越，集先秦政治文化的大成；又是后世皇权不断加强的肇始，确立了此后两千多年的皇权政治意

① 张分田：《秦始皇传》，人民出版社，2003年，第189页。

识。在此种制度下，皇帝是封建专制主义中央集权国家的核心和权力主体、法定的国家首脑和最高统治权力的执掌者，拥有至高无上、不受制约的绝对权力。皇帝一人独治天下，全国的土地、资源、人民、财富均为他个人所有，“天下事无小大皆决于上”①。皇帝可以决定任何人的生死荣辱，“所操者六：生之、杀之、富之、贫之、贵之、贱之。此六柄者，主之所操也”②。皇帝还是国家政治事务法定的唯一最高决策者，有权统率和指挥自中央至地方各级军政系统和文武官吏，要求他们绝对遵照自己的意志和指令办事。一切以皇帝名义发出的指示，都被赋予了神圣不可侵犯的意义，不允许有任何违抗或异议。一切法律的颁行和解释，所有一定品级官员的任免、奖惩和升贬，全国性财政赋役的征调和开支，对外和战与对军队的调遣指挥，都只有皇帝一人才能决定，具有统辖一切的绝对性权威和独裁性。

很显然，集权主义的皇帝制度否定了王权分封制度下的隔级不统辖的统治体制，皇权通过官僚权力体系贯通到中央、地方，直至最基层的臣民，有效保证了中央政令畅通及对全国的有效控制、管理。对此，两千多年后的美国汉学家顾立雅（HG Creel）这样评论：“还是早在基督教时代开始之时，中华帝国就已经显示了众多与20世纪的超级国家的类似之处了”，“在由中央集权的官僚政府加以管理之上，中国远远超过了罗马帝国，并且超过了近代以前所有可比的国家。”③

秦朝开创的皇帝制度没有随着秦朝灭亡而绝迹，而是影响了西汉乃至整个中国封建社会。这一制度自公元前221年创立，直至1911年清宣统皇帝逊位才被彻底废除，前后历时2133年，共经历了352名皇帝，其中统一朝代的皇帝有146名，分裂时代的皇帝206名，真可谓“既寿且昌”。这种政治生态意味着皇帝制度以及由此带来的皇权意识已经内化到全体民众的意识和社会生活之中，其产生的势能不管是对历代统治者，还是对无数最底层的国民都具有巨大的诱惑力。因此，无论皇权专制的制度性弊端如何无以复加，都不足以阻止后来人的重蹈覆辙。更为重要的是，皇权专制政体一旦通过一系列制度路径建

① 《史记·秦始皇本纪》。

② 《管子·任法》。

③ HG Creel.*The Beginning of Bureaucracy in China : The Origin of the Hsien* , *Journal of Asian Studies*, XXⅢ, 1964, pp. 155 - 156. 转引自阎步克:《士大夫政治演生史稿》,北京大学出版社,1996年,第238 - 239页。

立起来，它就成为一种具有异常强大生命延续能力的机器。德国哲学家卡尔·雅斯贝斯说：“一旦建立了独裁制，便不可能从内部把它消除。……这部机器几乎自动地保持它自己。”[①] 而中国皇权政体这种“自动保持自己”的制度机能，无疑为这种理论提供了极具开创意义的实例。因此，中国皇权专制性的历代绵延，并不会因一朝一代的祸患就被阻绝和中断，这也是中国皇权制度存在数千年之久的重要原因。并且，皇权主义的影响还在于，人们必须围绕着皇帝制度来思考，学会并习惯于在皇帝制度下进行思考。[②] 追溯皇帝制度的源头，则肇始于秦朝，源于始皇帝确立的皇权独尊。

（二）奠基新的统治模式

秦朝以后迄于清，统治体制虽屡有更迭，中央各部门及地方政权的名称虽有不同，但是秦帝国所创立的中央三公九卿、地方郡县这种基本体制却没有大的变化，一直沿袭了两千多年，正如司马迁所说：“制作政令，施于后王。”有些甚至直到现在，虽然性质早已发生了本质变化，但其形式仍在沿用。

三公九卿制起源很早，秦统一后，经丞相李斯修订始成为正式的中央官制。所谓三公，即丞相、太尉、御史大夫，分掌行政、军事、监察。九卿，据《通典》，是为奉常、郎中令、卫尉、太仆、廷尉、典客、宗正、治粟大夫、少府，负责政府各部门工作。在中央官制中，三公官位最高，九卿略低于三公。在权力配置上，三公鼎立，各司其职。秦王朝以丞相、太尉、御史大夫组成权力中枢，政治分工的具体化导致了权力制衡体制的形成。从此，行政、军事、监察被认为是国家权力的三项最主要职能，从而确立了三公九卿制的基本模式，奠定了中国封建社会中央行政体制的基本架构。

三公九卿制度的基本结构从秦朝一直沿用到两晋，直至隋文帝创三省六部制。不过，从三省六部制的结构上来看，也无处不有着三公九卿制结构的影子。此后，一直到明代，明太祖朱元璋废掉中书省、尚书省及门下省，六部直接对皇帝负责，中国古代历史上中央官制三权分立制衡的制度才算正式寿终正寝。三公九卿这一制度沿用约达八百多年，并从结构上影响了三省六部制并左右中国古代中央官制约达七百年。可以说，三公九卿制，上承夏商周，下接隋唐宋元，在中国历史上留下了浓墨重彩的一笔。

---

① ［德］卡尔·雅斯贝斯著，魏楚雄等译：《历史的起源与目标》，华夏出版社，1989年，第234－235页。

② 雷戈：《秦汉之际的政治思想与皇权主义》，上海古籍出版社，2006年，第69页。

秦朝彻底废除了西周以来一直沿用的“封建亲戚，以藩屏周”的统治模式，分海内为郡县，以郡县治理民众，在全国范围内建立起郡县制的统治模式。著名学者王亚南在分析了秦王朝的各项政治制度后指出：“其中最基本的措施，则是‘天下皆为郡县，子弟无尺土之封’。因为有了这一项根本决定，任何贵族就没有‘食土子民’的权能。经济政治大权集中于一身，他就有无上的富、无上的贵、无上的尊严，‘朕即国家’；他的命令就成为制、成为诏了；而分受其治权的大小官僚，就得仰承鼻息，用命受上赏，不用命受显戮了。”[①] 所论甚是。在郡县制之下，国家政治权力的中心在中央，举凡一切行政、军事、财政、外交、用人之权一出于中央，地方各级政治机构不过是以君权为核心的中央政权派出机构而已，“自此贵族特权阶级分割性之封建，渐变而为官僚统治之政府”[②]。

废分封、行郡县统治模式的确立，对中国政治的影响极为深远。在秦始皇年代，质疑并挑战郡县制被明确记载的只有一次。秦一统天下八年后，“置酒咸阳宫”，在这次大宴群臣的宴会上，博士齐人淳于越看不惯众臣歌功颂德，讲了一番挑战郡县制的“政见”，他说：“臣闻殷周之王千余岁，封子弟功臣，自为枝辅。今陛下有海内，而子弟为匹夫，卒有田常、六卿之臣，无辅拂，何以相救哉？事不师古而能长久者，非所闻也。”这一质疑的最直接结果是导致了著名的“焚书”事件。不过，对郡县制最激烈的反动还是来自项羽，他尚未完成对刘邦的最后胜利，就急不可待地分封了十八个诸侯王，自称“西楚霸王”，但分封并没有给楚霸王带来幸运，他的政权很快分崩离析、瓦解冰消。

其后，中国历史就时常伴随着郡县制与分封制——顾炎武将其解释为“中央集权”与“地方分权”的纠缠。秦之后的汉朝没有沿袭秦朝纯粹郡县制的治理体制，而是一度回归到分封，实行郡国并行的统治体制。此后的晋朝和明初同样也进行了大分封，分封与郡县出现反复。但总体来看，此后的两千年间，分封制虽曾偶占优势，但郡县制的主导形态却从未消解。魏晋南北朝的州—郡—县三级制、隋及唐前期的州（郡）—县二级制、唐后期及宋辽金的道（路）—州—县三级制、明清时期的省—府—县制，基本上都是沿袭秦的郡县制度或是秦郡县制的翻版。《剑桥中国秦汉史》称：“这个制度成了后世

---

① 王亚南：《中国官僚政治研究》，中国社会科学出版社，1981 年，第 57 页。

② 钱穆：《国史大纲》，商务印书馆，1994 年，第 83 页。

王的典范（但又稍加修改），最后演变成现在仍在实行的省县制。”明人杨慎云：“三代以上，封建时也，封建顺也；秦而下，郡县时也，郡县顺也。总括之曰：封建非圣人意也，势也；郡县非秦意也，亦势也，穷而变，变而通也。”① 王夫之更是认为：“郡县之制，垂二千年而弗能改矣，合古今上下皆安之，势之所趋，岂非理而能然哉?”②

（三）文化专制主义的滥觞

将思想言论罪列于刑罚，著之法律，这是秦帝国的一大发明。古时，周厉王虽使人监谤，但并未定入法律。秦帝国将妄言、挟书、匪帮、偶语等列入法律，且处以族、弃市等重刑，其中尤为突出者自然当属“焚书坑儒”事件。

“焚书”发生在秦始皇三十四年，《史记》所载的缘由是儒生淳于越驳斥周青臣，否定郡县制，这是儒家思想与法家思想继分封与郡县之争后的又一次交锋。丞相李斯趁机批判了淳于越的“师古”主张，并乘机进言，要求禁止百姓以古非今，以私学诽谤朝政。秦始皇采纳了李斯的建议，下令焚烧《秦记》以外的列国史记，对不属于博士馆的私藏《诗》《书》等也限期交出烧毁；有敢谈论《诗》《书》者处死，以古非今者灭族，此即为“焚书”。对“焚书”的目的，著名秦汉史专家林剑鸣先生有精当的剖析：“这一次焚书的最初起因，本是由于分不分封的问题，而主张或反对分封者，都是为了秦始皇长久的统治打算，原无根本的对立。但李斯借题发挥，最后竟造成焚书的结局。这件事，表面看来似乎是偶然的，实际却有其必然的原因，地主阶级一掌握政权，便十分注意加强思想统治，他们认为人民的头脑越简单越好，所以早在商鞅变法时已有‘燔诗书’之举，企图用这种方法消除不利于地主阶级统治的思想，这当然是十分愚蠢的。不过，在深受法家思想影响的秦始皇看来，‘燔诗书’乃是控制人民思想的有力手段”③。“焚书”之后的第二年，两个术士侯生和卢生暗地里诽谤秦始皇，并亡命而去。秦始皇得知此事，大为恼怒，派御史调查，审理下来，得犯禁者四百六十余人，全部坑杀，此即为“坑儒”。两事合称“焚书坑儒”。

① 杨慎:《升庵全集》,商务印书馆,1937 年印行,第 525 页。
② 王夫之:《读通鉴论》,中华书局,1975 年,第 1 页。
③ 林剑鸣:《秦汉史》,上海人民出版社,1989 年,第 156 页。

不过，从历史事实来看，“焚书之举，不过恐私学乱教，非欲消灭儒术也”[①]。坑儒也并非要尽杀天下的儒生，而是要坑杀违反禁令的儒生。因此，“焚书坑儒”的意义不在于焚毁了一批书简，坑杀了数百儒生，而是在于通过行政手段，遏制关东诸国曾盛行的诸学杂陈、诸子争鸣的学风，打击以典籍为依托流传下来的系统化和理论化的儒学，昭示法家文化的价值取向，进而统一思想，巩固统治。

秦朝除了以焚坑进行镇压，禁绝一切不同思想之外，还提倡“以吏为师”，其实质就是把皇帝及其臣下各级官吏的思想和行为，确立为全体社会成员的思想、行为的准绳和楷模，把统治者的意志普遍化为社会的意志，使社会和民众驯服于秦始皇的个人意志，是君主专制中央集权的国家统治。

“焚书”“坑儒”，并公示天下，是秦帝国文化专制政策的确立，它标示了大一统君主制集权的官僚体制系统在文化定位上的价值观内涵，即等级、秩序、服从、功利等。此后，承秦之制的汉帝国“罢黜百家，独尊儒术”，这种唯儒独尊的文化形式，以及以专制主体的官僚体制价值系统为内涵的儒家大一统学说的学术与理论体系，都正好是秦帝国文化禁锢政策的承继。它的变通之处在于其内容上吸取秦亡教训，注意到中国宗法社会的性质，由此将强调宗法血缘的道德礼仪的儒家文化兼容性地标贴在法家专制主义思想文化的表面，互为表里体用，完成了中国专制主义思想的转型。因此，在某种意义上，秦朝“坑儒”与汉朝“尊儒”，其实质是一样的，都是为了统一思想。

历史发展已经证明，任何政权在刚建立时，都有统一思想的需要，统一思想是巩固政权的基本条件，对秦朝如此，对历代王朝也是如此。但以何种方式统一思想、统一到何种程度是每一个当政者必须认真思考的问题。秦朝以后的所有统治者，无一不把统一思想看成维护统治的关键手段，因此，两千年中，中国的一些封建帝王以言论罪、思想罪罪人者代不绝书。发展到明清时期大兴文字狱屠戮文人，其肇始者难道不是秦帝国吗？其后一切以此治人罪者，自皆以始皇为其宗师。中国两千多年的思想禁锢，文人噤声，社会落后，未尝不与此有一定的联系，或者至少应是历史的远因。

不难看出，秦朝各项具体制度和政策构建的统治模式，贯穿了中国两千多

---

① 萧公权:《中国政治思想史》,辽宁教育出版社,1998 年,第 264 页。

年的封建社会。因此，夏曾佑在《中国古代史》中写道：“中国之政，得秦皇而后行。……自秦以来，垂两千年，虽百王代兴，时有改革，然观其大义，不甚悬殊。”清代学者恽敬在《三代因革论》中也说：“自秦以后，朝野上下，所行者皆秦之制也。”近代著名的维新变法人士谭嗣同也发出振聋发聩的感慨：“两千年来之政，秦政也。”[①] 就连毛泽东主席也赋诗曰：“百代皆行秦政事。”对传承百代的“秦政”，北京大学教授阎步克先生有不同的观察：“关怀治道的人们，特别是儒生，大抵是将秦作为一个反面的样板来加以评论，这种态度，又推动着帝国体制向与‘秦政’颇为不同的方向演化。”[②] 对历史来说，经验与教训都是不能忘记的。

秦政，就在不断损益中，两千年过去了。

---

① 谭嗣同:《仁学》,辽宁人民出版社,1994 年,第 70 页。

② 阎步克:《士大夫政治演生史稿》,北京大学出版社,1996 年,第 225 页。

齐、秦对照大事年表[①]

时　间	齐国大事	秦国大事
周武王二年（公元前 1045 年）	武王大封诸侯，史称“封邦建国”，封姜太公于齐营丘。 太公始就国，莱夷来伐，与之争营丘。太公就国，辟草莱而居；治齐，简礼从俗，举贤尚功，通工商之业，便鱼盐之利，农工商并举，民人多归齐。	
周成王三年（公元前 1040 年）	周公平定管蔡之乱，灭奄国、薄姑，以其地封吕尚，建齐国，封伯禽于鲁。周公室召公命太公曰：“东至海，西至河，南之穆陵，北至无棣，五侯九伯，实得征之。”齐由此得征伐大权，齐为大国。	
周康王六年（公元前 1015 年）	齐太公望卒，子伋立。其后齐侯代立者有乙公得、癸公慈母，年代不可考。	
周孝王十三年（公元前 872 年）		非子封秦。
周夷王三年（公元前 867 年）	周夷王烹齐哀公，立其弟静，是为胡公，胡公徙都薄姑。其后哀公同母少弟杀胡公自立，是为献公，复徙都临淄。	

① 中国历史上有确切纪年始于公元前 841 年的共和元年，此前的年份根据相关的历史记载推论得出，相互之间存在一定差异，各有所据，难有定论，不过基本年限相差不大，不影响大问题的理解和宏观把握，本表数据参考了夏商周断代工程阶段性研究成果。

续表

时　间	齐国大事	秦国大事
周厉王七年 （公元前 851 年）	齐献公卒，子寿立，是为武公。	
周宣王三年 齐武公二十六年 （公元前 825 年）	齐武公卒，子无忌立，是为齐厉公。	
周宣王六年 齐厉公三年 （公元前 822 年）		秦仲之子为西陲大夫，是为秦庄公。
周宣王十二年 齐厉公九年 （公元前 816 年）	齐胡公子杀厉公无忌，齐人立厉公子赤，是为齐文公。	
周宣王二十四年 齐文公十二年 （公元前 804 年）	齐文公卒，子说立，是为成公。	
周宣王三十三年 齐成公九年 （公元前 795 年）	齐成公卒，子购立，是为齐庄公。	
秦襄公八年 （公元前 770 年）		周平王东迁，史称东周。秦受封为诸侯，始立国。
齐僖公三十三年 （公元前 698 年）	齐僖公卒，子诸儿立，是为齐襄公。	
秦武公十年 （公元前 688 年）		伐邽冀戎，初建县。
齐襄公十二年 （公元前 686 年）	齐襄公言行无常，鲍叔牙奉公子小白奔莒。管仲、召忽奉公子纠奔鲁。 齐公子无知杀襄公，齐乱。	
齐桓公元年 （公元前 685 年）	齐上卿高氏、国氏立齐桓公。 齐鲁战于乾时，鲁庄公为公子纠争位，率鲁军伐齐，鲁师败绩。 齐鲍叔荐管子，管子荐隰朋、宁戚、王子成父、宾虚无、东郭牙于桓公。	

续表

时　间	齐国大事	秦国大事
齐桓公二年 （公元前 684 年）	齐鲁长勺之战。 齐师灭谭（今山东济南市东南），谭君奔莒。	
齐桓公五年 （公元前 681 年）	齐桓公与宋、陈、蔡、邾之君盟于北杏，谋为宋平乱。 春秋时以诸侯主萌始于此。 齐以遂（今山东肥城南）不与北杏之盟，灭遂。	
齐桓公七年 （公元前 679 年）	齐桓公与宋、陈、卫、郑会于鄄，齐桓公首霸。	
秦德公元年 （公元前 677 年）		徙都于雍。
齐桓公十四年 秦宣公四年 （公元前 672 年）	陈内乱，公子完奔齐，齐桓公任命其为工正，陈完改姓田。	与晋大战河阳，获胜。
齐桓公二十二年 （公元前 664 年）	齐伐山戎以解北燕危，齐桓公亲征，至令支、孤竹。	
齐桓公二十四年 （公元前 662 年）	齐筑小谷（今山东东阿），作为管仲采邑。	
齐桓公三十年 （公元前 656 年）	齐桓公率齐鲁、宋、卫、郑、许、曹之师伐蔡，进而伐楚，诸侯与楚国于召陵会盟，史称召陵之盟。	
齐桓公三十五年 秦穆公九年 （公元前 651 年）	齐桓公与宋、鲁、卫、郑、许、曹之君及王使会于葵丘。	送晋公子夷吾归国，晋许秦河西八城。
秦穆公十年 （公元前 650 年）		晋背约，不给秦河西之地。
秦穆公十三年 （公元前 647 年 ）		晋发生灾荒，向秦借粮，秦兴“泛舟之役”。
穆公十四年 （公元前 646 年 ）		秦发生灾荒，向晋借粮，晋拒绝。

续表

时　间	齐国大事	秦国大事
齐桓公四十一年 秦穆公十五年 （公元前645年）	楚伐徐，齐、宋、鲁、卫、郑、许、曹之君盟于牡丘（今山东聊城东），谋救徐。 一代贤相管仲去世。	与晋战于韩，虏晋惠公。晋献河西之地。
齐桓公四十三年 （公元前643年）	齐桓公卒，诸公子争立，易牙杀群吏，立公子无亏，太子昭奔宋。	
秦穆公二十三年 （公元前637年）		迎晋国公子重耳于楚。
秦穆公二十四年 （公元前636年）		送晋公于重耳归晋，立为晋文公。
齐孝公九年 （公元前634年）	鲁、莒、卫盟于向（今山东莒县南），齐孝公以三国擅自会盟，伐鲁西鄙、南鄙。 鲁引楚师伐齐宋，取齐谷邑，使公子雍居之，桓公七子皆奔楚，楚尽以为大夫。	
秦穆公三十三年 （公元前627年）		秦攻郑未成，灭滑，晋于殽大败秦军，虏秦三将。
秦穆公三十六年 （公元前624年）		秦伐晋大胜，取王官及鄗，封殽尸而还。
秦穆公三十七年 （公元前623年）		晋伐秦围邧；秦伐西戎大胜，“开地千里”，天子使召公贺以金鼓。
秦穆公三十九年 （公元前621年）		穆公卒，以177人为殉。
齐昭公十一年 （公元前620年）	齐昭公卒，子舍继位，公子商人杀舍自立。	
齐懿公四年 （公元前609年）	齐懿公为御者所杀，立公子元，是为惠公。	
齐惠公十年 （公元前599年）	齐惠公卒，子无野立，是为顷公。齐上卿国氏、高氏逐崔杼奔卫。	

续表

时　间	齐国大事	秦国大事
齐顷公十年（公元前 589 年）	晋、齐鞍（齐地、山东济南米箕山西北侧）之战，齐师大败，请和，许归所夺鲁、卫之田。 楚师伐卫伐鲁以救齐，鲁请和，楚与齐、秦、卫、陈、宋盟于蜀，诸侯无诚意，人称“蜀盟”。 周王不受晋献胜齐之捷。	
齐顷公十六年（公元前 583 年）	晋归汶阳之田于齐，鲁不满于晋。 齐顷公卒，子环立，是为灵公。	
齐灵公八年（公元前 574 年）	齐灵公之母诬陷国佐、高无咎、鲍牵叛，高弱以卢叛，国佐伐郑归，杀庆克，以谷叛，旋与齐侯盟。	
齐灵公二十七年（公元前 555 年）	诸侯围临淄。齐又伐鲁北鄙，晋平公会诸侯伐齐，焚四郭，攻扬门东阇，齐师不敢出。诸侯东侵及潍，南侵及沂，齐师皆城守。	
齐灵公二十八年（公元前 554 年）	伐齐诸侯盟于祝柯，曰：“大毋侵小。”齐崔杼立庄公，杀高厚等。	
齐庄公二年（公元前 552 年）	崔杼以其党庆佐为大夫，讨公子牙之党，执公子买，公子钼奔鲁，叔孙还奔燕。	
齐庄公三年（公元前 551 年）	齐庄公不听晏婴之谏，纳栾盈。 晋会齐鲁郑卫等诸侯，令勿纳栾氏。	
齐庄公四年（公元前 550 年）	齐师趁栾盈之乱伐晋，为报临淄之辱。为接应栾盈，先伐卫，再伐晋。兵分两路，一路入孟门，一路入太行陉。及闻栾氏之败，齐师还。 齐师袭莒，莒请和，齐师还。	

续表

时　间	齐国大事	秦国大事
齐庄公六年（公元前548年）	齐庄公私通崔杼之妻，崔杼弑庄公，立景公。 崔杼自立为右相，以庆封为左相，齐太史秉笔直书。 晋会诸侯伐齐，齐重贿晋军首领以请和，并归罪于庄公。伐齐诸侯与齐盟于重丘（今山东聊城东南）。	
齐景公二年（公元前546年）	向戌弭兵。宋平公与晋、楚、齐、鲁、卫、陈、蔡、郑、曹、许之大夫盟于蒙门。盟词曰“勿用兵，勿残民，利小国”，“晋楚之从交相朝”。按照蒙门之盟，齐与其他亲楚国家应当朝晋。 齐庆封当国。	
齐景公四年（公元前544年）	吴王夷末使其弟季札聘诸侯，通好北方诸侯。季札认为齐国政权以后将归于田氏。 晏婴荐司马穰苴于景公，使治兵。	
齐景公九年（公元前539年）	晏婴使晋，与晋国叔向论齐晋形势。 晏婴曰：“齐政将归陈氏，公失其民，民三其力，二入于公，国之诸市，屦贱踊贵。陈氏以家量贷，而以公量收之，民爱之如父母，归之如流水。”叔向曰：“晋亦当末世，公室滋侈，厚赋为台池，庶民疲弊，民闻公命，如逃寇仇。公室将卑，政在家门。”	
齐景公十六年（公元前532年）	陈桓子逐栾氏、高氏，栾氏、高氏奔鲁。陈桓子招子周等，还其邑，益之禄。自此，陈氏之势益盛。	

续表

时　间	齐国大事	秦国大事
齐景公三十二年（公元前516年）	齐师取郓（鲁邑），使鲁昭公居之。 齐景公会莒杞邾之君，谋纳鲁昭公。 彗星出齐东北，景公使人禳之，晏子趁机谏曰："君高台深池，赋敛如勿得，刑罚恐弗胜，百姓苦怨以万数，而君令一人禳之，安能胜众口乎？"	
齐景公三十四年（公元前514年）	孔丘赴齐学韶乐，三月不知肉味。景公问政，孔子对曰："君君臣臣父父子子。"又曰"政在节财。"	
齐景公三十六年（公元前512年）	齐国贵族互相砍杀，孙武奔吴，向吴王阖闾献兵法，为吴治兵，威震楚越。	
秦哀公三十一年（公元前506年）		楚国申包胥至秦求兵伐吴。
秦哀公三十二年（公元前505年）		秦发兵五百乘救楚，大败吴师。
齐景公四十八年（公元前500年）	齐、鲁媾和，两国之君会于祝其（即夹谷，今山东莱芜东南），孔丘相鲁定公赴会。将盟，齐侯加于盟书曰："齐师出境，而不以甲车三百乘从我者，有如此盟。"孔子使鲁大夫对曰："而不返我汶阳之田，我以供命者，亦如之。" 齐景公、卫灵公、郑卿会于安甫，谋备晋。 贤臣晏婴卒。	
齐景公五十八年（公元前490年）	晋伐荀氏、范氏，荀氏、范氏奔齐。 齐景公卒，以国夏、高昭子辅命幼子荼，是为安孺子。	

续表

时　间	齐国大事	秦国大事
安孺子元年（公元前489年）	陈乞逐高氏、国氏。 齐大夫陈乞（陈僖子）欲去齐国世卿国氏、高氏，以专齐政，国人助陈氏，国夏奔莒，高张晏舆奔鲁。	
齐悼公元年（公元前488年）	陈僖子迎立公子阳生，是为齐悼公。陈乞杀安孺子。	
齐简公元年（公元前484年）	齐以二卿国书、高无邳率师伐鲁，讨其去年会吴师伐齐。冉求率左师冲入齐军，齐军大乱，夜遁。 齐吴艾陵之战。 吴闻齐师伐鲁，率吴师会鲁师以讨齐。吴师大败齐师，俘国师等五大夫，革车八百乘，甲首三千。	
齐简公三年（公元前482年）	陈桓子（田成子）与阚止为左右相。陈桓子修其父陈僖子之政，大斗贷，小斗入，国人歌曰："归乎田成子。"	
齐简公四年（公元前481年）	陈桓子杀简公及阚止，孔子请伐齐国。 陈桓子立齐平公。	
齐平公五年（公元前476年）	齐田氏大于公室，齐国之政归于陈桓子。陈桓子尽诛鲍晏阚止及公族之强者。	
齐平公二十六年（公元前456年）	齐平公骜卒，子积立，是为宣公。 陈桓子卒，其子田盘立，是为田襄子。	
齐宣公四年（公元前452年）	田襄子卒，子田白立，是为田庄子，相齐宣公。	
齐宣公四十五年（公元前411年）	齐田庄子攻鲁，取一都。齐田居思伐赵鄗，围平邑（今河南南乐东北）。 田庄子卒。	

续表

时　间	齐国大事	秦国大事
齐宣公四十六年（公元前 410 年）	田悼子继任齐相。	
齐宣公五十一年（公元前 405 年）	宣公卒，子贷立，是为康公。田悼子卒，田和立。	
齐康公十四年（公元前 391 年）	田和迁齐康公于海上，使食一城，以奉姜氏之祀。田和遂有齐国。	
齐康公十八年（公元前 387 年）	田和会魏武侯于浊泽（今河南省白沙水库东），求立为诸侯。	
姜齐康公十九年田齐太公元年（公元前 386 年）	周安王应田和之请求，命田和为诸侯。改元为齐太公元年。	
秦出子二年（公元前 385 年）		秦庶长迎献公于河西而立之。
齐太公三年（公元前 384 年）	田和卒，子田剡立。	
秦献公二年（公元前 383 年）		徙都栎阳。
齐侯田剡五年（公元前 379 年）	齐康公卒，姜齐绝嗣。田氏完全掌握齐国政权。	
田齐桓公元年（公元前 374 年）	田午杀田剡及孺子喜而自立，是为桓公。	
秦孝公元年（公元前 361 年）		韩、魏伐秦。商鞅入秦。秦伐魏、伐西戎，斩戎之獠王。
秦孝公三年（公元前 359 年）		用商鞅变法。
田齐桓公十八年（公元前 357 年）	齐桓公卒，子因齐立，是为齐威王。	
齐威王元年（公元前 356 年）	稷下学宫约在此年前后设立。赵、齐、宋会于平陆。	
齐威王二年（公元前 355 年）	齐威王、魏惠王会于郊，齐、魏论宝。	

续表

时　间	齐国大事	秦国大事
齐威王四年 （公元前353年）	齐国“围魏救赵”。 齐魏桂陵之战，大败魏军，擒庞涓。	
齐威王七年 秦孝公十二年 （公元前350年）	齐利用堤防山脉重修长城。	徙都咸阳。初聚小邑为县。开阡陌。
齐威王十三年 （公元前344年）	齐威王帅卿大夫聘秦，卫鞅铭之于量。 赵攻齐，取高唐。	
齐威王十五年 （公元前342年）	齐魏马陵之战，魏师大败，俘魏太子申，魏军主帅庞涓自杀。	
秦孝公二十二年 （公元前340年）		商鞅伐魏，虏公子卬。鞅封于商。
秦孝公二十四年 （公元前338年）		秦孝公卒，子惠文君立。 秦诛商鞅。
齐威王二十三年 （公元前334年）	齐、魏“会徐州（今山东滕州东南）相王”。	
秦惠文君八年 （公元前330年）		与魏战，虏龙贾，斩首八万。魏献河西之地。
秦惠文君十年 （公元前328年）		始置丞相。张仪为相。魏献上郡十五县予秦。
秦惠文君十三年 （公元前325年）		秦惠文君称王。
齐威王三十七年 （公元前320年）	齐威王卒，子辟彊立，是为齐宣王。	
秦惠文王更元九年 （公元前316年）		司马错灭蜀。秦取赵中都、西阳（安邑）。
齐宣王六年 秦惠文王更 元十一年 （公元前314年）	燕国内乱，齐匡章率师五旬攻下燕国。	攻义渠，得二十五城。

续表

时　间	齐国大事	秦国大事
秦惠文王更元十三年（公元前312年）		秦庶长魏章击楚于丹阳，虏其将屈匄。又攻楚汉中，置汉中郡。楚攻秦兵至蓝田。
秦武王四年（公元前307年）		始置将军。魏冉为将军。拔韩宜阳。渡河在武遂筑城。魏太子来朝。八月，武王举鼎绝膑死，族孟说。
齐宣王十七年 秦昭襄王四年（公元前303年）	齐、魏、韩攻楚。	攻韩之武遂，魏之蒲阪、晋阳、封陵。 齐、魏、韩共伐楚，楚派太子入质于秦，秦救楚，三国引去。
齐宣王十九年（公元前301年）	齐、韩、魏攻楚方城，大败楚。 齐宣王卒，子地立，是为齐湣王。	蜀侯王子煇反，司马错定蜀。庶长奂伐楚。泾阳君质于齐。
秦昭襄王七年（公元前300年）		秦攻克楚新城，杀楚将景缺。樗里疾卒。
齐湣王二年 秦昭襄王八年（公元前299年）	齐王归楚太子衡，楚人立之，是为楚顷襄王。	齐孟尝君入秦为相。 楚怀王被骗入秦。
齐湣王三年 秦昭襄王九年（公元前298年）	秦免田文，田文自秦逃归，为齐相。	赵国楼缓为秦相。齐、韩、魏联军攻秦至函谷关。秦攻楚，大败楚军。
齐湣王五年（公元前296年）	齐、韩、魏攻秦，秦割地求和。 齐伐燕，覆三军，获二将。	
秦昭襄王十二年（公元前295年）		免楼缓，用魏冉为相。予楚粟五万石。
齐湣王七年 秦昭襄王十三年（公元前294年）	齐田甲劫王，孟尝君免相。齐用秦五大夫吕礼为相。	向寿伐韩取武始。左更白起攻新城。
秦昭襄王十四年（公元前293年）		白起大胜韩、魏联军于伊阙，拔五城，斩首二十四万，虏魏将公孙喜。

续表

时　间	齐国大事	秦国大事
秦昭襄王十六年（公元前 291 年）		攻韩取宛，封公子市（泾阳君）于宛，封公子悝（高陵君）于邓。
秦昭襄王十八年（公元前 289 年）		伐魏取六十一城。魏献河东地四百里，韩献武遂地二百里。
齐湣王十三年 昭襄王十九年（公元前 288 年）	秦、齐并称西帝、东帝。	十月，秦与齐同时称“帝”。后复去。
秦昭襄王二十年（公元前 287 年）	苏秦、李兑约齐、赵、楚、韩、魏五国攻秦。	齐、赵、楚、韩、魏五国攻秦。秦归还部分韩、魏地求和。
齐湣王十五年 秦昭襄王二十一年（公元前 286 年）	赵将韩徐为攻齐。 齐灭宋，宋王偃死于魏。	攻韩夏山，攻魏河内。魏献安邑。
齐湣王十六年 秦昭襄王二十三年（公元前 285 年）		与赵、楚会盟。蒙武率兵伐齐，得九城，设九县。
齐湣王十七年 秦昭襄王二十四年（公元前 284 年）	秦、韩、魏、赵、燕五国合纵攻齐。燕入齐临淄，魏取旧宋地，楚收复淮北地。 齐湣王被杀。	秦与燕、赵、韩、魏攻齐。
秦昭襄王二十四年 齐襄王元年（公元前 283 年）	湣王子法章立于莒，是为齐襄王。 赵攻齐，取阳晋（今山东郓城西）。	攻齐胜，取陶。昭襄王与楚顷襄王相会。攻魏取林，军逼大梁。
齐襄王四年 秦昭襄王二十七年（公元前 280 年）	赵攻取齐麦邱（今山东商河西北）。	攻楚取黔中，楚献汉北及上庸。攻赵，取代、光狼。
齐襄王五年 昭襄王二十八年（公元前 279 年）	田单收复齐失地。 孟尝君卒，齐、魏共灭薛。	秦赵会盟渑池。白起率兵攻楚取鄢。
秦昭襄王二十九年（公元前 278 年）		白起攻下楚安陆，拔楚都郢，焚夷陵，取竟陵，至洞庭。楚迁都于陈。

续表

时　间	齐国大事	秦国大事
齐襄王十年 秦昭襄王三十三年 （公元前 274 年）	赵将燕周攻取齐昌城（今山东淄博东南）、高唐（今山东禹城西南）。	攻取魏蔡、中阳等四城。
秦昭襄王三十四年 （公元前 273 年）		战赵、魏于韩之华阳，赵、魏败，秦占华阳。魏献南阳。
齐襄王十四年 秦昭襄王三十七年 （公元前 270 年）	秦攻取齐的刚（今山东宁阳东北）、寿（今山东东平西南）。	客卿灶攻齐，取寿、刚，予穰侯。秦中更胡伤攻赵之阏与，赵将赵奢大破秦军。
秦昭襄王四十一年 （公元前 266 年）		秦攻魏邢丘。用范雎为相。
齐襄王十九年 秦昭襄王四十二年 （公元前 265 年）	齐襄王卒，齐王建立。	攻取赵三城及韩之少曲、高平。
秦昭襄王四十五年 （公元前 262 年）		攻韩，取野王等十城。大战赵长平。
秦昭襄王四十七年 （公元前 260 年）		大胜赵于长平，白起坑降卒四十万。
秦昭襄王五十一年 （公元前 256 年）		灭西周。周赧王卒，周嗣绝。
秦昭襄王五十二年 （公元前 255 年）		王稽、范雎死。
秦孝文王元年 （公元前 250 年）		昭襄王卒。十月，孝文王即位，三日即卒。
秦庄襄王元年 （公元前 249 年）		吕不韦为相。灭东周。攻韩建三川郡。
秦庄襄王三年 （公元前 247 年）		全占韩之上党郡。平定晋阳之乱，重建太原郡。信陵君会五国兵攻秦。五月，庄襄王卒。
秦王政元年 （公元前 246 年）		秦王嬴政即位，年十三岁。尊吕不韦为仲父。

续表

时　间	齐国大事	秦国大事
齐王建二十四年 秦王政六年 （公元前 241 年）	赵攻齐，取饶安（今河北盐山西南）。	攻魏取朝歌。将卫君角迁到野王。赵、楚、魏、燕、韩五国攻秦至蕞。
秦王政九年 （公元前 238 年）		秦王政行冠礼。嫪毐叛乱，即平。攻魏首垣、蒲阳、衍氏。
秦王政十年 （公元前 237 年）		吕不韦免相。大索，逐客，李斯谏，止逐客。李斯用事。
秦王政十二年 （公元前 235 年）		助魏攻楚。吕不韦自杀。
秦王政十四年 （公元前 233 年）		赵将李牧大败秦将桓齮于肥。韩非入秦，被逼自杀。
秦王政十六年 （公元前 231 年）		魏献丽邑，韩献南阳，秦派内史腾为南阳假守。
秦王政十七年 （公元前 230 年）		内史腾攻韩，俘韩王安，建立颍川郡。
秦王政十九年 （公元前 228 年）		王翦、杨端和率兵大破赵军，俘赵王迁，赵公子嘉逃往代地，自立为王。
秦王政二十年 （公元前 227 年）		王翦、辛胜在易水西败燕、代联军。燕太子丹派荆轲入秦刺秦王。
秦王政二十一年 （公元前 226 年）		攻克燕都蓟，迫燕杀太子丹。燕王喜迁都辽东。王贲攻楚。秦之新郑叛。昌平君徙郢。
秦王政二十二年 （公元前 225 年）		王贲攻大梁，决河水灌大梁城，魏王假出降。设右北平、渔阳、辽西郡。
秦王政二十三年 （公元前 224 年）		设上谷、广阳郡。李信、蒙武攻楚，为项燕所败。
秦王政二十四年 （公元前 223 年）		王翦攻楚大胜，攻入寿春，俘楚王。又攻江南，设会稽郡。

续表

时　间	齐国大事	秦国大事
秦王政二十五年（公元前222年）		王贲攻辽东，俘燕王燕。又攻代，虏代王嘉。
秦王政二十六年齐王建四十四年（公元前221年）	秦将王贲从燕地南下攻齐，俘虏齐王建，齐亡。	王贲攻齐，俘齐王建。至此六国皆亡。 秦帝国建立，嬴政称秦始皇帝。

后　记

关于秦国统一的研究，代不乏人，成果众多，但探究和思考的脚步似乎永远也没有停止，每个时期都有人驻足回眸，都会有不同的解读。当山东大舜研究会会长谢玉堂先生把这个课题交给我时，我心生忐忑，实在没有勇气接受这项任务。对先秦史的思考和研究，谢先生多年来一直情有独钟。他嘱我从齐、秦对比的视角，去观照两千多年前波澜壮阔的历史进程，寻绎那场决定了齐、秦历史命运的战国变法运动，进而探讨为什么是秦国而不是齐国统一了天下的深层次原因，以期对当下的改革发展有所启迪、有所裨益。有感于长者的深意，也出于对这一课题的好奇和兴趣，我和几位青年学者开始了本书的研究和撰写。我的恩师蒿峰先生就构思、史识、文风等方面提出了重要意见，给予了精心指导，使本书学术水准有了很大提升。书稿付梓之际，谨向两位先生致以后学的诚挚敬意！

本书在定位上突出可读性和思辨性，尽可能通俗易懂，运用了一些最新的研究成果。全书贯穿了这样一条主线——统一是春秋战国大势所趋，统一必须建立中央集权政治体制，突出了一个着力点——战国变法，这是齐秦兴衰的转捩点。本书对地缘、制度、人才、战略、文化等层面的探讨，都是紧扣这条主线和这个着力点展开的。当然，齐、秦两国的沉浮兴衰，错综复杂，不能单纯归因于这几方面因素的优劣。比如，不同的民族个性、风俗习尚、宗教形态、政治理念等文化因素，是齐、秦不同制度和道路选择背后更深层的内在原因，本书将其放在最后一章，也是有所考虑的，但也不能说它就是决定性的因素。文化本身并无高下，关键看这种文化是否适应中央集权的需要。从这点上说，是秦国适应了历史，更是历史选择了秦国！秦国正是通过商鞅变法，建立起中央集权政治制度，真正顺应了历史发展的要求，才最后走向统一中国的坦途。

本书由我主持设计和统稿，是集体研究、集体写作的成果。几位青年学者来自天南海北，从事的领域不同，都工作在繁忙的教学研究第一线，其间谋面机会不多，大都通过电话和邮件，切磋学问，争鸣观点，互有取舍，几易其稿，结下了难忘的情谊。他们分别是：山东英才学院副教授齐廉允，西南民族大学文化历史学院讲师、博士周丙华，齐鲁工业大学讲师、博士韩仲秋，华东师大校长助理、博士秦国利，山东政法学院传媒学院院长、教授蒋海升，济南职业学院教师王艳，济南市政府研究室综合处副处长杨同鲁。南京大学历史系中国思想家研究中心朱光磊博士也参加了本课题的研究，付出了很多努力，篇幅有限，未能收录。山东大舜文化研究会的几位同仁为本书的撰写和出版给予了大力协助，此外，本书在编写和出版发行过程中还得到了济南市历城区政府、济南市委宣传部、山东银丰文创谷房地产开发有限公司的赞助支持，在此一并表示感谢。

书稿完成了，却没有感到解脱和轻松。黄山谷在题苏东坡《黄州寒食诗》时说了这样一句话："他日东坡或见此书，应笑我于无佛处称尊也。"山谷之言，正好道出了我们几位作者此时的心情。粗疏缺漏之处，只好求正于读者诸君了。

相振谨

2016 年 12 月于双樗草堂